Einführung in die Optimierung

Einführung in die Optimierung

Christian Grimme • Jakob Bossek

Einführung in die Optimierung

Konzepte, Methoden und Anwendungen

Springer Vieweg

Christian Grimme
Institut für Wirtschaftsinformatik
WWU Münster
Münster, Deutschland

Jakob Bossek
Institut für Wirtschaftsinformatik
WWU Münster
Münster, Deutschland

ISBN 978-3-658-21150-9   ISBN 978-3-658-21151-6 (eBook)
https://doi.org/10.1007/978-3-658-21151-6

Die Deutsche Nationalbibliothek verzeichnet diese Publikation in der Deutschen Nationalbibliografie; detaillierte bibliografische Daten sind im Internet über http://dnb.d-nb.de abrufbar.

Springer Vieweg

Springer Vieweg ist ein Imprint der eingetragenen Gesellschaft Springer Fachmedien Wiesbaden GmbH und ist ein Teil von Springer Nature.
Die Anschrift der Gesellschaft ist: Abraham-Lincoln-Str. 46, 65189 Wiesbaden, Germany

Hab ich mal irgendein Problem,
das ich nicht lösen kann,
dann träum ich einfach, ich wär schlau
und meistens schaff ich's dann.

Schaff ich es nicht, dann träume ich,
ich wäre ein Genie.
Dann pack' ich's mutig wieder an,
schon klappt es – aber wie.

(Metty & der Li-La-Launebär)

Als wir im Jahr 2013 die Vorlesung „Operations Research" im Bachelorstudiengang Wirtschaftsinformatik an der Westfälischen Wilhelms-Universität zu Münster – aus der das vorliegende Lehrbuch entstanden ist – schrittweise übernahmen, stellten wir uns als ausgebildete Informatiker mit fachlicher Vertiefung in der Optimierung die Frage, was der Begriff Operations Research eigentlich genau bedeutet. Zwar kursiert in der Informatik dieser Begriff und wir hatten eine vage Ahnung, seine genaue Bedeutung und Herkunft war uns jedoch unbekannt. Wir wussten: Operations Research ist oft ein Standardtitel für eine mathematisch-algorithmisch ausgeprägte Veranstaltung im Studium der Wirtschaftswissenschaften oder zumindest für Veranstaltungen, die eng mit dem Thema „Wirtschaft" verbunden sind.

Nach einiger Recherche lernten wir: Ihren Ursprung hat die Bezeichnung in Forschungsaktivitäten der englischen Armee im Kontext des 2. Weltkrieges und bezeichnete dort die methodische Beschäftigung von Wissenschaftlern mit ganz konkreten Problemstellungen der „Operation" eines Krieges. Die Probleme, die damals behandelt wurden, haben ganz direkt den Transport und die Positionierung von Soldaten und Gerät sowie die Ermittlung von Versorgungswegen und die Bestimmung benötigter Materialien im Zusammenhang der Kriegsführung als Gegenstand. Doch wie es oftmals ist: Was im Krieg funktioniert, findet bald auch Einzug in die zivile Nutzung (von Waffen dankenswerterweise einmal abgesehen). Auch im zivilen Kontext, etwa in der Unternehmensführung (viele würden hier eine gewisse Parallele zur Kriegsführung sehen), treten je nach Branche sehr ähnlich strukturierte Probleme auf.

Es ist natürlich nicht so, dass die im Operations Research behandelten Probleme – wenn man sie abstrakt betrachtet – erst mit dem Krieg aufkamen. Sie waren immer schon, möglicherweise in anderer Form, Gegenstand wissenschaftlicher oder auch ganz praktischer Betrachtungen. Doch es bleibt die Frage: Was ist Operations Research eigentlich? Uns scheint, dass es dazu keine einheitliche Definition gibt. Wir haben aber festgestellt, dass der wichtigste Aspekt mit Sicherheit die Optimierung ist. Bereits ohne diesen Begriff und den Vorgang der Optimierung hier genauer betrachtet zu haben (das passiert im ersten Kapitel), wissen wir aus dem täglichen Sprachgebrauch intuitiv, dass es bei der Optimierung darum geht, etwas zu verbessern. Wenn wir uns noch einmal die ursprünglichen Problemstellungen des Operations Research vergegenwärtigen, so können wir diese bereits als Anwendungsbereiche mit viel potentiellem Optimierungsbedarf akzeptieren. Manchmal wollen wir in diesen Anwendungen Bauteile verbessern, Personalplanungen möglichst perfekt durchführen, Transporte effizient und effektiv planen, Prozesse perfektionieren, oder auch ganz einfach Methoden zur Optimierung optimieren. Im Grunde geht es jedoch zumeist „einfach" um Optimierung.

Deshalb haben wir uns entschlossen, eine „Einführung in die Optimierung" zu schreiben und kein Buch über Operations Research. Wir wollen aber im Sinne des Operations Research betonen, dass Optimierung kein ausschließliches Thema der Mathematik und Informatik ist. Die Wirtschaftswissenschaft, viele Naturwissenschaften, Lebenswissenschaften und Ingenieurwissenschaften forschen in diesem Bereich, nennen es nur nicht unbedingt Optimierung oder Operations Research. Allen gemeinsam ist aber das Interesse an Verbesserung von Systemen und der strukturierten Durchführung derselben. Nicht zuletzt deshalb, werfen wir dabei auch immer einen Blick auf die Anwendung.

Das Buch gibt einen umfassenden und erklärenden Einblick in viele Themenbereiche der Optimierung. Nachdem wir uns mit den grundlegenden Fragestellungen und Definitionen sowie der Schwere von Problemen beschäftigt haben, steigen wir in konkrete Optimierungsprobleme ein. Wir beginnen mit Fragestellungen der Graphentheorie. Graphen sind jene abstrakten Gebilde, mit denen wir logistische Probleme ebenso darstellen können, wie Netzwerke, Prozesse oder auch zwischenmenschliche Beziehungen. Danach werden lineare Problemformulierungen betrachtet und ein zentrales Lösungsverfahren des Operations Research – der Simplex-Algorithmus – erläutert. Anschließend betrachten wir nichtlineare Problemstellungen und zumeist heuristische Verfahren. In diesem Kontext wird ein Schwerpunkt auf die Betrachtung von Evolutionären Algorithmen gelegt, eine Klasse von randomisierten Optimierungsverfahren, die zunehmend bei der Lösung schwerer ingenieurtechnischer Optimierungsprobleme an Bedeutung gewinnen. Wir schließen das Buch mit Grundlagen der Entscheidungs- und Spieltheorie. Diese beiden Themen ergänzen einerseits den Operations Research-Blickwinkel, andererseits stellen sie eine sehr allgemeine Perspektive auf Optimierung dar. Tatsächlich ist nämlich die Optimierung, wie wir sie in den ersten Kapiteln betrachten, nur ein Spezialfall der Entscheidungstheorie.

Das Buch stellt in jedem Kapitel eine Auswahl von Übungsaufgaben bereit, die beim Verinnerlichen der jeweiligen Themen unterstützen können und manchmal über den Tellerrand hinaus blicken lassen. Lösungen zu den Aufgaben im Buch, weiterführende Aufgaben sowie Umsetzungen von vorgestellten Algorithmen in Python 3 zum Ausprobieren und Experimentieren, finden sich auf der Website, die dieses Buch ergänzt: http://optimierung-grundlagen.de/.

Münster

Christian Grimme

Juni 2018

Jakob Bossek

Inhaltsverzeichnis

1 Grundbegriffe und Komplexität 1
  1.1 Optimierung formal 2
  1.2 Einige Optimierungsprobleme.. 5
    1.2.1 Problem des Handlungsreisenden (TSP) 5
    1.2.2 Maschinenbelegung (Scheduling)...................................... 6
    1.2.3 Verschnittproblem 7
  1.3 Klassen von Optimierungsproblemen und Lösungsverfahren 9
    1.3.1 Lineare Optimierungsprobleme 9
    1.3.2 Ganzzahlige (lineare) Optimierungsprobleme...................... 10
    1.3.3 Nichtlineare Optimierung 10
  1.4 Komplexität von Optimierungsproblemen.................................... 10
    1.4.1 Ein einfaches Computermodell: Die Turingmaschine 10
    1.4.2 Algorithmische Zeitkomplexität und das O-Kalkül 16
    1.4.3 Komplexitätsklassen: P, NP und NP-Vollständigkeit................ 20
  1.5 Zusammenfassung des Kapitels 24
  Aufgaben 25

2 Graphen und Bäume 27
  2.1 Graphen – Definitionen, Eigenschaften, Begriffe 28
  2.2 Bäume – Die ganz speziellen Graphen....................................... 34
  2.3 Optimierung auf und mit Bäumen und Graphen............................. 36
    2.3.1 Minimale Spannbäume 36
    2.3.2 Suchen und Finden: Bäume in Aufzählungsverfahren 42
    2.3.3 Kürzeste Wege in Graphen 51
    2.3.4 Eulerwege, Eulertouren und Hamiltonkreise 64
    2.3.5 Das Traveling Salesperson Problem (TSP) 67
    2.3.6 Flüsse in Netzwerken... 76
  2.4 Zusammenfassung des Kapitels 84
  Aufgaben 85
  Literatur.. 91

3 Lineare Optimierung 93
  3.1 Problemdefinition 95
  3.2 Graphische Lösung von linearen Optimierungsproblemen 97
  3.3 Struktur und Standardform 99
    3.3.1 Staffelform und Zeilenstufenform eines linearen Gleichungssystems 100
    3.3.2 Basisform, Basistausch und Ecken im Simplex 102
  3.4 Das Simplex-Tableau und der Simplex-Algorithmus 103
  3.5 Die Anfangslösung: Zweiphasenmethode 112
  3.6 Spezielle Lösungsverfahren: Transportprobleme 116
  3.7 Weiterführende Betrachtung linearer Optimierung 132
    3.7.1 Sensitivitätsanalyse 133
    3.7.2 Das duale Problem 136
    3.7.3 Die duale Simplex-Methode 140
  3.8 Zusammenfassung des Kapitels 143
  Aufgaben 144
  Literatur 147

4 Nichtlineare Optimierung 149
  4.1 Problemdefinition 150
  4.2 Analytische Lösungen 151
    4.2.1 Optimierung ohne Restriktionen 151
    4.2.2 Optimierung mit Restriktionen 154
  4.3 Deterministische numerische Verfahren 160
    4.3.1 Vorbereitung 160
    4.3.2 Eindimensionale Strategien 164
    4.3.3 Mehrdimensionale Strategien 175
  4.4 Zusammenfassung des Kapitels 187
  Aufgaben 187
  Literatur 189

5 Naturinspirierte Optimierung 191
  5.1 Optimierung durch Zufall 192
  5.2 Evolutionäre Algorithmen 194
    5.2.1 Ein kurzer Abstecher in die Geschichte der Evolutionstheorie 195
    5.2.2 Eine sehr kurze Geschichte der evolutionären Algorithmen 197
    5.2.3 Die (1+1)-ES 198
    5.2.4 Evolutionsschleife und Notation der Evolutionsstrategien 199
    5.2.5 Notation 200
    5.2.6 Das Individuum und seine Repräsentationen 202
    5.2.7 Selektionsmechanismen und ihre Bedeutung 206
    5.2.8 Variation: Mutation und Rekombination 208

5.2.9   Unterscheidung von evolutionären Algorithmen 217
5.3   Naturinspirierte Verfahren 218
5.3.1   Schwarmalgorithmen 219
5.3.2   Ameisen-Kolonie-Optimierung 221
5.4   Zusammenfassung des Kapitels 226
Aufgaben 227
Literatur... 228

6   **Entscheidungs- und Spieltheorie** 229
6.1   Arten der Entscheidungstheorie und Struktur von
Entscheidungsmodellen... 230
6.1.1   Präskriptive/normative Entscheidungstheorie 230
6.1.2   Deskriptive Entscheidungstheorie 230
6.1.3   Struktur von Entscheidungsmodellen................................ 233
6.2   Entscheidungsfindung 234
6.2.1   Entscheidungen unter Sicherheit................................... 235
6.2.2   Entscheidungen unter Unsicherheit im engeren Sinne 240
6.2.3   Entscheidungen unter Risiko 244
6.2.4   Abschlussbemerkung zur Entscheidungstheorie 248
6.3   Spieltheorie – Hintergrund und Ausprägungen............................. 249
6.4   Strategische Spiele 250
6.4.1   Dominanz 252
6.4.2   Nash-Gleichgewicht 254
6.5   Zusammenfassung des Kapitels 257
Aufgaben 257
Literatur... 259

Sachverzeichnis... 261

Grundbegriffe und Komplexität 1

Zusammenfassung

Das Kapitel verschafft zuerst einen nicht formalen Einstieg in die Begrifflichkeit der Optimierung und geht dann zur formalen Definition von Optimierungsproblemen über. Die Abstraktion durch Formalität verdeutlicht es an einigen beispielhaften Problemstellungen. Dabei spielen insbesondere auch Themen wie Modellbildung/Abstraktion, Lösungsmethodik und Lösungsverifikation als zentrale Schritte des Optimierungsprozesses eine Rolle. Das Kapitel umfasst zudem eine grundlegende Diskussion des Begriffes der Problemkomplexität. Dazu wird sowohl in die Laufzeitanalyse wie auch in Aspekte der theoretischen Informatik eingeführt (Komplexitätsklassen P und NP).

Der Begriff *Optimierung* beschreibt das Bemühen um Verbesserung von Werkzeugen, Prozessen, Organisationsformen oder auch vollständigen Systemen und ist ein zentraler Aspekt im menschlichen Dasein. In fast jedem Handeln des Menschen ist das Streben nach Verbesserung inbegriffen. Der Ingenieur versucht, Werkzeuge und Maschinen herzustellen, die einen Fertigungsprozess verkürzen, oder ihn präziser und kostengünstiger machen. Politiker versuchen, durch ihre Entscheidungen die Parameter verschiedener gesellschaftlicher Systeme so zu verändern, dass die Lebensumstände der Menschen (oder auch nur einzelner Gruppen) verbessert werden. Wirtschaftswissenschaftler versuchen, Prozesse, Vermarktungsstrategien oder Kosten zu optimieren.

Das Vorgehen dabei ist jedoch immer sehr ähnlich. Alle versuchen, das System, das sie verbessern wollen, zu beschreiben – besser gesagt zu *modellieren* – und *Stellschrauben* in diesem System zu identifizieren. Schließlich drehen sie – bildlich gesprochen – so lange an diesen Stellschrauben herum, bis eine im Vergleich zur vorherigen Situation bessere Situation herauskommt. Eine Situation wird gewöhnlicherweise mit einem *Bewertungsmaß* beurteilt, das zumindest in *besser* und *schlechter* unterteilen kann.

© Springer Fachmedien Wiesbaden GmbH, ein Teil von Springer Nature 2018
C. Grimme, J. Bossek, *Einführung in die Optimierung*,
https://doi.org/10.1007/978-3-658-21151-6_1

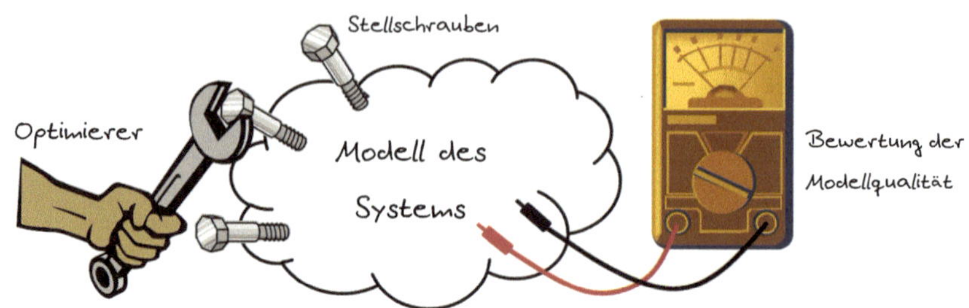

Diese Beschreibung – das ist relativ offensichtlich – ist im mathematischen oder algorithmischen Sinne zwar für die Vorstellung hilfreich, eine formale Betrachtung des Sachverhaltes ermöglicht sie aber noch nicht. Wir klären nun zuerst einige Begriffe, die wir im Folgenden immer wieder verwenden. Das Modell werden wir von nun an zumeist als Problem oder **Optimierungsproblem** bezeichnen. Es ist der Gegenstand unserer Optimierungsbemühungen und gewöhnlicherweise so schwierig, dass wir es tatsächlich als Problem empfinden. Die Stellschrauben bezeichnen wir weiterhin als **Parameter** des Problems. Sie repräsentieren Variablen im mathematischen Sinne, die wir mit Zahlenwerten belegen können. Die Modellqualität bestimmen wir im Allgemeinen über eine sogenannte **Zielfunktion**. Der Name suggeriert schon, dass wir zusätzlich noch eine Information über das eigentliche Ziel benötigen. Je nach Optimierungsaufgabe ist dies entweder die Maximierung des Ergebnisses der Zielfunktion oder dessen Minimierung. Wir werden gleich sehen, dass dies aber für den Optimierer keine Rolle spielt. Der Optimierer ist diejenige Vorgehensweise oder Strategie, die eine Verbesserung herbeiführt. Wir bezeichnen sie im Folgenden meist als Verfahren oder **Algorithmus**.

1.1 Optimierung formal

Möchten wir die oben eingeführten Begriffe formal in einen Zusammenhang setzen, so können wir das etwa wie folgt tun. Wir definieren zuerst einen Suchraum $S \subseteq \mathbb{R}^n$, aus dem die Werte stammen, die die Parameter annehmen können. Dabei beschreibt n die Dimension des Suchraums. Zusätzlich existiert ein Zielraum $Z \subseteq \mathbb{R}$, aus dem die Zielfunktion Werte annehmen kann. Die Zielfunktion können wir dann als Abbildung

$$f : S \to Z$$

von S nach Z definieren. Zusätzlich legen wir fest, was wir mit f machen wollen:

$$f \to \min.$$

Hier haben wir angegeben, dass wir f minimieren wollen. Insgesamt macht es aber keinen Unterschied, ob wir f minimieren oder maximieren wollen. Wegen des sogenannten

Dualitätsprinzips der Optimierung können wir ein Minimierungsproblem leicht in ein Maximierungsproblem umformen. Es gilt nämlich:

$$\max f = -\min(-f) \text{ bzw. } \min f = -\max(-f).$$

Beispiel 1.1 (Dualität)

Sei $f : \mathbb{Z} \to \mathbb{Z}$ mit $f(x) = x^2 + 1$. Dann ist $\min_{x \in \{-10,\dots,10\}}(f(x)) = 1$ für $x = 0$. Maximieren wir alternativ $-f(x)$ für alle $x \in \{-10, \dots, 10\}$, so wird für $x = 0$ der maximale Wert $f(x) = -1$ herauskommen. Multiplizieren wir diesen erneut mit -1 erhalten wir das gleiche Ergebnis wie im Minimierungsfalle.

Oftmals lässt sich ein Optimierungsproblem nicht ausschließlich über die Beziehung von Such- und Zielraum beschreiben. Gerade im Falle realer technischer oder wirtschaftlicher Systeme treten sogenannte **Randbedingungen** auf, die es uns verbieten bestimmte Parametereinstellungen zu wählen. Im technischen Bereich können dies etwa Größenbereiche von Bauteilen sein, die wir mit den verfügbaren Maschinen nicht realisieren können. Im wirtschaftlichen Kontext mag es eine Grenze an verfügbaren Ressourcen geben. Jedenfalls müssen wir diese Einschränkungen in unserem formalen Modell berücksichtigen.

Formal bedeuten Randbedingungen, dass der Suchraum S durch die k Bedingungen g_i, $i = 1, \dots, k$ auf $G := \{x \in \mathbb{R}^n \mid g_i(x) \le 0 \; \forall i = 1, \dots, k\}$ eingeschränkt wird. Wir suchen also nicht mehr auf S, sondern auf $S \cap G$. Insgesamt scheinen auf den ersten Blick solche Einschränkungen des Suchraums eine gute Sache zu sein, schließlich wird der Suchraum, den wir durchkämmen müssen, kleiner. Einige der von uns später betrachteten Verfahren nutzen dies tatsächlich aus. Da wir aber grundsätzlich auf viele verschiedene Einschränkungen achten müssen, kann dies auch zur „algorithmischen" Last werden.

Beispiel 1.2 (Rucksackproblem)

Wir besitzen einen Rucksack, den wir für einen Zeltausflug packen möchten. Jetzt ist es leider so, dass der Rucksack nur ein Gesamtgewicht von 10 kg aushält. Andernfalls reißen die Trageriemen und wir können ihn nicht mehr verwenden. Die k Gegenstände, die wir eigentlich gern mitnehmen wollen, haben verschiedene Gewichte w_i und unterschiedlichen Nutzen η_i für $i = 1, \dots, k$. Und dummerweise sind sie alle zusammen schwerer als 10 kg. Ziel ist es, den Rucksack so zu beladen, dass der Nutzen der mitgenommenen Gegenstände maximiert wird. Wir könnten das Maximierungsproblem mathematisch so formulieren:

$$f_{Nutzen}(x) = \eta_1 \cdot x_1 + \cdots + \eta_k \cdot x_k \to \max$$

unter der Bedingung: $\sum_{i=1}^{k} x_i \cdot w_i \le 10 \, kg$ mit $x = (x_1, \dots, x_k) \in S$.

Der Vektor x beschreibt also in seinen Komponenten x_1 bis x_k, ob das Element x_i eingepackt wird oder nicht. Die Variable x_i nimmt entweder den Wert 0 (Gegenstand i wird nicht eingepackt) oder den Wert 1 an (wird eingepackt). Damit haben wir den Suchraum auf $\{0, 1\}^k$ beschränkt. Wir müssen also k Variablen mit 0 oder 1 belegen. Das Erstaunliche ist, dass das Problem trotzdem sehr schwer ist. Im schlimmsten Fall müssen wir 2^k Kombinationen von 0-en und 1-en im Vektor x überprüfen.

Betrachten wir hingegen $x \in [0, 1]^k \subset \mathbb{R}^k$, so wird der Suchraum erheblich größer, er enthält sogar überabzählbar viele Elemente. Trotzdem wird das Problem auf einmal viel einfacher. Wir können nun Gegenstände zerteilen und so zuerst diejenigen mit größtem Nutzen/Gewicht-Verhältnis und ganz zum Schluss noch einen Teil des nächstwichtigsten Gegenstandes mitnehmen, um den Rucksack ganz voll zu bekommen. Damit müssen wir höchstens eine Sortierung nach dem Nutzen/Gewicht-Verhältnis durchführen. Kombinationen zu testen ist nicht mehr nötig.

Wir sehen also am Rucksackproblem, dass die Einschränkung auf ganze Gegenstände zwar den Suchraum einschränkt, die „Komplexität"[1] oder „Schwere" des Problems aber zunimmt.

Mit den nun definierten Begriffen können wir formal über Optimierung reden. Wie wir allerdings ein Optimierungsproblem beschreiben und wie wir es dann lösen, ist bisher nicht geklärt. In Beispiel 1.2 haben wir das Problem direkt mathematisch beschrieben und zumindest für den reellwertigen Fall eine direkte Lösungsstrategie angeben können. Manchmal ist dies aber gar nicht leicht, wie wir im Folgenden noch häufiger feststellen werden. Es ist tatsächlich manchmal eine „Kunst", für ein Problem geeignete Formulierungen zu finden. Ebenso schwierig ist es oft, ein Lösungsverfahren zu erdenken. Grundsätzlich sind dies aber die zwei Vorgänge oder „Kunstgriffe", die bei der Behandlung von Optimierungsproblemen eine zentrale Rolle spielen:

1. *Modellierung und formale Beschreibung des Optimierungsproblems:* Das Problem muss für die abstrakte Behandlung durch eine Lösungsmethode in einer schlüssigen, oft mathematischen Form dargestellt werden. Diese Darstellung ist dazu gedacht, die wichtigen Aspekte des Problems zu identifizieren und begreifbar zu machen, unwichtige Eigenschaften jedoch auszuklammern. Dabei soll die Darstellung bei der Lösung des Problems helfen. Neben der mathematischen Darstellung wählt man z. B. oft eine graphische Anschauung, die auch bei der Entwicklung von Lösungsverfahren helfen kann.

2. *Entwicklung und Durchführung eines Lösungsverfahrens oder -algorithmus:* Erst wenn ein geeignetes Modell vorliegt, kann gewöhnlicherweise ein Lösungsverfahren eingesetzt werden. Dieses Verfahren kann ganz unterschiedliche Ausprägungen haben. Meist macht es sich jedoch die in der Modellbeschreibung eingeführte Abstraktion

---

[1] Auf diesen Begriff gehen wir später genauer ein.

zunutze. Interessant sind immer solche Verfahren, die für eine große Menge von Problemstellungen ein allgemeines Lösungsvorgehen aufweisen, oder deren Vorgehen sich leicht auf ähnliche Problemstellungen übertragen lässt. Wir werden uns solche Verfahren im Verlaufe der nächsten Kapitel genauer ansehen.

Als dritter Schritt kann noch die *Verifikation der Ergebnisse* betrachtet werden, also jene kritische Betrachtung, die hinterfragt, ob das gefundene Ergebnis tatsächlich eine Antwort auf die ursprüngliche Fragestellung ist. Gleichzeitig impliziert dies noch einmal, über die gewählte Modellvorstellung (die ja Grundlage für die Lösung war) zu reflektieren und deren Eignung kritisch zu hinterfragen (Ist die gefundene Lösung realistisch bzw. umsetzbar? Wie verhält sich die Lösung bei geringfügiger Veränderung der Parameter?). Dieser Schritt kann jedoch nicht immer im Sinne eines Beweises durchgeführt werden. Dies hängt ganz entscheidend von der Schwere des Problems ab.

1.2 Einige Optimierungsprobleme

Da sich die bisherige Diskussion der Eigenschaften von Optimierungsproblemen auf sehr allgemeine und formale Aussagen beschränkt hat, sollen nun erstmals konkrete Beispiele für Optimierungsprobleme und zugleich bestimmte Klassen von Optimierungsproblemen angesprochen werden. Wir werden diese Probleme hier noch nicht lösen. Es geht erst einmal darum, solche Probleme mit Worten und manchmal in ihrer mathematischen Modellvorstellung zu beschreiben.

1.2.1 Problem des Handlungsreisenden (TSP)

Das Problem des Handlungsreisenden (oder im Englischen der Traveling Sales Person, deshalb TSP) ist ein Standardproblem der Informatik. Es lässt sich verbal an folgendem Beispiel beschreiben, siehe Abb. 1.1: Ein Handlungsreisender (im heutigen Sprachgebrauch ein Vertreter) möchte, um seine Produkte anzubieten, eine Rundreise durch Deutschland starten. Dabei will er 11 Städte besuchen und auf seiner Rundreise jede Stadt nur ein einziges Mal besuchen, außer Münster, die Stadt in der er seine Rundreise startet. Natürlich möchte er den kürzesten Weg wählen, um die Rundreise möglichst schnell zu absolvieren.

Um das Problem genauer zu untersuchen, müssen wir zuerst eine Modellvorstellung bilden. In Abb. 1.1 haben wir damit bereits angefangen. Wir nehmen an, dass die Städte auf direktem Weg untereinander verbunden sind. Außerdem nehmen wir an, dass wir für jede Strecke (einige sind hier als Verbindungslinien eingezeichnet) eine Reisedauer angeben können. Damit können die Städte nun wie in der Abbildung dargestellt untereinander zu einer beliebigen Rundreise verbunden werden. Wir müssen nur noch die Zeiten für das Zurücklegen der Wegstrecken zusammenzählen, um eine Bewertung der Rundreise

Abb. 1.1 Skizze der Problemstellung für das Handlungsreisendenproblem (TSP) und zwei mögliche Lösungen für eine Rundreise. Dabei ist die mittlere Lösung sicher nicht so gut, wie die rechte Rundreise

(in Stunden) zu erhalten. Bereits in der Skizze kann man sehen, dass unterschiedliche Rundreisen zu sehr unterschiedlichen Gesamtreisezeiten führen können. Die Frage ist nur noch: Wie gelangt man zu der optimalen, also kleinsten Gesamtreisezeit? Obwohl das Problem im ersten Moment sehr anschaulich aussieht, ist es nicht einfach zu lösen. Trotzdem ist es von großem Interesse. Es betrifft nicht nur Handlungsreisende, sondern kann auch auf andere Anwendungsfälle übertragen werden. So sind z. B. die robotergestützte Bestückung von Platinen oder die Auslegung von Leiterbahnen in einem Computer-Chip mit dem Problem verwandt. Aber auch Produktionsplanungsprobleme lassen sich auf das TSP zurückführen.

1.2.2 Maschinenbelegung (Scheduling)

Ein Hersteller von Fertiggerichten hat verschiedene Aufträge für Fertigpizzen von unterschiedlichen Supermarktketten erhalten. Die Kette DALI hat 10.000 Pakete Pizza Funghi bestellt, das Unternehmen EWER 5000 Einheiten der Pizza Thunfisch und die Supermarktkette DILL hat 2000 Pakete Pizza Calzone geordert. Aufgrund der verschiedenen Pizzasorten dauert die Produktion der Aufträge unterschiedlich lang. Jede Supermarktkette hat ein Datum angegeben, zu dem sie ihre Produkte geliefert haben möchte. Wird eine Lieferung zu spät zugestellt, so reduziert sich der Preis, der dafür von der Supermarktkette bezahlt wird proportional zur Verspätung. Leider verfügt der Hersteller für Fertiggerichte nur über eine einzige Produktionsmaschine. Es stellt sich also die Frage, in welcher Reihenfolge er die Pizzabestellungen fertigt.

Das Schöne an Schedulingproblemen ist, dass sie sich direkt in eine mathematische Beschreibung umformen lassen und zusätzlich auch noch anschaulich grafisch dargestellt

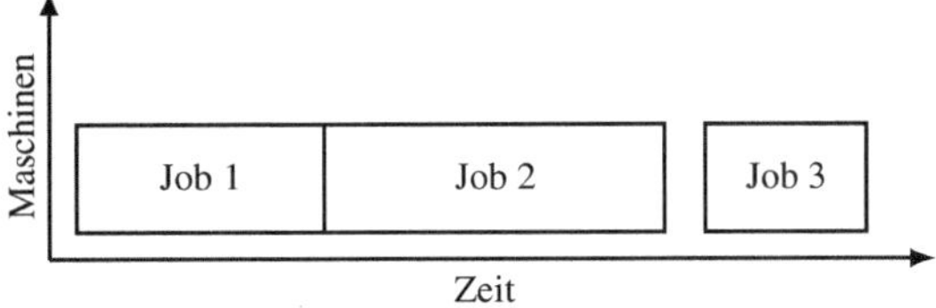

Abb. 1.2 Darstellung eines Schedulingproblems als Gantt-Diagramm. Aufgetragen ist die Maschinenbelegung über die Zeit durch verschiedene Jobs

werden können. Jeder Auftrag einer Supermarktkette kann als *Job* bezeichnet werden und eine laufende Nummer j erhalten. Er wird dann auf der Maschine i (in unserem Falle immer $i = 1$) bearbeitet, siehe auch Abb. 1.2. Die Bearbeitungszeit eines Jobs j können wir dann mit p_j bezeichnen, den vorgegebenen Zeitpunkt, zu dem der Job abgeschlossen sein soll als d_j (aus dem Englischen: due date = Fälligkeitsdatum). Den von unserer Planung abhängigen Fertigstellungszeitpunkt für Job j bezeichnen wir als C_j. Damit haben wir alle Variablen, die wir für eine Formulierung des Problems benötigen.

Die Kosten verursachende Verspätung (engl. tardiness) eines Jobs können wir mit

$$T_j = \max(0, C_j - d_j)$$

ausdrücken. Da das Ziel ist, möglichst keine Abzüge vom Verkaufspreis zu erreichen, können wir das Ziel der Optimierung als Minimierung der Summe der kostenintensiven Verspätungen

$$\sum_j T_j \to min$$

festlegen. So leicht dieses Problem zu formulieren ist, eine Lösungsstrategie ist leider nicht direkt offensichtlich. Tatsächlich kann man das Problem mit einem rekursiven Algorithmus lösen. Dies kann aber abhängig von der Problemgröße und dem Umfang der Aufträgen sehr lange dauern.

1.2.3 Verschnittproblem

Betrachten wir folgendes Problem aus der Verpackungsindustrie: Ein Dosenlachsproduzent möchte sein mariniertes Lachsfilet in einer neuen 1-Liter-Dose herausbringen. Dabei soll bei der Produktion pro Dose so wenig Blech wie möglich verbraucht werden. Leider kann bei der Herstellung nur aus rechteckigen Blechstücken gefertigt werden, so dass die Deckel der zylindrischen Dose, siehe Abb. 1.3 (links), aus Quadraten gestanzt werden. Der Verschnitt, also das Restmaterial von der Deckel/Boden-Produktion gilt als verbraucht. Wie muss die Dose ausgelegt werden, um möglichst wenig Material zu verbrauchen?

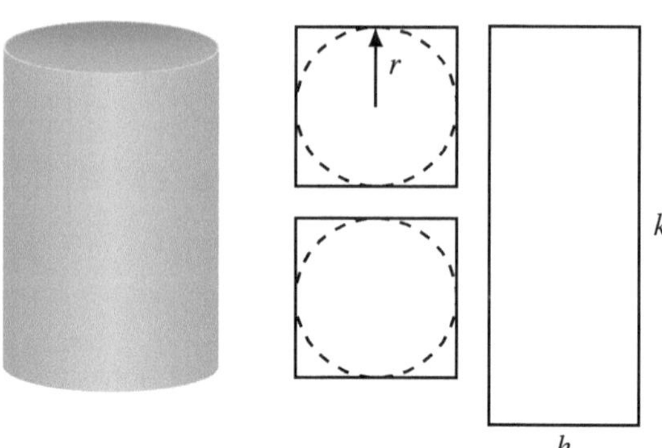

Abb. 1.3 Darstellung der Ursprungsdose (links) und der abgewickelten zylindrischen Verpackung in Deckelmaterial und Seitenwand (rechts)

In einer einfachen Modellvorstellung können wir die Dose erst einmal „abwickeln", also alle Elemente der zylindrischen Dose einzeln betrachten und beschreiben. Der Deckel (genau wie der Boden) ist rund und besitzt einen Radius r. Über diesen Radius können wir mathematisch auch die Fläche des zur Herstellung benötigten Blechquadrats bestimmen $(2r)^2$. Die Seitenwand der Dose ist nach Abwicklung ein Rechteck mit Höhe h und Kantenlänge k. Aufgrund der Deckelmaße wissen wir, dass

$$k = 2\pi r$$

ist. Damit können wir die Gesamtfläche F, die das Material für eine Dose im abgewickelten Zustand einnimmt mit

$$F(r, h) = 2(2r)^2 + 2\pi r \cdot h = 8r^2 + 2\pi r \cdot h$$

beschreiben. Außerdem wissen wir, dass die Dose ein Volumen von 1 Liter ($1\,\mathrm{dm}^3$) fassen soll. Es gilt also für das Volumen der Dose:

$$V = h \cdot \pi r^2 = 1 \Leftrightarrow h = \frac{1}{\pi r^2}$$

Setzen wir nun das Ergebnis für h in F ein, so ergibt sich schließlich der mathematische Zusammenhang zwischen Radius r und Fläche der abgewickelten Dose:

$$F(r) = 8r^2 + \frac{2}{r}.$$

Dieser funktionale Zusammenhang kann nun wie in Abb. 1.4 grafisch dargestellt werden. Die Optimierungsaufgabe besteht nun darin, das Minimum der Funktion im positiven Bereich von r (der negative Bereich ist ja nicht produzierbar) zu finden.

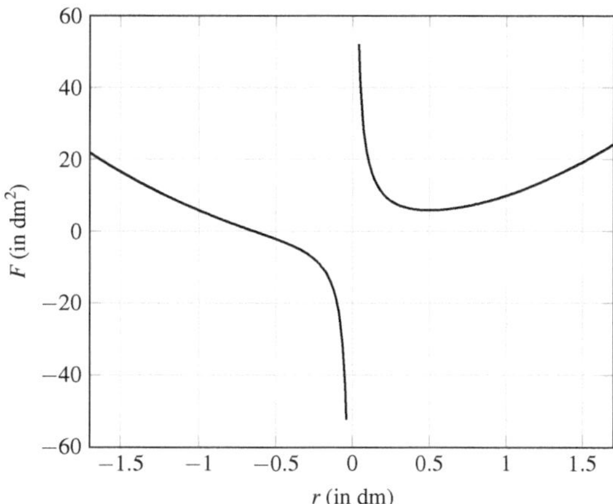

Abb. 1.4 Skizze des funktionalen Zusammenhangs zwischen Radius der Verpackung und benötigter Fläche zur Produktion der Dose. Selbstverständlich interessiert nur der rechte Teil der Funktion, da ein negativer Radius aus Anwendungssicht bedeutungslos ist

1.3 Klassen von Optimierungsproblemen und Lösungsverfahren

Bereits bei der Aufzählung der zuvor betrachteten Optimierungsprobleme ist aufgefallen, dass die Modellierung sehr verschiedene Darstellungen hervorbringt, die wir intuitiv (vielleicht aufgrund unserer mathematischen Vorbildung) ganz unterschiedlich lösen würden. Tatsächlich kann man anhand der Modellierung von Problemen eine Klassifikation vornehmen. Wir wollen hier einige dieser Klassen erwähnen, da sie auch in der Kapitelstruktur dieses Buches eine Rolle spielen.

1.3.1 Lineare Optimierungsprobleme

Wenn der Fall vorliegt, dass wir in unserem Modell einen zu maximierenden oder zu minimierenden Zusammenhang zwischen identifizierten Parametern linear, also in der mathematischen Form durch

$$f(x_1, \ldots, x_n) = c_1 x_1 + c_2 x_2 + \cdots + c_n x_n \to \text{opt}$$

ausdrücken können, so liegt ein lineares Optimierungsproblem vor. Dabei können die c_i beliebige Werte aus $\mathbb{Z}$, $\mathbb{Q}$, oder auch $\mathbb{R}$ annehmen, je nachdem, wie wir unser Modell erstellen. Sie sind die sogenannten Koeffizienten und konstante Werte des Modells, die Kosten- oder Gewinnfaktoren repräsentieren und natürlich nicht Gegenstand der Optimierung sind. Die Variablen x_i werden gewöhnlicherweise ebenfalls aus der Menge der reellen Zahlen $\mathbb{R}$ angenommen und sind die Veränderlichen des Modells, deren Werte Auswirkungen auf die Qualität des Zielwertes haben.

1.3.2 Ganzzahlige (lineare) Optimierungsprobleme

Bei der ganzzahligen linearen Optimierung muss man von der Problemdefinition nur einen einzigen Unterschied zur linearen Optimierung berücksichtigen. Die Variablen sind ausschließlich ganzzahlig, entstammen also $\mathbb{Z}$. Es ergibt also Sinn, Problemstellungen als ganzzahlige Optimierungsprobleme zu modellieren, wenn die Variablen keinen gebrochen rationalen oder reellen Wert annehmen dürfen. Denken wir an das oben diskutierte Rucksackproblem, so ergibt es nur Sinn, einen vollständigen Gegenstand mitzunehmen oder keinen (z. B. eine halbe Gasflasche ist ebenso wie eine halbe Zahnbürste bei einem Campingausflug nicht wirklich hilfreich und auch nicht nützlich).

1.3.3 Nichtlineare Optimierung

Liegen die Variablen x_i einer mathematischen Modellierung (egal ob ganzzahlig oder reellwertig) nicht in ihrer ersten Potenz vor, so spricht man von einem nichtlinearen Optimierungsproblem. Das bedeutet: Ist die Zielfunktion als Polynom mit einem Grad größer als 1 angegeben oder enthält andere nicht lineare Funktionsterme, so liegt ein nichtlineares Optimierungsproblem vor. Wir sprechen speziell von einem quadratischen Optimierungsproblem, wenn das Funktionspolynom genau Grad 2 besitzt.

1.4   Komplexität von Optimierungsproblemen

Wir haben bisher Problemstellungen und Klassifikationen von Optimierungsproblemen kennengelernt. Dabei haben wir zwischendurch bereits erwähnt, dass einige Probleme „schwerer" als andere sind. Manchmal sind wir sogar sicher, dass Probleme „einfach" sind. Doch was genau bedeuten hier „schwer" und „einfach"?

Um den Begrifflichkeiten im Sinne der Komplexität auf die Spur zu kommen, müssen wir einige Vorarbeit leisten. Wir müssen eine Abstraktion des Computers und seiner Arbeitsweise bei der Lösung von Fragestellungen entwickeln (Stichwort: Modellierung). Es sei hier angemerkt, dass dies kein Ausflug in die Tiefen der Komplexitätstheorie ist. Wir wollen an dieser Stelle nur einen Eindruck des Themas bekommen, um den Begriff der Schwere von Problemen etwas genauer einordnen zu können.

1.4.1 Ein einfaches Computermodell: Die Turingmaschine

Wir haben bereits gelernt, dass die Betrachtung von Systemen auf Modellbildung basiert. Dies gilt nicht nur, wenn wir einen Anwendungsfall eines Optimierungsproblems abstrakt darstellen, sondern auch, wenn wir das Verhalten von Systemen insgesamt abstrakt beschreiben und einschätzen wollen. Wenn wir Algorithmen in ihrer Leistungsfähigkeit, insbesondere in ihrem Aufwand für eine Lösungsfindung beurteilen wollen, müssen wir uns auf ein abstraktes Modell eines Computers einigen, auf dem diese Algorithmen untersucht werden.

Heutige Computer verfügen über sehr unterschiedliche Ausstattungen, Prozessoren, Betriebssysteme und Speichergrößen, die alle Einfluss darauf haben, wie schnell ein Algorithmus eine Lösung findet. Für allgemeine Aussagen zum Lösungsverhalten eines Algorithmus ist dies natürlich nicht hilfreich. Deshalb hat sich die theoretische Informatik auf einige Standardmodelle geeinigt, von denen wir hier eines repräsentativ betrachten. Dieses Modell ist die sogenannte Turingmaschine, die eher einem Gedankenmodell für die Berechenbarkeit von Problemen entstammt, im Grunde aber jede Operation durchführen kann, die auch moderne Computer durchführen können. Die Turingmaschine ist die Grundlage für moderne Komplexitätsbetrachtungen.

Die Turingmaschine ist ein von Alan Turing in den 1930er-Jahren entwickeltes abstraktes Maschinenkonzept. Dabei ging Turing davon aus, dass Rechenschritte, die üblicherweise manuell in vorgegebenen Verfahren und auf dem zweidimensionalen Medium Papier durchgeführt werden, auch auf einem eindimensionalen Medium, einem Band, durchgeführt werden können. So besteht die Turingmaschine lediglich aus einem unendlichen Band, dass in Felder aufgeteilt ist, siehe Abb. 1.5. In jedem Feld kann ein Wert eines gegebenen Alphabets (also einer Menge von Zeichen) stehen. Auf dem Band arbeitet ein Lese-/Schreibkopf, der durch ein Programm gesteuert wird. Er liest zu Beginn jedes Arbeitsschritts den Wert auf der aktuellen Bandposition, entscheidet über die nächste Aktion und schreibt einen Wert auf die Bandposition (dies kann auch der alte sein). Danach bewegt sich der Lese-/Schreibkopf nach rechts oder nach links.

Das Programm einer Turingmaschine ist sehr einfach aufgebaut. Grundsätzlich befindet sich die Maschine in einem speziellen Zustand. Abhängig von dem aktuellen Zustand und dem gelesenen Inhalt des Bandes an der aktuellen Position des Lese-/Schreibkopfes definiert eine Zustandsübergangsfunktion, welcher Zustand als nächstes eingenommen wird, welcher Wert auf das Band geschrieben wird und in welche Richtung sich der Lese/Schreibkopf bewegt.

So wandert der Lese-/Schreibkopf über das Band und verändert dessen Inhalte. Diese Inhalte sind gewöhnlicherweise die sogenannte Eingabe des Programms, also im Falle einer Addition jene Zahlen, die addiert werden sollen. Der Rest des Bandes ist mit sogenannten Leersymbolen gefüllt. Die Ausgabe des Programms steht schließlich ebenfalls auf dem Band.

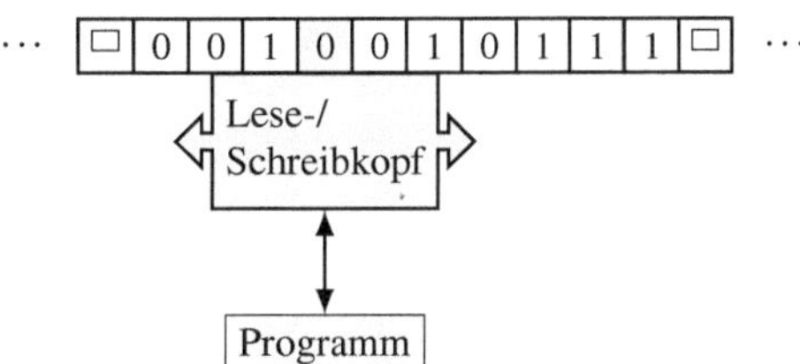

Abb. 1.5 Schematische Darstellung einer Turingmaschine

Natürlich können wir solch eine Maschine mathematisch ausdrücken. Wir tun dies in der folgenden Definition.

► **Definition 1.3 (Turingmaschine)** Eine Turingmaschine ist durch ein 7-Tupel $(Z, \Pi, \Sigma, \delta, z_0, \square, E)$ gegeben und besteht aus

- der endlichen Zustandsmenge Z,
- dem Bandalphabet Π,
- dem endlichen Eingabealphabet $\Sigma \subset \Pi$,
- der Zustandsübergangsfunktion $\delta : Z \times \Pi \to Z \times \Pi \times \{\leftarrow, \to\}$,
- dem Startzustand z_0,
- dem Leersymbol $\square \in \Pi \setminus \Sigma$ und
- der Menge der Endzustände $E \subseteq Z$.

Wir haben nun alle notwendigen Mittel ein beliebiges Programm für eine Turingmaschine auszudrücken. Ganz offensichtlich ist dies für Menschen, die die Programmierung in Hochsprachen gewöhnt sind, nicht ganz einfach. Neben einer unglaublichen Länge und Unübersichtlichkeit, die selbst kleinere Programme annehmen können, sind wir es nicht gewöhnt, in dieser eindimensionalen Form zu denken. Wir schauen uns hier darum nur ein sehr einfaches Programm an, das uns jedoch erahnen lässt, wie komplex die Programmierung, etwa eines Sortieralgorithmus, sein muss.

Beispiel 1.4 (Turingmaschine: Binärzahl + 1)

Wir konstruieren eine Turingmaschine für die Addition einer Binärzahl mit 1. Dabei steht das Eingabewort (also die Zahl) auf dem Band und der Lese-/Schreibkopf ruht auf der ersten Position der Zahl (also ganz links). Die Bearbeitung endet auf der ersten Position der neuen Binärzahl. Für eine Addition von 1 zur gegebenen Binärzahl müssen wir zuerst das Ende der Zahl suchen und die Addition von dort starten. Wir addieren 1 zur letzten Position. Diese Position ist zuvor entweder 0 und wird durch die Addition zu 1, oder sie ist durch eine 1 belegt und wird durch die Addition zur 0. Dann müssen wir jedoch die zweitletzte Position für den Übertrag betrachten usw. Wir können eine Turingmaschine, die dies durchführt, folgendermaßen definieren:

- Zustandsmenge $Z = \{z_0, z_1, z_2, e\}$
- Bandalphabet $\Pi = \{0, 1, \square\}$
- das endliche Alphabet $\Sigma = \{0, 1\}$
- Endzustand $E = \{e\}$

Es bleibt nun noch die Übergangsfunktion δ zu definieren, die das eigentliche Programm der Maschine beschreibt. Wir stellen diese in der folgenden Tabelle dar.

	0	1	$\square$
z_0	$(z_0, 0, \rightarrow)$	$(z_0, 1, \rightarrow)$	$(z_1, \square, \leftarrow)$
z_1	$(z_2, 1, \leftarrow)$	$(z_1, 0, \leftarrow)$	$(z_2, 1, \leftarrow)$
z_2	$(z_2, 0, \leftarrow)$	$(z_2, 1, \leftarrow)$	$(e, \square, \rightarrow)$
e	—	—	—

Abb. 1.6 zeigt beispielhaft die Anwendung der Turingmaschine auf eine auf dem Band stehende Zahl in Binärdarstellung.

Auch wenn die Nutzung der Turingmaschine sehr kompliziert anmutet, verfügt sie über eine wichtige Eigenschaft. Sie ist so universell, wie unsere modernen Computer und zugleich strukturell sehr einfach. Also stellt sie ein gutes Modell dar, um damit für jedes Programm vergleichbar festzustellen, welchen Aufwand es, abhängig von der Eingabelänge (also der gestellten Aufgabe) bedeutet, dieses auszuführen.

Es gibt einige Simulatoren und sogar sogenannte esoterische Programmiersprachen, die das Konzept der Turingmaschine umsetzen. Diese Programmiersprachen wollen die sogenannte „Turing-Vollständigkeit" mit möglichst wenigen Befehlen erreichen. Dabei beschreibt Turing-Vollständigkeit, dass jedes Programm, das auf einer Turingmaschine umgesetzt werden kann, auch mit der entsprechenden Programmiersprache implementiert werden kann. Das Konzept basiert auf der universellen Turingmaschine, welche eine Turingmaschine ist, die jede beliebige Turingmaschine simulieren kann. Eine dieser Programmiersprachen, die viele Konzepte der Turingmaschine aufgreift, heißt BrainFuck.

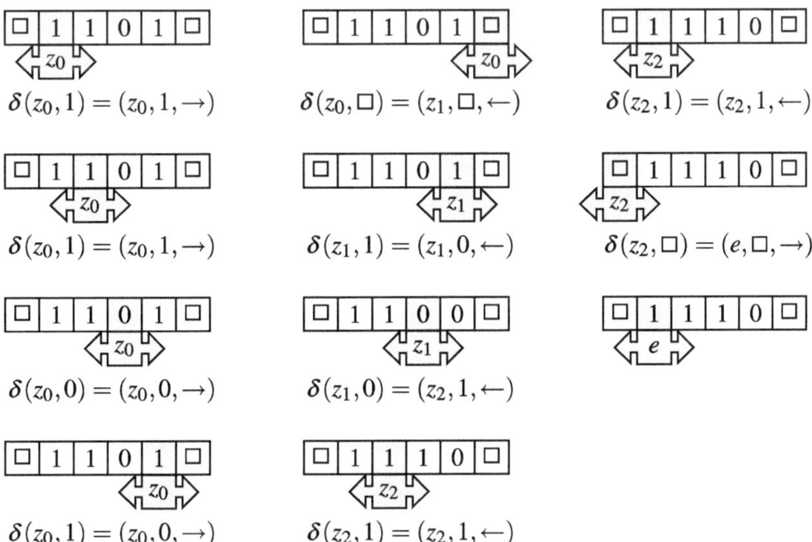

Abb. 1.6 Schritte der im Beispiel angegebenen Turingmaschine auf der binär kodierten Zahl 13

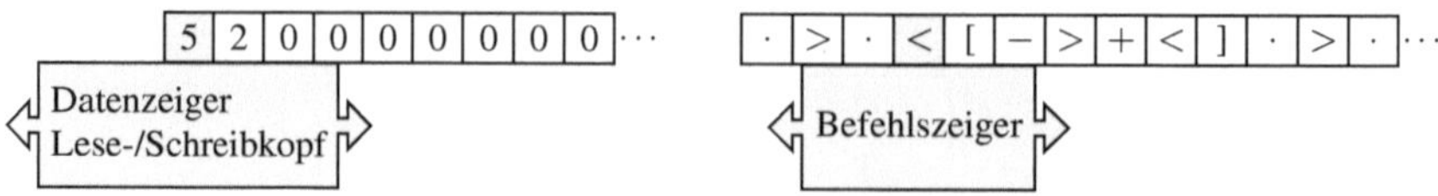

Abb. 1.7 Schematische Darstellung des Brainfuck-Maschinenkonzepts

Diese Sprache wurde 1993 von Urban Müller[2] entwickelt und umfasst nur acht Befehle. Wir wollen diese Sprache hier zur Veranschaulichung nutzen und auch zeigen, warum sie selten eingesetzt wird – wir werden sehen, der Name der Programmiersprache ist nicht zufällig gewählt.

In Abb. 1.7 ist das der Sprache zugrunde liegende Maschinenmodell schematisch dargestellt. Wie die Turingmaschine verfügt die Maschine über ein Datenband, auf dem gelesen und geschrieben wird. Ein Datenzeiger gibt die im Moment betrachtete Zelle an. Jede Zelle kann einen Byte-Wert aufnehmen, also eine Zahl zwischen 0 und 255. Der Programmcode besteht nun aus einer Zeichenkette von Befehlen. Da sich alle Befehle auf ein einziges Zeichen beschränken, kann jedes Zeichen des Programmcodes ebenfalls als eine Zelle betrachtet werden. Für den Programmcode gibt es ebenfalls einen Befehlszeiger, der angibt, an welcher Stelle sich die Maschine in der Programmbearbeitung befindet.

Der Befehlssatz selbst besteht (in Anlehnung an die Turingmaschine) aus wenigen Anweisungen. Es können nur die folgenden acht Zeichen mit der entsprechenden Semantik genutzt werden:

Befehl	Semantik
>	Bewege den Datenzeiger um eine Zelle nach rechts
<	Bewege den Datenzeiger um eine Zelle nach links
+	Addiere 1 zum Zellenwert, auf dem der Datenzeiger steht
−	Subtrahiere 1 vom Zellenwert, auf dem der Datenzeiger steht
.	Ausgabe des Zellenwertes, auf dem der Datenzeiger steht
,	Schreibe einen Eingabewert an die Datenzeigerposition
[	Wenn der Zellenwert an der Datenzeigerposition > 0, rücke den Befehlszeiger zum folgenden Befehl vor aus, ansonsten setze den Befehlszeiger hinter die zugehörige schließende Klammer]
]	Wenn der Zellenwert an der Datenzeigerposition > 0, setze den Befehlszeiger hinter die zugehörige öffnende Klammer [, ansonsten rücke den Befehlszeiger vor

Neben der an die Turingmaschine angelehnten Bewegung des Lese-/Schreibkopfes ist hier das Schreiben durch ausschließliche Addition und Subtraktion von 1 etwas vereinfacht. Zudem gibt es aber noch ein einfaches Befehlskonstrukt, um (geschachtelte) Schleifen zu realisieren, nämlich die Klammern. Diese Befehle sind ausreichend, um all

---

[2]http://www.muppetlabs.com/~breadbox/bf/.

jenes zu realisieren, was eine universelle Turingmaschine und damit auch jeder moderne Computer kann.

Beispiel 1.5 (Addition zweier Zahlen)

Für die Addition zweier Zahlen, die in den ersten beiden Zellen des Datenbandes stehen (inkl. Ausgabe der Startwerte und des Ergebnisses), können wir folgendes BrainFuck-Programm formulieren:

$$. > . < [->+<] . > .$$

Der Code gliedert sich in drei Teile, die Ausgabe der Zahlenwerte (.>.<), die eigentliche Addition ([->+<]) und die Ausgabe der Zellen als Ergebnis (.>.). Die Ausgabe der initialen Zahlenwerte muss gelesen werden als „Ausgabe der Zelle" → „Datenzeiger rechts" → „Ausgabe der Zelle" → „Datenzeiger links". Damit sind die Zellenwerte der ersten beiden Zellen ausgegeben und der Datenzeiger steht wieder auf der ersten Zelle.

Die Addition selbst verläuft in einer Schleife. Solange der Wert in der ersten Zelle > 0 ist, wird von dem Wert in dieser Zelle 1 abgezogen, der Datenzeiger nach rechts bewegt, auf den dann aktuellen Zellenwert (Zelle 2) eins addiert, der Datenzeiger wieder nach links bewegt und anschließend überprüft, ob der Zellenwert (Zelle 1) > 0 ist. Solange dies der Fall ist, wird hinter die öffnende Klammer gesprungen und dort fortgefahren. Wenn Zelle 1 den Wert 0 annimmt, wird die Schleife beendet und hinter die schließende Klammer gesprungen. Dann folgt die Ausgabe beider Zellen (analog zum ersten Teil).

Wir sehen bereits an dem einfachen Beispiel 1.5 der Addition zweier Zahlen, dass die Formulierung und erst recht die (menschliche) Interpretation des Programmcodes nicht einfach ist. Komplexere Programme werden sofort unglaublich schwierig nachzuvollziehen. Das folgende Beispiel 1.6 zeigt die Formulierung der Multiplikation zweier Zahlen. Eine genauere Betrachtung wird dem Leser als Übungsaufgabe belassen.

Beispiel 1.6 (Multiplikation zweier Zahlen)

Für die Multiplikation zweier Zahlen, die in den ersten beiden Zellen des Datenbandes stehen, können wir folgendes BrainFuck-Programm formulieren:

$$. > . < [> [> + > + << -] >> [<< + >> -] <<< -]. > . > .$$

Dabei ist wieder eine Ausgabe der ersten beiden Bandzellen vor und der ersten drei Bandzellen nach der eigentlichen Multiplikation angefügt. Als Hinweis für die eigene Überlegung, wie dieses Programm funktionieren mag, sei gesagt, dass für die

Berechnung tatsächlich vier Zellen benötigt werden. In der dritten Zelle wird das Ergebnis gespeichert, die vierte Zelle fungiert als Zwischenspeicher für den Faktor in Zelle 2.

1.4.2 Algorithmische Zeitkomplexität und das O-Kalkül

Der Grund, warum wir uns mit Maschinenmodellen überhaupt beschäftigen, ist, dass wir nur mit einem einheitlichen Maschinenmodell die Komplexität von Algorithmen abhängig von der Eingabe des Algorithmus erfassen können. Es ist zwar intuitiv klar, dass ein Algorithmus für eine umfangreiche Eingabe, also etwa viele Elemente, die sortiert werden müssen, länger benötigt, als für eine kleine Eingabe. Trotz dieses „Gefühls" können wir es mathematisch bisher nicht ohne weiteres ausdrücken.

Beispiel 1.7 (Anzahl von algorithmischen Schritten)
Wir können zuerst einige Überlegungen am Beispiel 1.5 der Addition mit BrainFuck anstellen. Hier besteht die Eingabe aus zwei Zahlen in den Zellen 1 und 2. Wir haben beobachtet, dass, solange keine 0 in Zelle 1 steht, der Wert in Zelle 1 um 1 reduziert und jener in Zelle 2 um 1 erhöht wird. Das bedeutet, die Laufzeit des Algorithmus zur Addition der beiden Zahlen hängt insbesondere von der Größe der Zahl in Zelle 1 ab. Diese Größe der Zahl können wir als Eingabelänge betrachten.

Einige Experimente mit der Addition in BrainFuck liefern folgende Daten (x steht für eine beliebige Zahl in der zweiten Zelle):

Operation	Anzahl Programmschritte
$1 + x$	13
$3 + x$	23
$5 + x$	33
$6 + x$	38
$7 + x$	43
$8 + x$	48

Interpretieren wir diesen Zusammenhang grafisch, so können wir die Rechenschritte gegen den ersten Summanden (Inhalt von Zelle 1) abtragen. Es ergibt sich die folgende Abbildung:

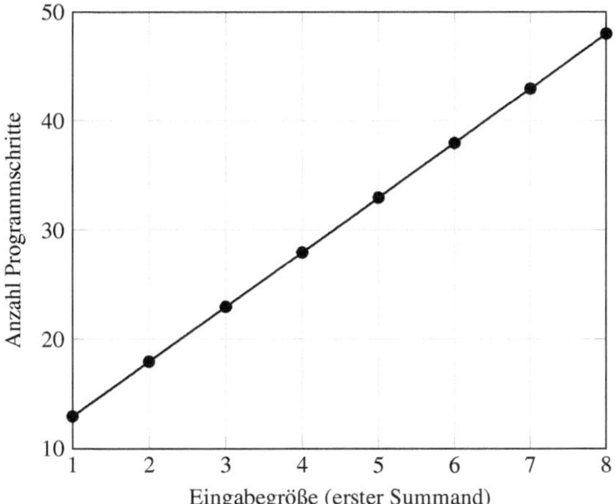

Auswertung der Laufzeit der Addition in BrainFuck bzgl. der Eingabegröße des ersten Summanden

Die Betrachtung zeigt, dass es offenbar einen funktionalen Zusammenhang zwischen der Eingabegröße des Algorithmus und der Laufzeit des Algorithmus gibt. Hier ist dieser deutlich zu erkennen. Wir können ihn sogar exakt als Funktion $f(n) = 5n + 8$ formulieren, wobei n der erste Summand ist. Der konstante Term ergibt sich durch die Ausgabebefehle, die immer ausgeführt werden, selbst wenn keine Addition stattfindet.

Es ist jedoch nicht immer so einfach, die Laufzeit eines Algorithmus mathematisch (exakt) zu erfassen. Nehmen wir an, wir haben eine Sequenz von n Zahlen, die sortiert werden sollen. Sind diese Zahlen bereits (zufälligerweise) sortiert, so durchlaufen wir alle Zahlen und stellen fest, dass keine Umsortierung notwendig ist. Dies bedeutet, wir betrachten jede Zahl genau einmal. Im Grunde brauchen wir dazu n Schritte.

Sind die Zahlen hingegen nicht sortiert, so müssen wir mehr Schritte ausführen. Wir müssen z. B. eine Zahl, die an der falschen Position steht, an die richtige Position bringen. Dies kann aber bedeuten, dass wir auf der Sequenz der Zahlen mehrmals vor- und zurücklaufen müssen, um diese Position zu finden. Ganz offensichtlich dauert das länger als n Schritte.

Allein diese Betrachtung zeigt uns, dass wir ganz verschiedene *Laufzeiten* für den gleichen Prozess oder Algorithmus, abhängig von der Eingabelänge haben. Genau können wir diese Laufzeit also in aller Regel nicht angeben. Trotzdem wäre es interessant, eine Mindestlaufzeit und eine maximale Laufzeit für alle Eingaben, egal wie sie zu Beginn des Algorithmus aussehen, anzugeben. Wir nennen diese Werte *untere Schranke* bzw. *obere Schranke* der Laufzeit. Zudem möchten wir das Laufzeitverhalten als eine Funktion $f(Eingabe)$ der Eingabe ausdrücken, so dass wir das Laufzeitverhalten des Algorithmus abhängig von der Eingabe voraussagen können. Wir suchen also tatsächlich eine Möglichkeit, eine obere und untere Grenze für den funktionalen Zusammenhang zwischen Eingabe und Laufzeitverhalten anzugeben. Diese Möglichkeit bietet das sogenannte O-Kalkül.

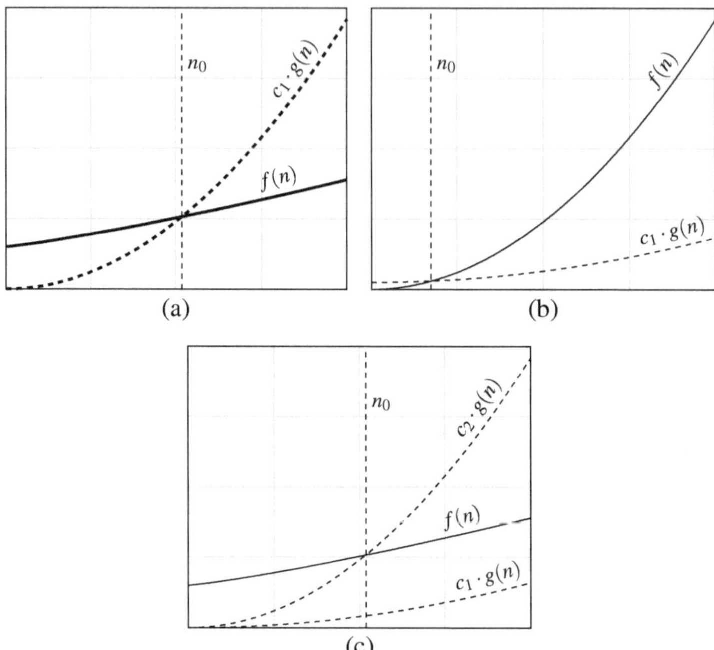

Abb. 1.8 Schematische Darstellung von oberer, unterer und asymptotisch exakter Schranke (von links nach rechts). (**a**) $f = O(g)$ (**b**) $f = \Omega(g)$ (**c**) $f = \Theta(g)$

Mit dessen Hilfe definieren wir asymptotische obere und untere Schranken für eine Funktion und legen so zwei wichtige Komplexitätsklassen fest.

▶ **Definition 1.8 (O-Notation, asymptotische obere Schranke)** Eine Funktion $f : \mathbb{N} \to \mathbb{R}^+$ gehört zur Komplexitätsklasse

$$O(g(n)),$$

wenn es eine Konstante $c \in \mathbb{R}^+$ und ein $n_0 \in \mathbb{N}$ gibt, so dass

$$f(n) \leq c \cdot g(n)$$

für alle $n \geq n_0$ gilt.

Wir sehen in Abb. 1.8 (links), was diese Definition bedeutet. Dort finden wir ein n_0, ab dem die Funktion $c \cdot g(n)$ für jedes n einen größeren Wert annimmt als die Funktion $f(n)$. Die Funktion $g(n)$ ist also die asymptotisch obere Schranke von $f(n)$. Das $O(\cdot)$ impliziert also eine gewisse Ungenauigkeit, die wir in der Abschätzung für die Komplexität akzeptieren.

Wir lassen das c unberücksichtigt und geben uns mit der Feststellung zufrieden, dass $f(n)$ höchstens so schnell wächst wie $g(n)$.

Analog können wir auch die untere Schranke definieren. Damit wir die Schranken nicht verwechseln, führen wir das Ω als Symbol für die Abschätzung ein. Für eine Visualisierung, siehe Abb. 1.8, Mitte.

▶ **Definition 1.9 (Ω-Notation, asymptotische untere Schranke)** Eine Funktion $f : \mathbb{N} \to \mathbb{R}^+$ gehört zur Komplexitätsklasse

$$\Omega(g(n)),$$

wenn es eine Konstante $c \in \mathbb{R}^+$ und ein $n_0 \in \mathbb{N}$ gibt, so dass

$$f(n) \geq c \cdot g(n)$$

für alle $n \geq n_0$ gilt.

Konsequenterweise können wir, wenn beide Schranken vorliegen, auch die Komplexitätsklasse der Kombination bilden. Wir sprechen dann hier von einer asymptotisch exakten Schranke, eigentlich einem exakten Schlauch von unterer und oberer Schranke, der durch eine einzige Funktion entsteht und nur durch verschiedene Konstanten c_1 und c_2 die Funktion f einschließt.

▶ **Definition 1.10 (Θ-Notation, asymptotische exakte Schranke)** Eine Funktion $f : \mathbb{N} \to \mathbb{R}^+$ gehört zur Komplexitätsklasse

$$\Theta(g(n)),$$

wenn f sowohl in $O(g(n))$ wie auch in $\Omega(g(n))$ liegt.

Mit dieser Notation können wir die Laufzeit von Algorithmen asymptotisch ausdrücken. Man ist tatsächlich nicht an den exakten Werten interessiert, sondern nur an einem asymptotischen Verhalten. Wir sollten noch Folgendes beachten: Untere und obere Schranken geben einen Korridor vor, in dem sich das Verhalten eines Algorithmus funktional abbilden lässt. Es ist wichtig, gute Schranken anzugeben, also möglichst kleine obere Schranken und möglichst große untere Schranken. Je weiter eine Schranke vom tatsächlichen Verhalten abweicht, desto weniger sagt sie aus. Am meisten sagt also die asymptotisch exakte Schranke aus, da $g(n)$ für die obere und die untere Schranke gleich ist.

Für die Laufzeit von Algorithmen finden wir eine so exakte Schranke oftmals nicht. Deshalb geben wir uns zumeist mit einer „guten" oberen Schranke zufrieden. Diese hat auch eine wichtige Aussage: Wir wissen daraus, wie viel Zeit der Algorithmus höchstens, also im sogenannten „schlechtesten Falle" (worst case) benötigt.

Beispiel 1.11 (O-Notation)

Betrachten wir beispielhaft einige Abschätzungen mit der O-Notation für verschiedene Algorithmen. Wir betrachten nur obere Grenzen:

- **f $\in$ O(1)**: Die Laufzeit ist konstant. Der Zugriff auf ein bestimmtes Register oder Feld ist von den Kosten beschränkt und unabhängig von der Eingabelänge.
- **f $\in$ O(log n)**: Die Laufzeit ist ungefähr logarithmisch. Das Suchen auf einer sortierten Sequenz der Länge n ist durch diese Laufzeit beschränkt (binäre Suche).
- **f $\in$ O(n)**: Die Laufzeit ist linear beschränkt. Der elementweise Durchlauf durch eine Eingabe der Länge n benötigt diese Laufzeit.
- **f $\in$ O(n log n)**: Mehr als lineares Wachstum. Effiziente Sortieralgorithmen (Merge-Sort) benötigen höchstens diese Laufzeit, um eine beliebige Sequenz zu sortieren.
- **f $\in$ O(n^2)**: Die Laufzeit ist durch ein quadratisches Polynom begrenzt. Weniger effiziente Sortieralgorithmen (InsertionSort) benötigen diese Laufzeit.
- **f $\in$ O(2^n)**: Exponentielle Laufzeit. Aufzählungsverfahren (z. B. Rucksackproblem) benötigen diese Laufzeit.
- **f $\in$ O(n!)**: Faktorielle Laufzeit. Aufzählungsverfahren für das Traveling Salesman Problem oder verschiedene Schedulingprobleme benötigen diese Laufzeit.

1.4.3 Komplexitätsklassen: P, NP und NP-Vollständigkeit

Mit der vorherigen Diskussion der Laufzeitkomplexität können wir uns nun der allgemeinen Beschreibung der „Schwere" von Problemen nähern.

Am Anfang der Diskussion steht die Einsicht der Informatik, dass es für einige Probleme effiziente Algorithmen gibt und für andere Probleme solche Algorithmen jedoch noch nicht gefunden wurden. Effizienz bedeutet in diesem Zusammenhang, dass die Algorithmen in der Lage sind, eine optimale Lösung für ein gegebenes Problem mit der Eingabelänge n in polynomiell begrenzter Laufzeit, also einer Laufzeit $O(p(n))$ zu finden, wobei $p(n)$ ein Polynom k-ten Grades von n ist.

Es ist natürlich ein Ziel der Algorithmenentwicklung, für Optimierungsprobleme effiziente Lösungsstrategien zu finden. Sinnvollerweise fragen wir vor der Entwicklung eines effizienten Lösungsansatzes danach, ob dieser überhaupt existieren kann. Dazu benötigen wir die Information über die Komplexität des Optimierungsproblems.

1.4.3.1 Entscheidungsproblem und Sprachen

Jedes Optimierungsproblem kann in eine Menge wiederholt gelöster Entscheidungsprobleme umgewandelt werden. So können wir das Optimierungsproblem aus Abschn. 1.2.1, nämlich die Suche des Handlungsreisenden nach der kürzesten Rundtour, auch in die folgende Frage umwandeln:

„Gibt es eine Rundtour, für die die Tourlänge $\leq \varphi$ gilt?",

wobei diese Frage mit verschiedenen Werten von φ wiederholt ausgewertet wird, bis das kleinste φ gefunden wurde. Somit gibt es je nach Wahl des Wertes φ für diese Frage sogenannte Ja- und Nein-Instanzen, die das Entscheidungsproblem entweder positiv oder negativ beantworten.

▶ **Definition 1.12 (Entscheidungsproblem)** Ein Entscheidungsproblem E besteht aus einer Menge von Instanzen E^I und einer Menge E^+, der Menge der Ja-Instanzen. Es gilt $E^+ \subseteq E^I$.

Der Begriff des Entscheidungsproblems ist nun in der Informatik stark mit dem Begriff der formalen Sprache verbunden. Beide sind die Grundlage für die Berechenbarkeit und auch für die Komplexität.

▶ **Definition 1.13 (Sprache)** Wir definieren folgende Begriffe:

- Ein *Alphabet* ist eine Menge von Zeichen/Symbolen.
- Ein *Wort* ist eine (endliche) Aneinanderreihung von Elementen des Alphabets.
- Eine *Sprache* ist eine Teilmenge von Worten über einem Alphabet.

Es ist intuitiv klar, wie eine Sprache aufgebaut ist. Betrachten wir die deutsche Sprache, so existieren 26 Buchstaben plus Umlaute, aus denen theoretisch beliebige Zeichenketten (also Worte) erzeugt werden können. Es ist jedoch nicht jede beliebige Zeichenkette als Wort akzeptiert. Eine gute Grundlage für zulässige Worte bietet der Duden. Dort steht festgeschrieben, welche Teilmenge aller endlichen Worte über unserem Alphabet die deutsche Sprache ausmachen.

Andersherum, können wir nun für ein gegebenes Wort über dem üblichen Alphabet dasjenige Entscheidungsproblem definieren, festzustellen, ob ein Wort, also eine Aneinanderreihung von Buchstaben Teil der deutschen Sprache ist. Damit ist jedes endliche theoretische Wort über dem Buchstabenalphabet eine Instanz aus E^I für das Entscheidungsproblem. Worte, die im Duden stehen, gehören dann zu der Menge E^+ der Ja-Instanzen.

Es ist nun noch wichtig festzuhalten, dass sich jedes Entscheidungsproblem als Sprache über einem Alphabet mit mindestens zwei Symbolen/Buchstaben darstellen lässt (binär oder sogar unär mit Trennzeichen).

1.4.3.2 Komplexität von Problemen

Betrachtet man ein Entscheidungsproblem im Konzept der formalen Sprache, so muss doch nach wie vor ein Lösungsverfahren entwickelt werden, das das Entscheidungsproblem löst, also feststellt, ob eine Instanz Ja-Instanz ist oder nicht. Dazu soll im Allgemeinen ein Computer eingesetzt werden und nun kommen unsere Vorüberlegungen zur Laufzeitkomplexität von Algorithmen ins Spiel.

Als Laufzeiten für die Deterministische Turingmaschine (DTM), so wie wir sie definiert haben, unterscheidet man grob zwischen:

- *Polynomieller Laufzeit*, wenn die Laufzeit in der Größenordnung eines Polynoms abhängig von der Eingabelänge n ausgedrückt werden kann.
- *Mindestens exponentieller Laufzeit*, wenn die Laufzeit mindestens exponentiell von der Eingabelänge n abhängt.

Darauf basierend können wir nun die *Klasse* P der polynomiell lösbaren Probleme definieren. Diese Klasse enthält jene Entscheidungsprobleme, für die es eine DTM gibt, auf der das Lösungsverfahren nur eine polynomielle Laufzeit benötigt, um es korrekt zu lösen.

Im Gegensatz zur DTM kennt die Informatik noch ein etwas abgewandeltes Konzept der Turingmaschine, die mit Hilfe eines Kunstgriffs in der Lage ist, auch Probleme mit exponentieller Laufzeit in polynomieller Laufzeit zu entscheiden. Diese sogenannte *nichtdeterministische Turingmaschine* (NDTM) verfügt über eine besondere Eigenschaft: Sie rät die richtige Lösung auf magische Weise (im Sinne eines Orakels). Danach kann sie, wie die deterministische Turingmaschine, die Korrektheit der Lösung in polynomieller Zeit überprüfen.

Beispiel 1.14 (DTM und NDTM)

Zur Bedeutung der zuvor getroffenen Unterscheidung zwischen einer DTM und einer NDTM betrachten wir nochmal die Ausgangsfrage im Handlungsreisenden-Kontext: Gibt es eine Tour, für die die Tourlänge $\leq \varphi$ ist? Für eine gegebene Instanz (also eine Sequenz von n Städten) ist nun herauszufinden, ob die Frage mit „Ja" oder „Nein" entschieden werden kann. Da es einfach ist, die Tourlänge für eine gegebene Tour zu bestimmen, sind wir sicher, den entsprechenden Wert in polynomieller Zeit, ja sogar in linearer Zeit, ausrechnen zu können.

Die Frage ist also nur noch: Wie kommen wir an eine Tour, die eine Ja-Instanz ist (das ist ja auch Teil der ursprünglichen Frage)? Ohne zu weit vorzugreifen, können wir hier schon mal verraten, dass bisher kein Weg gefunden wurde, eine solche Ja-Instanz immer in polynomieller Zeit algorithmisch zu bestimmen. Es reicht also keine DTM zur Lösung des Entscheidungsproblems in polynomieller Laufzeit. Eine NDTM kann die richtige Lösung jedoch raten und schließlich wie die DTM die Lösung in polynomieller Zeit verifizieren. Wir sollten dabei im Hinterkopf behalten, dass die NDTM natürlich nicht gebaut werden kann.

Abb. 1.9 Venn-Diagramm,
dass den Zusammenhang der
Komplexitätsklassen P und NP
darstellt und zudem
NP-schwere Probleme und
NP-vollständige Probleme
identifiziert

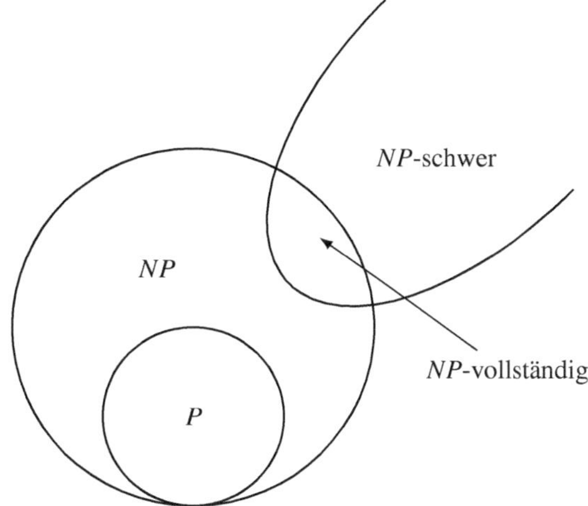

Probleme, die mit einer NDTM in polynomieller Zeit entschieden werden können, gehören zur *Klasse* NP. Daraus ergibt sich offenbar, dass die Klasse P in der Klasse NP enthalten ist, siehe Abb. 1.9. Jede NDTM löst natürlich auch Probleme aus P in polynomieller Zeit.

Wir erkennen in dieser Teilmengenbeziehung direkt ein gewisses Potential zur Generalisierung. Wenn wir zwei Entscheidungsprobleme E_1 und E_2 betrachten, dann können wir das Problem E_1 auf E_2 *reduzieren*, wenn es eine DTM gibt, die jede Instanz von E_1 in eine Instanz von E_2 verwandelt. Es muss zusätzlich gelten, dass jede Instanz genau dann eine Ja-Instanz von E_1 ist, wenn eine umgewandelte Instanz eine Ja-Instanz in E_2 ist. Zusätzlich muss die Umwandlung in polynomieller Zeit erfolgen.

Dieses Konzept der *Reduktion* bedeutet, dass, wenn E_1 auf E_2 reduziert werden kann, das Verfahren, das E_2 effizient (also in polynomieller Zeit) löst, auch E_1 effizient lösen kann, also genereller ist. Kann nun E_2 mit einer DTM effizient gelöst werden, so wissen wir, dass auch E_1 mit einer DTM effizient gelöst werden kann, also höchstens die Komplexität von E_2 besitzt.

Andererseits können wir schließen, dass wenn E_1 nur durch eine NDTM effizient gelöst werden kann (mit einer DTM exponentielle Laufzeitkomplexität aufweist) und wir dieses Problem auf E_2 reduzieren können, wir dann für die effiziente Lösung von E_2 ebenfalls mindestens eine NDTM benötigen.

Zum Abschluss unserer kurzen Komplexitätsbetrachtung führen wir (auch basierend auf dem Konzept der Reduktion) noch zwei weitere Begriffe ein. Wir bezeichnen ein Entscheidungsproblem, auf das sich alle Probleme aus der Klasse NP in polynomieller Zeit reduzieren lassen als *NP-schwer*. Ist ein Problem zugleich NP-schwer und Bestandteil von NP, so wird es als *NP-vollständig* bezeichnet, siehe auch Abb. 1.9. Die NP-vollständigen Probleme sind, wenn man so will, die schwersten Probleme aus der Klasse NP. Eines dieser Probleme haben wir die ganze Zeit beispielhaft betrachtet, das Traveling Salesperson Problem (TSP).

Beispiel 1.15

Beispiele für NP-vollständige Probleme sind

- das Rucksackproblem: Eine Beschreibung findet sich in Beispiel 1.2.
- das Hamiltonkreisproblem: Eine Definition des Hamiltonkreises findet sich später in Definition 2.43 und eine Diskussion des Problems im Anschluss daran.
- das Traveling Salesperson Problem (TSP): Eine Beschreibung und ein Vorgehen zur optimalen aber nicht effizienten Lösung findet sich in Abschn. 2.3.5. Hier zeigen wir die Komplexität des TSP auch mit einer Reduktion des Hamiltonkreisproblems auf das TSP.

Ein Beispiel für ein NP-schweres aber nicht NP-vollständiges Problem ist das sogenannte Halteproblem. Es beschreibt informell gesprochen die Aufgabe herauszufinden, ob ein gegebener Algorithmus oder Programmcode, wenn er zur Ausführung gebracht wird, terminiert. Dies bedeutet also, dass wir nicht grundsätzlich automatisch entscheiden können, ob ein Algorithmus in eine Endlosschleife gelangen kann oder nicht (Unentscheidbarkeit).

1.5 Zusammenfassung des Kapitels

Wir fassen hier noch einmal kurz zusammen, was wir bisher über Optimierungsprobleme gelernt haben und welche Dinge wichtig sind.

- Wir haben den Begriff des Optimierungsproblems kennengelernt und festgestellt, dass solche Probleme durch Parameter, Zielfunktion(en) und Randbedingungen charakterisierbar sind. Außerdem haben wir den Begriff des Algorithmus kennengelernt, um iterative oder maschinengestützte Lösungsverfahren einheitlich zu bezeichnen.
- Wir haben die Äquivalenz von Minimierungs- und Maximierungsproblemen kennengelernt und diese als Dualitätsprinzip bezeichnet.
- Wir haben einige einfache und schwere Optimierungsprobleme kennengelernt und den Begriff der Modellierung näher beleuchtet.
- Wir haben gelernt, dass Probleme unterschiedliche Komplexität haben und, basierend auf dem Modell der Turingmaschine, die Laufzeitkomplexität und davon wiederum ausgehend die Problemkomplexität betrachtet. Wir sind nun in der Lage, einfache und schwere Probleme konkret zu benennen.

Aufgaben

1.1. Ordnen Sie die folgenden Funktion aufsteigend bzgl. ihrer Größenordnung:

$$f_1 = \log(3n!),\ f_2 = n^4 - 3n,\ f_3 = n!,\ f_4 = n\log(n)^2 + 72n,\ f_5 = 14n,\ f_6 = 4n^{n-1}.$$

1.2. Zeigen Sie: $4^n = O(n!)$

1.3. Zeigen Sie, dass für Funktionen $f, g, h : \mathbb{N} \to \mathbb{R}^+$ die folgenden Eigenschaften gelten:

(a) $f \in \Theta(f)$
(b) $f \in \Theta(g) \Rightarrow g \in \Theta(f)$
(c) $f \in \Theta(g) \vee g \in \Theta(h) \Rightarrow f \in \Theta(h)$

1.4. Zeigen Sie: $\log(n!) = O(n\log(n))$.

1.5. Konstruieren Sie eine Turingmaschine, die eine binäre Zeichenkette, d. h. eine Zeichenkette über dem Alphabet $\Sigma = \{0, 1\}$ invertiert.
   Beispiel: aus 1 0 0 1 0 0 1 wird 0 1 1 0 1 1 0.
   Der Lese-/Schreibkopf stehe zu Beginn auf dem ersten Element der Eingabe und am Ende der Operation ebenfalls auf dem ersten Element der Ausgabe.
   Wenden Sie nach Konstruktion der Turingmaschine diese auf die Zeichenkette 1 0 1 0 an und zeigen Sie die einzelnen Schritte und Übergänge.

1.6. In dieser Aufgabe soll es darum gehen, ein Programm zur Berechnung der Summe der ersten n natürlichen Zahlen in Brainfuck zu schreiben. Lesen Sie hierzu als ersten Schritt mittels ',' eine natürliche Zahl in die erste Byte-Zelle des Datenbandes ein.

Graphen und Bäume

2

Zusammenfassung

Das Kapitel betrachtet Graphen und Bäume (als spezielle Klasse) zweigeteilt: einerseits als Datenstruktur zur Modellierung von Optimierungsproblemen, auf die ein Optimierungsverfahren angewandt wird (kürzeste Wege, Flussprobleme), andererseits als strukturgebende Elemente für die Konstruktion von Optimierungsverfahren selbst (Strukturierung des Suchraums, Branch & Bound-Verfahren). Beide Betrachtungsweisen machen zuerst eine Einführung von Notation und theoretischen Grundlagen notwendig. Danach werden einerseits auf Graphenstrukturen basierende Verfahren und andererseits graphentheoretische Optimierungsprobleme betrachtet.

Als Leonard Euler Mitte des 18. Jahrhunderts seine Arbeit „Solutio problematis ad geometriam situs pertinentis" [1] veröffentlichte, legte er damit, so wird allgemein berichtet, die Grundlage für die heutige Beschäftigung mit Graphen. Das Problem, das er damals untersuchte ist einfach.

Er betrachtete die Landkarte der Innenstadt von Königsberg (heute Kaliningrad) und fragte sich, ob es möglich sei, einen Rundgang oder auch nur einen Spaziergang[1] durch die vier am Fluss gelegenen Stadtteile Kneiphof, Löbenicht, Vorstadt und Lomse zu machen und dabei jede der sieben Altstadtbrücken genau ein einziges Mal zu überschreiten, also keine der Brücken doppelt zu nutzen oder auszulassen. Abb. 2.1 stellt die Stadtteile und Brücken in Form der Originalskizze von Euler dar. Diese Fragestellung ist heute als *Königsberger Brückenproblem* bekannt.

---

[1] Wir unterscheiden dies, da ein Rundgang verlangt, am Startort zu enden. Ein Spaziergang erfordert dies nicht.

© Springer Fachmedien Wiesbaden GmbH, ein Teil von Springer Nature 2018
C. Grimme, J. Bossek, *Einführung in die Optimierung*,
https://doi.org/10.1007/978-3-658-21151-6_2

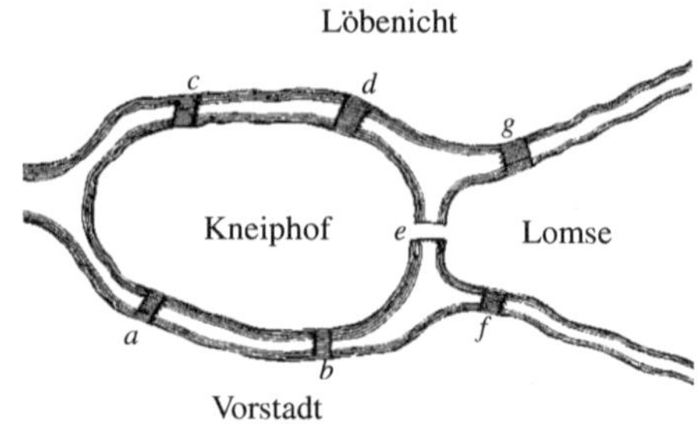

Abb. 2.1 Darstellung der Stadtteile von Königsberg und der Brücken über den Fluss Pregel (nach Originalskizze von Euler [1])

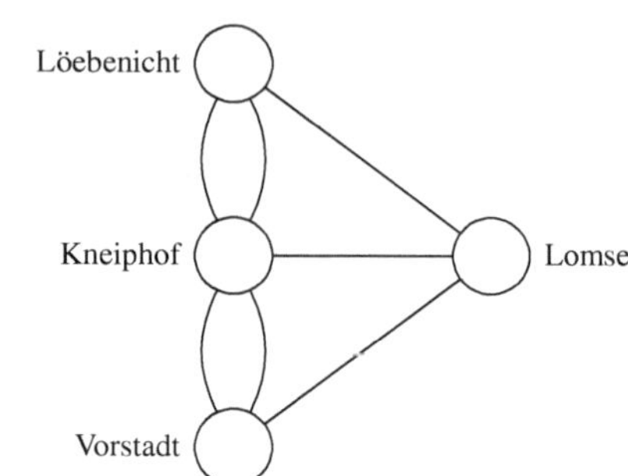

Abb. 2.2 Darstellung der Stadtteile von Königsberg und der Brücken über den Fluss Pregel als abstraktes Graphenmodell

Eulers Ansatz bestand in der abstrakten Modellierung der Problemstellung. Hierzu extrahierte er die relevanten Informationen aus der Landkarte: Das Einzige, das hier zur Problembeschreibung nötig ist, ist das Wissen über die Stadtteile und deren Verbindungen untereinander. Vereinfacht kann jeder Stadtteil als *Knoten* (engl. *vertex*) und jede Brücke als Verbindung zwischen den Stadtteilen als *Kante* (engl. *edge*) dargestellt werden, siehe Abb. 2.2.

Mit dieser Darstellung haben wir die wichtigsten Grundlagen für die Beschäftigung mit Graphen bereits gelegt. Bevor wir zum Königberger Brückenproblem zurückkehren, führen wir zuerst ein grundlegendes graphentheoretisches Vokabular ein. Nur vorab soviel: Euler verneinte die Fragestellung. Es ist nicht möglich, jede Brücke nur einmal zu passieren. Warum das so ist, dazu später mehr.

2.1 Graphen – Definitionen, Eigenschaften, Begriffe

Ausgehend von der oben eingeführten grafischen Darstellung und den ersten festgelegten Begriffen definieren wir Graphen.

▶ **Definition 2.1 (Graph)** Ein Graph ist ein 2-Tupel $G = (V, E)$. Dabei ist V eine nicht-leere, endliche Menge von *Knoten* (engl. *vertices*) und $E \subseteq V \times V$ eine Menge von *Kanten* (engl. *edges*) zwischen den Knoten.

▶ **Definition 2.2 (ungerichteter und gerichteter Graph)** Sei $G = (V, E)$ ein Graph. G heißt

- *ungerichtet*, wenn $e = \{v, w\} \in E$, wobei E eine Menge zwei-elementiger Teilmengen von V ist;
- *gerichtet*, wenn $e = (v, w) \in E \subseteq V \times V$ mit $v, w \in V$.

Die vorangegangene Definition bedarf weiterer Erklärung: Ein ungerichteter Graph besitzt also Kanten, die vollkommen richtungsunabhängig zwischen den Knoten verlaufen. Auf dieser Kante kann man von einem Knoten zum anderen wandern, oder anders herum. Sie werden, wie in unserem Brückenbeispiel, als Verbindungslinie zwischen Knoten gezeichnet. Gerichtete Graphen (manchmal auch Digraphen genannt) besitzen Kanten mit eindeutiger Richtung. Diese Kanten sind mit Einbahnstraßen zu vergleichen. Ein Wandern gegen die angegebene Richtung ist nicht erlaubt. Diese Kanten werden mit Richtungspfeilen versehen. Abb. 2.3 zeigt beispielhaft einen ungerichteten (links) und einen gerichteten Graphen (rechts).

In der graphischen Darstellung werden die Knoten wie im Königsberger Brücken-Beispiel durch Kreise, die Kanten durch Verbindungslinien gezeichnet. Die Knoten können wir, wenn nötig, zum besseren Verständnis beschriften. Möchten wir die Graphen aus Abb. 2.3 in Mengenschreibweise darstellen, so tun wir das wie folgt:

Beispiel 2.3 (ungerichteter Graph)

$$V = \{a, b, c, d, e, f\}$$

$$E = \{\{a, b\}, \{a, c\}, \{b, c\}, \{c, d\}, \{c, e\}, \{d, e\}, \{d, f\}\}$$

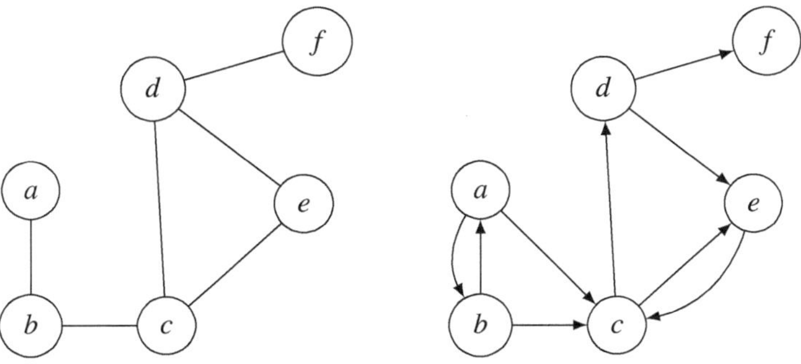

Abb. 2.3 Beispiele eines ungerichteten (links) und eines gerichteten Graphen (rechts)

Beispiel 2.4 (gerichteter Graph)

$$V = \{a, b, c, d, e, f\}$$

$$E = \{(a, b), (a, c), (b, a), (b, c), (c, d), (c, e), (d, e), (d, f), (e, c)\}$$

Grundsätzlich müssen wir bei der grafischen Darstellung eines Graphen berücksichtigen, dass diese nicht eindeutig ist. Man kann die Knoten natürlich beliebig anordnen, und auch beim Zeichnen der Kanten sind faktisch keine Grenzen gesetzt. Wir bemühen uns bei der Darstellung zwecks Übersicht stets – soweit möglich –, Überschneidungen von Kanten zu vermeiden.

Wir konzentrieren uns im Folgenden auf sog. *schlichte Graphen*.[2] Dies sind Graphen ohne Schlingen, also Kanten von einem Knoten $v \in V$ zu sich selbst und ohne Mehrfachkanten. Das heißt, mehrere parallele Kanten zwischen zwei Knoten sind ausgeschlossen. Ausnahmen von der Regel werden an gegebener Stelle vermerkt.

Es bleiben nun noch einige wichtige Begriffe, Notationen und Eigenschaften zu klären, die wir im Verlauf des Kapitels noch benötigen.

▶ **Definition 2.5 (Adjazenz/Inzidenz)**   Sei eine Kante $e = \{v, w\}$ in einem ungerichteten oder $e = (v, w)$ in einem gerichteten Graph gegeben. Wir sagen dann, dass e ihre Endpunkte v und w verbindet und sagen weiter, dass v und w *adjazent* bzw. *benachbart* sind. Außerdem nennen wir v und e (und ebenso w und e) *inzident*.

Beispiel 2.6 (Adjazenz/Inzidenz)

Betrachten wir den Graphen aus Beispiel 2.3, so sind etwa die Knoten a und b adjazent, da sie durch eine Kante verbunden sind. Die Knoten a und f sind hingegen nicht adjazent. Ebenso sind a und die Kante $\{a, b\}$ inzident. Der Knoten a und die Kante $\{d, f\}$ sind hingegen nicht inzident.

Die Menge bzw. Anzahl adjazenter Kanten bzw. Knoten ist oftmals von Interesse.

▶ **Definition 2.7 (Nachbarschaft)**   Sei $G = (V, E)$ ein Graph. Ist G ungerichtet, so heißt die Menge $N(v) = \{w \in V \mid \{v, w\} \in E\}$ die Nachbarschaft des Knotens v. Im Falle gerichteter Graphen unterscheidet man in Vorgängermenge $N^-(v) = \{w \in V \mid (w, v) \in E\}$ und Nachfolgermenge $N^+(v) = \{w \in V \mid (v, w) \in E\}$.

---

[2]Die Literatur ist sich bei der Bezeichnung nicht einig. Andere Autoren bezeichnen sie z. B. als *Graphen schlechthin*.

▶ **Definition 2.8 (Knotengrad)** Sei $G = (V, E)$ ein Graph. Im ungerichteten Fall bezeichnet der *Knotengrad* oder kurz *Grad* eines Knotens $v \in V$ die Anzahl der Nachbarn von v, d.h. $\delta(v) = |N(v)|$. Im gerichteten Fall spricht man entsprechend vom *Eingrad* $\delta^-(v) = |N^-(v)|$ bzw. *Ausgrad* $\delta^+(v) = |N^+(v)|$.

Beispiel 2.9 (Nachbarschaft und Knotengrad)

Im ungerichteten Graphen aus Beispiel 2.3 ist etwa $N(a) = \{b\}, \delta(a) = |N(a)| = 1$ und $N(g) = \{f, c, e\}, \delta(g) = 3$. Im gerichteten Fall 2.4 ist $N^-(c) = \{a, b, e\}$ und $N^+(c) = \{d, e\}$. Entsprechend ist der Eingrad $\delta^-(c) = 3$ und der Ausgrad $\delta^+(c) = 2$.

Wir nutzen die Definition der Adjazenz, um eine alternative und eher mathematische Darstellungsform für Graphen zu definieren.

▶ **Definition 2.10 (Adjazenzmatrix)** Eine Matrix $A = [a_{ij}]$ heißt *Adjazenzmatrix* und enthält Einträge a_{ij}, die angeben, ob die Kante zwischen $v_i \in V$ und $v_j \in V$ in der Menge E der Kanten eines Graphen $G = (V, E)$ enthalten ist. Ist die Kante enthalten, so gilt $a_{ij} = 1$, andernfalls gilt $a_{ij} = 0$.

Bemerkung 2.11. Für die Adjazenzmatrix $A = [a_{ij}]$ gilt,

- dass in ungerichteten Graphen $a_{ij} = a_{ji}$ ist. Deshalb reicht es, die obere oder untere Dreiecksmatrix anzugeben;
- dass die Hauptdiagonale immer mit 0 besetzt ist, wenn wir einen schlichten Graphen vorliegen haben;
- dass sie eine geeignete Datenstruktur für computergestützte Repräsentation von Graphen ist.

Beispiel 2.12 (Adjazenzmatrix)

Die Graphen in Abb. 2.3 können mit den folgenden Adjazenzmatrizen A_1 (ungerichtet) und A_2 (gerichtet) dargestellt werden.

$$A_1 = \begin{bmatrix} 0 & 1 & 1 & 0 & 0 & 0 \\ & 0 & 1 & 0 & 0 & 0 \\ & & 0 & 1 & 1 & 0 \\ & & & 0 & 1 & 1 \\ & & & & 0 & 0 \\ & & & & & 0 \end{bmatrix} \qquad A_2 = \begin{bmatrix} 0 & 1 & 1 & 0 & 0 & 0 \\ 1 & 0 & 1 & 0 & 0 & 0 \\ 0 & 0 & 0 & 1 & 1 & 0 \\ 0 & 0 & 0 & 0 & 1 & 1 \\ 0 & 0 & 1 & 0 & 0 & 0 \\ 0 & 0 & 0 & 0 & 0 & 0 \end{bmatrix}$$

Da A_1 einen gerichteten Graphen repräsentiert, ist nur die obere Dreiecksmatrix gegeben. Für eine vollständige Angabe aller Kanten im gerichteten Graphen muss A_2 voll besetzt sein.

In Vorbereitung auf die Nutzung von Graphen zur Repräsentation und Lösung von Optimierungsproblemen wollen wir noch einige weiterführende Konzepte einführen.

▶ **Definition 2.13 (Kantengewichtung)** Sei $G = (V, E)$ ein Graph. Dann beschreibt $g : E \to \mathbb{R}$ eine Gewichtungsfunktion, die jeder Kante aus E einen Kostenwert zuordnet. Ein kantengewichteter Graph wird auch als $G = (V, E, g)$ notiert.

Die Gewichtung einer Kante kann algorithmisch interpretiert werden, um etwa die Kosten für die Nutzung der durch die Kante gegebenen Verbindung zwischen zwei Knoten auszudrücken. Wenn wir die Knoten eines Graphen als Städte auf einer Landkarte interpretieren, so könnten die die Städte direkt verbindenden Kanten mit der euklidischen Distanz zwischen den Knoten, also mit der Entfernung zwischen den Städten, versehen werden. Dies kann dann algorithmisch zur Tourenplanung ausgenutzt werden. Im Sinne der Adjazenzmatrix können die Kosten anstelle der Einsen eingetragen werden. Eine solche Matrix wird dann auch Distanzmatrix genannt.

Beispiel 2.14 (Kantengewichtung)

In der folgenden Darstellung ist ein Graph mit Kantengewichtung dargestellt. Daneben findet sich die Darstellung des gewichteten Graphen in Form der Adjazenzmatrix.

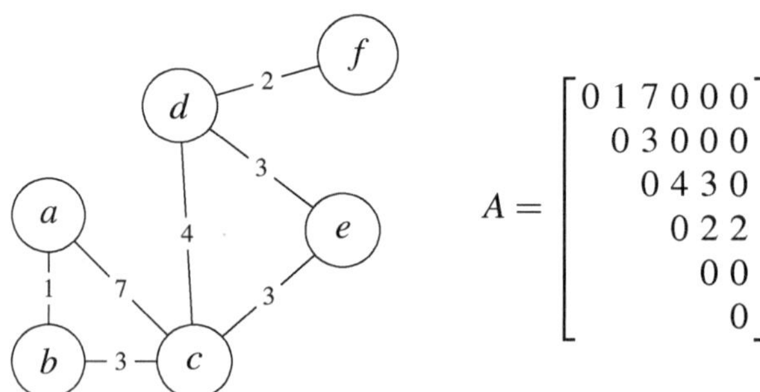

$$A = \begin{bmatrix} 0 & 1 & 7 & 0 & 0 & 0 \\ & 0 & 3 & 0 & 0 & 0 \\ & & 0 & 4 & 3 & 0 \\ & & & 0 & 2 & 2 \\ & & & & 0 & 0 \\ & & & & & 0 \end{bmatrix}$$

▶ **Definition 2.15 (Wege und Kreise im Graphen)** Sei $G = (V, E)$ ein Graph und $(e_1, \ldots, e_n)$ eine Folge von Kanten $e_i = \{v_{i-1}, v_i\} \in E$ bzw. $e_i = (v_{i-1}, v_i) \in E$ mit $i = 1, \ldots, n$ und $v_0, \ldots, v_n \in V$. Dann heißt diese Folge *Weg* von v_0 zu v_n durch den Graphen G. Gilt zudem $v_0 = v_n$, so sprechen wir von einem *geschlossenen Weg*. Sind in einem geschlossenen Weg die e_i der Folge paarweise verschieden, so wird sie als *Zyklus* bezeichnet. Sind in einem Zyklus (bis auf Anfangs-und Endkonten) alle Knoten verschieden, so nennen wir dies einen *Kreis*.

Beispiel 2.16 (Weg, Zyklus und Kreis)

In dem ungerichteten Graphen aus Abb. 2.3 beschreibt die Folge

$$(\{a, b\}, \{b, c\}, \{c, e\}, \{e, d\}, \{d, f\})$$

einen Weg von Knoten a nach Knoten f.

In dem ungerichteten Graphen aus Abb. 2.3 gibt die Folge

$$(\{c, e\}, \{c, d\}, \{d, f\}, \{d, f\}, \{d, e\})$$

einen geschlossenen Weg, jedoch keinen Zyklus oder Kreis an. Die Kante $\{d, f\}$ ist mehrfach in der Folge enthalten.

Im ungerichteten Graphen beschreibt die Folge

$$(\{a, b\}, \{b, c\}, \{c, e\}, \{e, d\}, \{d, c\}, \{c, a\})$$

eine Zyklus.

In dem gerichteten Graphen aus Abb. 2.3 beschreibt z. B. die Folge

$$((c, d), (d, e), (e, c))$$

einen Kreis.

▶ **Definition 2.17 (Zusammenhang)** Ein Digraph $G = (V, E)$ heißt

- *schwach zusammenhängend*, wenn es für den daraus konstruierbaren ungerichteten Graphen (also durch Vernachlässigung der Kantenrichtung) für jedes $v \in V$ einen Weg zu jedem $w \in V$ gibt;
- *stark zusammenhängend*, wenn jeder Knoten von jedem anderen Knoten aus über gerichtete Kanten erreichbar ist.

Für ungerichtete Graphen sprechen wir im Sinne des schwachen Zusammenhangs nur von einem *zusammenhängenden Graphen*. Ist die erste Bedingung nicht erfüllt, heißt der Graph *unzusammenhängend*.

Beispiel 2.18 (Zusammenhang von Graphen)
Die folgenden Beispiele illustrieren die Begrifflichkeit des Zusammenhangs:

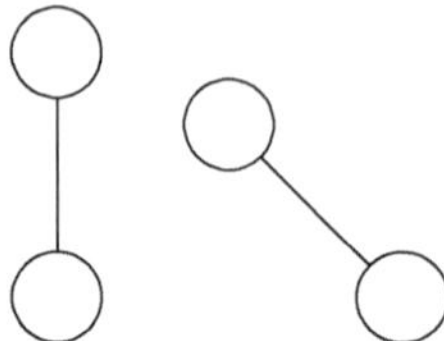

(a) Der ungerichtete Graph ist nicht zusammenhängend.

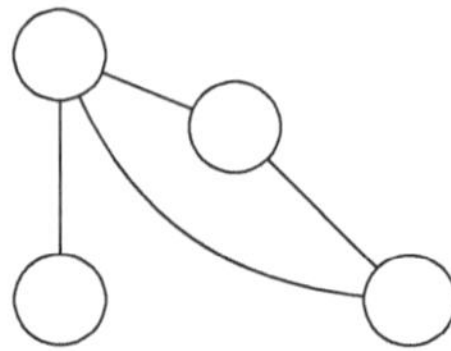

(b) Der ungerichtete Graph ist zusammenhängend.

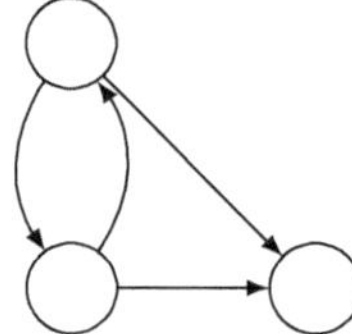

(c) Der gerichtete Graph ist schwach zusammenhängend.

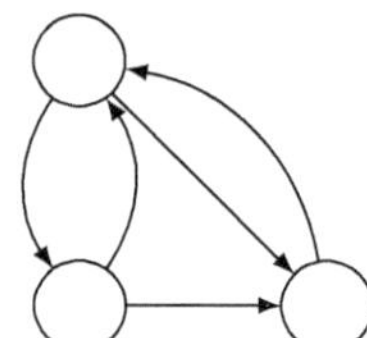

(d) Der gerichtete Graph ist stark zusammenhängend.

2.2   Bäume – Die ganz speziellen Graphen

Es gibt eine spezielle Klasse von Graphen, die in der Algorithmik und damit auch im Operations Research eine zentrale Rolle spielen: die sogenannten Bäume. Zu Beginn wollen wir direkt die formale Definition angeben.

▶ **Definition 2.19 (Baum)** Sei $G = (V, E)$ ein Graph. Sind zwei der folgenden Bedingungen erfüllt, gilt die dritte implizit:

1. G ist zusammenhängend.
2. $|V| = |E| + 1$.
3. G ist azyklisch, es gibt also keinen Kreis in G.

Wenn G die Bedingungen erfüllt, dann heißt G *Baum*.

Ähnlich wie sein natürliches Vorbild, ist der Baum also ein Graph, der sich von einer sogenannten *Wurzel* über *Äste* bis in die *Blätter* verzweigt. Die vorherige Definition informiert uns zugleich über drei wichtige Eigenschaften: Der Baum ist ein zusammenhängender Graph, der genau einen Knoten mehr als Kanten besitzt und keine Kreise aufweist.

In Abb. 2.4a finden wir ein Beispiel für einen ungerichteten Baum, also einen Baum, in dem die Kanten keine Richtung vorgeben. Abb. 2.4b hingegen zeigt einen Graphen, der einen Kreis aufweist und daher kein Baum ist. Bei genauerer Betrachtung des Beispiels

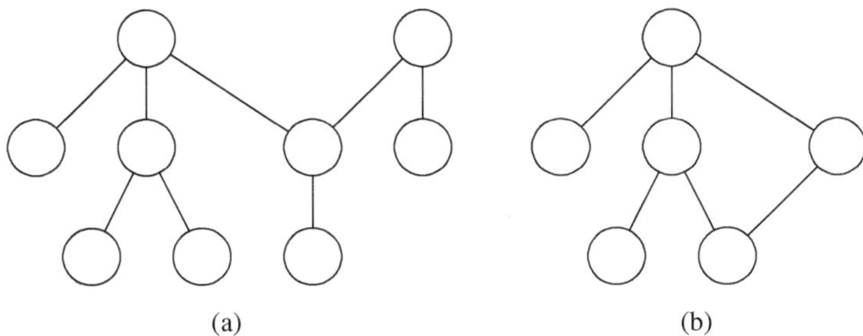

(a)   (b)

Abb. 2.4 Beispiele für einen Baum und eine Struktur, die keinen Baum darstellt. (**a**) Baum (**b**) kein Baum

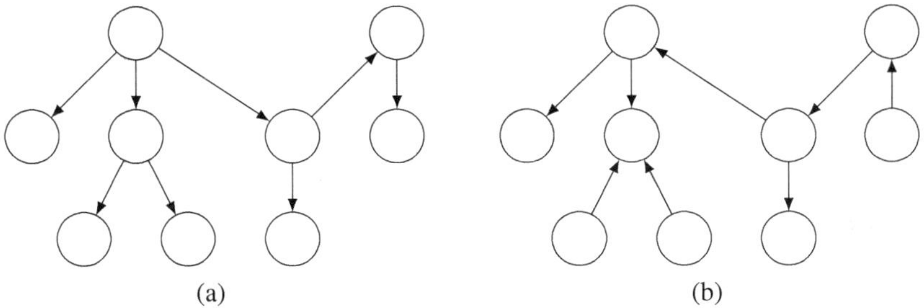

(a)   (b)

Abb. 2.5 Beispiele für einen gerichteten Baum und eine Struktur die keinen gerichteten Baum darstellt. (**a**) gerichteter Baum (**b**) kein gerichteter Baum

stellen wir außerdem fest, dass der Graph genau so viele Kanten wie Knoten aufweist. Auch dies widerspricht der Definition des Baumes.

Folgerung 2.20. Sei $G = (V, E)$ ein Baum. Entfernt man eine beliebige Kante aus E, so ist G anschließend unzusammenhängend.

Die Anzahl der Kanten eines Baumes sind also minimal im Bezug auf den Zusammenhang des Baumes. Mit weniger Kanten käme man nicht aus, um einen Baum zu konstruieren. Mehr Kanten benötigt man jedoch ebenfalls nicht, da sonst Kreise entstehen würden und damit die Baumeigenschaft verloren ginge.

▶ **Definition 2.21 (Gerichteter Baum)** Ein gerichteter Graph $G = (V, E)$ heißt gerichteter Baum, wenn der ungerichtete Baum von G ein Baum ist **und** G eine Wurzel besitzt, also einen Knoten, von dem aus alle anderen Knoten erreichbar sind.

Abb. 2.5 zeigt der Vollständigkeit halber Beispiele eines gerichteten Baumes (A) und eines gerichteten Graphen (B), der kein Baum ist. Obwohl der ungerichtete Graph von (B) ein Baum ist, besitzt der gerichtete Graph keine Wurzel.

Bäume besitzen in der Datenverarbeitung und Algorithmik einen besonderen Stellenwert. Oftmals werden Bäume zur hierarchischen Strukturierung von Daten verwendet, denken Sie etwa an einen Stammbaum oder Entscheidungsbäume. Andererseits sind sie vielfach Grundlage von Such- und Sortierverfahren. Auch bei der Konstruktion von Optimierungsalgorithmen spielen sie eine zentrale Rolle. Wir werden sie später in diesem Kapitel für die (meist) schnellere Lösung von Tourenplanungsproblemen mit dem Branch & Bound-Verfahren nutzen.

2.3 Optimierung auf und mit Bäumen und Graphen

Nachdem in den vorherigen Abschnitten nun viele Definitionen und Eigenschaften zu Graphen und Bäumen besprochen wurden, werfen wir nun einen Blick auf Optimierungsprobleme, die auf diesen Datenstrukturen gelöst werden, und auf Optimierungsverfahren, die die durch Graphen und Bäume eingeführte Strukturierung nutzen.

2.3.1 Minimale Spannbäume

Stellen wir uns verschiedene gegebene Knotenpunkte (z. B. Orte) vor, die untereinander mit Verbindungen (z. B. Straßen) vernetzt werden sollen. Natürlich soll nicht jeder Ort mit jedem anderen direkt verbunden werden. Der Aufwand für eine solche vollständige Vernetzung im Straßenbau würde unglaubliche Kosten nach sich ziehen, wenn es zwischen jeweils zwei Orten eine direkte und exklusive Verbindung gäbe. Es soll also (im Sinne unserer Baumdefinition 2.19) jeder Knoten von jedem anderen Knoten über genau einen Weg erreichbar sein und wir gehen davon aus, dass man die Kanten des Graphen in beide Richtungen befahren kann, also ein ungerichteter Baum vorliegt. Aus Sicht des kostengünstigen Straßenbaus ergibt es dann keinen Sinn, einen Kreis zuzulassen. Zusammengefasst: Wir suchen also einen Baum, der alle Knoten enthält und dessen Kanten möglichst kosteneffizient gewählt sind. Einen solchen Baum nennen wir *minimalen Spannbaum* eines Graphen.

► **Definition 2.22 (Minimaler Spannbaum)** Sei $G = (V, E)$ ein ungerichteter Graph und $g : E \rightarrow \mathbb{R}$ mit $g(e) \geq 0$ eine Kantengewichtung für G. Dann heißt ein Baum $G' = (V, E^* \subseteq E)$ mit $\sum_{e \in E^*} g(e) \overset{!}{=} \min$ minimaler Spannbaum von G.

Die Bestimmung eines solchen Spannbaumes ist ein einfaches Problem. Wir können in diesem Falle „gierig" vorgehen (engl. Greedy-Algorithmus). Die einfache Vorschrift für das sukzessive Erstellen des Spannbaumes lautet:

Füge eine Kante des Graphen G zum Baum hinzu, wenn sie unter den noch nicht hinzugefügten Kanten minimale Kosten aufweist und im Baum keinen Kreis schließt.

Dieser sogenannte *Algorithmus von Kruskal* kann auch formal in Pseudo-Code ausgedrückt werden:

Algorithmus 2.1 Algorithmus von Kruskal

Eingabe: $G = (V, E, g)$ ungerichteter, zusammenhängender, gewichteter Graph
 1: $E^* = \emptyset$
 2: $L = E$
 3: Sortiere L nach den Gewichtungen aufsteigend
 4: **for all** $e \in L$ **do**
 5:     wähle $e \in L$ mit minimalem Kantengewicht
 6:     entferne Kante e aus L
 7:     füge e in E^* ein
 8:     **if** $G(V, E^*)$ enthält Kreis **then**
 9:         entferne Kante e aus E^*
10:     **end if**
11: **end for**

Der Algorithmus wird mit einer leeren Kantenmenge des Spannbaumes initialisiert
(Zeile 1). Die Kanten des Ausgangsgraphen werden in die Liste L kopiert (Zeile 2) und
L im Anschluss sortiert (Zeile 3). Danach wird in einer Schleife (Zeilen 4–11) für jede
Kante aus der sortierten Liste geprüft, ob die Kante einen Kreis im Spannbaum schließt.
Ist dies der Fall, wird sie wieder aus E^* entfernt. E^* enthält schließlich alle Kanten des
minimalen Spannbaums.

Beispiel 2.23 (Kruskal-Algorithmus)

Wir betrachten anhand eines grafischen Beispiels, wie der minimale Spannbaum in
einem Graphen mit Hilfe des Kruskal-Algorithmus bestimmt wird. Dabei fassen wir
das Hinzufügen gleichwertiger Kanten in einem Schritt zusammen.

Der gegebene ungerichtete und gewichtete Graph verfügt über 10 Knoten und 15
Kanten.

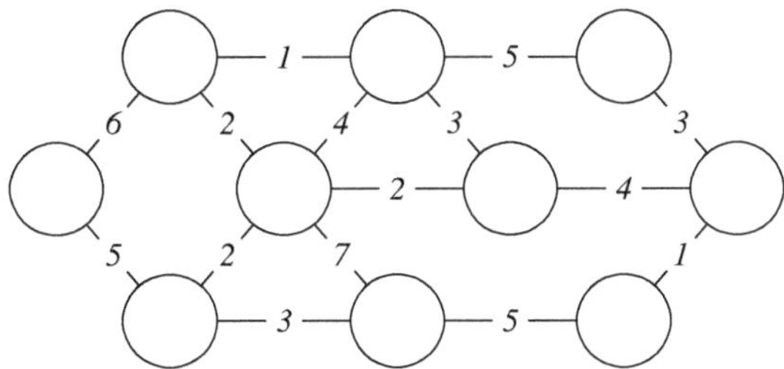

Es werden die Kanten mit geringster Gewichtung (1) nacheinander markiert und im
weiteren nicht mehr berücksichtigt.

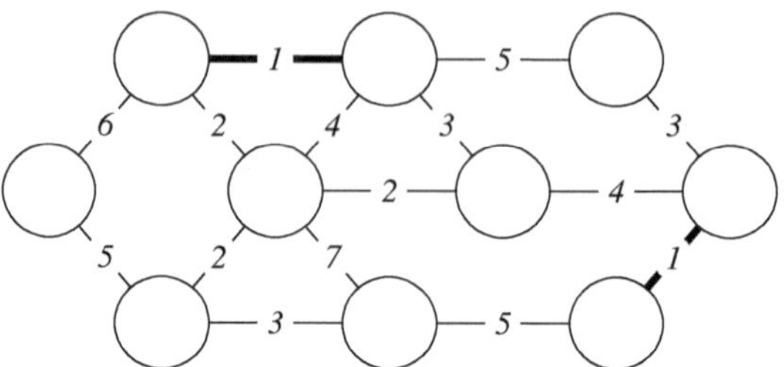

Die verbleibenden, am geringsten bewerteten Kanten mit Gewichtung 2 werden nacheinander hinzugefügt und anschließend nicht mehr berücksichtigt.

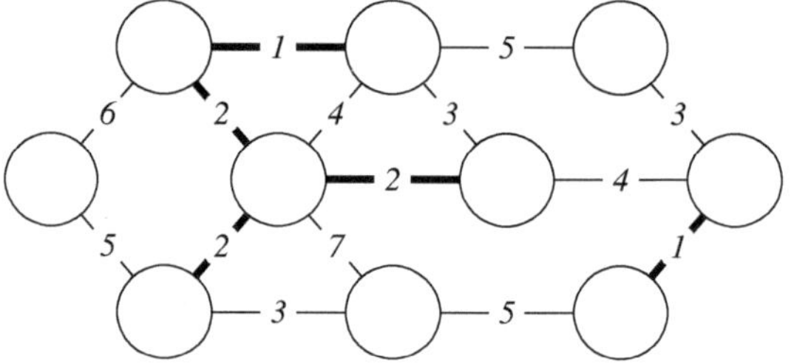

In diesem Schritt können nur zwei Kanten mit Gewicht 3 eingefügt berücksichtigt werden. Die übrige Kante würde einen Kreis schließen.

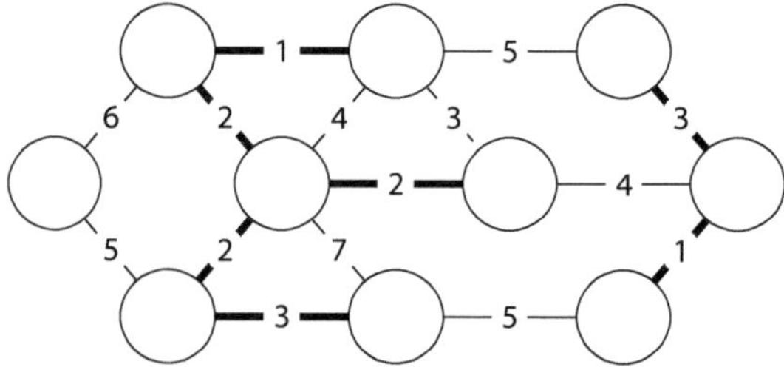

Es kann nur eine der Kanten mit Gewicht 4 hinzugefügt werden. Die andere Kante würde einen Kreis schließen.

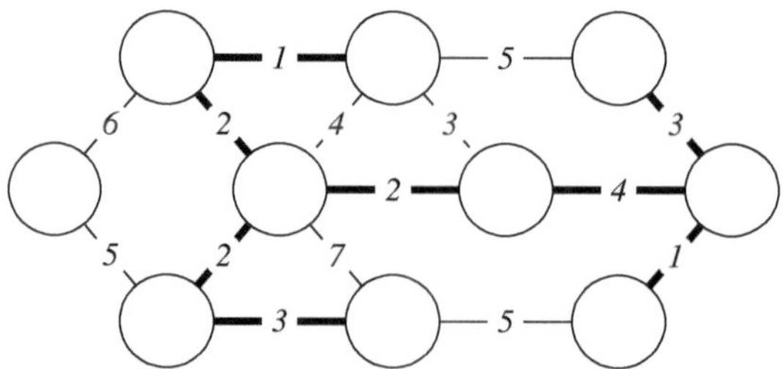

Nach dem Hinzufügen der verbleibenden zulässigen Kante mit Gewicht 5 ist der minimale Spannbaum konstruiert. Gelöschte Kanten würden einen Kreis schließen.

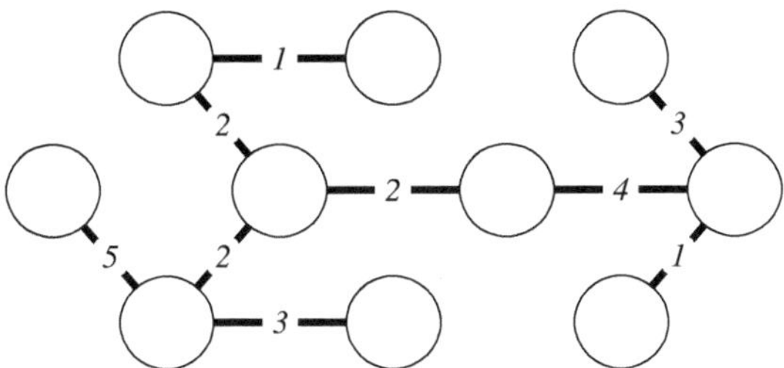

Alternativ zum Kruskal Algorithmus, kann der Algorithmus von Prim angewendet werden. Dieser Algorithmus geht anders vor, produziert aber auch einen minimalen Spannbaum. Im Gegensatz zum Vorgehen im Kruskal-Algorithmus, in dem immer die am geringsten bewerteten Kanten zu einer Menge von Spannbaum-Kanten hinzugefügt werden, erweitert der Algorithmus von Prim immer einen bestehenden Teilspannbaum.

Ausgangspunkt für den Algorithmus ist ein beliebiger Knoten im gegebenen Graphen. Diesen Knoten bezeichnen wir als ersten (trivialen) Teilspannbaum. Es wird nun versucht, den Teilspannbaum um einen Knoten zu erweitern. Dabei interessieren natürlich nur Knoten, die noch nicht im Teilspannbaum enthalten sind. Hier wählt der Algorithmus von Prim ebenfalls gierig einen Knoten, zu dem vom vorhandenen Teilbaum aus eine minimal bewertete Kante führt. Dies wird wiederholt, bis alle Knoten erreicht wurden.

Es ist klar, dass wir dieses Vorgehen von jedem Knoten aus starten können, da ein minimaler Spannbaum jedenfalls alle Knoten enthalten muss.

Beispiel 2.24 (Algorithmus von Prim)

Wir betrachten anhand eines grafischen Beispiels, wie der minimale Spannbaum in einem Graphen mit Hilfe des Prim-Algorithmus bestimmt wird. Dabei fassen wir das Hinzufügen gleichwertiger Kanten in einem Schritt zusammen.

Der gegebene ungerichtete und gewichtete Graph verfügt über 10 Knoten und 15 Kanten. Wir verwenden das gleiche Beispiel wie für den Kruskal-Algorithmus.

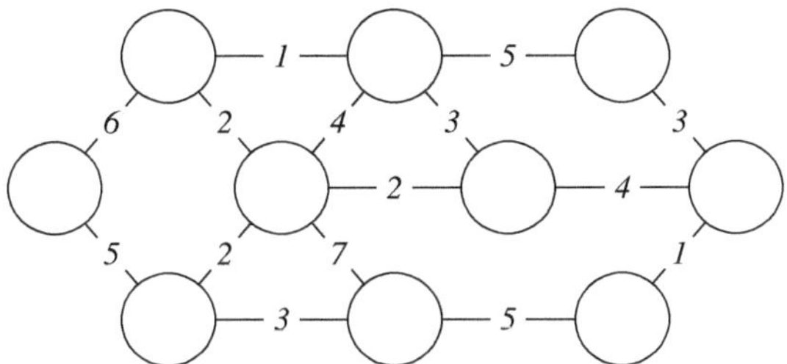

Der schwarz markierte Knoten ist der erste, triviale Teilspannbaum. Wir erreichen den grünen Knoten über die kostengünstigste Kante vom Teilspannbaum aus.

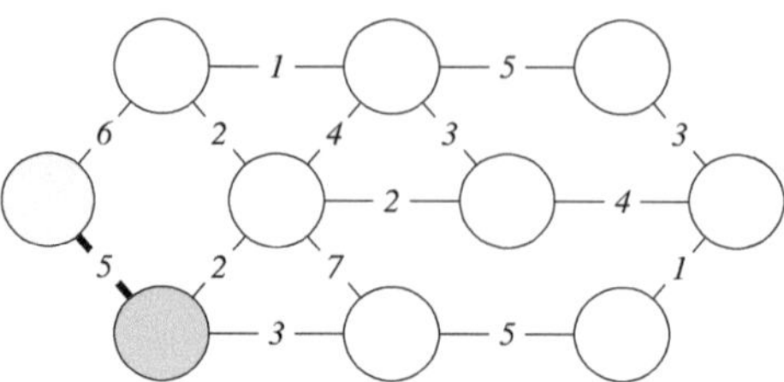

Der kostengünstigste Weg vom Teilspannbaum zum nächsten Knoten hat ein Gewicht von 2. Dieser wird gewählt und ein Knoten hinzugefügt.

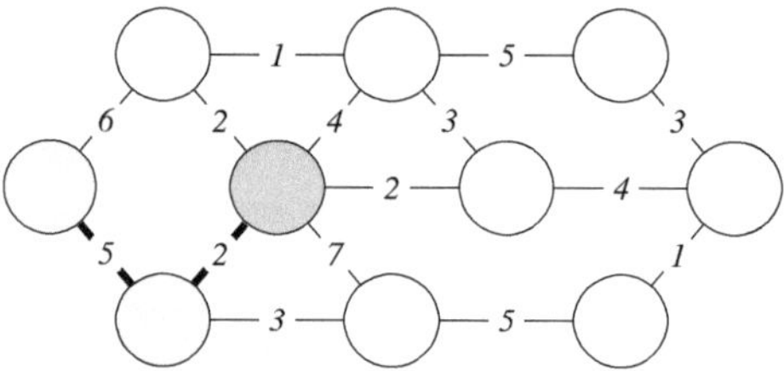

Der Teilbaum wird erneut um einen Knoten erweitert. Der Weg hat ein Gewicht von 2.

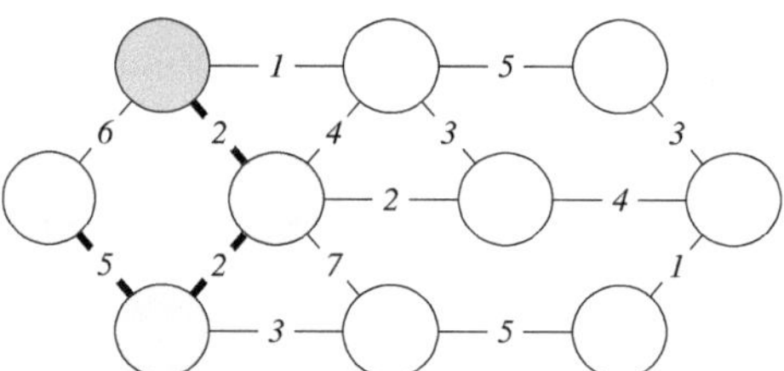

Der kostengünstigste Weg zur nächsten Erweiterung führt über die Kante mit Gewicht 1.

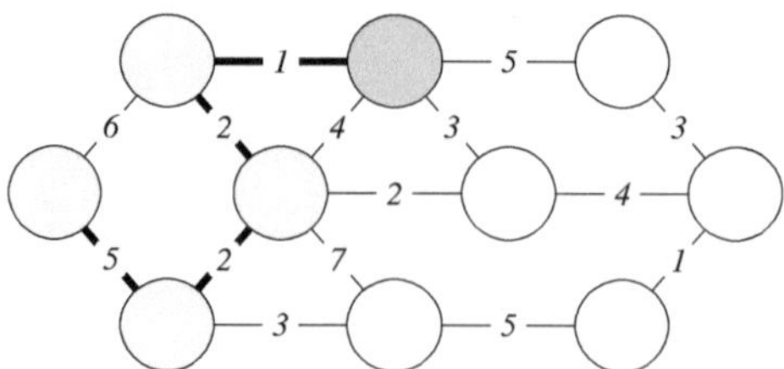

Die nächste Erweiterung lässt sich über eine Kante mit Gewicht 2 realisieren.

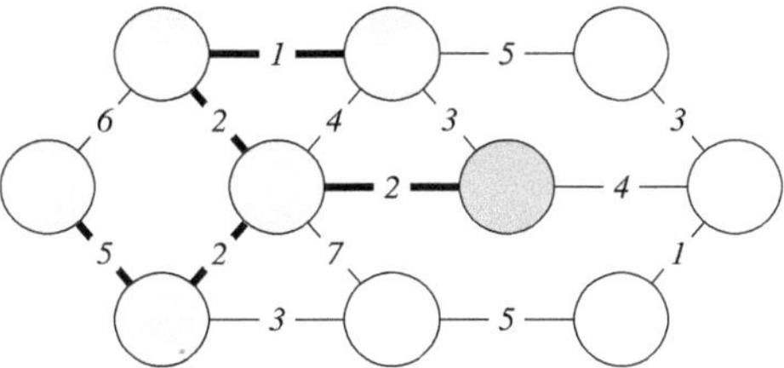

Der nächste Knoten wird über eine Kante der Gewichtung 3 angeschlossen und der Teilbaum erweitert.

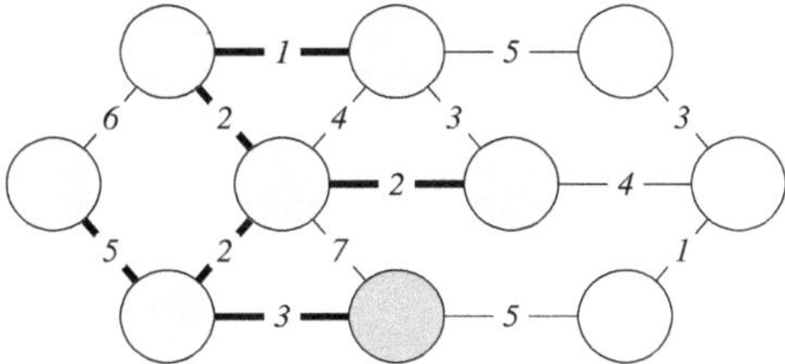

Es verbleibt ein Weg mit geringstem Gewicht von 4, der zum nächsten Knoten führt. Geringer gewichtete Wege führen nur zu Knoten, die bereits zum Teilgraphen gehören.

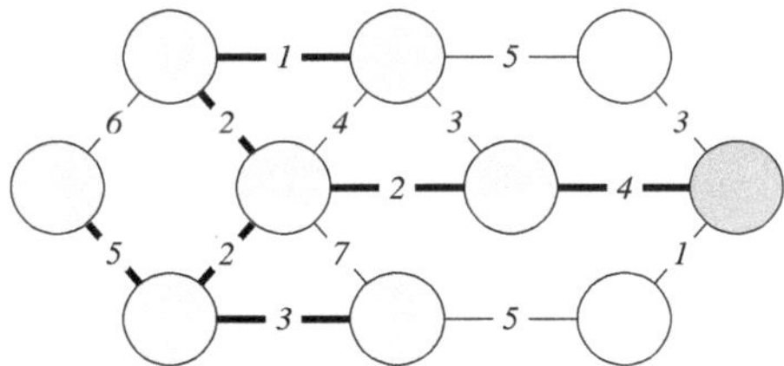

Als nächstes wird ein Knoten mit einer Kante der Gewichtung 1 angeschlossen.

Die letzte, kostengünstige Kante schließt die Konstruktion des minimalen Spannbaums
ab.

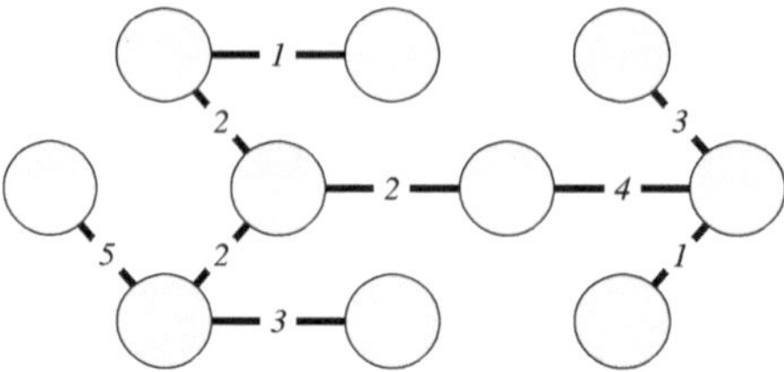

Beide Algorithmen, der von Kruskal und jener von Prim, erzeugen einen optimalen
Spannbaum. Beide Algorithmen gelten zudem als effizient. Warum gibt es dann überhaupt
zwei verschiedene Algorithmen? Die Antwort liegt im Laufzeitverhalten der Ansätze:

- Der Algorithmus von Kruskal besitzt eine Laufzeit von $O(|E| \cdot \log(|E|))$. Sie ist
  insbesondere durch die Sortierung der Kanten bzgl. ihrer Gewichtung bestimmt.
- Der Algorithmus von Prim hat eine Laufzeit von $O(|V| \cdot \log(|V|) + |E|)$, die sich daraus
  ergibt, dass die Knoten entsprechend der aus ihnen herauslaufenden günstigsten Kante
  sortiert werden. Das Zuweisen der günstigsten Kantenkosten pro Knoten erfordert
  einen einmaligen Durchlauf durch alle Kanten.

Es ist also klar, dass die Laufzeit des Kruskal-Algorithmus ausschließlich von der Anzahl
der Kanten abhängt, während die Laufzeit des Algorithmus von Prim stärker von der
Anzahl der Knoten abhängt. Es ist also zu empfehlen, den Kruskal-Algorithmus bei
vielen Knoten und relativ wenig Kanten, den Algorithmus von Prim bei vielen Kanten
im Graphen zu verwenden.

2.3.2 Suchen und Finden: Bäume in Aufzählungsverfahren

Ganz alltäglich begegnen uns – nicht nur als Informatiker – Bäume als abstrakte Datenstrukturen. Wir nutzen sie etwa, um unsere Abstammung zu strukturieren: Ein Stammbaum wird ja explizit als Baum bezeichnet. Ein frühes Vorfahrenpaar (Ur^n-Großvater und
-mutter) stellt zumeist die Wurzel dar. Auf den von diesen ausgehenden Ästen werden die
Nachfahren bis zu den Blättern, also der aktuellen Generation, aufgeführt. Hierarchien in
Unternehmen werden ebenfalls oft als Baum dargestellt. Die Wurzel ist durch die Chefin
oder den Vorstand besetzt, die Blätter bilden die „einfachen" Angestellten.

Biologen strukturieren Flora und Fauna in Bäumen, siehe Abb. 2.6. Hier ist im Sinne der
sogenannten phylogenetischen Strukturierung auch die Abstammung und Verwandtschaft
von Lebewesen und Organismen im Spiel, es ist aber zugleich Ziel dieser Systematik, die
große Menge von mehreren Millionen Organismen zu ordnen und bestimmbar zu machen.

Ein Zoologe etwa, der ein Tier bestimmen will, möchte nicht die Liste *aller* Tiere
durchgehen, sondern auf ein effizientes Verfahren zurückgreifen, das die Bestimmung
beschleunigt. Liegt also eine strukturierte Hierarchie von Aussehen, Eigenschaften und

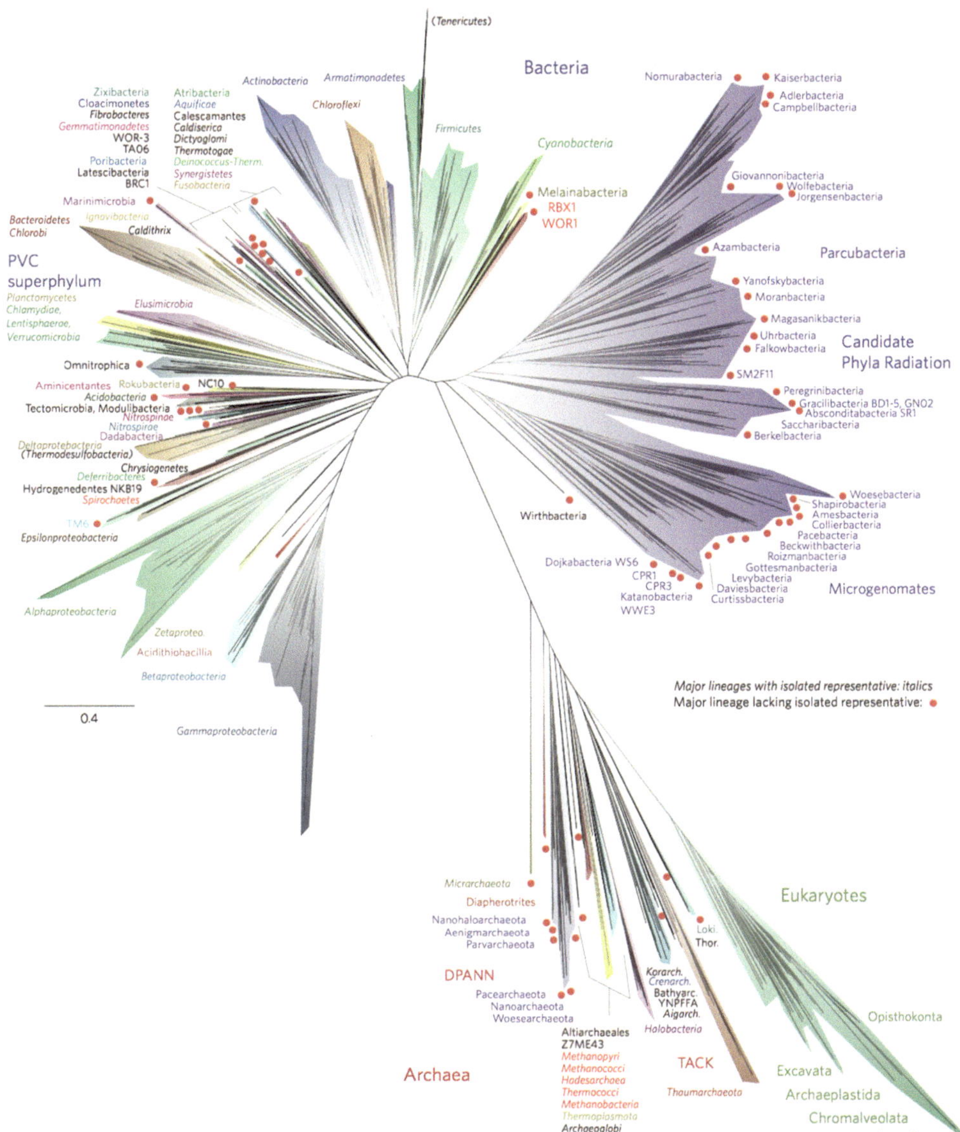

Abb. 2.6 Schematische Darstellung des „Tree of Life". (Quelle: By Laura A. Hug, Brett J. Baker, Karthik Anantharaman, Christopher T. Brown, Alexander J. Probst, Cindy J. Castelle, Cristina N. Butterfield, Alex W. Hernsdorf, Yuki Amano, Kotaro Ise, Yohey Suzuki, Natasha Dudek, David A. Relman, Kari M. Finstad, Ronald Amundson, Brian C. Thomas and Jillian F. Banfield (http://www.nature.com/articles/nmicrobiol201648) [CC BY-SA 4.0 (https://creativecommons.org/licenses/by-sa/4.0)]

Abstammungen vor, so kann er an jeder Verzweigung schnell ganze Teilbäume dieser Hierarchie ausschließen und schnell zu einem Blatt gelangen, das sein Tier schließlich benennt. Er hat also den Suchraum strukturiert und hat diese Struktur intelligent ausgenutzt.

Dieses Suchen und das effiziente Auffinden sind zentrale Punkte, die das Interesse der Algorithmik an Bäumen begründet. Nehmen wir also einen vorliegenden Baum an, der gegebene Daten strukturiert, so können wir im Allgemeinen zwei Strategien festmachen, diesen Baum zu durchsuchen: Tiefensuche und Breitensuche. Beide schauen wir uns – ausschließlich für Bäume – näher an.[3]

Tiefensuche

Die Tiefensuche in einem Baum bevorzugt – wie der Name bereits andeutet – beim Suchvorgehen den Schritt in die Tiefe, also von der Wurzel in Richtung Blätter. Ausgehend von der Wurzel wird ein Pfad im Baum bis zu einem Blatt beschritten, bevor ein alternativer Weg ebenfalls zuerst in die Tiefe beschritten wird. Algorithmus 2.2 stellt das Vorgehen (in der anschaulichen) rekursiven Weise dar.

Algorithmus 2.2 Tiefensuche

1: **function DFS**(v, s)
2: **if** $v = s$ **then**
3:     gesuchtes Element gefunden
4: **else**
5:     $v' = $ nächster unbesuchter Nachfolger von v
6:     **DFS**(v', s)
7: **end if**

Beispiel 2.25 (Tiefensuche)

Wir wollen uns nun kurz beispielhaft den Vorgang der Tiefensuche anschauen. Sei der unten dargestellte Graph gegeben:

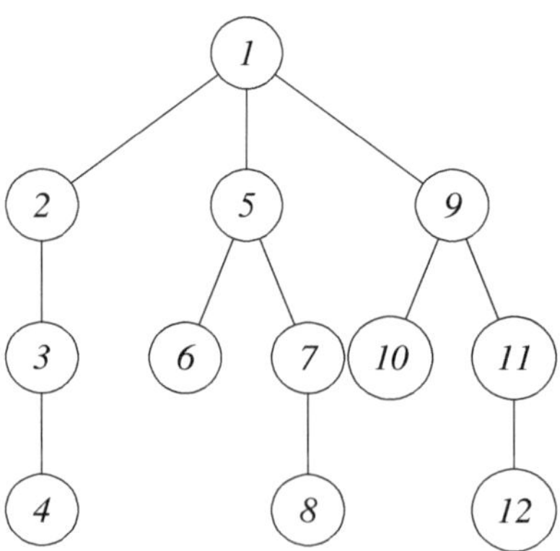

---

[3]Es sei darauf hingewiesen, dass Tiefen- und Breitensuche nicht auf Bäume beschränkt sind. Sie werden auch in allgemeinen Graphen (etwa zur Bestimmung von Kreisen) eingesetzt.

Wir starten in der Wurzel und mit dem Aufruf $DFS(1, s)$. Ist in 1 nicht der mit s gesuchte Wert enthalten, fahren wir fort mit $v' = 2 =$ nächster unbesuchter Nachfolger von 1. Wir rufen nun rekursiv DFS(2,s) auf. Dies führen wir analog fort, bis wir bei Knoten 4 angelangt sind. Danach gibt es keinen Nachfolger von 4 und die Rekursion fällt zurück auf 1, wo wieder ein Nachfolger, nämlich Knoten 5 existiert. Hier wandern wir wieder in die Tiefe. Wir fahren analog fort. Die Knotennumerierung spiegelt die Besuchsreihenfolge wider.

Breitensuche

Die Breitensuche überprüft zuerst die direkten Nachfolger eines gegebenen Knotens auf das gesuchte Element und steigt dann eine Ebene im Baum hinab. So werden erst alle Knoten einer Ebene untersucht, bevor sukzessive die nächsten Ebenen bis hin zur Ebene der Blätter untersucht werden. Algorithmus 2.3 stellt die Breitensuche ebenfalls rekursiv dar. Im Gegensatz zur Tiefensuche besteht der Algorithmus aus zwei Teilen, einem initialen Aufruf und einer Funktion, die über die Nachfolger eines Knoten und bereits besuchte Knoten einer Ebene Buch führt.

Beispiel 2.26 (Breitensuche)

Für die Breitensuche gehen wir von dem gleichen Baum aus, den wir für die Tiefensuche betrachtet haben. Wir verändern allerdings unser Suchvorgehen entsprechend Algorithmus 2.3. Dabei entsteht ein neuer Pfad durch den Baum, den wir erneut mit der Nummerierung der Knoten kenntlich machen.

Algorithmus 2.3 Breitensuche

1: **function BFS**(v, s)
2: **if** $v = s$ **then**
3:     gesuchtes Element gefunden
4: **else**
5:     $V =$ Menge aller direkten Nachfolger von v
6:     **BFS**$'(V, \emptyset, s)$
7: **end if**

1: **function BFS**$'(V, B, s)$
2: **if** $V = \emptyset$ **then**
3:     gesuchtes Element nicht gefunden.
4: **end if**
5: **if** $s \in V$ **then**
6:     gesuchtes Element gefunden.
7: **end if**
8: $B' = B \cup V$ {Bereits besuchte Elemente aktualisieren.}
9: $V' =$ Menge aller direkten Nachfolger von den Elementen in V ohne B'
10: **BFS**$'(V', B', s)$

Wir starten erneut an der Wurzel. Ist in Knoten 1 nicht das gewünschte Element s enthalten, ermitteln wir die Menge $V = \{2, 3, 4\}$ der direkten Nachvolger von 1. Diese übergeben wir zusammen mit der leeren Menge der bereits besuchten Knoten an die rekursive Funktion BFS'. Darin wird überprüft, ob das gesuchte Element in der Menge V enthalten ist.

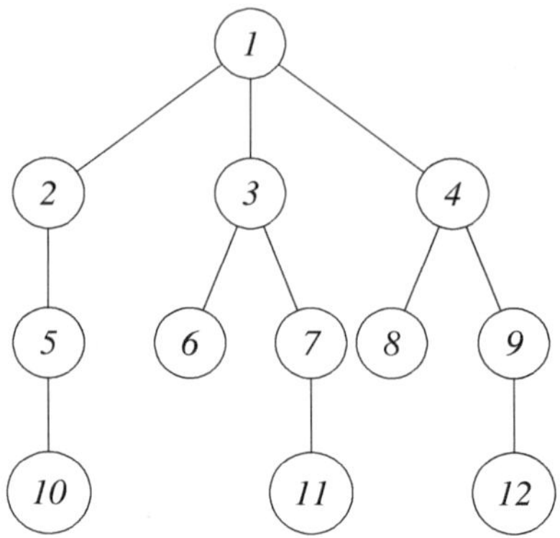

Im negativen Falle werden die Elemente aus V zur Menge der bereits besuchten Knoten hinzugefügt und die neue Menge V' aus der Vereinigung der direkten Nachfolger aller Knoten in V (ohne bereits besuchte Knoten) gebildet. Dies wird fortgesetzt, bis keine Knoten mehr besucht werden können. Es ist anzumerken, dass die bereits besuchten Knoten in Bäumen keine Rolle spielen. Man kann diesen Algorithmus jedoch auf allgemeine Graphen erweitern. Da dann Kreise auftreten können, müssen wir prüfen, ob der betreffende Knoten bereits besucht wurde. Andernfalls enden wir ggf. in einer Endlosschleife.

Verwandtschaft von Such- und Optimierungsverfahren

Denken wir noch einmal an den Zoologen von oben. Er sucht in einer großen Menge von möglichen Tieren dasjenige Tier, welches sein momentan betrachtetes Tier am besten definiert. Er hat also einen Suchraum von möglichen Tiernamen vorliegen, aus dem er den richtigen finden muss. Wir haben bereits festgestellt, dass eine Aufzählung aller Tiere nicht die beste Variante ist.

Ähnlich verhält es sich, wenn wir das Vorgehen von (zumindest iterativen) Optimierungsverfahren anschauen. Für ein gegebenes Problem gibt es unter Umständen eine Vielzahl von Lösungen. Ziel ist es jedoch, die (oder zumindest eine) beste Lösung aus der Gesamtmenge aller Lösungen zu finden.

Beispiel 2.27 (Rucksackproblem)

Zur Verdeutlichung betrachten wir das Rucksackproblem aus Beispiel 1.2 nochmal und etwas konkreter: Wir möchten vier Gegenstände mitnehmen, haben eine Gewichtsgrenze von 7 kg und folgende Gegenstände mit entsprechendem Gewicht und Nutzen:

	A	B	C	D
Gewicht	2	3	1	2
Nutzen	4	3	3	1
Nutzen/Gew.	2	1	3	$\frac{1}{2}$

Es ist ganz klar, die Summe der Gewichte aller Gegenstände ist mit 8 kg größer als die Tragkraft des Rucksacks. Wir können also nicht alle Elemente mitnehmen. Wie gelangen wir zur optimalen Lösung, also Beladung?

Ein Verfahren zur Bestimmung der Lösung wäre es, alle möglichen Kombinationen von Gegenständen auf Gewicht und Nutzen zu überprüfen und dann aus der gesamten Aufzählung die beste Konfiguration zu wählen. Dies ist beliebig ineffizient, insbesondere, wenn das Problem nicht wenige Eingabedaten (im Beispiel Gegenstände), sondern viele besitzt. Hier können wir auf eine baumartige Strukturierung der Lösungen zurückgreifen, um die Entscheidung für eine optimale Lösung zu beschleunigen: das sogenannte *Branch & Bound-Verfahren*.

Die Strukturierung der Lösung ist bei abzählbaren Kombinationen der Eingabedaten leicht. Wir können Teillösungen so definieren, dass diese Lösungen Kombinationen sind, in denen ein Teil der Kombination bereits festgelegt ist. Im Falle des Rucksackproblems wäre dies etwa, dass für einige Gegenstände bereits feststeht, ob sie mitgenommen werden oder nicht.

Beispiel 2.28 (Fortsetzung Rucksackproblem)

Wir definieren, dass eine Kombination für das gegebene Rucksackproblem aus vier Festlegungen besteht, die in einem Vierertupel $(\cdot, \cdot, \cdot, \cdot)$ dargestellt werden. Ein Punkt wird darin durch $+$ ersetzt, wenn das entsprechende Element mitgenommen wird, durch $-$, wenn es nicht eingepackt wird. So bedeutet die Konfiguration $(+, -, +, \cdot)$, dass Gegenstand A eingepackt, Gegenstand B nicht eingepackt und Gegenstand C eingepackt werden, die Entscheidung für Gegenstand D aber noch nicht getroffen wurde.

Es ist nun möglich, alle möglichen Lösungen in einer Baumstruktur darzustellen. Die Wurzel enthält dabei die Konfiguration ohne irgendeine Festlegung. In der darauffolgenden Ebene werden die zwei Entscheidungen „Der erste Gegenstand wird mitgenommen" und „Der erste Gegenstand wird nicht mitgenommen" abgetragen. Darunter verzweigen sich die nächsten Konfigurationen weiter. Schließlich enthalten die Blätter des Baumes alle möglichen Konfigurationen.

Beispiel 2.29 (Fortsetzung Rucksackproblem)

Abb. 2.7 zeigt alle möglichen Konfigurationen und Teilkonfigurationen für die vier Gegenstände in einem Baum. In den Blättern sind alle Lösungen für das (kleine) Problem zu finden, insgesamt $2^n = 2^4 = 16$ mögliche Konfigurationen.

Bis jetzt wissen wir, dass wir alle Lösungen durch einen Entscheidungsbaum generieren können. Es ist aber genauso anstrengend, wenn nicht anstrengender, den gesamten Baum aufzuzeichnen, wie alle Lösungen aufzuzählen. Deshalb ist es unser Bestreben, gleich beim Aufzeichnen des Baumes möglichst viele der Entscheidungsmöglichkeiten auszuschließen. In fast jedem Baum befinden sich nämlich Lösungen, die man schon mit ein wenig Nachdenken ausschließen kann.

Beispiel 2.30 (Fortsetzung Rucksackproblem)

Betrachten wir die Lösungen in Abb. 2.7 genauer, so ist sicher die Lösung $(+, +, +, +)$ unrealistisch, weil wir nicht alle Gegenstände einpacken können. Ebenso wird die Lösung $(-, -, -, -)$ nicht sinnvoll sein. Keinen Gegenstand einzupacken, ist sicher keine schlaue Idee.

Ideal wäre es jedoch, nicht nur einzelne Blätter auszulassen, sondern ganze Äste von vornherein auszuschließen und damit ganze Teilbäume und zugehörige Lösungen. Genau dies versucht das Branch & Bound-Verfahren. Bei der Erzeugung des Baumes werden nach Möglichkeit ganze Teilbäume ausgeschlossen und damit der Suchraum erheblich verkleinert. Es ist anzumerken, dass dies meistens geht, es besteht aber keine Garantie, dass das Verfahren einen Vorteil gegenüber der vollständigen Aufzählung bietet.

Die Reduktion des Suchraumes wird (wie der Name des Verfahrens andeutet: Bound) mit Grenzen – oberen und unteren Grenzen für die Lösungsqualität einer Teillösung – erreicht. Angenommen, es ist bereits eine Teillösung gegeben, so ist die *untere Grenze* für die Lösungsqualität derjenige Wert, den eine vollständige Lösung, die aus der Teillösung entsteht, nicht unterschreitet. Analog dazu ist eine *obere Grenze* für die Qualität einer Teillösung der Wert, den keine vollständige Lösung, die aus der Teillösung entsteht, überschreitet.

Beispiel 2.31 (Fortsetzung Rucksackproblem, Grenzen)

Für das Rucksackproblem kann die untere Grenze für eine Lösung einfach dadurch bestimmt werden, dass der Nutzen der bereits eingepackten (also festgesetzten) Gegenstände zusammengezählt wird.

Die obere Grenze lässt sich durch die Summe des Nutzens der eingepackten Gegenstände und durch anschließendes Auffüllen des Rucksacks mit noch freien Gegenständen bestimmen. Dabei dürfen auch nur Teile der Gegenstände eingepackt werden. Es ist klar, dass zuerst diejenigen Gegenstände verwendet werden, die ein größtes Nutzen/Gewicht-Verhältnis aufweisen.

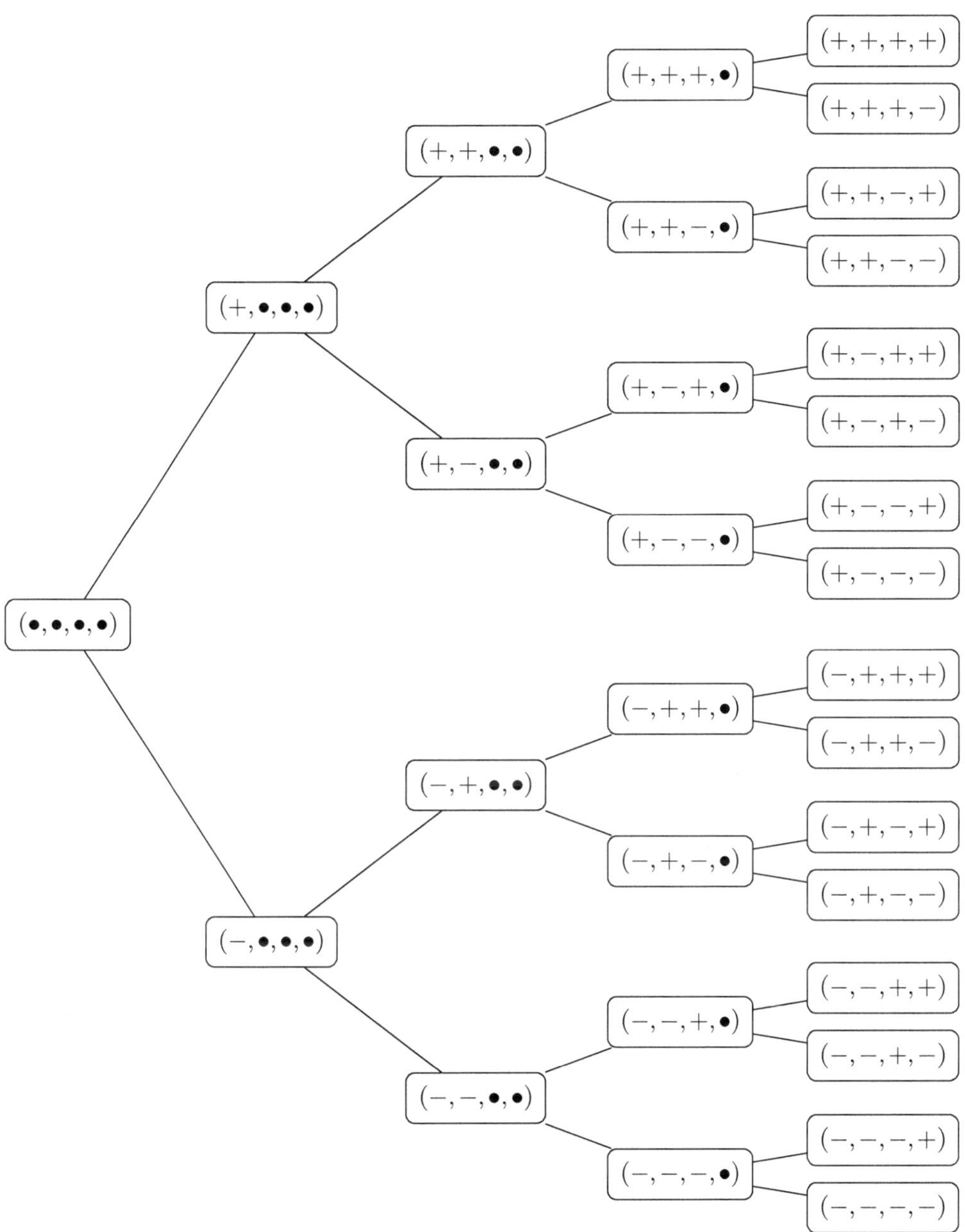

Abb. 2.7 Darstellung aller möglichen Konfigurationen für das Rucksackproblem mit vier Gegenständen

Mit Hilfe der unteren und oberen Schranken können wir nun ganze Teilbäume bereits im Stadium von Teillösungen ausschließen. Dabei gilt, wenn wir zwei Teillösungen L_1 und L_2 sowie die jeweils zugehörigen unteren und oberen Schranken betrachten (wir nehmen Maximierungsprobleme an):

Ist $U(L_1) \geq O(L_2)$, so kann der Teilbaum der Lösung L_2 aus der weiteren Betrachtung ausgeschlossen werden.

Beispiel 2.32 (Fortsetzung Rucksackproblem, Branch & Bound)
Für jede Teillösung des Rucksackproblems ermitteln wir drei Kennzahlen:

k : Verbleibende freie Kapazität im Rucksack unter den Festlegungen der Teillösung

U : Untere Schranke der Teillösung (Summe des Nutzens der festgelegten Gegenstände)

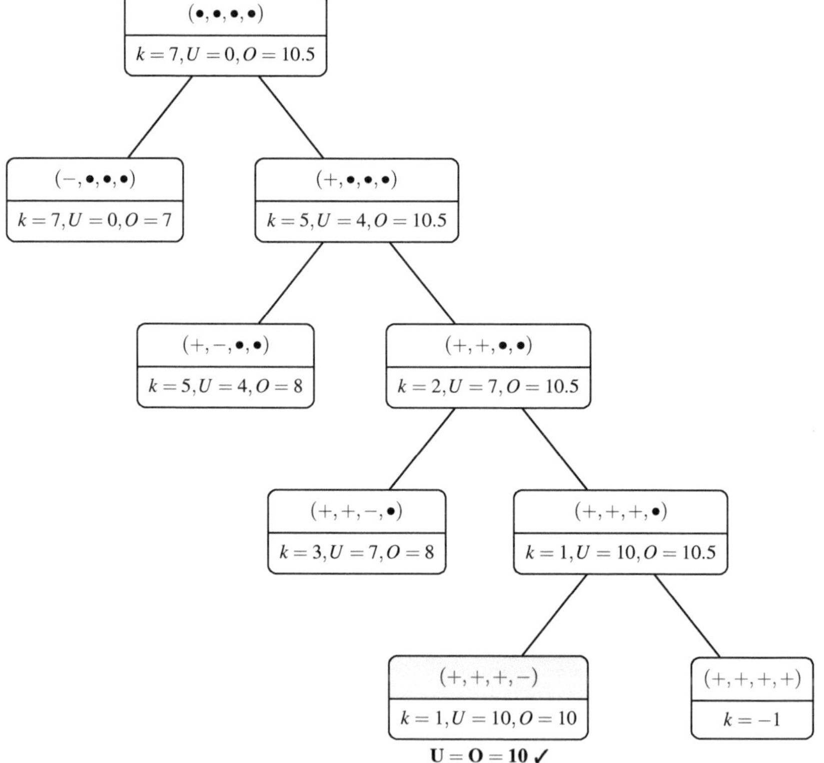

O : Obere Schranke der Teillösung (Aufgefüllter Nutzen unter der Festlegung)

In obiger Abbildung ist dargestellt, wie sich der Branch & Bound-Baum für das Rucksackproblem mit 4 Gegenständen aufbaut. Die grau markierte Lösung ist optimal. Verfolgen wir einige Schritte:

$(\cdot, \cdot, \cdot, \cdot)$ ist die Anfangslösung ohne Festlegung eines einzupackenden Gegenstands. Zu Beginn ist die Restkapazität im Rucksack also $k = 7$. Die untere Grenze ist $U = 0$, da kein Gegenstand im Rucksack ist. Wenn wir die Gegenstände nach Nutzen sortiert einfügen, ist die obere Grenze $O = 10,5$, wenn wir Gegenstand D nur teilweise hinzufügen.

$(+, \cdot, \cdot, \cdot)$ legt Gegenstand A als Rucksackinhalt fest. Dadurch reduziert sich die verbleibende Kapazität auf $k = 7 - 2 = 5$. Die untere Grenze wird nun durch den Nutzen von A festgelegt. Die obere Grenze bleibt unverändert.

$(-, \cdot, \cdot, \cdot)$ erzwingt, dass A nicht eingepackt wird. Die Kapazität bleibt bei $k = 7$. Die untere Grenze verbleibt ebenfalls bei $U = 0$. Die obere Grenze ist nun $O = 7$, da die verbleibenden Gegenstände in ihrer Summe genau diesen Nutzen haben.

$(+, +, \cdot, \cdot)$ fügt B fest zur Teillösung hinzu. Damit steigt die untere Grenze auf $U = 7$. Die obere Grenze bleibt unverändert.

Nach der Betrachtung von Teillösung $(+, +, \cdot, \cdot)$ können wir feststellen, dass die untere Schranke dieser Lösung bereits die obere Schranke von der Teillösung $(-, \cdot, \cdot, \cdot)$ erreicht hat. Wir können also den gesamten Teilbaum unter $(+, \cdot, \cdot, \cdot)$ streichen, da alle Lösungen aufbauend auf dieser Teillösung einen maximalen Nutzen von 7 erreichen werden. Diesen Nutzen werden aber auch alle Lösungen unterhalb von $(+, +, \cdot, \cdot)$ mindestens erreichen. Da wir nur an einer optimalen Lösung interessiert sind, verfolgen wir nur noch diese Lösungen.

Ebenso stellen wir im Weiteren fest, dass auch die Lösungen unterhalb von $(+, -, \cdot, \cdot)$ nicht weiter verfolgt werden müssen. Nach wenigen weiteren Iterationen erreichen wir die optimale Lösung $(+, +, +, -)$, bei der obere und untere Schranke zusammentreffen. Sie entspricht der Rucksackbeladung von A, B, C ohne D und liefert einen Nutzen von 10.

Wir haben also – im Vergleich zur Untersuchung aller Entscheidungsmöglichkeiten – den Weg zu einer optimalen Lösung sehr schnell gefunden.

2.3.3 Kürzeste Wege in Graphen

Bereits im Kontext der Bestimmung minimaler Spannbäume, haben wir Graphen als mögliche abstrakte Darstellung von Wegen zwischen Orten interpretiert. Im Allgemeinen können wir diese Verknüpfung von Orten durch Wege als Netzwerke bezeichnen, die uns im Alltag immer wieder begegnen: Straßen verbinden Orte zu einem Straßennetz, Kabel verbinden Computer zu einem Netzwerk oder weltweit zum Internet, Leiterbahnen verbinden elektronische Mikrobausteine zu Schaltungen usw.

In all diesen Netzwerken stellt sich für den Nutzer der Netzwerke eine wichtige Frage: Wie gelange ich am schnellsten oder besten von Ort A nach Ort B? Allgemein stellt sich also die Frage nach dem kürzesten Weg. Dabei sind hier gewählte Ausdrücke wie „am schnellsten", „am besten" und „kürzeste" natürlich relativ schwammig. Im Kontext der jeweiligen Situation wissen wir meist, was gemeint ist. Mathematisch führen wir zur genauen Beschreibung die Metrik (oder den Abstand) ein, die im Kontext der Anwendung beliebig interpretiert werden kann, jedoch die folgenden Bedingungen erfüllen muss.

▶ **Definition 2.33 (Metrik/Abstand)** Wir bezeichnen die Abbildung $d : V \times V \to [0, \infty[$ für einen Graphen $G = (V, E)$ als Metrik/Abstand, wenn gilt:

1. $d(u, v) = 0 \Leftrightarrow v = u$ (Definitheit),
2. $d(u, v) = d(v, u)$ (Symmetrie),
3. $d(u, w) \leq d(u, v) + d(v, w)$ (Dreiecksungleichung)

In einem Graphen notieren wir diesen Abstand oftmals als Gewichte an den Kanten zwischen zwei Knoten. Existiert keine Verbindung zwischen zwei Knoten u und v, so existiert keine Kante. Für den Abstand schreiben wir dann meist $d(u, v) = \infty$.

Egal wie nun der Abstand interpretiert wird, entsteht unter einer gegebenen Metrik das Problem der Bestimmung kürzester Wege. Wir wollen im Folgenden einige Verfahren dazu betrachten.

2.3.3.1 Algorithmus von Dijkstra

Was wissen wir über den kürzesten Weg? Nehmen wir an, wir hätten einen kürzesten Weg gegeben. Dann können wir diesen Weg natürlich in beliebige Teilwege zerteilen. Es ist uns auch klar, dass jeder der Teilwege, in die wir den Gesamtweg jetzt zerlegt haben, wieder ein kürzester Weg ist. Wäre das nicht der Fall, dann könnten wir ja irgendwo einen kürzeren Teilweg finden und den Gesamtweg damit insgesamt kürzer gestalten. Der gegebene Weg wäre dann kein kürzester Weg gewesen.

Anders herum gedacht, können wir also einen kürzesten Gesamtweg aus optimalen Teilwegen zusammensetzen (Bellmansches Optimalitätsprinzip). Ist der Weg vom Startknoten v_0 nach v_i optimal und der Weg von v_i zum Zielknoten v_ℓ optimal, so ist auch der Weg von v_0 nach v_ℓ optimal. Wir müssen nur den geeigneten Knoten v_i finden, für den gilt, dass die Länge von $v_0 \to v_i$ optimal ist, die Länge von $v_i \to v_\ell$ optimal ist und die Summe beider Wege optimal ist.

Unsere Betrachtung erscheint auf den ersten Blick etwas schräg und eher von der Lösung aus gedacht. Um v_i zu bestimmen, muss man doch bereits alle Teilwege kennen. Wir werden sehen, dass diese Konstruktion recht einfach vom Startknoten aus funktioniert.

Betrachten wir das Problem vom Startknoten aus, so können wir für jeden anderen Knoten bestimmen, ob er von dort direkt erreichbar ist oder nicht. Nun merken wir uns die Entfernung entsprechend (der direkte Entfernungswert bzw. ∞, wenn nicht erreichbar). Zu

Beginn haben wir also für die direkten Nachbarknoten des Startknotens eine Entfernung von eben diesem Startknoten vorliegen. Das bedeutet aber auch, dass wir erste mögliche Zwischenstationen eines längeren Wegs bestimmt haben. Wir legen also den nächsten Nachbarn (mit kleinster Distanz) als Zwischenstation fest und schauen nun, welche Knoten wir vom Start aus über die festgelegte Zwischenstation erreichen. Dabei erhalten wir ggf. neue Entfernungen zu bisher unerreichbaren Knoten oder auch kostengünstigere Umwege über die Zwischenstation zu bereits besuchten Knoten. Das alles notieren wir wieder und machen weiter, bis wir alle Möglichkeiten durchgespielt haben. Dies ist die grundlegende Idee des Dijkstra-Algorithmus.

Das Vorgehen des Dijkstra-Algorithmus selbst wird im Folgenden formaler beschrieben. Für jeden Knoten speichern wir den Abstand zum Startknoten und den direkten Vorgänger auf dem momentan optimalen Weg. Zu Beginn ist $d(v_0, v_0) = 0$ und sonst $d(v_i, v_j) = \infty$.

1. Wenn noch kein Knoten festgelegt wurde, so lege den Startknoten fest. Sonst lege den Knoten mit geringstem Abstand zum Startpunkt fest.
2. Für den gerade festgelegten Knoten v_i:
   a. Bestimme jeden direkt erreichbaren Nachbarn v_k von v_i.
   b. Bestimme für alle Nachbarn v_k die Länge des Weges vom Start bis v_k über v_i, also $d(v_0, v_k) = d(v_0, v_i) + d(v_i, v_k)$.
   c. Ist der Abstand über v_i kleiner als der bisherige Abstandswert $d(v_0, v_k)$, so speichere den Abstandswert für den Knoten v_k und verzeichne den Vorgängerknoten v_i.
   Gehe zu (1.)

Um eine manuelle Berechnung des kürzesten Weges durchzuführen, halten wir all diese Daten in einer Tabelle. Die erste Spalte enthält die Bezeichner der Knoten, in der zweiten Spalte verzeichnen wir den zur Zeit kürzesten Abstand des Knotens zum Startknoten und in der dritten Spalte vermerken wir den direkten Vorgänger des Knotens im aktuell besten Weg zwischen dem Knoten und dem Startknoten.

Beispiel 2.34 (Dijkstra-Algorithmus)

Bestimme für den in Abb. 2.8 gegebenen Graphen ausgehend von Knoten d die kürzesten Wege zu den Knoten f, i und j.

Dazu starten wir mit der ersten Tabelle (links) und notieren für den Knoten d den Abstand 0 zu sich selbst. Natürlich können wir auch keinen Vorgänger verzeichnen. Direkte Nachfolger von d sind Knoten b und c. Wir notieren die Abstände und d als Vorgänger.

Im nächsten Schritt (rechts) fahren wir mit dem Knoten b fort, da er den kürzesten Weg vom Startknoten aus besitzt (Erinnerung: der Algorithmus ist gierig). Wir bestimmen die direkten Nachfolger von b, dies sind a und c, und berechnen den Weg zu diesen, wenn Knoten b auf dem Weg liegt. Für Knoten a wird der Distanzwert von 2

Abb. 2.8 Beispielgraph für die Bestimmung der kürzesten Wege nach dem Dijkstra-Algorithmus

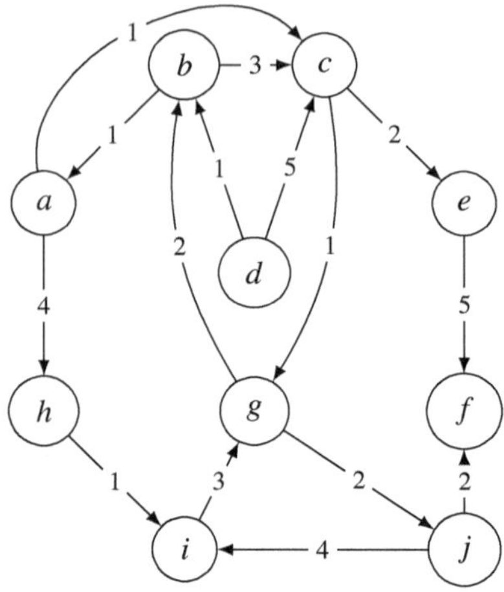

übernommen. Für Knoten c fällt auf, dass die Entfernung von d über b nach c kürzer ist, als die zuvor notierte Entfernung von d direkt nach c. Es wird also der neue, geringere Wert übernommen und b als neuer Vorgänger von c vermerkt.

Kn.	Abstand	Vorgänger	
a			
b	**1**	d	⊗
c	**5**	d	
d	0	-	×
e			
f			
g			
h			
i			
j			

Kn.	Abstand	Vorgänger	
a	**2**	b	⊗
b	1	d	×
c	**4**	b	
d	0	-	×
e			
f			
g			
h			
i			
j			

Im den nachfolgenden Schritten wird die Tabelle iterativ weiter ausgefüllt. Es ist anzumerken, dass abgeschlossene, also bereits besuchte Knoten mit „×", der für den nächsten Schritt gierig ausgewählte Knoten mit „⊗" markiert wird. Der Einfachheit und Übersichtlichkeit halber haben wir noch nicht festgelegte Abstände in den Tabellen nicht mit ∞ markiert, sondern leer gelassen. Tatsächlich müsste hier (wenn wir ganz korrekt aufschreiben wollen) der entsprechend unendliche Abstand notiert werden.

Kn.	Abstand	Vorgänger	
a	2	b	×
b	1	d	×
c	**3**	a	⊗
d	0	-	×
e			
f			
g			
h	**6**	a	
i			
j			

Kn.	Abstand	Vorgänger	
a	2	b	×
b	1	d	×
c	3	a	×
d	0	-	×
e	**5**	c	
f			
g	**4**	c	⊗
h	6	a	
i			
j			

Kn.	Abstand	Vorgänger	
a	2	b	×
b	1	d	×
c	3	a	×
d	0	-	×
e	5	c	⊗
f			
g	4	c	×
h	6	a	
i			
j	**6**	g	

Kn.	Abstand	Vorgänger	
a	2	b	×
b	1	d	×
c	3	a	×
d	0	-	×
e	5	c	×
f	**10**	e	
g	4	c	×
h	6	a	⊗
i			
j	6	g	

Kn.	Abstand	Vorgänger	
a	2	b	×
b	1	d	×
c	3	a	×
d	0	-	×
e	5	c	×
f	10	e	
g	4	c	×
h	6	a	×
i	**7**	h	
j	6	g	⊗

Kn.	Abstand	Vorgänger	
a	2	b	×
b	1	d	×
c	3	a	×
d	0	-	×
e	5	c	×
f	**8**	j	
g	4	c	×
h	6	a	×
i	7	h	⊗
j	6	g	×

Kn.	Abstand	Vorgänger	
a	2	b	×
b	1	d	×
c	3	a	×
d	0	-	×
e	5	c	×
f	8	j	⊗
g	4	c	×
h	6	a	×
i	7	h	×
j	6	g	×

Kn.	Abstand	Vorgänger	
a	2	b	×
b	1	d	×
c	3	a	×
d	0	-	×
e	5	c	×
f	8	j	×
g	4	c	×
h	6	a	×
i	7	h	×
j	6	g	×

Beispiel 2.35 (Fortsetzung Dijkstra-Algorithmus)

Die gesuchten Wege können nach unserem oben besprochenen Konstruktionsvorgehen aus der letzten Tabelle von den Zielknoten aus bestimmt werden. Die optimale Weglänge kann direkt abgelesen werden. Beispielhaft machen wir dies für f: Die Weglänge beträgt 8. Der Weg ergibt sich rückwärts aus den verzeichneten Vorgängern:

$$f \leftarrow j \leftarrow g \leftarrow c \leftarrow a \leftarrow b \leftarrow d.$$

Zusammengefasst ergeben sich die Lösungen:

d→f: $d \rightarrow b \rightarrow a \rightarrow c \rightarrow g \rightarrow j \rightarrow f$, Weglänge 8

d→i: $d \rightarrow b \rightarrow h \rightarrow i$, Weglänge 7

d→j: $d \rightarrow b \rightarrow a \rightarrow c \rightarrow g \rightarrow j$, Weglänge 6

2.3.3.2 Schneller zum Ziel: Der A*-Algorithmus

Betrachten wir den Dijkstra-Algorithmus in seinem Suchvorgehen, so stellen wir fest, dass er ausgehend vom Startknoten sukzessive die Nachbarknoten besucht, bewertet, und dann die Nachbarn der Nachbarn besucht, bewertet und so weiter. Wir haben es also im Extremfall (wenn alle Kanten gleich bewertet sind, siehe Abb. 2.9) mit einer Breitensuche rund um den Startknoten herum zu tun. Wäre es nicht besser, wir könnten das eigentliche Ziel direkt ansteuern, ohne uns unnötig mit der Betrachtung von Knoten zu beschäftigen, die (vermutlich) gar nicht auf dem optimalen Weg zum Ziel liegen?

Das Problem bei der Beantwortung dieser Frage ist, dass der Dijkstra-Algorithmus sich bei der Bestimmung des kürzesten Weges nur auf die bereits „entdeckten" Knoten und den zugehörigen Entfernungen dieser Knoten vom Startknoten verlassen kann. Und so lange der Algorithmus nicht alle Knoten und damit Wege untersucht hat, kann er nicht sicher sein, den optimalen Abstand vom Start zum Zielknoten gefunden zu haben. Es wäre also hilfreich zu wissen, wie weit es schätzungsweise noch bis zum Ziel ist und sich wenn möglich an dieser Information zu orientieren, um zielgerichteter vorzugehen.

Genau so geht der sogenannte *A*-Algorithmus* vor, der eine Erweiterung des Dijkstra-Algorithmus darstellt. Anders als beim Dijkstra-Algorithmus wird hier zusätzlich mittels

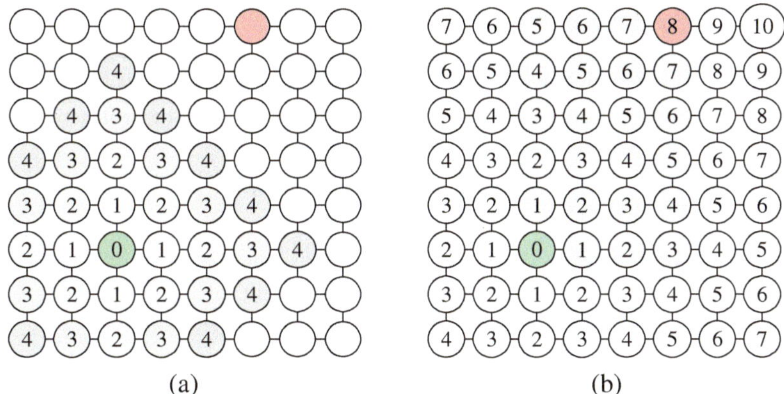

(a)   (b)

Abb. 2.9 Suchvorgehen des Dijkstra-Algorithmus auf einem Gittergraph bei Bestimmung der kürzesten Wege. Links ist das Suchvorgehen in als Breitensuche um den Startknoten herum verdeutlicht. Rechts sind die Entfernungen nach vollständiger Ausführung des Dijkstra-Algorithmus und der Bereich gezeigt, in dem alle optimalen Wege zum Ziel liegen

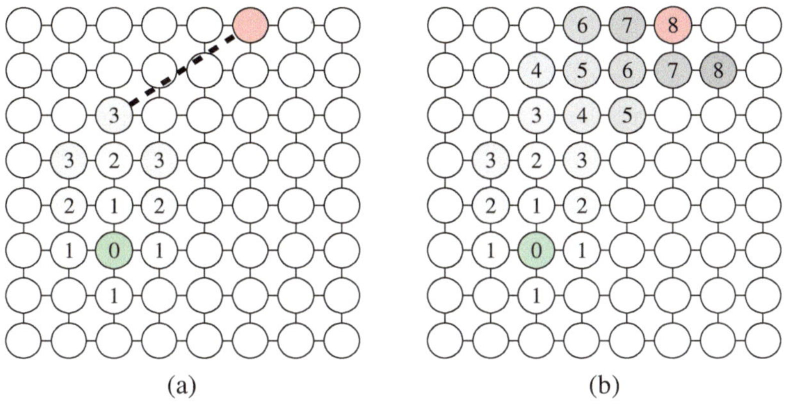

(a)   (b)

Abb. 2.10 Suchvorgehen des A*-Algorithmus auf einem Gittergraph bei Bestimmung eines kürzesten Weges. Vor der Auswahl des nächsten Knotens auf dem Weg zum Ziel bestimmt der A*-Algorithmus heuristisch den Abstand zum Ziel und nutzt diese Information zur gerichteten Bewegung (links). Das rechte Bild stellt einen ermittelten optimalen Weg zum Ziel dar

einer *Heuristik* versucht, den nächsten Knoten so zu wählen, dass die Suche schnell zum Zielknoten (und nicht in die Breite) führt. Die Heuristik stellt eine zusätzliche Bewertung zur Verfügung, die für jeden bisher vom Start aus erreichten Knoten abschätzt, wie weit es von diesem Knoten noch bis zum Ziel ist. Auf Grund des bisher zurückgelegten Weges vom Start aus und dieser Schätzung wählt der Algorithmus schließlich den weiteren Weg aus (Abb. 2.10).

Die Heuristik für das Abschätzen des Restweges muss eine wichtige Bedingung erfüllen, damit der A*-Algorithmus richtig funktioniert, d. h. ein optimaler Weg zum Zielknoten generiert wird: *Die Heuristik muss zulässig sein, d. h. sie darf die tatsächliche*

Entfernung niemals überschätzen. Wir suchen also tatsächlich nach einer guten unteren Schranke für die Entfernung vom betrachteten Knoten zum Ziel. Eine zweite, stärkere, wünschenswerte aber nicht zwingende Eigenschaft für die Heuristik ist die sogenannte *Monotonie.* Dies bedeutet, dass für zwei adjazente Knoten v_i und v_j mit $(v_i, v_j) \in E$ gilt:

$$h(v_i) \leq d(v_i, v_j) + h(v_j),$$

wobei h eine heuristische Funktion des Abstandes abhängig vom betrachteten Knoten ist und $d(v_i, v_j)$ die Länge der Kante (v_i, v_j) beschreibt. Gilt dies, so muss jeder Knoten des Graphen im Algorithmus sicher nur ein einziges Mal besucht werden.

Ein Beispiel für eine zulässige und monotone (wir könnten auch sagen monotone und damit zulässige) Heuristik ist die euklidische Distanz zwischen zwei Knoten (Luftlinie). Dies funktioniert jedoch nur, wenn wir uns bei der Wegsuche im euklidischen Raum, also etwa auf einer Landkarte, befinden.

Im Folgenden beschreiben wir den A*-Algorithmus formaler, ausgehend von dem verwandten Vorgehen des Dijkstra-Algorithmus:

Für jeden Knoten speichern wir den Abstand zum Startknoten, die geschätzte Gesamtlänge f und den direkten Vorgänger auf dem momentan optimalen Weg. Zu Beginn ist $d(v_0, v_0) = 0$ und sonst $d(v_i, v_j) = \infty$. Zusätzlich definieren wir zwei Mengen. Dies sind C, die Menge der bereits abgeschlossenen Knoten (closed set) und O, die Menge der noch offenen Knoten (open set). Zudem gehen wir davon aus, dass v_z der Zielknoten ist.

1. Füge v_0 zu O hinzu und berechne den heuristischen Abstand $h(v_0)$ zwischen v_0 und v_z. Speichere diesen als f-Wert zu v_0.
2. Entnehme den Knoten v_i mit kleinstem f-Wert O. Wenn $v_i = v_z$, STOP.
3. Füge v_i zu C hinzu.
4. Für jeden direkten Nachbarn v_k von v_i:
   a. Wenn $v_k \in C$, betrachte v_k nicht weiter.
   b. Bestimme für v_k die Länge des Weges vom Start bis v_k über v_i, also $d(v_0, v_k) = d(v_0, v_i) + d(v_i, v_k)$.
   c. Ist der Abstand über v_i kleiner als der bisherige Abstandswert $d(v_0, v_k)$, so speichere den Abstandswert für den Knoten v_k und verzeichne den Vorgängerknoten v_i.
   d. Berechne den f-Wert von v_k als $d(v_0, v_k) + h(v_k)$.
   e. Wenn $v_k \notin O$, füge v_k zu O hinzu.
5. Gehe zu (2.) bis $O = \emptyset$.
6. Wenn dieser Schritt erreicht wird, wurde kein optimaler Pfad gefunden.

Für die Durchführung des Algorithmus auf dem Papier können wir eine leicht erweiterte Form der Tabellen des Dijkstra-Algorithmus verwenden. Wir fügen einfach eine Spalte für den f-Wert, also die geschätzte Gesamtlänge des Weges hinzu. Die Markierungen $\times$ und $\otimes$ nutzen wir wie beim Dijkstra-Algorithmus weiter. Alle mit $\times$ markierten Knoten sind in der Menge C. Die Markierung $\otimes$ gibt nach wie vor den aktuell betrachteten Knoten an.

Alle anderen Knoten werden als implizite Bestandteile von O betrachtet, wenn sie Werte enthalten (und der Abstand nicht ∞ ist).

Beispiel 2.36 (A*-Algorithmus)

Wir betrachten erneut den Graphen in Abb. 2.8 aus Beispiel 2.34 und bestimmen ausgehend von Knoten d den kürzesten Weg zum Knoten j.

Bevor wir beginnen, müssen wir noch eine Heuristik für die Abschätzung der Entfernung zwischen einem Knoten v_i und dem Ziel $v_z = j$ festlegen. Hier tritt das Problem auf, dass wir keine euklidische Distanz nutzen können. Der Graph selbst ist nicht metrisch und liegt nicht im euklidischen Raum. Wir lassen uns folgende einfache Heuristik einfallen:

$$h(v_i) = \begin{cases} \min_{(v_i, v_j) \in E} d(v_i, v_j) & \text{, wenn } v_i \neq v_z \\ 0 & \text{, wenn } v_i = v_z \end{cases}$$

Wir schätzen die Entfernung zwischen v_i und v_z also einfach durch die günstigste aus v_i ausgehende Kante sofern v_i nicht der Zielknoten ist (sollte der kürzeste Weg nach v_z tatsächlich über v_i führen, so muss zumindest eine der ausgehenden Kanten von v_i genutzt werden) und 0 sonst. Diese Abschätzung ist unter Umständen nicht immer besonders gut, sie ist aber zulässig (und sogar monoton), einfach und erfüllt hier ihren Zweck.

Wir starten nun mit der ersten Tabelle (links) und notieren für den Knoten d den Abstand 0 zu sich selbst, ohne Vorgänger. Ebenso notieren wir den f-Wert Kosten der günstigsten aus d ausgehenden Kante. Dieser Knoten wird O hinzugefügt und anschließend betrachtet.

Kn.	Abstand	f	Vorgänger	
a				
b				
c				
d	0	1	-	$\otimes$
e				
f				
g				
h				
i				
j				

Kn.	Abstand	f	Vorgänger	
a				
b	1	2	d	$\otimes$
c	5	6	d	
d	0	1	-	$\times$
e				
f				
g				
h				
i				
j				

Im nächsten Schritt (rechts) ist d bereits zu C hinzugefügt worden. Wir ermitteln nun alle Nachfolger von d und notieren diese mit den Abständen vom Startknoten, vermerken d als Vorgänger und berechnen $f(b) = 1 + 1$ sowie $f(c) = 5 + 1$.

Kn.	Abstand	f	Vorgänger	
a	**2**	**3**	**b**	⊗
b	1	2	d	×
c	**4**	**5**	**b**	
d	0	1	-	×
e				
f				
g				
h				
i				
j				

Kn.	Abstand	f	Vorgänger	
a	2	3	b	×
b	1	2	d	×
c	**3**	**4**	**a**	⊗
d	0	1	-	×
e				
f				
g				
h	**6**	**7**	**a**	
i				
j				

Im dritten Schritt werden nun die Nachbarn des Knoten b untersucht, da b den geschätzt kleinsten Gesamtabstand $f(b) = 2$ vom Ziel hat. In den folgenden Schritten wird dieses Vorgehen iterativ fortgesetzt.

Kn.	Abstand	f	Vorgänger	
a	2	3	b	×
b	1	2	d	×
c	3	4	a	×
d	0	1	-	×
e	5	10	c	
f				
g	**4**	**6**	**c**	⊗
h	6	7	a	
i				
j				

Kn.	Abstand	f	Vorgänger	
a	2	3	b	×
b	1	2	d	×
c	3	4	a	×
d	0	1	-	×
e	5	10	c	
f				
g	4	6	c	×
h	6	7	a	
i				
j	**6**	**6**	**g**	STOP

In der letzten Tabelle wird schließlich der Knoten j als Nachbar von g hinzugefügt und (logischerweise, es ist ja der Zielknoten) mit einem f-Wert von 6 vermerkt. Formal wird dieser Knoten nun in die O-Menge aufgenommen und im nächsten Schritt wieder daraus entnommen. Danach greift das Abbruchkriterium des Schrittes (2) im A*-Algorithmus. Damit ist ein optimaler Weg ermittelt. Dieser kann nun analog zum Dijkstra-Algorithmus rückwärts aus der Liste der Vorgänger bestimmt werden.

Beobachtungen: Wir haben zumindest im Beispiel gesehen, dass uns der A*-Algorithmus schneller als der Dijkstra-Algorithmus einen optimalen Weg liefert. Dies liegt daran, dass wir zuallererst das Ziel ansteuern. Wenn wir genauer hinsehen, passiert es aber, dass wir sicher nur den Weg zwischen dem Start- und Zielknoten optimal bestimmen. Die zusätzlichen Informationen des Dijkstra-Algorithmus – nämlich die optimalen Wege vom Startknoten zu allen übrigen Knoten – erhalten wir nicht. Dies liegt an der Nutzung der Heuristik und deren steuerndem Einfluss auf die Suche. Es bleibt noch zu erwähnen, was passiert, wenn wir die Heuristik so definieren, dass immer $h(v_i) = 0$ gilt: Dann entspricht der A*-Algorithmus exakt dem Dijkstra-Algorithmus (die eingeführte f-Spalte in der Tabelle fällt weg).

2.3.3.3 Algorithmus von Floyd

Der Algorithmus von Floyd unterscheidet sich zu den beiden vorherigen Algorithmen darin, dass er nicht nur den kürzesten Weg von einem Startknoten aus zu einem Ziel oder allen übrigen Knoten bestimmt, sondern die kürzesten Wege von jedem zu jedem anderen Knoten zugleich im Graphen ermittelt. Der Algorithmus löst folglich das *All Pairs Shortest Path Problem*, kurz APSP. Dabei ist das Prinzip ganz einfach: Es wird immer der direkte Abstand zweier Knoten im Graphen bestimmt. Damit entstehen einfache Wege zwischen zwei Knoten, die mit den Kosten für die direkte Verbindung bewertet werden oder Wege mit unendlichen Kosten, wenn kein direkter Weg zwischen zwei Knoten existiert. Ausgehend davon wird nun für jeden einfachen Weg ein weiterer Knoten hinzugenommen und bewertet, wie sich die Kosten verändern, wenn der Weg nicht mehr direkt, sondern über den hinzu genommenen Knoten verläuft. Dieses Prinzip wendet man iterativ weiter an, bis alle Wege untersucht wurden. Dabei baut auch dieser Algorithmus auf dem Bellmanschen Optimalitätsprinzip auf: Führt der kürzeste Weg von Knoten u nach v über einen Knoten w, so müssen sowohl der Teilweg von u nach w als auch jener von w nach v optimal sein.

Als Datenstruktur wird für die algorithmische Umsetzung eine (Bi-)Matrix A verwendet, die an jeder Position a_{ij} ein Tupel (c, v) enthält, wobei c die Kosten für den Weg von Knoten i nach Knoten j angibt und v den Vorgängerknoten von j speichert.

Beispiel 2.37 (Algorithmus von Floyd)

Wir betrachten den in Abb. 2.11 gegebenen Graphen und bestimmen mit dem Algorithmus von Floyd alle kürzesten Wege. Als Datenstruktur legen wir die Wegematrix an:

	a	b	c	d	e
a	0,a	4,a	1,a	∞,-	∞,-
b	∞,-	0,b	2,b	3,b	∞,-
c	1,c	2,c	0,c	∞,-	1,c
d	∞,-	3,d	∞,-	0,d	∞,-
e	∞,-	∞,-	1,e	8,e	0,e

Abb. 2.11 Graph mit Kantengewichtungen als Beispielinstanz für die Anwendung des Algorithmus von Floyd

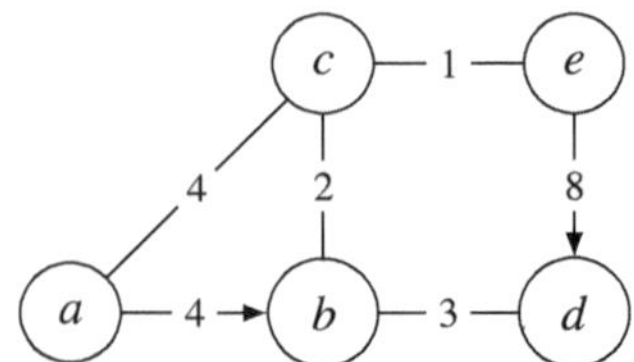

Die Einträge stellen die Kosten der direkten Verbindungen dar und vermerken den Vorgänger des Zielknotens. Der Weg von Knoten a zu Knoten b kostet in der direkten Verbindung 4 und a wird als Vorgänger von b vermerkt. Knoten ohne direkte Verbindung erhalten den ∞-Eintrag.

Ausgehend von der initialen Matrix werden nun alle Knoten einmal iteriert. Dabei wird ein Knoten k festgelegt. Die Spalten- und Zeileneinträge des Knotens werden in die nächste Matrix unverändert übernommen. Für alle anderen Einträge wird versucht, den Weg über den gerade festgelegten Knoten k umzuleiten. Es wird also für a_{ij} (den Weg von $i \to j$) die Kosten des alternativen Weges $i \to k \to j$ als $a_{ik} + a_{kj}$ berechnet. Ist die Summe der Kosten aus diesen beiden Einträgen kleiner als die bisher in a_{ij} vermerkten Kosten, so wird dieser Eintrag durch die neue Kostensumme und den Knoten k als neuen Vorgänger ersetzt.

Beispiel 2.38 (Fortsetzung Algorithmus von Floyd)

Aus der Ausgangsmatrix werden nun sukzessive, durch Festlegen jeweils eines Knotens, neue Kostenmatrizen mit alternativen, kürzesten Wegen bestimmt.

Zuerst legen wir Knoten a fest. Wir übernehmen also Zeile und Spalte a aus der Ausgangsmatrix in unveränderter Form. Danach versuchen wir, für jeden noch nicht belegten Eintrag neue Kosten für die Wege über a zu berechnen. Wir berechnen etwa $a_{bc} = \min(a_{bc}, a_{ba} + a_{ac}) = \min(2, \infty + 1) = 2$. Der Eintrag bleibt also unverändert, da der Weg von b über a nach c länger als der bisherige, tatsächlich sogar unmöglich ist (siehe Graph). Dies versuchen wir für alle Einträge. Im vorliegenden Beispiel verändert sich in diesem Schritt nichts an der Matrix.

	a	b	c	d	e
a	0,a	4,a	1,a	∞,-	∞,-
b	∞,-	0,b	2,b	3,b	∞,-
c	1,c	2,c	0,c	∞,-	1,c
d	∞,-	3,d	∞,-	0,d	∞,-
e	∞,-	∞,-	1,e	8,e	0,e

Im nächsten Schritt wird Knoten b fixiert. Jetzt ergeben sich neue Einträge in der Matrix. Der Weg von a nach d ist über b nun möglich, ebenso die Wege von c nach d und umgekehrt.

	a	b	c	d	e
a	0,a	4,a	1,a	**7,b**	∞,-
b	∞,-	0,b	2,b	3,b	∞,-
c	1,c	2,c	0,c	**5,b**	1,c
d	∞,-	3,d	**5,b**	0,d	∞,-
e	∞,-	∞,-	1,e	8,e	0,e

Nach der Festlegung von c können weitere Einträge aufgefüllt und ersetzt werden. Der Weg von a nach b ist zum Beispiel kürzer, wenn er über c verläuft.

	a	b	c	d	e
a	0,a	**3,c**	1,a	**6,c**	**2,c**
b	**3,c**	0,b	2,b	3,b	**3,c**
c	1,c	2,c	0,c	5,b	1,c
d	**6,c**	3,d	5,b	0,d	**6,c**
e	**2,c**	**3,c**	1,e	**6,c**	0,e

Wir müssten das Vorgehen nun bis Knoten e fortsetzen. Tatsächlich ändert sich in den nächsten zwei Matrizen nichts mehr. Deshalb drucken wir diese hier nicht ab.

Es bleibt zu klären, wie wir einen gewünschten Weg aus der Endmatrix des Verfahrens rekonstruieren. Ausgehend von dem Eintrag a_{ij} und dem vermerkten Vorgänger v von j können wir auf a_{iv} und a_{vj} schließen. Diese können wir wieder genauso rekursiv aufteilen, bis wir nur noch direkte Verbindungen betrachten.

Beispiel 2.39 (Fortsetzung Algorithmus von Floyd)

In Abb. 2.12 ist schematisch die rekursive Aufspaltung des Ergebnisses a_{ad} aus der zuvor bestimmten Ergebnismatrix dargestellt.

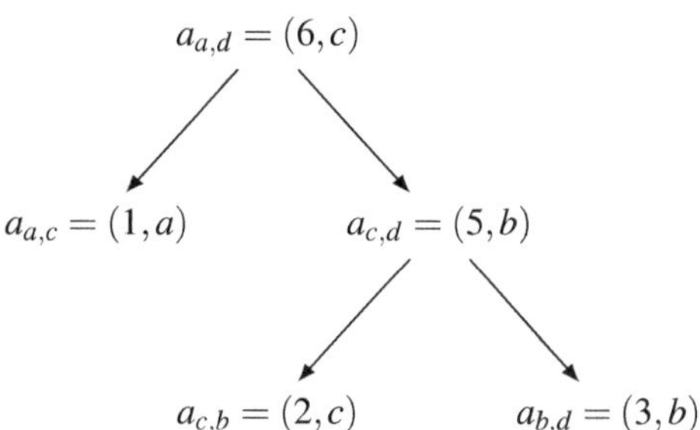

Abb. 2.12 Darstellung zur Lösungsextraktion des Weges (a,d) aus der finalen Tabelle des Beispiels zum Floyd-Algorithmus

2.3.4 Eulerwege, Eulertouren und Hamiltonkreise

An dieser Stelle kommen wir wieder auf das Anfangsproblem in diesem Kapitel zurück. Wir erinnern uns, dass Euler das Königsberger Brückenproblem formulierte: Ist es möglich, einen Rundgang durch die Königsberger Altstadt zu machen und dabei jede Brücke nur ein einziges Mal zu passieren?

Tatsächlich ist der Name Eulers seither mit der allgemeinen Definition solcher Touren verbunden:

▶ **Definition 2.40 (Eulertour und Eulerweg)** Eine *Eulertour* ist ein Zyklus in einem Graphen, der alle Kanten des Graphen genau ein einziges Mal enthält. Sind Anfangs- und Endpunkt nicht zwingend gleich, so sprechen wir von einem *Eulerweg*. Bei einem Graphen, der eine Eulertour enthält, sprechen wir von einem *eulerschen Graphen*.

Für die Bestimmung eulerscher Kreise und die Überprüfung, ob ein Graph „eulersch" ist, ist der folgende Satz von großer Bedeutung:

Satz 2.41 (von Hierholzer). Die folgenden Aussagen sind für einen ungerichteten Graphen $G = (V, E)$ äquivalent:

1. Der Graph G ist ein eulerscher Graph.
2. Der Graph G ist zusammenhängend und jeder Knoten ist zu einer geraden Anzahl von Kanten inzident.
3. Die Kanten von G sind die Vereinigung der Kantenmengen paarweise disjunkter Zyklen in G.

Wir können nach diesem Satz also all jene Graphen als nicht-eulersch ausschließen, welche Knoten besitzen, an die eine ungerade Anzahl von Kanten angeschlossen ist. Dies beantwortet direkt die initiale Fragestellung, ob der das Königsberger Brückenproblem repräsentierende Graph eulersch ist: Er ist es nicht, da einige Knoten mit einer ungeraden Anzahl von Kanten verbunden sind.

Im Allgemeinen ist es aber sicher interessant festzustellen, wenn ein eulerscher Graph vorliegt, wie die Eulertour aussieht. Der **Algorithmus von Hierholzer** ermöglicht uns dies leicht mit folgenden Schritten:

1. Wähle einen beliebigen Knoten $v_0 \in V$ als Startpunkt.
2. Laufe entlang den Kanten von G, so lange bis der Startknoten erneut erreicht wurde, ohne eine Kante zweimal zu nutzen. Dies produziert einen Zyklus Z.
3. Wenn Z alle Kanten enthält, sind wir fertig.
4. Enthält Z nicht alle Kanten von G, entferne die Kanten von Z aus G.

5. Bestimme eine Liste von Knoten, die in Z enthalten sind und noch inzidente Kanten haben. Wähle aus der Liste einen neuen Startpunkt und bestimme einen weiteren Zyklus Z'. Füge den ermittelten Kreis Z' in Z ein.
6. Gehe zu Schritt 3.

Beispiel 2.42 (Algorithmus von Hierholzer)
Für den folgenden Graphen soll mit dem Algorithmus von Hierholzer ein Eulerkreis gefunden werden. Da jeder Knoten geraden Grad hat ist die Existenz eines Eulerkreises garantiert. Nehmen wir an, dass $v_0 = 1$ als Startknoten gewählt wird.

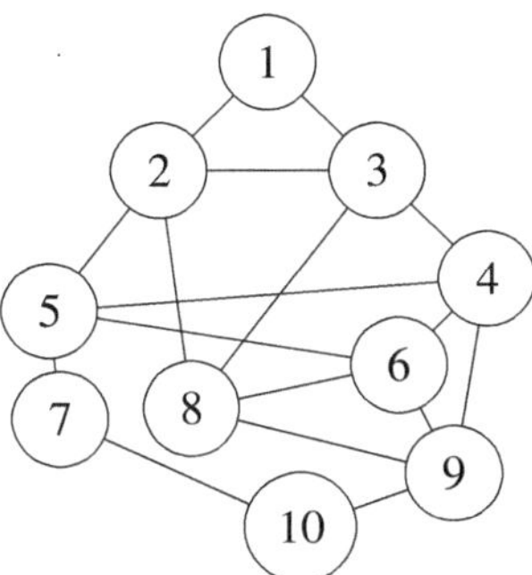

Durch den ersten Lauf konstruieren wir (durch beliebiges Durchlaufen, Tiefensuche) einen Zyklus $Z_1 = (1, 2, 5, 4, 6, 9, 4, 3, 1)$. Dieser ist in der folgenden Abbildung durch dicke Kanten repräsentiert.

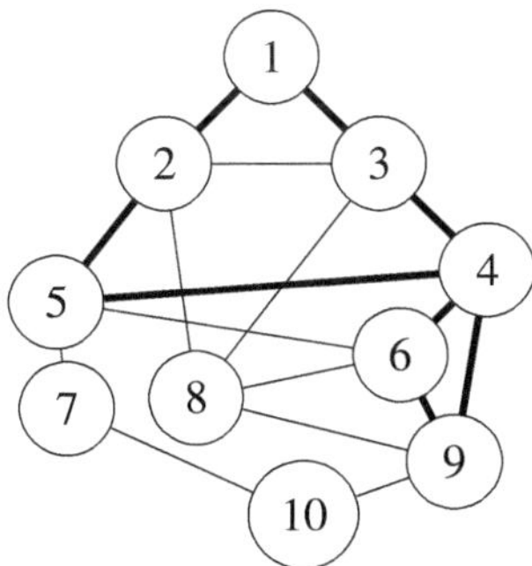

Im nächsten Schritt entfernen wir die Kanten des Zyklus Z_1 (ausgegraut). Wir vermerken jene Knoten in einer Liste, die in Z_1 sind und noch mit Kanten verbunden sind. Dies sind $L_1 = [2, 3, 5, 6, 9]$ (grau hinterlegte Knoten in der folgenden Abbildung). Wir wählen einen Knoten daraus als neuen Startknoten und konstruieren einen weiteren Zyklus $Z_2 = (5, 6, 8, 9, 10, 7, 5)$. Wir fügen nun die Zyklen Z_1 und

Z_2 am zuvor gewählten zweiten Startknoten zusammen: $Z = Z_1' + Z_2 + Z_1'' = (1, 2, 5, 6, 8, 9, 10, 7, 5, 4, 6, 9, 4, 3, 1)$. Knoten 5 ist hier der Einfügepunkt für Z_2 in $Z_1 = Z_1' + 5 + Z_2''$.

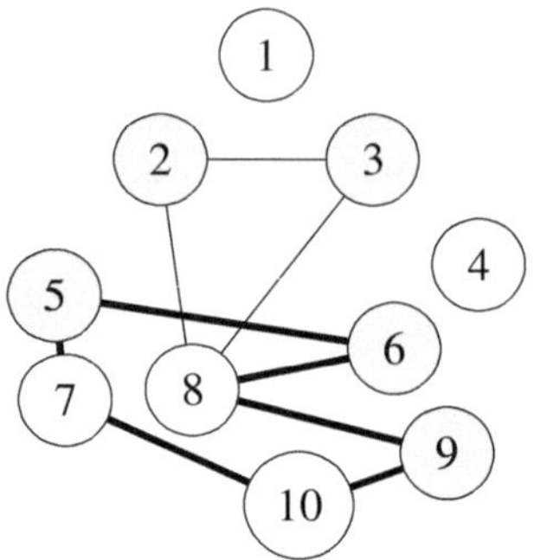

Es werden die zu Z_2 gehörenden Kanten aus dem Graphen entfernt und die Liste $L_2 = [2, 3, 8]$ der neuen Anfangsknoten erstellt. Nun konstruieren wir den letzten Zyklus $Z_3 = (2, 3, 8, 2)$ und fügen diesen in den zusammengesetzten Zyklus Z am Startknoten 2 ein: $Z = (1, 2, 3, 8, 2, 5, 6, 8, 9, 10, 7, 5, 4, 6, 9, 4, 3, 1)$. Dies ist eine Eulertour.

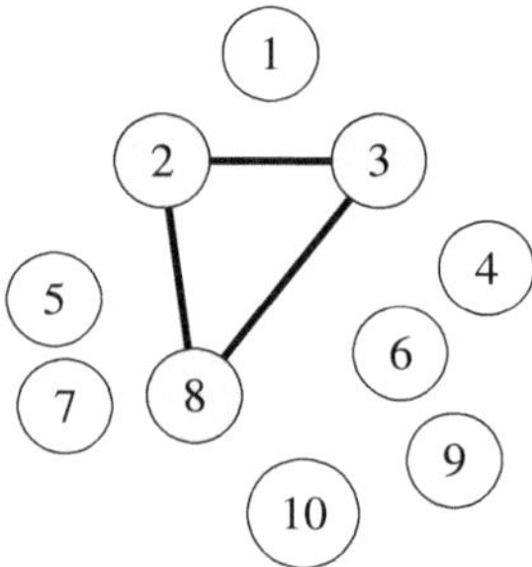

Eine auf den ersten Blick zu Eulerkreisen sehr ähnlich erscheinende Problemstellung ist die Frage nach sogenannten **Hamiltonkreisen**. Tatsächlich sind Hamiltonkreise jedoch Kreise in Graphen, die alle Knoten abdecken (Abb. 2.13).

▶ **Definition 2.43 (Hamiltonkreis)** Sei $G = (V, E)$ ein Graph. Ein Kreis in G, der alle Knoten aus V überdeckt, heißt *Hamiltonkreis*.

Tatsächlich ist das Problem, zu entscheiden, ob ein Hamiltonkreis existiert, nicht so einfach lösbar wie jenes, einen Eulerkreis zu finden. Das Problem wird in der Informatik

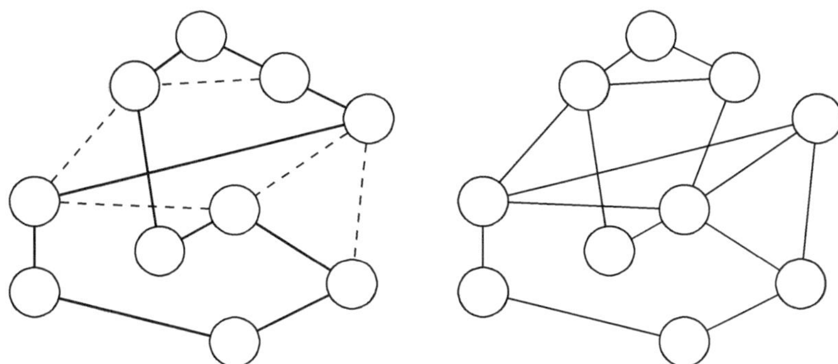

Abb. 2.13 Beispiel für einen Hamiltonkreis in einem Graphen (links) und ein leicht veränderter Graph, in dem das Bestimmen eines Hamiltonkreises schwer ist. Finden Sie im rechten Graphen einen Hamiltonkreis?

als NP-schwer angesehen, es gibt also keinen effizienten Algorithmus, um es zu lösen.[4] Es ist sogar eines der zentralen Probleme der Informatik und spielt in der Komplexitätstheorie eine wichtige Rolle.

Es ist auch eine wichtige Voraussetzung für die Einschätzung der Komplexität des abschließend von uns betrachteten Problems im Kontext von Graphen, dem Traveling Salesperson Problem (TSP). Dieses ist nämlich ein Spezialfall des Hamiltonkreis-Problems.

2.3.5 Das Traveling Salesperson Problem (TSP)

Das Traveling Salesperson Problem haben wir ja bereits ganz zu Anfang als Optimierungsproblem kennengelernt, siehe Abschn. 1.2.1. Mit unseren bisher zusammengetragenen Defintionen können wir es nun formal graphentheoretisch beschreiben.

▶ **Definition 2.44 (TSP)** Das Traveling Salesperson Problem (TSP) ist ein Spezialfall des Hamiltonkreis-Problems. Es wird in einem Graphen $G = (V, E)$ mit Kantengewichtung $g : E \to \mathbb{R}$ ein Hamiltonkreis mit minimalen Kosten gesucht.

Wenn wir die Definition betrachten und bedenken, was wir über die Komplexität des Hamiltonkreis-Problems gesagt haben, können wir direkt auf die Komplexität des TSP rückschließen.

---

[4]Achtung: Das bedeutet **nicht**, dass das Problem nicht gelöst werden kann. Es existiert nur kein Algorithmus, der in polynomieller Zeit eine Lösung findet bzw. eine Entscheidung treffen kann. Wir müssen also ggf. alle Möglichkeiten durchgehen. Das kann bei großen Graphen ziemlich lange dauern.

Satz 2.45 (Komplexität von TSP). Das Traveling Salesperson Problem (TSP) ist NP-schwer. Es existiert also kein effizienter Algorithmus zur optimalen Lösung des Problems.

Beweis. Wir nehmen an, es existiere ein effizienter Algorithmus A, der das TSP optimal löse. Dann kann mit A ein kostenminimaler Hamiltonkreis in polynomieller Zeit gefunden werden. Dies steht jedoch im Widerspruch dazu, dass das Problem, überhaupt einen Hamiltonkreis (egal, ob kostenoptimal oder nicht) zu finden, nicht durch einen effizienten Algorithmus optimal gelöst werden kann. $\square$

Bevor wir nun ernüchtert den Griffel fallen lassen und das TSP nicht weiter betrachten, da es ja sowieso keinen effizienten Algorithmus gibt, der das Problem löst, hier zwei Anmerkungen:

1. Die Nichtexistenz eines effizienten Algorithmus für die optimale Lösung eines Problems bedeutet nicht, dass man das Problem nicht optimal lösen kann. Es bedeutet auch nicht, dass man das Problem ignorieren kann. Wir werden im Folgenden sehen, dass etwa das bekannte Branch & Bound-Verfahren oft die optimale Lösung in wenigen Schritten bestimmen kann. Nur im schlimmsten Falle muss es alle Lösungen aufzählen.
2. Neben optimalen Lösungen spielen in der praktischen Anwendung oftmals fast optimale Lösungen (sogenannte Approximationen) eine Rolle. Sie sind das Ergebnis sogenannter Heuristiken, also Suchverfahren, die schnell arbeiten, die optimale Lösung jedoch nicht garantieren können. Manchmal können sie aber eine Mindestqualität der Lösung im Vergleich zur theoretisch optimalen Lösung garantieren.

Das TSP ist hervorragend geeignet, beide Ansätze zu betrachten. Wir können dabei sogar vieles des vorher Gelernten in diesem Kapitel anwenden.

2.3.5.1 TSP optimal lösen

Um das TSP optimal zu lösen, verwenden wir die bereits eingeführte Branch & Bound-Methode. Dazu müssen wir zwei wichtige Dinge vorbereiten: die Repräsentation von Teillösungen und die Berechnung einer unteren Schranke.

1. Eine Lösung stellen wir als Folge von Knoten dar, über die eine Tour verläuft. Als **Teillösung** geben wir immer den bereits festgelegten Ausschnitt der Tour vom Startknoten aus an (zu diesem wird natürlich zurückgekehrt).

2. Für die Bestimmung der unteren Grenze überlegen wir Folgendes:

- Jede Tour enthält genauso viele Kanten wie passierte Knoten.
- Seien $E^* \subseteq E$ die Menge der Kanten der optimalen Tour, dann berechnen sich die Kosten der Tour mit einer Gewichtungsfunktion $g : E \to \mathbb{R}$ über

$$C_{opt} = \sum_{e \in E^*} g(e).$$

- Betrachten wir die Berechnung pro Knoten, so gehen immer die Kosten der eingehenden Kante $c_{ein}(v)$ und der ausgehenden Kante $c_{aus}(v)$ in die Berechnung ein. Wir können nun die optimalen Gesamtkosten umformulieren in

$$C_{opt} = \frac{1}{2} \sum_{v \in V} c_{ein}(v) + c_{aus}(v),$$

  wobei v jeweils ein Endpunkt einer Kante aus E^* ist.
- Wenn wir nun eine nicht optimale Kantenmenge annehmen, sondern für jeden Knoten, sofern nicht durch die Teillösung anders festgelegt, die günstigsten anliegenden Kanten annehmen, dann ergibt sich die untere Grenze U.

Beispiel 2.46 (Untere Grenze)
Für den in Abb. 2.14 dargestellten Graphen soll die untere Grenze für Touren von A aus ohne weitere Festlegungen von Knoten bestimmt werden. Wir bestimmen die Kosten für die zwei anliegenden Kanten an jedem Knoten:

Knoten	Kante 1, c_{ein}	Kante 2, c_{aus}	Summe
A:	$(A, B) = 3$	$(A, D) = 2$	5
B:	$(A, B) = 3$	$(B, E) = 2$	5
C:	$(C, D) = 3$	$(C, E) = 4$	7
D:	$(A, D) = 2$	$(C, D) = 3$	5
E:	$(C, E) = 4$	$(B, E) = 2$	6

Die untere Schranke ergibt sich dann als Summe der Kostensummen geteilt durch zwei. Im Beispiel ergibt sich $U = 28/2 = 14$.

Mit Hilfe der Berechnungsvorschrift für die untere Grenze können wir nun jede Teillösung bewerten und sukzessive unseren Branch & Bound-Baum aufbauen. Sind in einer Teillösung Knoten festgelegt (wir legen diese vom Startpunkt aus fest), so müssen die dadurch ebenfalls festgelegten Kanten in der Berechnung der unteren Grenze berücksichtigt werden.

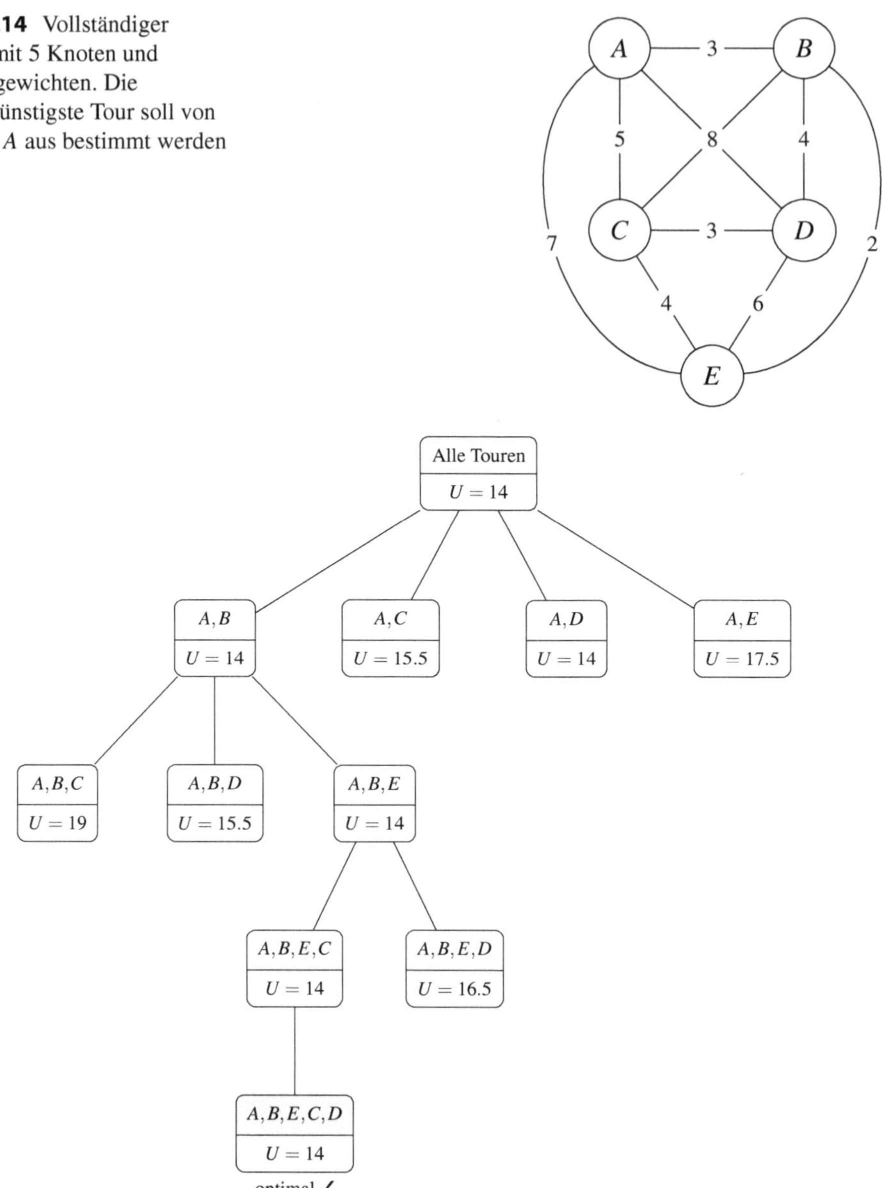

Abb. 2.14 Vollständiger Graph mit 5 Knoten und Kantengewichten. Die kostengünstigste Tour soll von Knoten A aus bestimmt werden

Darstellung des Branch & Bound-Baumes für das TSP-Problem aus Abb. 2.14

Beispiel 2.47 (Fortsetzung Branch & Bound für TSP)

Zu Beginn ist nur der Knoten A als Startknoten festgelegt. Wir fügen in den Branch & Bound-Baum den ersten Knoten („Alle Touren") ein, siehe folgende Abbildung und annotieren diesen mit der zuvor berechneten unteren Schranke aus Beispiel 2.46.

Im nächsten Schritt erweitern wir die Tour (die mit A beginnt) um die durch den (hier vollständigen) Graphen erlaubten Möglichkeiten. Wir erhalten vier neue Teiltouren: $[A, B, \cdot, \cdot, \cdot]$, $[A, C, \cdot, \cdot, \cdot]$, $[A, D, \cdot, \cdot, \cdot]$ und $[A, E, \cdot, \cdot, \cdot]$. Die $\cdot$ markieren, dass hier noch kein Knoten festgelegt wurde. Für die erste Teillösung gilt aber, dass die Kante (A, B) nun fester Bestandteil der Lösung ist. Ebenso muss bei der Berechnung der unteren Schranke für die zweite Teillösung nun die Kante (A, C) fest berücksichtigt werden.

Wir bestimmen die unteren Schranken für die vier Teillösungen (die festen Knoten sind hervorgehoben):

Untere Schranke für $[A, B, \cdot, \cdot, \cdot]$: $U_{A,B} = 14$

Knoten	Kante 1, c_{ein}	Kante 2, c_{aus}	Summe
A:	$(\mathbf{A}, \mathbf{B}) = 3$	$(A, D) = 2$	5
B:	$(\mathbf{A}, \mathbf{B}) = 3$	$(B, E) = 2$	5
C:	$(C, D) = 3$	$(C, E) = 4$	7
D:	$(A, D) = 2$	$(C, D) = 3$	5
E:	$(C, E) = 4$	$(B, E) = 2$	6

Untere Schranke für $[A, C, \cdot, \cdot, \cdot]$: $U_{A,C} = 15,5$

Knoten	Kante 1, c_{ein}	Kante 2, c_{aus}	Summe
A:	$(\mathbf{A}, \mathbf{C}) = 5$	$(A, D) = 2$	7
B:	$(A, B) = 3$	$(B, E) = 2$	5
C:	$(C, D) = 3$	$(\mathbf{A}, \mathbf{C}) = 5$	8
D:	$(A, D) = 2$	$(C, D) = 3$	5
E:	$(C, E) = 4$	$(B, E) = 2$	6

Untere Schranke für $[A, D, \cdot, \cdot, \cdot]$: $U_{A,D} = 14$

Knoten	Kante 1, c_{ein}	Kante 2, c_{aus}	Summe
A:	$(A, B) = 3$	$(\mathbf{A}, \mathbf{D}) = 2$	5
B:	$(A, B) = 3$	$(B, E) = 2$	5
C:	$(C, D) = 3$	$(C, E) = 4$	7
D:	$(\mathbf{A}, \mathbf{D}) = 2$	$(C, D) = 3$	5
E:	$(C, E) = 4$	$(B, E) = 2$	6

Untere Schranke für $[A, E, \cdot, \cdot, \cdot]$: $U_{A,E} = 17,5$

Knoten	Kante 1, c_{ein}	Kante 2, c_{aus}	Summe
A:	$(\mathbf{A}, \mathbf{E}) = 7$	$(A, D) = 2$	9
B:	$(A, B) = 3$	$(B, E) = 2$	5
C:	$(C, D) = 3$	$(C, E) = 4$	7
D:	$(A, D) = 2$	$(C, D) = 3$	5
E:	$(\mathbf{A}, \mathbf{E}) = 7$	$(B, E) = 2$	9

Wir tragen nun die unteren Schranken für alle Teillösungen in den Strukturbaum, ein. Für jede Teillösung können wir nun drei etwas vollständigere Teillösungen konstruieren. Wir folgen aber bei der Iteration des Baumes einer Tiefensuche und betrachten auf dem weiteren Weg in die Tiefe zuerst eine Lösung mit kleinster unterer Schranke. Damit verbinden wir die Hoffnung (tatsächlich ist dies nicht mehr als eine Hoffnung), dass in diesem Teilbaum eine gute, sogar optimale Lösung verborgen ist.

Wir wählen also $[A, B, \cdot, \cdot, \cdot]$ als Ausgangspunkt für den Abstieg und erzeugen die neuen Teillösungen $[A, B, C, \cdot, \cdot]$, $[A, B, D, \cdot, \cdot]$ und $[A, B, E, \cdot, \cdot]$.

Wir bestimmen die unteren Schranken für die drei Teillösungen (die festen Knoten sind wieder hervorgehoben):

Untere Schranke für $[A, B, C, \cdot, \cdot]$: $U_{A,B,C} = 18,5$

Knoten	Kante 1, c_{ein}	Kante 2, c_{aus}	Summe
A:	$(\mathbf{A}, \mathbf{B}) = 3$	$(A, D) = 2$	5
B:	$(\mathbf{A}, \mathbf{B}) = 3$	$(\mathbf{B}, \mathbf{C}) = 8$	11
C:	$(\mathbf{B}, \mathbf{C}) = 8$	$(C, D) = 3$	11
D:	$(A, D) = 2$	$(C, D) = 3$	5
E:	$(C, E) = 4$	$(B, E) = 2$	6

Untere Schranke für $[A, B, D, \cdot, \cdot]$: $U_{A,B,D} = 15,5$

Knoten	Kante 1, c_{ein}	Kante 2, c_{aus}	Summe
A:	$(\mathbf{A}, \mathbf{B}) = 3$	$(A, D) = 2$	5
B:	$(\mathbf{A}, \mathbf{B}) = 3$	$(\mathbf{B}, \mathbf{D}) = 4$	7
C:	$(C, D) = 3$	$(C, E) = 4$	7
D:	$(A, D) = 2$	$(\mathbf{B}, \mathbf{D}) = 4$	6
E:	$(C, E) = 4$	$(B, E) = 2$	6

Untere Schranke für $[A, B, E, \cdot, \cdot]$: $U_{A,B,E} = 14$

Knoten	Kante 1, c_{ein}	Kante 2, c_{aus}	Summe
A:	$(\mathbf{A}, \mathbf{B}) = 3$	$(A, D) = 2$	5
B:	$(\mathbf{A}, \mathbf{B}) = 3$	$(\mathbf{B}, \mathbf{E}) = 2$	5
C:	$(C, D) = 3$	$(C, E) = 4$	7
D:	$(A, D) = 2$	$(C, D) = 3$	5
E:	$(\mathbf{B}, \mathbf{E}) = 2$	$(C, E) = 4$	6

Wir tragen nun die unteren Schranken wieder im Baum ein und folgen der Lösung $[A, B, E, \cdot, \cdot]$ mit kleinster unterer Schranke. Dabei entstehen die Teillösungen $[A, B, E, C, \cdot]$ und $[A, B, E, D, \cdot]$, für die wir die unteren Schranken berechnen.

Untere Schranke für $[A, B, E, C, \cdot]$: $U_{A,B,E,C} = 14$

Knoten	Kante 1, c_{ein}	Kante 2, c_{aus}	Summe
A:	$(\mathbf{A}, \mathbf{B}) = 3$	$(A, D) = 2$	5
B:	$(\mathbf{A}, \mathbf{B}) = 3$	$(\mathbf{B}, \mathbf{E}) = 2$	5
C:	$(C, D) = 3$	$(\mathbf{C}, \mathbf{E}) = 4$	7
D:	$(A, D) = 2$	$(C, D) = 3$	5
E:	$(\mathbf{B}, \mathbf{E}) = 2$	$(\mathbf{C}, \mathbf{E}) = 4$	6

Untere Schranke für $[A, B, E, D, \cdot]$: $U_{A,B,E,D} = 16,5$

Knoten	Kante 1, c_{ein}	Kante 2, c_{aus}	Summe
A:	$(\mathbf{A}, \mathbf{B}) = 3$	$(A, D) = 2$	5
B:	$(\mathbf{A}, \mathbf{B}) = 3$	$(\mathbf{B}, \mathbf{E}) = 2$	5
C:	$(C, D) = 3$	$(C, E) = 4$	7
D:	$(A, D) = 2$	$(\mathbf{D}, \mathbf{E}) = 6$	8
E:	$(\mathbf{B}, \mathbf{E}) = 2$	$(\mathbf{D}, \mathbf{E}) = 6$	8

Wieder tragen wir die Resultate für die unteren Schranken in unseren Baum ein und folgen der Lösung $[A, B, E, C, \cdot]$. Als einziges resultierendes Blatt ergibt sich $[A, B, E, C, D]$. Nach kurzer Überlegung (wir schauen auf die Berechnung der vorherigen Teillösung) erkennen wir, dass $U_{A,B,E,C} = U_{A,B,E,C,D}$ und sogar $U_{A,B,E,C,D} = U_{A,B,E,C,D,A} = 14$ gilt. Damit haben wir eine *vollständige Lösung* mit Tourkosten von 14 bestimmt.

Wenn wir nun in unserem Baum alle ermittelten unteren Schranken der Teillösungen betrachten, stellen wir fest, dass keine untere Schranke auf einen besseren Kostenwert hoffen lässt. Damit können wir (wenn wir nur an einer optimalen Lösung interessiert sind) alle anderen Äste vernachlässigen und sind mit der optimalen Lösung des TSP fertig.

Wir können also ein TSP-Problem mit Branch & Bound optimal lösen. Oftmals geht das sogar relativ schnell. Wir müssen allerdings beachten, dass es nicht immer schnell geht. Wenn wir viel Pech haben, müssen wir alle Lösungen aufzählen, um schließlich zu einer optimalen, kostenminimalen Tour zu gelangen.

2.3.5.2 Die MST-Heuristik für das TSP

Um zu einer guten Tour bzgl. der Kosten zu gelangen, können wir Heuristiken einsetzen. Heuristiken (aus dem Griechischen: heuriskein = finden) sind Suchverfahren, die einer speziellen Regelstrategie folgen, dabei jedoch keine Optimalität der Lösung garantieren. Im Vergleich zu optimalen Verfahren sind sie oft erheblich schneller und leichter verständlich.

Große Bedeutung haben Heuristiken bei der (guten) Lösung von NP-schweren Problemen, also solchen Problemen, bei denen das optimale Lösungsvorgehen (abhängig von der Größe der Eingabe oder der Elemente) im Zweifel extrem lange dauern kann. Zu dieser Klasse von Problemen gehört, wie wir gezeigt haben, auch das TSP. Wir wollen eine einfache Heuristik für das TSP im Folgenden betrachten.

Die MST-Heuristik (MST = Minimum Spanning Tree, minimaler Spannbaum) basiert auf der Bestimmung eines minimalen Spannbaums, der Konstruktion einer Eulertour und dem Aufbau eines Hamiltonkreises. Wir gehen dabei davon aus, dass wir vollständige Graphen vorliegen haben, also solche, in denen wir jeden Knoten von jedem anderen aus direkt erreichen können.
Die MST-Heuristik ist leicht in drei Schritten zu beschreiben:

1. Konstruiere im gegebenen Graphen einen minimalen Spannbaum (z. B. mit dem Algorithmus von Kruskal).
2. Verdopple die Kanten des minimalen Spannbaums. Dies liefert direkt eine Eulertour.
3. Laufe die Eulertour ab. Wenn ein Knoten auf der Eulertour ein zweites mal besucht werden soll, wähle die kostengünstigste alternative Kante (aus der Menge der Kanten, die nicht im Spannbaum sind) zu einem nicht besuchten Knoten. Danach fahre auf dem Eulerkreis fort. Sind alle Knoten besucht und der Startknoten erreicht, sind wir fertig.

Beispiel 2.48 (MST-Heuristik)

In Abb. 2.15 haben wir den minimalen Spannbaum für den in Beispiel 2.46 betrachteten Graphen bestimmt (linke Darstellung, schwarz gefärbte Kanten). Die blauen Kanten bilden mit den schwarzen Kanten zusammen eine Eulertour.

Beginnen wir unsere Tour bei A, können wir uns etwa zu B und danach zu E bewegen. Eine weitere Bewegung auf der Eulertour würde uns zu B zurückführen. Hier wählen wir nun die nächste Kante außerhalb des Spannbaums zu einem nicht besuchten Knoten. Wir wählen (siehe rechte Darstellung) die grün eingefärbte Kante zu Knoten C. Von dort aus wandern wir weiter auf der Eulertour bis zum Knoten A. Tatsächlich haben wir hier mit der Heuristik die gleiche Lösung wie mit dem optimalen Branch & Bound-Verfahren ermittelt. Dies ist jedoch nicht immer so.

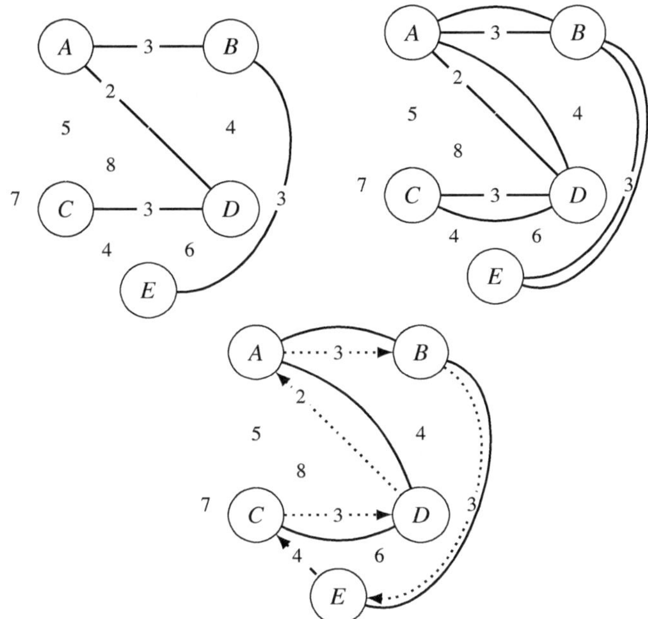

Abb. 2.15 Darstellung des Vorgehens mit der MST-Heuristik an einem einfachen Beispiel

In metrischen Graphen, also dort, wo die Bewertung der Kanten unserer Metrikdefinition (2.33) folgt, garantiert die MST-Heuristik eine Güte der Lösung.

Satz 2.49 (2-Approximation durch MST-Heuristik). Wird die MST-Heuristik auf einem metrischen Graphen angewandt, so garantiert sie eine 2-Approximation, also eine Lösung deren Kosten höchstens doppelt so groß sind, wie die optimalen Kosten.

Wenn wir nochmal betrachten, wie die MST-Heuristik vorgegangen ist und wie aus der Eulertour eine Lösung entstanden ist, können wir den Beweis von Satz 2.49 leicht nachvollziehen.

Beweis (von Satz 2.49). Wir wissen sicher, dass die Summe der Kantenbewertungen des minimalen Spannbaums geringer ist, als jene der optimalen TSP-Tour (TSP_{opt}). Da die TSP-Tour ein Kreis ist, muss sie mindestens eine Kante mehr enthalten als der minimale Spannbaum (MST). Wir bezeichnen mit $C(\cdot)$ die Gesamtkosten einer Kantenmenge. Es gilt also:

$$C(TSP_{opt}) > C(MST)$$

Natürlich gilt dann auch:

$$2 \cdot C(TSP_{opt}) > 2 \cdot C(MST)$$

Wir wissen zusätzlich, dass

$$2 \cdot C(MST) = C(ET)$$

gilt, wobei ET die aus MST konstruierte Eulertour ist. Wir halten also fest:

$$2 \cdot C(TSP_{opt}) > C(ET).$$

In der MST-Heuristik werden sukzessive Kanten aus ET durch Abkürzungen zwischen Knoten auf der Eulertour und erst später auf der Eulertour besuchten Knoten eingezeichnet und Knoten der Eulertour entfernt. Da die Dreiecksungleichung der Metrikdefinition 2.33 gilt, werden die Kosten der entstehenden Tour sicher kleiner. Somit ist $2 \cdot C(TSP_{opt})$ eine obere Schranke für die Kosten der resultierenden Tour. $\square$

2.3.6 Flüsse in Netzwerken

Transport von Rohöl von einer Pumpstation zu einer Raffinerie zwecks Weiterverarbeitung geschieht z. B. über ein System von Pipelines von der Pumpstation (Quelle) zur Raffinerie (Senke). Jeder Pipelineabschnitt hat dabei eine maximale „Durchflusskapazität", d. h. eine Durchflussrate (etwa Barrel/s). Diese ist abhängig vom Durchmesser der Rohrleitungen, Viskosität des Durchlaufmaterials (hier dem Rohöl) und Umwelteinflüssen wie etwa der Außentemperatur. Ziel ist nun die Bestimmung der maximalen Transportkapazität (maximaler Fluss) des Netzwerkes, d. h. die maximale Menge pro Zeiteinheit, die von der Pumpstation zur Raffinerie transportiert werden kann.

Die obige Situation lässt sich auf diverse Gebiete anwenden. Analoge Modellierungen ergeben sich etwa beim Transport von Gütern über eine „Transportpipeline" oder der Maximierung des Verkehrsflusses in Netzwerken, d. h. „Fluss" muss nicht unbedingt auf flüssiges Material bezogen werden. Lenkung von Verkehrströmen/Nachrichten oder allgemein Datenströmen in digitalen Netzwerken sind weitere Beispiele. Dabei müssen jedoch zwingend die oberen Schranken, d. h. die Kapazitäten der Leitungen eingehalten werden (denn es kann nicht mehr Öl durch eine Leitung gepumpt werden, als physikalisch möglich).

Flussprobleme nehmen eine zentrale Rolle im Operations Research und in verwandten Disziplinen ein. Neben der Lösung klassischer Flussprobleme wie dem einleitenden Beispiel lässt sich eine Vielzahl von Problemen, die auf den ersten Blick überhaupt nichts mit Flüssen zu tun haben, geschickt als Flussproblem modellieren und mit den entsprechenden Algorithmen lösen.

Grundlagen

Bevor wir den Begriff des Flusses formal präzisieren, gehen wir auf eine spezielle Klasse von Graphen ein.

▶ **Definition 2.1 (Netzwerk)** Ein Netzwerk $N = (V, E, c, s, t)$ besteht aus den folgenden Komponenten

(a) $G = (V, E)$ ist ein gerichteter Graph.
(b) $c : E \to \mathbb{R}_{>0}$ ist eine *Kapazitätsfunktion*.
(c) *Quelle* $s \in V$ (engl. *source*) und *Senke* $t \in V$ (engl. *target*).

Abb. 2.16 zeigt ein Netzwerk $N = (V, E, c, s, t)$ mit $V = \{v_1, v_2, v_3, v_4, v_5, v_6\}$ und den ausgezeichneten Knoten $s = v_0, t = v_5$. Die Kantenmenge ist

$$E = \{(v_0, v_1), (v_0, v_3), (v_1, v_2), (v_1, v_4), (v_2, v_5), (v_3, v_4), (v_4, v_5)\}.$$

Es ist $c(v_1, v_4) = 2$. Die Kapazitäten aller anderen Kanten sind gleich 1.

Für das Beispiel des Öltransports ist die Quelle die Pumpstation und die Senke gegeben durch die Raffinerie. Die übrigen Knoten sind Zwischenstationen, an denen mehrere Pipelines ein- bzw. ausgehen. Die Kanten sind gerichtet, denn Öl kann stets nur in eine Richtung fließen. Die Kapazitätsfunktion ist hierbei eine Funktion, die jeder Kante eine obere Schranke für den maximalen Durchfluss pro Zeiteinheit zuweist (bestimmt etwa durch empirische Messungen).

▶ **Definition 2.2 (Netzwerkfluss)** Sei N ein Netzwerk. Ein *Netzwerkfluss* oder kurz *Fluss* in N ist eine Abbildung $f : E \to \mathbb{R}_{\geq 0}$, die jeder Kante $e \in E$ einen nicht negativen Wert $f(e)$ zuweist. Dabei müssen folgende Bedingungen erfüllt sein:

1. **Kapazitätskonformität:** $\forall e \in E : f(e) \leq c(e)$.
2. **Kirchhoff'sche Regel/Flusserhalt:** Der Gesamtfluss, der in einen Knoten eingeht muss gleich dem ausgehenden Gesamtfluss sein, d. h.

$$\forall v \in V \setminus \{s, t\} : \sum_{(u,v)\in E} f((u, v)) = \sum_{(v,w)\in E} f((v, w))$$

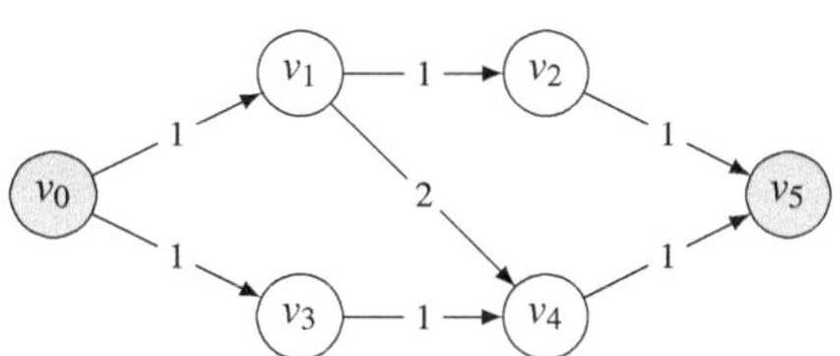

Abb. 2.16 Beispiel eines Netzwerkes

Abb. 2.17 Illustrative Darstellung der Fluss-Eigenschaft Kapazitätskonformität

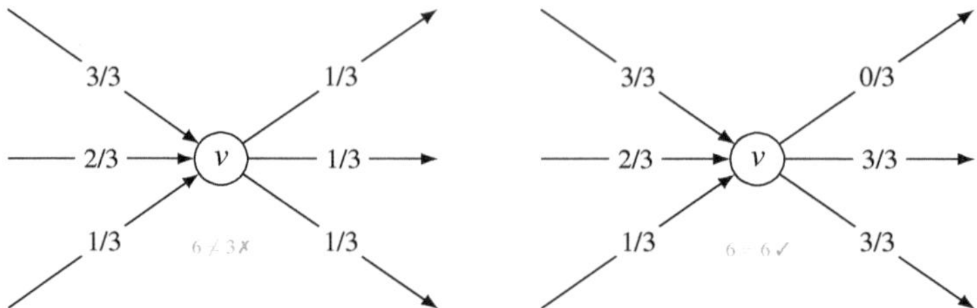

Abb. 2.18 Illustrative Darstellung der Fluss-Eigenschaft Flusserhaltung

Was sagen die Anforderungen aus? Die Kapazitätskonformität ist leicht einzusehen. Der Fluss, der über eine beliebige Kante $e \in E$ geleitet wird, ist durch eine maximale Kapazität nach oben beschränkt. Wenn wir zu viel Öl in eine Leitung pumpen, so wird diese aus physikalischen Gründen durch den entstehenden Druck im schlimmsten Falle explodieren (siehe Abb. 2.17).

Der Flusserhalt besagt, dass an den Zwischenknoten keine Zwischenspeicherung stattfindet bzw. kein Fluss verlorengeht: Die Summe der eingehenden Flüsse ist gleich der Summe der ausgehenden Flüsse (siehe Abb. 2.18). Die Bezeichnung Kirchhoff'sche Regel stammt aus der Elektrotechnik/Schaltungstechnik.[5] Beachte, dass der Flusserhalt ausdrücklich nicht für Quelle und Senke gilt.

Der *Wert* eines Flusses ist der Durchsatz im Netzwerk pro Zeiteinheit und ist definiert als die Summe der ausgehenden Flüsse der Quelle bzw. die Summe der eingehenden Flüsse der Senke als

$$|f| = \sum_{e \in N^-(s)} f(e) = \sum_{e \in N^+(t)} f(e).$$

Abb. 2.19a stellt einen zulässigen Fluss f im Beispielnetzwerk dar. Es gilt $f((s, v_1)) = f((v_1, v_2)) = f((v_2, t)) = 1$ und $f(e) = 0$ für alle übrigen Kanten. Der Flusswert ist $|f| = \sum_{e \in N^-(s)} f(e) = f((s, v_1)) + f((s, v_2)) = 1 + 0 = 1$. Abb. 2.19b hingegen ist kein gültiger Fluss. So ist die Summe der eingehenden Flüsse in den Knoten v_4 größer als die Summe der ausgehenden Flüsse, d. h. die Kirchhoff-Regel ist verletzt.

Das Problem des maximalen Flusses (engl. max flow problem) besteht nun darin, zu einem Netzwerk N einen Fluss f^* mit maximalen Flusswert $|f^*|$ unter allen möglichen Flüssen in N zu finden. Im Folgenden wollen wir einen Algorithmus für dieses Problem erarbeiten.

---

[5]Der Flusserhalt in Netzwerken ist gleich dem Knotenpunktsatz (eine der Kirchhoff'schen Regeln in der E-Technik), der besagt, dass die Summe der zufließenden elektrischen Ströme in eine Knotenpunkt gleich der Summe der ausgehenden Ströme ist.

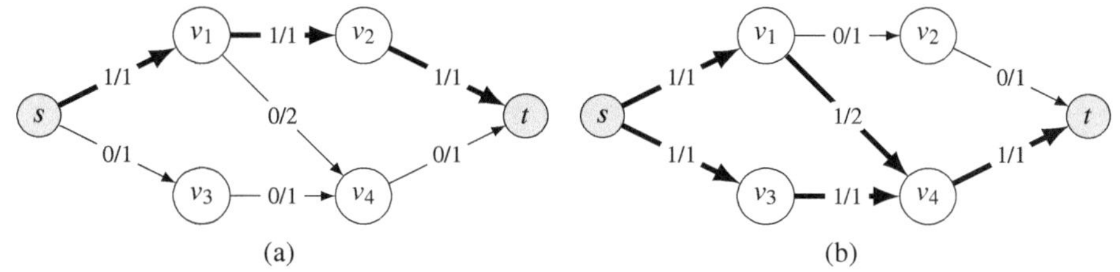

Abb. 2.19 (**a**) Fluss f mit $|f| = 1$. (**b**) *Kein* Fluss, da Kirchhoff-Regel in v_4 verletzt

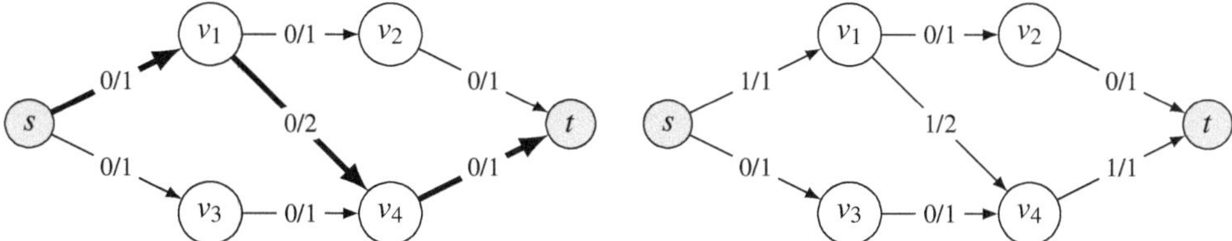

Abb. 2.20 Hier finden wir einen ungünstigen $s - t$-Weg $P = s\,v_1 v_4 t$ mit Restkapazität $r_{\min} = 1$

Der Algorithmus von Ford & Fulkerson

Eine naheliegende Idee zum Auffinden eines Flusses ist die Folgende: Wir starten mit dem leeren Fluss, d. h. $f(e) = 0$ für alle Kanten. Nun suchen wir einen einfachen Weg P von der Quelle s zur Senke t über Kanten, deren Kapazität noch nicht erschöpft ist. Solche Wege bezeichnen wir von nun an kurz als $s - t$-Wege. Haben wir einen solchen Weg gefunden, so bestimmen wir die minimale Restkapazität $r_{\min} = \min_{e \in P} c(e) - f(e)$ auf diesem Weg. Diese Restkapazität können wir nun auf den bestehenden Fluss aller Kanten auf dem Pfad P addieren – setze $f'(e) = f(e) + r_{\min}$ – und erhalten einen Fluss f' mit größerem Flusswert $|f'| > |f|$. Dieses Vorgehen wiederholen wir nun iterativ, bis kein $s - t$-Weg mehr gefunden werden kann. Betrachten wir diese Idee am Beispiel (siehe Abb. 2.20). Die Annotation an den Kanten ist wie folgt zu lesen: $f(e)/c(e)$. Hier wurde der $s - t$-Weg $P = s\,v_1 v_4 t$ im Netzwerk gefunden (Abb. 2.20 links). Die Restkapazitäten sind 1 für die Kanten (s, v_1) sowie (v_4, t) sowie 2 für die Kante (v_1, v_4). Die minimale Restkapazität ist folglich $r_{\min} = 1$. Die Augmentierung des Flusses entlang des Weges P resultiert im Netzwerk/Fluss in Abb. 2.20 rechts. In der zweiten Iteration suchen wir erfolglos nach einem $s - t$-Weg im aktualisierten Netzwerk. Jeder Weg von s nach t führt nämlich über mindestens eine erschöpfte Kante, also eine Kante mit Restkapazität 0. Das Beispiel zeigt auf, dass dieser gierige Ansatz suboptimale Ergebnisse liefern kann. Der Wert eines maximalen Flusses im Beispielnetzwerk ist ja gerade 2. Dennoch waren die Überlegungen nicht umsonst, denn die Kernidee, $s - t$-Wege zu suchen, wird auch im nachfolgend vorgestellten Algorithmus von Ford & Fulkerson beibehalten. Es ist nun eine kleine Modifikation notwendig, um stets einen maximalen Fluss zu berechnen.

Das Problem des gierigen Ansatzes ist, dass ungünstige Entscheidungen nicht zurückgenommen werden können. Konkret: Fluss, der einmal über eine Kante geschickt wird, kann nicht mehr zurückgeschoben werden. Diesem Problem begegnet der Ford

---

Algorithm 2.4 Algorithmus von Ford & Fulkerson

Require: Netzwerk $N = (V, E, c, s, t)$
1: $f(e) = 0 \ \forall e \in E$
2: Bestimme R_f
3: **while** $\exists \ f$-augm. Pfad P in R_f **do**
4:      $r_{\min} = \min\{r_f(e) \mid e \in P\}$
5:      $\forall e \in E \cap P : f(e) = f(e) + r_{\min}$
6:      $\forall e^{-1} \in E_f \setminus E \cap P : f(e) = f(e) - r_{\min}$
7:      Bestimme R_f
8: **end while**
9: **return** f

& Fulkerson-Algorithmus auf elegante Art und Weise. Der Algorithmus pflegt ein sogenanntes Residualnetzwerk.

▶ **Definition 2.3 (Residualnetzwerk)** Sei $N = (V, E, s, t, c)$ Netzwerk und f Fluss in N. Das Residualnetzwerk ist $R_f = (V, E_f, r_f)$. Es ist

- $e \in E_f$ *Vorwärtskante* mit $r_f(e) = c(e) - f(e)$, falls $e \in E$ und $f(e) < c(e)$,
- $e^{-1} \in E_f$ *Rückwärtskante* mit $r_f(e^{-1}) = f(e)$, falls $e \in E$ und $f(e) > 0$.

Die Definition erscheint kompliziert, die Idee dahinter ist simpel. In Worten: Eine Kante $e \in E$ des Netzwerks existiert auch im Residualnetzwerk zum Fluss f, falls ihre Kapazität noch nicht vollends erschöpft ist. Im Residualnetzwerk enthält eine solche Kante die Gewichtung $r_f(e) = c(e) - f(e) > 0$, d.h. ihre Restkapazität. Andernfalls kommt die Kante nicht in R_f vor. Für jede Kante e des Netzwerks, der positiver Fluss zugeordnet ist, gibt es in R_f eine Rückwärtskante e^{-1} mit eben diesem Flusswert $r_f(e^{-1}) = f(e)$ als Gewichtung. Abb. 2.21 zeigt ein Beispiel. Hier ist etwa die Kante (s, v_1) ausgeschöpft. Daher gibt es im Residualnetzwerk nur die Rückwärtskante mit Gewichtung 1. Die Kante (v_1, v_4) ist nicht ausgeschöpft. Entsprechend gibt es sowohl eine Vor- als auch eine Rückwärtskante.

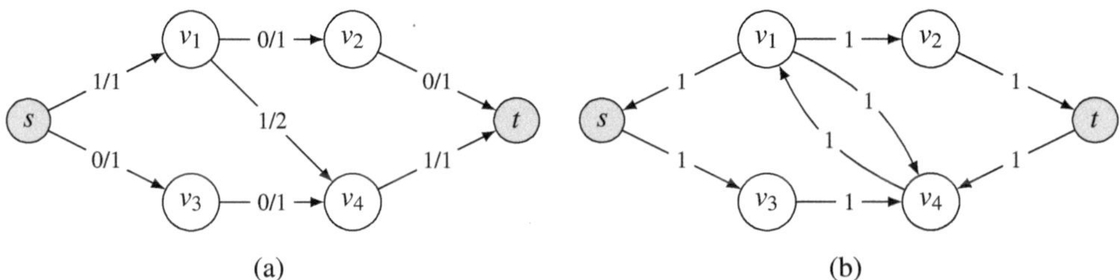

Abb. 2.21 Netzwerk mit nicht leerem Fluss (links) und das zugehörige Residualnetzwerk (rechts). (**a**) Netzwerk N. (**b**) Residualnetzwerk R_f

Der Algorithmus von Ford & Fulkerson bestimmt nun in jeder Iteration zunächst das Residualnetzwerk R_f und sucht in diesem nach einem gerichteten $s-t$-Weg P. Wir wollen diese speziellen Wege in einer Definition zusammenfassen.

▶ **Definition 2.4 (f-augmentierender Weg)**   Sei N ein Netzwerk, f ein Fluss auf N und R_f das Residualnetzwerk bzgl. f. Ein gerichteter $s - t$-Weg in R_f heißt f-augmentierender Weg oder kurz f-augmentierend.

Ist ein solcher f-augmentierender Weg P gefunden, so wird – analog zu unseren Überlegungen zuvor – der minimale Kantenwert $r_{\min}$ entlang des Weges P bestimmt. Abschließend wird eine Fallunterscheidung durchgeführt: Für jede Vorwärtskante e auf dem Pfad wird $r_{\min}$ auf den aktuellen Flusswert der Kante in N addiert. Für jede Rückwärtskante wird der Wert entsprechend subtrahiert (dies entspricht der Revision ungünstiger Entscheidungen). Damit ist eine Iteration abgeschlossen. Das Residualnetzwerk wird aktualisiert und die nächste Iteration beginnt. Mathematisch präzisiert ist das Vorgehen in Algorithmus 2.4. Bleibt der Fall zu klären, in dem kein $s - t$-Weg in R_f gefunden wird. In diesem Fall besagt der folgende Satz, dass der gefundene Fluss tatsächlich maximal ist.

Satz 2.50 (Ford & Fulkerson).   Sei N ein Netzwerk und f ein Fluss auf N. Dann ist f genau dann maximal, wenn es keinen f-augmentierenden $s - t$-Weg im Residualnetzwerk R_f gibt.

Wir wollen diesen Satz ohne Beweis hinnehmen.

Beispiel 2.51 (Ford & Fulkerson)

Die folgende Abbildung stellt links ein Beispielnetzwerk N dar. Wir möchten nun einen maximalen Fluss auf N bestimmen. Wir beginnen dabei mit dem leeren Fluss in Iteration 1 und wenden Algorithmus 2.4 an. Die Tiefensuche besucht Knoten dabei stets in lexikographischer Reihenfolge.

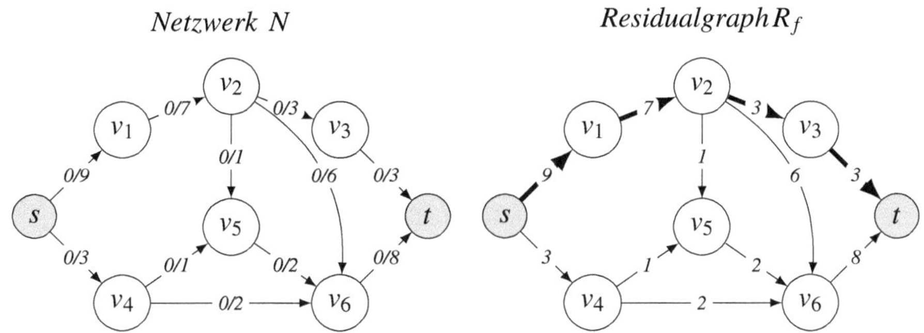

Iteration 1: Das Residualnetzwerk ertspricht dem Netzwerk N. Es gibt noch keine Rückwärtskanten, da bisher jeder Kante nur Fluss 0 zugeordnet ist. Im Residualnetzwerk finden wir den flussvergrößernden Weg $P_1 = s v_1 v_2 v_3 t$. Der minimale Restkapazität auf diesem Weg ist 3 (Kante (v_2, v_3) bzw. (v_3, t)). Wir vergrößern den Fluss auf jeder Kante entlang des Pfades (da nur Vorwärtskanten durchlaufen wurden) und gehen in die nächste Iteration über.

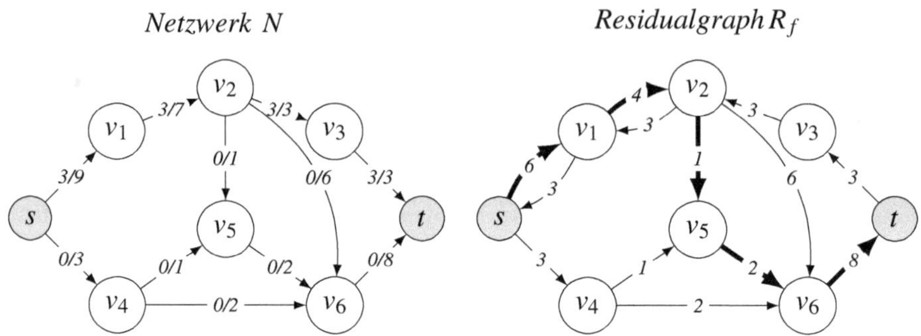

Iteration 2: Das Residualnetzwerk wurde angepasst. Entlang des Pfades P_1 gibt es im Residualnetzwerk nun jeweils eine Rückwärtskante. Die Kanten (v_2, v_3) und (v_3, t) sind ausgeschöpft. Daher gibt es diese Kanten nicht als Vorwärtskanten im Residualnetzwerk. Der lexikographischen Ordnung folgend finden wir nun den $s - t$-Weg $P_2 = s v_1 v_2 v_5 v_6 t$. Die Restkapizität wird durch die Kante (v_2, v_5) auf den Wert 1 limitiert. Da auch in P_2 nur Vorwärtskanten benutzt wurden, wird der Wert 1 auf den Fluss jeder dieser Kanten in N addiert. Damit ist die zweite Iteration abgeschlossen.

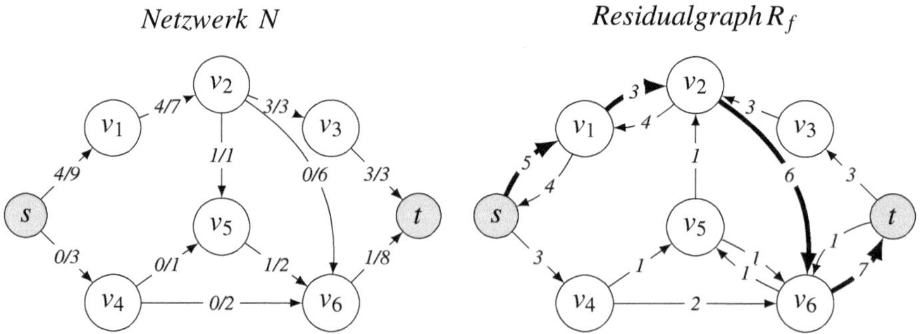

Iteration 3: Wir finden den $s - t$-Weg $P_3 = s v_1 v_2 v_6 t$. Erneut führt dieser nur über Vorwärtskanten und weist einen minimalen Wert von 3 auf (Kante (v_1, v_2)). Wir addieren den Minimalwert auf sämtliche Kanten des Pfades im Netzwerk und gehen in die vierte Iteration über.

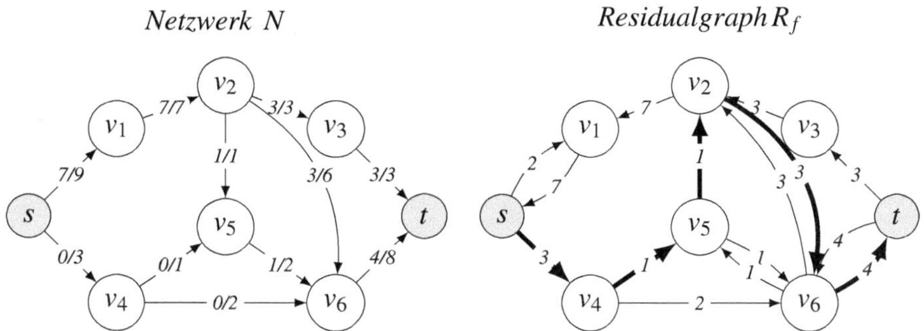

Iteration 4: Es gibt nun keine Wege von s nach t, die über v_1 führen. Der nächste Weg ist $P_4 = s v_4 v_5 v_2 v_6 t$ mit minimalem Wert 1 (bestimmt durch die Kanten (v_4, v_5) und (v_5, v_2)). Die Kante (v_5, v_2) ist eine Rückwärtskante. Wir subtrahieren daher Fluss 1 von (v_2, v_5) in N und addieren 1 auf die übrigen Wegkanten. Wir starten Iteration 5.

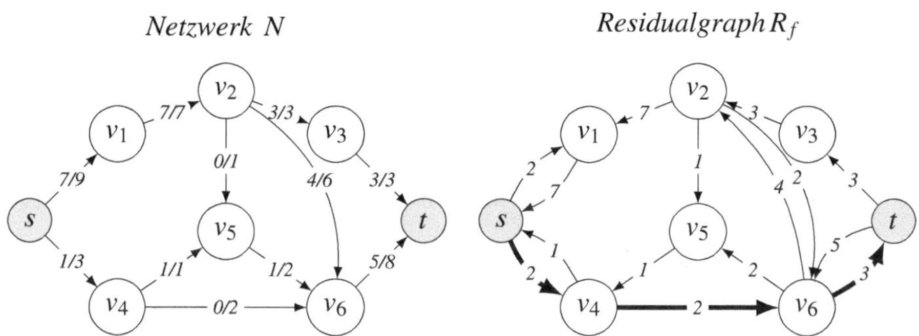

Iteration 5: Der Weg ist $P_5 = s v_4 v_6 t$ mit minimalem Wert 2 bestimmt durch die ersten beiden Kanten des Weges. Da nur Vorwärtskanten genutzt wurden, wird der Fluss aller Wegkanten um den Wert 2 erhöht. Iteration 7 startet.

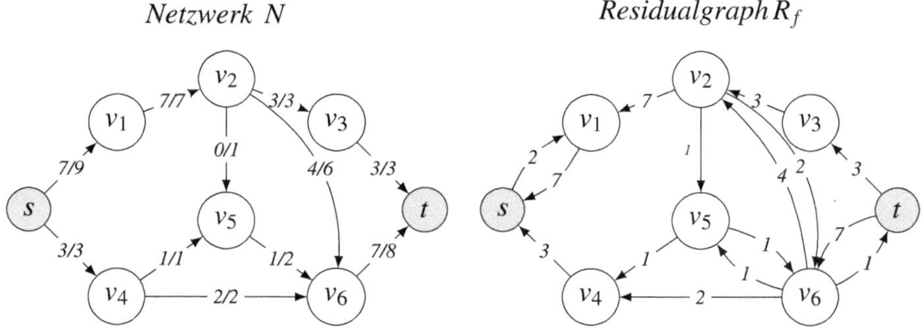

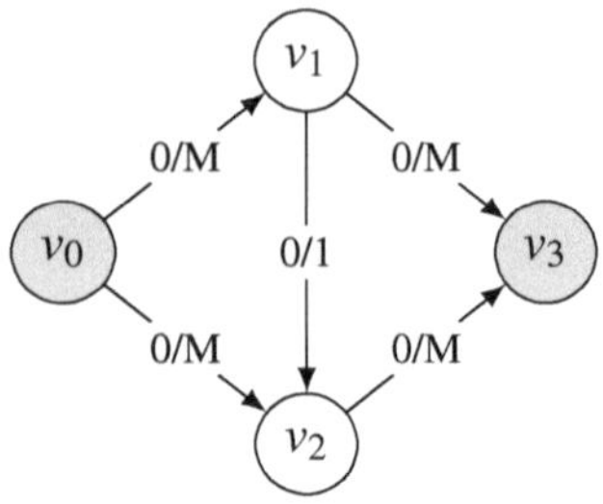

Abb. 2.22 Worst-Case
Beispiel für den Algorithmus
von Ford & Fulkerson

Iteration 6: Es existiert kein $s - t$-Weg mehr im Residualnetzwerk. Nach Satz 2.50 ist der errechnete Fluss f damit maximal. Der Flusswert ist $|f| = f(s, v_1) + f(s, v_2) = 7 + 3 = 10$.

Der Satz 2.50 dient als Korrektheitsnachweis für den Algorithmus von Ford & Fulkerson. Die Laufzeit ist von der Größenordnung $O(|f^*|(|V| + |E|))$, d.h. sie hängt nicht nur von der Größe der Eingabe ab, sondern vom numerischen Wert des maximalen Flusses. Eine solche Laufzeit wird als pseudo-polynomiell bezeichnet. Der Graph in Abb. 2.22 zeigt eine minimale Worst-Case-Instanz, auf der der Ford & Fulkerson-Algorithmus bei ungünstiger $s - t$-Weg-Suche (stets Wege über die mittlere Kante) in jeder Iteration den Fluss um genau 1 vergrößert. Ist also etwa $M = 100.000$, so bedarf es 100.000 Iterationen bis zur Terminierung. Es gibt deutlich effizientere Polynomialzeit-Algorithmen für das Max-Flow-Problem. Die Vorstellung weiterer Algorithmen würde den Umfang dieses Buches sprengen. So viel sei jedoch verraten: Viele Flussalgorithmen basieren auf dem hier vorgestellten Algorithmus und erweitern/verbessern diesen durch schnellere/parallele $s - t$-Wegfindung und raffinierte Ideen.

2.4   Zusammenfassung des Kapitels

Wir wollen hier noch einmal kurz zusammenfassen, was wir in diesem Kapitel über Graphen und Bäume behandelt haben, und welche wichtigen Ergebnisse es gab:

- Wir wissen, wie Graphen im Allgemeinen definiert sind, wie sich Zusammenhänge damit modellieren lassen und wie Graphen mittels Datenstrukturen repräsentiert werden können.
- Bäume – zusammenhängende und kreisfreie Graphen – bilden eine wichtige Subklasse.
- Wir haben Graphen und Bäume als Abstraktionsmittel für die Repräsentation von Optimierungsproblemen kennengelernt. Zusätzlich haben wir erfahren, dass Bäume selbst als strukturspendende Werkzeuge innerhalb von Optimierungsverfahren, insbesondere zur Strukturierung des Suchraums, eine zentrale Rolle spielen können.

- Wir haben Optimierungsprobleme auf Bäumen und Graphen kennengelernt und diese später in Verfahren zur Lösung praktischer Problemstellungen angewendet.
- Wir haben eine Menge praktischer Probleme kennengelernt, die mit Hilfe von graphentheoretischen Mitteln ausgedrückt und gelöst werden können.

Aufgaben

2.1. Betrachten Sie die beiden Graphen in Abb. 2.23. Entscheiden Sie jeweils, ob der Graph (schwach/stark) zusammenhängend ist.

2.2. Gegeben sei der ungerichtete Graph mit folgender Inzidenzmatrix B, wobei $b_{ij} = 1$ bedeutet, dass $v_i \in e_j$ ist:

$$B = \begin{pmatrix} 1 & 0 & 0 & 0 & 0 & 0 & 0 & 0 & 0 & 1 \\ 0 & 0 & 1 & 0 & 0 & 0 & 0 & 0 & 1 & 0 & 0 \\ 1 & 0 & 0 & 0 & 0 & 1 & 1 & 0 & 0 & 0 & 0 \\ 0 & 0 & 1 & 1 & 0 & 1 & 0 & 0 & 0 & 1 & 0 \\ 0 & 0 & 0 & 1 & 0 & 0 & 0 & 1 & 0 & 0 & 1 \\ 0 & 0 & 0 & 0 & 1 & 0 & 1 & 1 & 1 & 1 & 0 \\ 0 & 0 & 0 & 0 & 1 & 0 & 0 & 0 & 0 & 0 & 0 \\ 0 & 1 & 0 & 0 & 0 & 0 & 0 & 0 & 0 & 0 & 0 \\ 0 & 1 & 0 & 0 & 0 & 0 & 0 & 0 & 0 & 0 & 0 \end{pmatrix}$$

(a) Bestimmen Sie aus der Matrix den maximalen Knotengrad und geben Sie für jeden Knoten den Grad an.
(b) Zeichnen Sie den Graphen und geben Sie die Adjazenzmatrix des Graphen an.
(c) Aus wie vielen „Zusammenhangskomponenten" besteht der Graph?

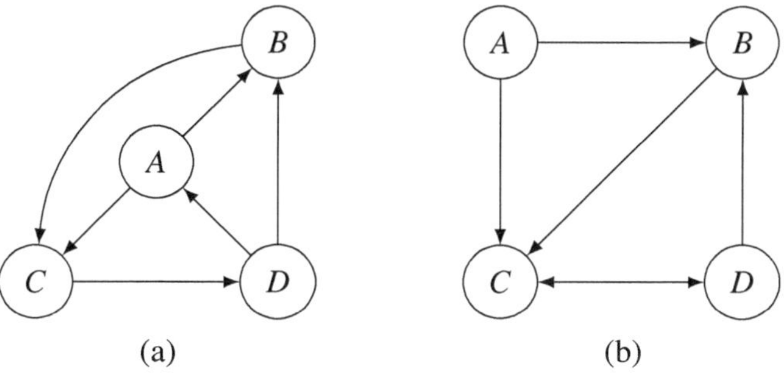

Abb. 2.23 Graphen zu Aufgabe 3. **(a)** Graph G_1. **(b)** Graph G_2

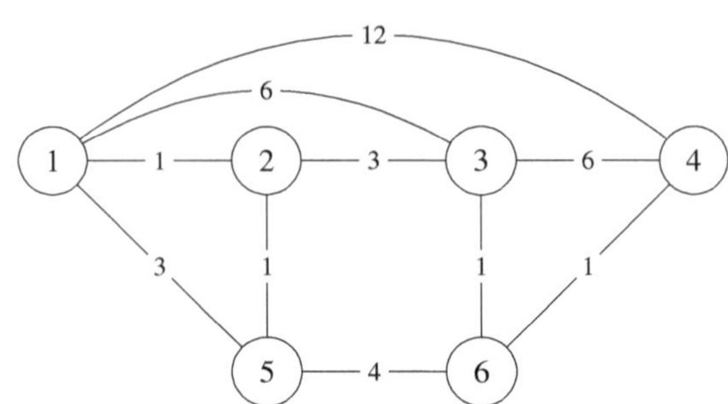

Abb. 2.24 Graph zu Aufgabe 2

2.3. Bestimmen Sie mit dem *Algorithmus von Dijkstra* den kürzesten Weg vom Startknoten 1 zum Zielknoten 4 für den Graphen aus Abb. 2.24. Gehen Sie dabei wie in der Vorlesung vor und geben Sie alle Zwischenschritte an.

2.4. Zeigen Sie: das Kürzeste-Wege-Problem erfüllt das *Bellman'sche Optimalitätsprinzip*, d. h. führt der kürzeste Weg von A nach B über C, so müssen auch die Teilwege von A nach C und von C nach B die kürzesten sein.

2.5. Student Christian soll das Kürzeste-Wege-Problem auf einem Graphen $G = (V, E, c)$ mit negativen Kantengewichten (aber keinen negativen Kreisen) lösen. Christian erinnert sich an die Vorlesung. Dort wurde erklärt, dass der Dijkstra-Algorithmus nur auf Graphen mit ausschließlich positiven Kantengewichten $c(e) \geq 0, \forall e \in E$ eine optimale Lösung garantieren kann. Christian hat jedoch folgende Idee: Er modifiziert den Graphen durch Addition des Absolutbetrags des kleinsten Kantengewichtes $c_{\min}$ zu G'. Damit sind alle Kanten positiv. Nun wendet Christian den Dijkstra-Algorithmus auf den modifizierten Graphen an, und subtrahiert anschließend $c_{\min}$ wieder. Führt dieses Vorgehen in jedem Graphen mit negativen Kantengewichten zu einer optimalen Lösung?

2.6. Zeigen oder widerlegen Sie: Der Dijkstra-Algorithmus bestimmt für jedes Paar von Startknoten s und Knoten $v \in V \setminus \{s\}$ einen kürzesten Pfad mit minimaler Anzahl von Kanten.

2.7. Gegeben sei ein gerichteter Graph $G = (V, E, c)$ mit nicht-negativer Gewichtsfunktion $c : E \to \mathbb{R}^+$. Seien $S, D \subseteq V$ Mengen von Knoten mit $S \cap D = \emptyset$. Wir interessieren uns für den kürzesten Weg zwischen Knoten aus S und Knoten aus D.

(a) Wie können wir dieses Problem mit Hilfe von Dijkstra naiv lösen?
(b) Wie kann man dieses Problem effizient unter Zuhilfenahme von Dijkstra lösen? Hinweis: Eine Modifikation des Graphen ist notwending.

(c) Nutze den Algorithmus aus (b) zur Lösung des beschriebenen Problems auf dem folgenden kantengewichteten Graphen $G = (V, E, c)$ mit $S = \{A, D\}$ und $D = \{E, G\}$.

2.8. Bestimmen Sie mit dem A^*-Algorithmus den kürzesten Weg von Knoten 1 zu Knoten 4 für den gegebenen Graphen der folgenden Abbildung (Die Werte der zu verwendenden Heuristik h stehen jeweils in den eckigen grauen Kästen. Zum Beispiel ist $h(1) = 5$.) Was fällt Ihnen auf? Erklären Sie den Grund für Ihre Beobachtung.

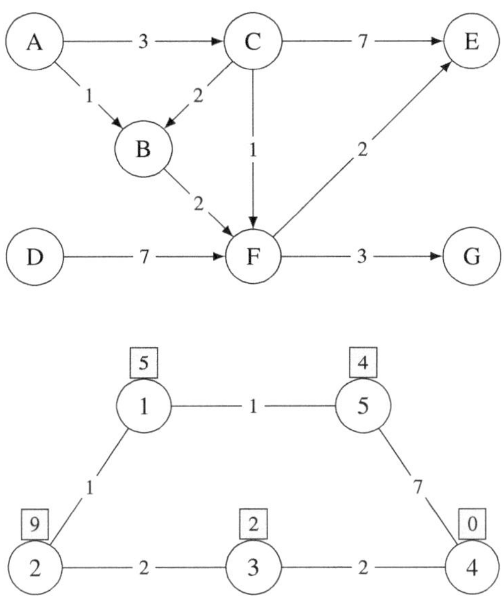

2.9. Lösen Sie das *All-Pairs-Shortest-Path Problem* (APSP) für den folgenden Graphen mit dem *Algorithmus von Floyd*.

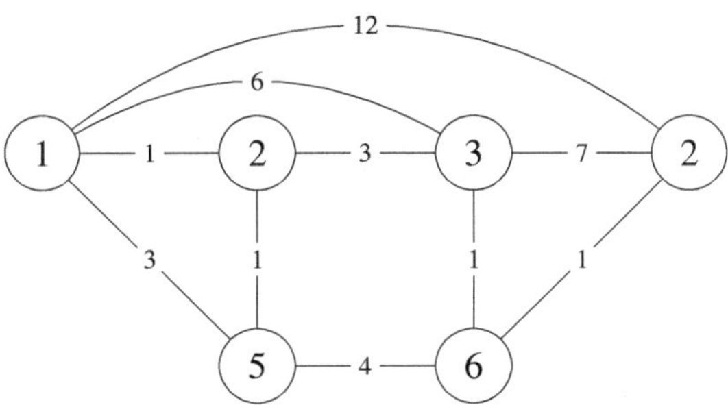

Abb. 2.25 Ungerichteter
Graph $G = (V, E, c)$

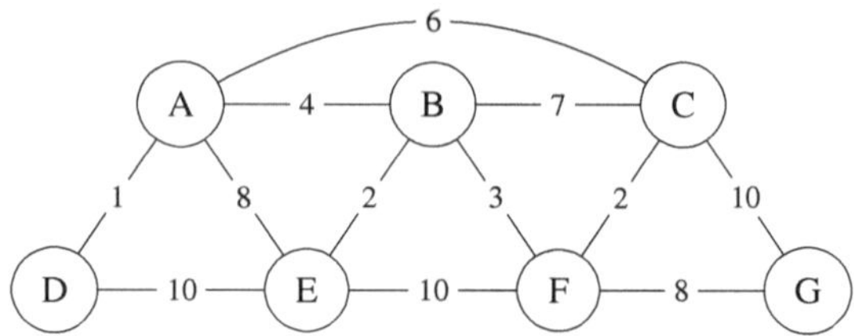

Abb. 2.26 Arbeitsgebiet des
Postboten

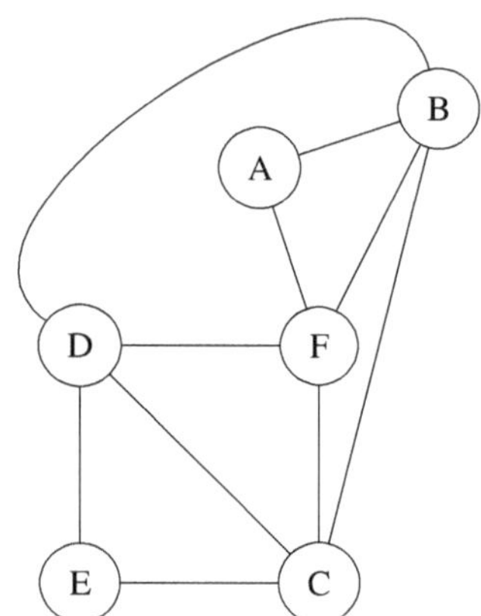

2.10. Gegeben sei der kantengewichtete, ungerichtete Graph $G = (V, E, c)$ aus Abb. 2.25. Bestimmen Sie einen minimalen Spannbaum T zu G mit (a) dem Algorithmus von Kruskal sowie (b) Prims Algorithmus.

2.11. Sind minimale Spannbäume eindeutig, wenn wir keinerlei Einschränkungen für die Kostenfunktion fordern? Wenn ja, dann führen Sie einen Beweis. Andernfalls konstruieren Sie ein Gegenbeispiel.

2.12. Sei $G = (V, E)$ ein ungerichteter Graph. Zeigen Sie: Ist $e \in E$ eine Kante von G, die in keinem Kreis liegt, so ist e in jedem Spannbaum von G enthalten.

2.13. Ein Postbote ist für die Zustellung der Post in dem in Abb. 2.26 gegebenen Straßennetz zuständig. Er startet im Postdepot (Knoten D) und muss in jeder Straße Briefe zustellen. Er möchte die zurückgelegte Strecke optimieren, um keine unnötigen Wege zu gehen und am Ende wieder im Depot ankommen. Welches Problem liegt hier vor? Ist es lösbar? Wenn ja, bestimmen Sie eine optimale Lösung für den Postboten.

2.14. Gegeben sei das folgende Netzwerk $N = (V, E, A, G, c)$ mit Kapazitätsfunktion $c : E \to \mathbb{N}$. Berechnen Sie mit dem Algorithmus von Ford & Fulkerson einen maximalen Fluss in N. Bei der Suche nach f-augmentierenden Pfaden arbeiten Sie dabei stets die Nachbarknoten in aufsteigender lexikographischer Reihenfolge ab (besuche etwa B vor C).

Geben Sie in jeder Iteration das Netzwerk N sowie den Residualgraphen R_f an. Wie groß ist der maximale Fluss f^*?

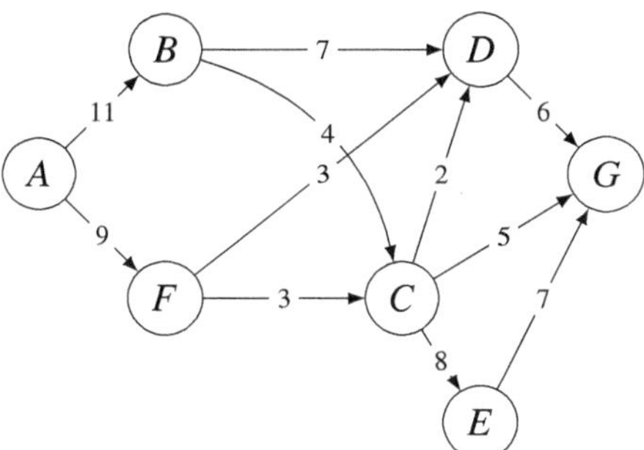

2.15. Eine Logistikfirma möchte ihren LKW möglichst gut beladen. Sie hat Güter auf Lager, die verschiedenes Gewicht und zugleich unterschiedlichen Nutzen aufweisen. Die folgende Tabelle gibt Ihnen einen Überblick über die Güter und deren Nutzen.

Gegenstand	Gewicht (t)	Nutzen (T€)
G1	3	21
G2	8	40
G3	6	18
G4	7	28

Leider kann der LKW nur ein Gewicht von 20 t transportieren. Die Herausforderung ist nun, die optimale Beladung für den LKW zu finden, um den transportierten Nutzen zu maximieren. Der Spediteur hat bereits angefangen, ein Branch & Bound-Verfahren durchzuführen (siehe Gafik), ist aber nicht fertig geworden (k = Restkapazität, U = untere Schranke, O = obere Schranke).

(a) Bestimmen Sie im gegebenen Baum, welche Zweige Sie nicht weiterverfolgen müssen. Streichen Sie die entsprechenden Einträge und begründen Sie kurz.

(b) Berechnen Sie für die übrigen Teillösungen die Restkapazität (k), die untere Schranke (U) und die obere Schranke (O). Entscheiden Sie erneut, welche Teillösungen gestrichen werden können.

(c) Berechnen Sie die optimale Lösung, indem Sie den Branch & Bound-Ansatz bis zum Ende führen. Erklären Sie kurz (!) Ihr Vorgehen und geben Sie die optimale Lösung konkret an.

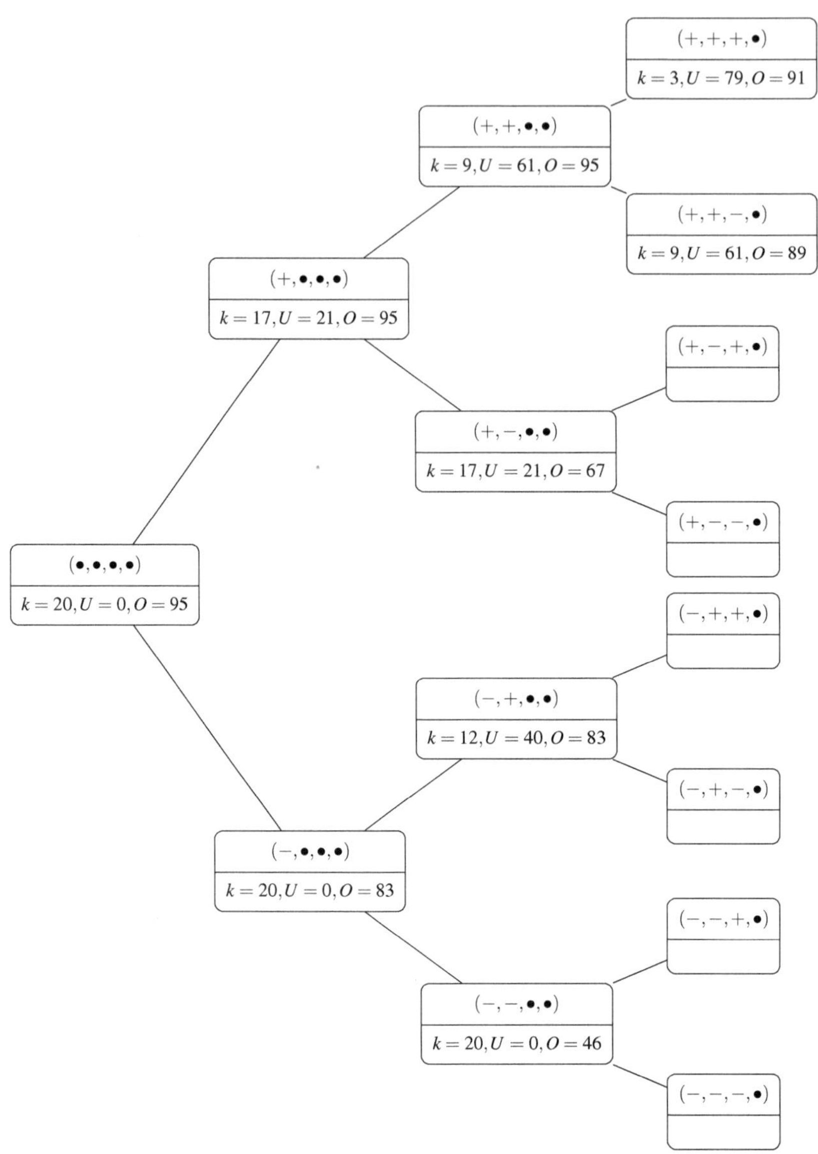

2.16. Zeigen Sie durch Angabe eines Beispielgraphen, dass die MST-Heuristik auf nicht-metrischen Graphen beliebig schlechte Lösungen produzieren kann.

2.17. In der Vorlesung wurde die MST-Heuristik für das (metrische) TSP vorgestellt. Diese erzeugt zunächst einen minimalen Spannbaum und im zweiten Schritt durch Verdopplung der Kanten einen Eulergraphen. Schließlich wird der Eulergraph traversiert und es werden Abkürzungen (nicht im Eulergraphen enthaltene Kanten) eingefügt, falls ein bereits besuchter Knoten erneut besucht würde.

(a) Zeigen Sie formal, dass der durch Verdopplung der Kanten entstehende Graph tatsächlich einen Eulerkreis enthält.

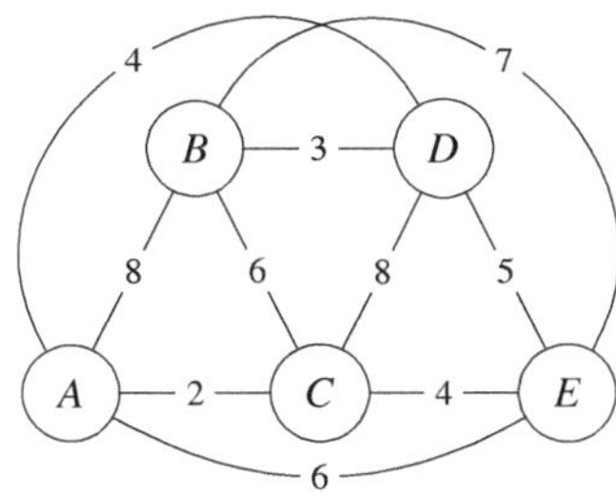

(b) Bestimmen Sie eine Lösung für den obigen Graphen.

Literatur

1. Euler, L.: Solutio problematis ad geometriam situs pertinentis. Commentarii academiae scientiarum Petropolitanae **8**, 128–140 (1741)

Lineare Optimierung

3

Zusammenfassung

Dieses Kapitel bietet eine Einführung in die Optimierung linearer Zielfunktionen unter Nebenbedingungen. Aufbauend auf einer fundierten Einführung in Notation und grafische Interpretierbarkeit linearer Probleme wird mit der Simplex-Methode nach Dantzig ein effizientes und im Bereich Operations Research zentrales Verfahren zu deren Lösung vorgestellt. Der zentrale Aspekt der Interpretation von Lösungen leitet schließlich zur Betrachtung dualer Probleme über und schließt mit dem dualen Simplex-Verfahren ab. Als Spezialfall und Anwendungsbeispiel wird konkret das Transportproblem und die spezielle Lösung des Problems über die Stepping-Stone-Methode betrachtet. Die beispielhafte Modellierung bereits eingeführter Problemstellungen als lineare Probleme runden das Kapitel ab.

Wirtschaftliche Fragestellungen lassen sich oftmals über lineare Zusammenhänge zwischen den das Problem bestimmenden Parametern modellieren. Betrachten wir dazu direkt ein Beispiel:

Beispiel 3.1 (Das Werbungsproblem)

[1]Nehmen wir an, Sie sind in der Marketingabteilung eines Unternehmens für die Werbung Ihres Unternehmens verantwortlich. Sie sollen dafür die Massenverbreitungsmedien Fernsehen und Radio verwenden und haben ein Werbebudget von 10.000 Euro pro Monat.

---

[1]Leicht modifiziert übernommen von [1].

© Springer Fachmedien Wiesbaden GmbH, ein Teil von Springer Nature 2018
C. Grimme, J. Bossek, *Einführung in die Optimierung*,
https://doi.org/10.1007/978-3-658-21151-6_3

Abb. 3.1 George B. Dantzig (1914–2005) wird von vielen als Vater der linearen Programmierung bezeichnet, da er mit seinem Simplex-Algorithmus zur Lösung linearer Optimierungsprobleme das bis heute erfolgreichste Verfahren entwickelte. (Quelle: Stanford University, Department of Management Science and Engineering)

Bei einer Marktanalyse haben Sie festgestellt, dass eine Minute Werbung via Fernsehen 300 Euro kostet. Eine Minute Werbung via Radio ist jedoch bereits für 15 Euro zu bekommen. Sie haben aber die Vorgabe der Firmenleitung, mindestens zweimal soviel Radiowerbung wie TV-Werbung zu machen. Allerdings sollen nicht mehr als 150 Minuten Radiowerbung pro Monat gemacht werden. Sie wissen außerdem aus der Erfahrung mit früheren Werbekampagnen, dass TV-Werbung 25-mal effektiver als Radiowerbung ist.

Ihre Aufgabe ist es nun, eine optimale Allokation von TV- und Radiowerbung zu finden, so dass die Werbekampagne möglichst effektiv ist.

Auch wenn dieses Problem auf den ersten Blick etwas unübersichtlich erscheint, es kann relativ einfach optimal gelöst werden, wie wir im Verlaufe dieses Kapitels feststellen werden. Dazu werden wir zuerst schauen, wie solche Probleme graphisch dargestellt werden können. Danach werden wir uns anschauen, wie sie mathematisch formuliert und schließlich algorithmisch gelöst werden können.

Schließlich widmet sich das Kapitel einem der zehn wichtigsten Algorithmen des 20. Jahrhunderts (laut IEEE), dem Simplex-Algorithmus von Dantzig. George B. Dantzig (siehe Abb. 3.1) entwickelte dieses Verfahren 1947 als automatisierbare Lösungsmethode für lineare Optimierungsprobleme. Seitdem ist dieses Verfahren aus dem Operations Research und auch aus der Ausbildung von Ökonomen und Wirtschaftsinformatikern nicht mehr wegzudenken.

Wir schauen, wie dieses Verfahren funktioniert und wie es begründet ist. Außerdem betrachten wir einige seiner Besonderheiten und praktischen Anwendungen in teilweise abgewandelter Form.

3.1 Problemdefinition

Wenn wir ein lineares Optimierungsproblem betrachten, so können wir die Begriffe aus Abschn. 1.1 folgendermaßen definieren:

▶ **Definition 3.2 (Lineares Optimierungsproblem)** Ein lineares Optimierungsproblem ist gegeben durch

- n Entscheidungsvariablen $x_1, \ldots, x_n$, $x_i \in \mathbb{R}$ und $n \in \mathbb{N}$,
- eine lineare Zielfunktion $f(x_1, \ldots, x_n) = c_1 x_1 + c_2 x_2 + \cdots + c_n x_n \overset{!}{=} opt$,
- lineare Nebenbedingungen $a_1 x_1 + a_2 x_2 + \cdots + a_n x_n \leq b$ oder $a_1 x_1 + a_2 x_2 + \cdots + a_n x_n \geq b$.

Oftmals fordern wir (motiviert durch die praktische Anwendung), dass die Entscheidungsvariablen keine negativen Werte annehmen können: $x_i \geq 0$ für alle $i = 1, \ldots, n$.

Die Definition zeigt uns bereits eine Besonderheit linearer Optimierungsprobleme, nämlich deren Linearität in Zielfunktion und Randbedingungen. Damit beschränken wir unsere Modellierung von Problemzusammenhängen auf relativ einfache lineare Zusammenhänge. Wir werden dies später noch näher diskutieren.

Weiterhin haben wir in der Definition bisher offen gelassen, ob es sich um Minimierungs- oder Maximierungsprobleme handelt (ebenso haben wir uns bei den Randbedingungen nicht festgelegt). Bereits aus dem ersten Kapitel wissen wir, dass diese Probleme aufgrund des Dualitätsprinzips ineinander überführt werden können. Wir definieren deshalb hier nochmal eine sogenannte kanonische Form eines linearen Optimierungsproblems, bei der wir uns jeweils auf Minimierung oder Maximierung festlegen.

▶ **Definition 3.3 (Kanonische Form)** Ein lineares Optimierungsproblem mit m Nebenbedingungen hat für Minimierungsprobleme die kanonische Form:

$$
\begin{aligned}
c_1 x_1 + c_2 x_2 + \ldots + c_n x_n &\overset{!}{=} \min \\
a_{11} x_1 + a_{12} x_2 + \ldots + a_{1n} x_n &\geq b_1 \\
\vdots \qquad\qquad\qquad \vdots \quad\ \ \vdots& \\
a_{m1} x_1 + a_{m2} x_2 + \ldots + a_{mn} x_n &\geq b_m \\
x_1, \ldots, x_n &\geq 0
\end{aligned}
$$

Die zugehörige Matrix-Vektor Schreibweise lautet:

$$
c^T x \overset{!}{=} \min, \text{ mit } Ax \geq b \text{ und } x \geq 0
$$

Für Maximierungsprobleme ersetzen wir in der Zielfunktion min durch max und in den m Randbedingungen $\geq$ durch $\leq$. Die letzte Randbedingung belassen wir als Nichtnegativitätsbedingung. Die Matrix-Vektor-Schreibweise des Maximierungsproblems lautet dann

$$c^T x \overset{!}{=} \max, \text{ mit } Ax \leq b \text{ und } x \geq 0$$

So können wir nun jedes lineares Optimierungsproblem als Zielfunktion und ein System aus Ungleichungen beschreiben. Aufgabe ist es nun noch, die Belegungen für $x_1, \ldots, x_n$ herauszufinden, so dass der Zielfunktionswert optimal (minimal) wird.

Beispiel 3.4 (Formulierung des Werbungsproblems)

Wir formulieren das Problem als Maximierungsproblem in kanonischer Form folgendermaßen:

$$\begin{aligned}
x_1 + 25x_2 &\overset{!}{=} \max \\
-x_1 + 2x_2 &\leq 0 \\
x_1 &\leq 150 \\
15x_1 + 300x_2 &\leq 10.000 \\
x_1, x_2 &\geq 0
\end{aligned}$$

Wir schlüsseln kurz auf, was die einzelnen Gleichungen und Ungleichungen bedeuten.

- Die zu maximierende Zielfunktion drückt den linearen Zusammenhang der Effektivität von Radio- und TV-Werbung aus. Jede Minute TV-Werbung (ausgedrückt durch x_2) geht 25-mal stärker in die Effektivität ein, als eine Minute Radiowerbung (ausgedrückt durch x_1).
- Die Anzahl der Radiowerbeminuten (x_1) muss mindestens zweimal so groß sein, wie die Anzahl der TV-Werbeminuten (x_2).
- Die Anzahl der Werbeminuten für Radiowerbung ist auf 150 Minuten begrenzt.
- Der Preis der Werbung setzt sich aus 15 Euro mal Anzahl der Radiowerbeminuten und 300 Euro mal Anzahl der TV-Werbeminuten zusammen und darf 10.000 Euro nicht überschreiten.
- Es können keine negativen Werbeminuten geplant werden.

Damit ist das lineare Optimierungsproblem vollständig in kanonischer Form beschrieben.

3.2 Graphische Lösung von linearen Optimierungsproblemen

Eine schöne Eigenschaft von linearen Optimierungsproblemen ist die graphische Darstellbarkeit des Problems. Da die Zielfunktion und die Nebenbedingungen die einzelnen Entscheidungsvariablen nur in linearer Art und Weise verknüpfen, können diese Gleichungen und Ungleichungen als Hyperebenen im n-dimensionalen Raum (bei n Entscheidungsvariablen) dargestellt werden. Diese Hyperebenen beschreiben im Falle der Randbedingungen die Grenzen des Entscheidungsraums. Jede Hyperebene teilt den Entscheidungsraum in einen zulässigen und einen unzulässigen Teil. Die Kombination aller Hyperebenen schränkt den Entscheidungsraum weiter ein und verwandelt ihn (im Idealfall) in ein Polyeder. Dieses Polyeder wird im Weiteren als *Simplex* bezeichnet. Die Zielfunktion, ebenfalls eine Hyperebene, soll diesen zulässigen Entscheidungsraum schneiden. Auf dem Schnitt liegen dann die zulässigen Lösungen.

Da man sich n-dimensionale Entscheidungsräume und das eben Beschriebene nicht direkt bildlich vorstellen kann, betrachten wir erneut unser Werbungsbeispiel.

Beispiel 3.5 (Fortsetzung des Werbungsbeispiels)

In Abb. 3.2 ist der Entscheidungsraum über die zwei Entscheidungsvariablen x_1 und x_2 dargestellt. Durch blaue Geraden sind die Randbedingungen des Problems eingezeichnet. So darf x_1 keinen Wert kleiner als 0 annehmen (alle Werte darunter sind unzulässig); x_2 muss ebenfalls größer als 0 sein. Zugleich muss $x_1 \leq 150$ gelten. Die beiden anderen Randbedingungen drücken jeweils einen „etwas komplizierteren"

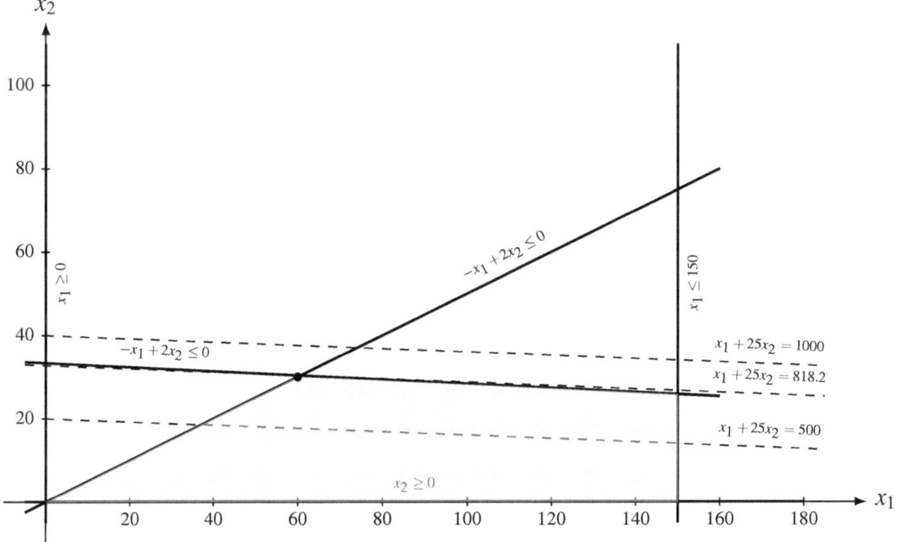

Abb. 3.2 Grafische Darstellung der Randbedingungen und der Problemstellung des Werbungsproblems. Der grau gefärbte Bereich stellt den zulässigen Lösungsbereich dar

linearen Zusammenhang zwischen beiden Entscheidungsvariablen aus. Insgesamt begrenzen die Randbedingungen den grau markierten Bereich des Entscheidungsraums. Dies ist der zulässige Bereich für die Lösungssuche (Simplex).

Die Zielfunktion selbst wird ebenfalls durch eine Gerade (gestrichelt) dargestellt. Der durch die Gerade ausgedrückte lineare Zusammenhang der Entscheidungvariablen x_1 und x_2 soll nun maximiert werden. Dies bedeutet, dass mindestens eine Lösung auf der Geraden gesucht wird, die im zulässigen Bereich liegt und zugleich den linearen Ausdruck der Zielfunktion maximiert. Zudem wissen wir, dass jeder Punkt auf einer gegebenen Geraden dem gleichen Funktionswert entspricht. Die Gerade stellt nur alle Kombinationen von x_1 und x_2 dar, diesen zu konstruieren.

Wir können diese Gerade nun also vom Ursprung parallel wegschieben, solange wir im zulässigen Bereich bleiben. Dies können wir so lange fortführen, bis wir am Rand des zulässigen Bereiches angekommen sind. Dort findet sich unsere optimale Lösung (oder auch optimale Lösungen). Wenn wir davon ausgehen, dass die Gerade der Zielfunktion nicht parallel zu einer Geraden der Randbedingungen verläuft, so finden wir immer eine eindeutige *Lösung in einer Ecke* des zulässigen Bereichs. Es reicht also, sich die Ecken des zulässigen Bereiches anzuschauen.

Aufgrund der Überlegungen im vorangegangenen Beispiel können wir einige Eigenschaften zur Lösbarkeit von linearen Optimierungsproblemen festhalten. Je nachdem wie der zulässige Bereich ausgeprägt ist, können wir von Lösbarkeit, Unzulässigkeit, und Unbeschränktheit sprechen.

Lösbarkeit: Ein lineares Optimierungsproblem ist lösbar, wenn der zulässige Bereich des Entscheidungsraums *nicht leer* ist und dieser Bereich zugleich *beschränkt* ist. Diese Situation ist schematisch in Abb. 3.3a dargestellt. Dabei können wir noch zwei

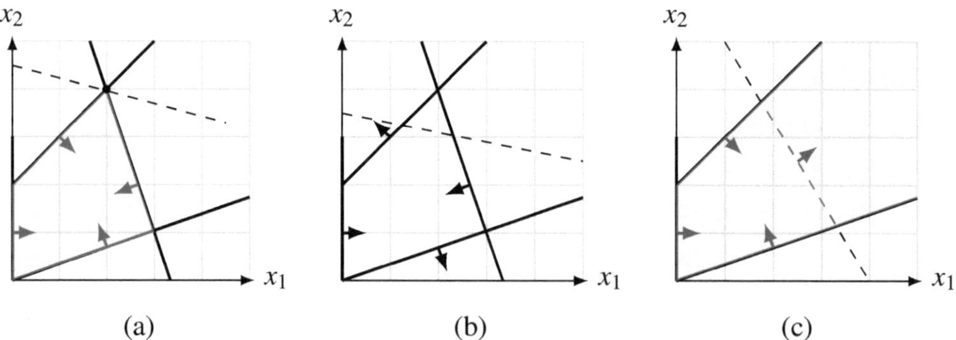

Abb. 3.3 Schematische Darstellung der Lösbarkeit, Unzulässigkeit und Unbeschränktheit von LPs für Maximierungsprobleme. Dabei ist der grau schraffierte Bereich der zulässige Bereich des Problems. Die Pfeile zeigen jeweils in Richtung des durch die entsprechende lineare Nebenbedingung zulässigen Halbraums. Die gestrichelte Linie entspricht einer möglichen Lösung des Problems. (**a**) Schema eines zulässigen LPs. (**b**) Schema eines unzulässigen LPs. (**c**) Schema eines unbeschränkten LPs

Fälle unterscheiden: Entweder liegt die einzige Lösung in einer Ecke des sogenannten Simplex, oder unendlich viele Lösungen liegen entlang einer Randbedingung. Der zweite Fall tritt ein, wenn die Zielfunktion linear abhängig zu einer Randbedingung definiert ist (anschaulich: die Geraden parallel verlaufen).

Unzulässigkeit: Das lineare Problem ist unzulässig, wenn der zulässige Bereich des Entscheidungsraums *leer* ist, sich die Randbedingungen also zumindest teilweise widersprechen. Abb. 3.3b stellt diesen Fall schematisch dar.

Unbeschränktheit: Ist der Bereich des Entscheidungsraums *nicht leer* und zugleich *nicht beschränkt*, so kann der Zielfunktionswert (bei Maximierungsproblemen) durch Verschiebung der Hyperebene unbegrenzt wachsen. Es ist dann eine genauere Untersuchung des Problems notwendig. Abb. 3.3c zeigt eine solche Situation.

Wir legen den Fokus der weiteren Betrachtung auf die Lösbarkeit. Wenn wir annehmen, dass die Zielfunktion nicht „parallel" zu einer Randbedingung liegt, so reicht es, alle Eckpunkte des zulässigen Bereiches aufzusuchen. Einer dieser Punkte repräsentiert die optimale Lösung. Um uns langsam von der graphischen Darstellung zu entfernen, betrachten wir nun die Struktur eines linearen Optimierungsproblems.

3.3 Struktur und Standardform

Wenn wir die Struktur der Nebenbedingungen in kanonischer Form genau betrachten, erinnert sie uns an ein lineares Gleichungssystem (LGS) mit dem Problem, dass eben Ungleichungen und keine Gleichungen vorliegen. Hätten wir ein lineares Gleichungssystem, könnten wir eventuell bestimmen, welche Belegung für die Entscheidungsvariablen dieses Gleichungssystem löst. Dies wäre ggf. eine Lösung, vielleicht sogar die optimale Lösung für unser Problem. Um ein lineares Gleichungssystem zu erreichen, können wir sogenannte *Schlupfvariablen* einführen. Dies sind weitere Variablen, die es uns erlauben, das $\geq$ oder $\leq$ in ein $=$ zu verwandeln.

Anstatt des Ausdrucks

$$a_1 x_1 + a_2 x_2 + \cdots + a_n x_n \geq b$$

schreiben wir dann

$$a_1 x_1 + a_2 x_2 + \cdots + a_n x_n - x_{n+1} = b,$$

wobei x_{n+1} die Schlupfvariable ist und quasi die Ungleichheit der linken und rechten Seite ausgleicht. Außerdem legen wir hier fest, dass wir nur noch Minimierungsprobleme betrachten.

▶ **Definition 3.6 (Standardform)** Durch das Einfügen von Schlupfvariablen in die kanonische Form können wir diese in die Gleichheitsform bringen:

$$c'^T x' \stackrel{!}{=} \min, \text{ mit } A'x' = b \text{ und } x' \geq 0$$

Wir bezeichnen diese Form als *Standardform* eines linearen Optimierungsproblems. Die speziell markierten A', c' und x' sollen hier andeuten, dass diese Elemente angepasst wurden, um die Schlupfvariablen einzufügen. Für die rechte Seite, also den Vektor b, gilt, dass er keine negativen Komponenten enthält.

Beispiel 3.7 (Fortsetzung des Werbungsproblems)

Mit eingefügten Schlupfvariablen können wir das Werbungsproblem in die folgende Form bringen.

$$
\begin{array}{rcl}
x_1 + 25x_2 & \stackrel{!}{=} & \max \\
-x_1 + 2x_2 + x_3 & = & 0 \\
x_1 + x_4 & = & 150 \\
15x_1 + 300x_2 + x_5 & = & 10.000 \\
x_1, \ldots, x_5 & \geq & 0
\end{array}
$$

Aufgrund des Dualitätsprinzips entsteht das folgende Minimierungsproblem in Standardform:

$$
\begin{array}{rcl}
-x_1 - 25x_2 & \stackrel{!}{=} & \min \\
-x_1 + 2x_2 + x_3 & = & 0 \\
x_1 + x_4 & = & 150 \\
15x_1 + 300x_2 + x_5 & = & 10.000 \\
x_1, \ldots, x_5 & \geq & 0
\end{array}
$$

Mit der Standardform eines linearen Optimierungsproblems haben wir die Voraussetzungen für dessen algorithmische Lösung geschaffen. Wir können nun die Randbedingungen als lineares Gleichungssystem auffassen und Lösungen dafür ermitteln. Bevor wir dies tun, wiederholen wir kurz zwei wichtige Begriffe.

3.3.1 Staffelform und Zeilenstufenform eines linearen Gleichungssystems

Wir wiederholen kurz die zwei wichtigen Begriffe aus der Mathematik, die mit der Anwendung des Gauß-Algorithmus zusammenhängen. Wird ein LGS als erweiterte Koeffizientenmatrix $[A|b]$ dargestellt, so entsteht die *Staffelform* der Matrix aus Zeilenumformungen (Vertauschung, Multiplikation und Addition) als jene Form, in der jede Zeile mit einer 1 beginnt und die Einträge der unteren Dreiecksmatrix den Wert 0 annehmen. Die 1-en werden als *Pivotelemente* bezeichnet.

Beispiel 3.8 (Staffelform)

Gegeben sei das folgende LGS in Koeffizientenschreibweise. Die folgenden Umformmungsschritte bringen das LGS in Staffelform.

$$\begin{bmatrix} 2 & 0 & 1 & 15 & 3 & | & 14 \\ 0 & 3 & 0 & 6 & 6 & | & 15 \\ 2 & 0 & 5 & 27 & 7 & | & 38 \end{bmatrix} \qquad \begin{aligned} II &= \tfrac{1}{3}II \\ III &= III - I \end{aligned}$$

$$\begin{bmatrix} 2 & 0 & 1 & 15 & 3 & | & 14 \\ 0 & 1 & 0 & 2 & 2 & | & 5 \\ 0 & 0 & 4 & 12 & 4 & | & 24 \end{bmatrix} \qquad III = \tfrac{1}{4}III$$

$$\begin{bmatrix} 2 & 0 & 1 & 15 & 3 & | & 14 \\ 0 & 1 & 0 & 2 & 2 & | & 5 \\ 0 & 0 & 1 & 3 & 1 & | & 6 \end{bmatrix} \qquad I = \tfrac{1}{2}I$$

$$\begin{bmatrix} 1 & 0 & \tfrac{1}{2} & \tfrac{15}{2} & \tfrac{3}{2} & | & 7 \\ 0 & 1 & 0 & 2 & 2 & | & 5 \\ 0 & 0 & 1 & 3 & 1 & | & 6 \end{bmatrix}$$

Durch weitere Umformungen kann eine erweiterte Koeffizientenmatrix in Staffelform zu einer Koeffizientenmatrix in *Zeilenstufenform* umgewandelt werden. In dieser Matrix stehen dann über und unter den Pivotelementen ausschließlich die Werte 0.

Beispiel 3.9 (Zeilenstufenform)

In Fortsetzung des Beispiels 3.8 bringt eine weitere Umformung ($I = I - \tfrac{1}{2}III$) das LGS in Zeilenstufenform.

$$\begin{bmatrix} 1 & 0 & 0 & 6 & 1 & | & 4 \\ 0 & 1 & 0 & 2 & 2 & | & 5 \\ 0 & 0 & 1 & 3 & 1 & | & 6 \end{bmatrix}$$

Die Zeilenstufenform bietet den Vorteil, dass aus ihr direkt eine Lösung für das lineare Gleichungssystem abgelesen werden kann. Die Pivotspalten (also jene Spalten, die eine 1 und sonst nur 0-en enthalten) repräsentieren einen Basisvektor des LGS. Für das x_i mit der 1 an Position i in der Pivotspalte kann die Belegung direkt aus b_i entnommen werden, wenn die Variablen der Nicht-Pivotspalten mit 0 belegt werden.

Beispiel 3.10 (Fortsetzung Zeilenstufenform)

Aus der ermittelten Zeilenstufenform kann direkt abgelesen werden, dass $x_1 = 4$, $x_2 = 5$ und $x_3 = 6$ eine Lösung für das Gleichungssystem ist, wenn $x_4 = x_5 = 0$ gilt.

3.3.2 Basisform, Basistausch und Ecken im Simplex

In der Zeilenstufenform treten k Basisvektoren ganz links auf und bilden damit eine direkt ablesbare Lösung des Gleichungssystems für die Variablen $x_1, \ldots, x_k$, unter der Annahme, dass die restlichen Variablen $x_{k+1}, \ldots, x_n$ jeweils den Wert 0 annehmen. Dies ist jedoch oftmals nicht die einzige Lösung des Gleichungssystems. Durch einen sogenannten *Basiswechsel*, also eine Umformung im Sinne des Gauß-Algorithmus, kann jede andere Spalte $k + 1, \ldots n$ die Form eines Basisvektors annehmen. Dadurch verliert eine der vorderen Spalten die Form des Basisvektors. So können wir verallgemeinert diese Form eines LGS als Basisform definieren.

▶ **Definition 3.11 (Basisform eines Gleichungssystems)** Eine erweiterte Koeffizienten-matrix mit k Zeilen liegt in *Basisform* vor, wenn sie k Spalten in Basisform enthält. An welcher Position sich diese Spalten befinden spielt dabei keine Rolle. Die Zeilenstufen-form ist damit eine spezielle Basisform des Gleichungssystems.

Aus jeder Basisform kann somit eine Lösung für das lineare Gleichungssystem direkt abgelesen werden. Zudem können wir durch einfache Basiswechsel, also durch elementare Umformungen, eine neue Basisform herstellen. Wir wollen dies exemplarisch für das Werbungsproblem betrachten.

Beispiel 3.12 (Fortsetzung Werbungsproblem, Basisformen)

Die Randbedingungen der Standardform des Werbungsproblems aus Beispiel 3.7 können in folgender Matrixschreibweise notiert werden und liegen bereits in erster Basisform vor. Die repräsentierte Lösung ist $x_3 = 0$, $x_4 = 150$, $x_5 = 10000$ und $x_1 = x_2 = 0$. Eingesetzt in die Zielfunktion ergibt sich ein Zielwert von 0.

$$\begin{bmatrix} -1 & 2 & 1\ 0\ 0 & 0 \\ 1 & 0 & 0\ 1\ 0 & 150 \\ 15 & 300 & 0\ 0\ 1 & 10000 \end{bmatrix} \qquad \begin{array}{l} I = II + I \\ III = III - 15II \end{array}$$

Der annotierte Basiswechsel bringt die erste Spalte (also x_1) in die Basis(darstellung). Im Gegenzug verlässt die vierte Spalte (x_4) die Basis(darstellung). Die resultierende Basisform bietet eine neue Lösung, nämlich $x_1 = 150$, $x_3 = 150$, $x_5 = 7750$ und $x_2 = x_4 = 0$. Der Zielwert der Lösung ist -150 für das Minimierungsproblem. Das Maximierungsproblem (wir betrachten dies im Folgenden) hat die Lösung 150. In Abb. 3.2 ist diese Lösung die rechte untere Ecke des zulässigen Bereichs.

$$\begin{bmatrix} 0 & 2 & 1 & 1 & 0 & 150 \\ 1 & 0 & 0 & 1 & 0 & 150 \\ 0 & 300 & 0 & -15 & 1 & 7750 \end{bmatrix} \qquad \begin{array}{l} I = \frac{1}{2}I \\ III = III - 150I \end{array}$$

Der annotierte Basiswechsel führt zu einer unzulässigen Lösung, da die rechte Seite nicht ausschließlich nicht-negative Werte enthält. Diese Lösung liegt in Abb. 3.2 an der Schnittstelle der Randbedingungen $-x_1 + 2x_2 \le 0$ und $x_1 \le 150$.

$$\begin{bmatrix} 0 & 1 & \frac{1}{2} & \frac{1}{2} & 0 & 75 \\ 1 & 0 & 0 & 1 & 0 & 150 \\ 0 & 0 & -150 & -165 & 1 & -14750 \end{bmatrix}$$

Alternative Umformungen der Art $III = III/300$ und $I = I - (III/150)$ führen hingegen zu einer zulässigen Lösung, die sich in Abb. 3.2 an der oberen rechten Ecke des zulässigen Bereiches findet ($x_1 = 150$, $x_2 = 25{,}83$, $x_3 = 98{,}3$, $x_4 = x_5 = 0$). Der Zielwert beträgt etwa $795{,}83$.

$$\begin{bmatrix} 0 & 0 & 1 & \frac{11}{10} & -\frac{1}{150} & \frac{295}{3} \\ 1 & 0 & 0 & 1 & 0 & 150 \\ 0 & 1 & 0 & -\frac{1}{20} & \frac{1}{300} & \frac{155}{6} \end{bmatrix}$$

Dies ist noch nicht die Optimallösung des Problems, wir müssten also weitere Basiswechsel vornehmen. Das Prinzip der Basisform, die Basiswechsel durch elementare Umformungen und die Bedeutung der Basisform für die Darstellung von Lösungen als Ecken sind aber sicher klar geworden.

Tatsächlich gilt, dass jede zulässige Lösung einer Basisform (also $x_i \ge 0$ und die Nichtnegativitätsbedingung ist erfüllt) eine Ecke des Simplex darstellt. Wir wissen außerdem, dass eine Ecke des Simplex (also des zulässigen Bereichs) die optimale Lösung repräsentiert. Es reicht also, alle zulässigen Basislösungen zu betrachten, um schließlich das Optimum aufzufinden. Im Folgenden werden wir uns mit der algorithmischen Umsetzung dieses Suchvorgangs beschäftigen, dem sogenannten Simplex-Algorithmus.

3.4 Das Simplex-Tableau und der Simplex-Algorithmus

Wir wollen nun im algorithmischen Sinne den Basiswechsel strukturiert und sinnvoll vollziehen, um unzulässige Lösungen direkt auszuschließen. Dazu ergibt es Sinn, einen Basiswechsel nur dort durchzuführen, wo tatsächlich Verbesserungspotential für eine

Lösung besteht. Doch wie ermitteln wir, ob und wo Verbesserungspotential besteht? Wir betrachten dazu erneut ein Beispiel in Standardform.

Beispiel 3.13 (Algorithmischer Ansatz)
Das folgende lineare Optimierungsproblem liegt bereits in Standardform vor, entsprechende Schlupfvariablen wurden also bereits eingefügt.

$$
\begin{aligned}
7x_1 - 3x_2 + 6x_3 \qquad\qquad &\overset{!}{=} \min \\
x_1 \qquad - 2x_3 + x_4 \qquad &= 6 \\
-2x_1 + x_2 + x_3 \qquad\qquad &= 4 \\
x_1 \qquad - 3x_3 \qquad - x_5 &= 3 \\
x_1, \ldots, x_5 &\geq 0
\end{aligned}
$$

Wir geben nun direkt die Umformungen zur Zeilenstufenform, also zu einer ersten Lösung (Ecke) an.

$$
\left[\begin{array}{ccccc|c}
1 & 0 & -2 & 1 & 0 & 6 \\
-2 & 1 & 1 & 0 & 0 & 4 \\
1 & 0 & -3 & 0 & -1 & 3
\end{array}\right]
\qquad
\begin{aligned}
II &= 2I + II \\
III &= I - III
\end{aligned}
$$

$$
\left[\begin{array}{ccccc|c}
1 & 0 & -2 & 1 & 0 & 6 \\
0 & 1 & -3 & 2 & 0 & 16 \\
0 & 0 & 1 & 1 & 1 & 3
\end{array}\right]
\qquad
\begin{aligned}
I &= I + 2III \\
II &= II + 3III
\end{aligned}
$$

$$
\left[\begin{array}{ccccc|c}
1 & 0 & 0 & 3 & 2 & 12 \\
0 & 1 & 0 & 5 & 3 & 25 \\
0 & 0 & 1 & 1 & 1 & 3
\end{array}\right]
$$

Wir können also (wie aus jeder Basisform) die spezielle Lösung $x_1 = 12$, $x_2 = 25$, $x_3 = 3$ und $x_4 = x_5 = 0$ mit Zielwert 27 (der muss natürlich ausgerechnet werden) ablesen.

Andererseits können wir die Lösung aber auch allgemein, nämlich abhängig von x_4 und x_5 angeben, wenn diese nicht standardmäßig auf 0 gesetzt werden:

$$
x_1 = 12 - 3x_4 - 2x_5
$$

$$
x_2 = 25 - 5x_4 - 3x_5
$$

$$
x_3 = 3 - x_4 - x_5
$$

Für die Zielfunktion $7x_1 - 3x_2 + 6x_3 \stackrel{!}{=} \min$ ergibt sich dann durch Einsetzen allgemein:

$$7(12 - 3x_4 - 2x_5) - 3(25 - 5x_4 - 3x_5) + 6(3 - x_4 - x_5) = 27 - 12x_4 - 11x_5 \stackrel{!}{=} \min$$

Um den Zielwert zu minimieren, gibt es zwei Möglichkeiten:c

- Erhöhe x_4. Jede Erhöhung von x_4 um eine Einheit lässt den Zielwert um 12 sinken.
- Erhöhe x_5. Jede Erhöhung von x_5 um eine Einheit lässt den Zielwert um 11 sinken.

Wir haben nun im Beispiel das Verbesserungspotential in x_4 und x_5 bestimmt und festgestellt, dass eine Änderung dieser Variablen um eine einzige Einheit einen bestimmte Änderung im Zielwert hervorruft. Diesen Faktor bezeichnen wir im Weiteren als *δ-Wert* der Variablen x_i und notieren ihn mit δ_i.

Bemerkung 3.14 (zum δ-Wert). Aus der obigen Rechnung kann der individuelle δ-Wert δ_i über die individuelle Multiplikation der jeweiligen Zielfunktionskoeffizienten mit dem Koeffizienten der Variablen im Substitutionsterm bestimmt werden:

- $-\delta_4 = 7 \cdot (-3) + (-3) \cdot (-5) + 6 \cdot (-1) = -21 + 15 - 6 = -12$
- $-\delta_5 = 7 \cdot (-2) + (-3) \cdot (-3) + 6 \cdot (-1) = -14 + 9 - 6 = -11$

Wir haben den δ-Wert hier mit negativem Vorzeichen dargestellt, um den reduzierenden Einfluss des δ-Wertes im Minimierungsproblem anzudeuten und zugleich mit der späteren Notation und Formalisierung einheitlich zu sein.

Es wäre für das Minimierungsproblem am besten, eine der Variablen (evtl. die mit dem größten δ-Wert) immer weiter zu erhöhen. Dies ist jedoch nicht möglich, da durch die unbegrenzte Erhöhung verschiedene Randbedingungen verletzt werden könnten. Betrachten wir dies für unser Beispiel.

Beispiel 3.15 (Fortsetzung algorithmischer Ansatz)

Wir wählen (heuristisch) die Variable mit größtem δ-Wert, also x_4, für eine Erhöhung. Die Variable x_5 setzen wir auf 0. Aufgrund der Nichtnegativitätsbedingung können wir schreiben:

$$x_1 = 12 - 3x_4 \geq 0 \Rightarrow x_4 \leq 4$$

$$x_2 = 25 - 5x_4 \geq 0 \Rightarrow x_4 \leq 5$$

$$x_3 = 3 - x_4 \geq 0 \Rightarrow x_4 \leq 3$$

Also kann x_4 höchstens den Wert 3 annehmen. Andernfalls würde die Nicht-Negativitätsbedingung für x_3 verletzt. Die maximale Erhöhung ergibt sich also als minimaler Quotient aus b-Wert[2] und Koeffizient der für die Erhöhung betrachteten Variable. Für x_1 ist der b-Wert 12 und der Koeffizient von x_4 ist 3. So ergibt sich als Koeffizient $12/3 = 4$. Für x_2 ergibt sich der Quotient als 5 und für x_3 als 3. Das Minimum der maximalen Erhöhung ist also $\min\{4, 5, 3\} = 3$.

Wir fassen also zusammen, dass wir für den (heuristisch) gewählten größten δ-Wert die maximale zulässige Erhöhung berechnen können. Wir wollen dies nun algorithmisch allgemein fassen. Zur einfacheren und übersichtlicheren Behandlung der algorithmischen Schritte erweitern wir die Matrixschreibweise des Gaußverfahrens zu einem Tableau, in dem wir alle wichtigen Werte, die wir für die Verfahrensdurchführung benötigen, notieren.

▶ **Definition 3.16 (Simplex-Tableau)** Das Simplex-Tableau enthält zusätzliche Eintragungen zur erweiterten Matrixschreibweise und wird folgendermaßen angegeben:

$$
\begin{array}{cc|ccccc|c}
& & c_1 & \dots & c_k & \dots & c_n & \\
\hline
& & 1 & \dots & k & \dots & n & \\
\hline
c_{i_1} & i_1 & a_{11} & \dots & a_{1k} & \dots & a_{1n} & b_1 \\
\vdots & \vdots & \vdots & & & & \vdots & \vdots \\
c_{i_m} & i_m & a_{m1} & \dots & a_{mk} & \dots & a_{mn} & b_m \\
\hline
& & \delta_1 & \dots & \delta_k & \dots & \delta_n & c^T b
\end{array}
$$

Dabei sind/ist

- $I = \{1, \dots, n\}$ die geordnete Indexmenge der Variablen x_i, $i \in I$,
- c_i, $i \in I$ die Koeffizienten der Zielfunktion,
- $\{i_1, \dots, i_m\} \subseteq I$ die Indizes der x_i, für die Basisspalten (also jener Spalten, die ein Pivotelement und sonst nur 0-en enthalten) vorliegen,
- $c_{i_1}, \dots, c_{i_m}$ die Koeffizienten der Variablen x_i für die eine Basisspalte vorliegt,
- a_{ij} die Koeffizienten der Randbedingungen, also die Einträge aus der Matrixdarstellung des LGS,
- $b_1, \dots, b_m$ die b-Werte des Gleichungssystems,
- $\delta_1, \dots, \delta_n$ die δ-Werte, wobei gilt $\delta_i = c_{i_1} a_{1i} + c_{i_2} a_{2i} + \dots + c_{i_m} a_{mi} - c_i$ und
- $c^T b$ der Zielfunktionswert der aktuell ablesbaren Lösung.

---

[2]Als b-Wert bezeichnen wir den Wert aus der b-Spalte der erweiterten Matrixschreibweise $[A|b]$, der in der betrachteten Pivotzeile steht.

Beispiel 3.17 (Simplex-Tableau)

Wir ersetzen die erweiterte Koeffizientenmatrix aus Beispiel 3.13 durch das zugehörige Simplex-Tableau und integrieren alle bisher besprochenen zusätzlichen Werte. Die erweiterte Koeffizientenmatrix

$$\begin{bmatrix} 1 & 0 & 0 & 3 & 2 & 12 \\ 0 & 1 & 0 & 5 & 3 & 25 \\ 0 & 0 & 1 & 1 & 1 & 3 \end{bmatrix}$$

wird zum folgenden Simplex-Tableau:

$$\begin{array}{cc|ccccc|c} & & 7 & -3 & 6 & 0 & 0 & \\ & & 1 & 2 & 3 & 4 & 5 & \\ \hline 7 & 1 & 1 & 0 & 0 & 3 & 2 & 12 \\ -3 & 2 & 0 & 1 & 0 & 5 & 3 & 25 \\ 6 & 3 & 0 & 0 & 1 & 1 & 1 & 3 \\ \hline & & 0 & 0 & 0 & 12 & 11 & 27 \end{array}$$

Wir schauen uns hier einmal genauer an, wie die δ-Werte berechnet werden:

$$\delta_1 = 7 \cdot 1 + (-3) \cdot 0 + 6 \cdot 0 - 7 = 0$$

$$\delta_2 = 7 \cdot 0 + (-3) \cdot 1 + 6 \cdot 0 - (-3) = 0$$

$$\delta_3 = 7 \cdot 0 + (-3) \cdot 0 + 6 \cdot 1 - 6 = 0$$

$$\delta_4 = 7 \cdot 3 + (-3) \cdot 5 + 6 \cdot 1 - 0 = 12$$

$$\delta_5 = 7 \cdot 2 + (-3) \cdot 3 + 6 \cdot 1 - 0 = 11$$

Der Zielwert ergibt sich einfach als $c^T b = 7 \cdot 12 + (-3) \cdot 25 + 6 \cdot 3 = 27$.

Mit dem Simplex-Tableau und den Vorüberlegungen haben wir die wichtigsten Voraussetzungen für den Simplex-Algorithmus geschaffen. Wir müssen nur noch eine Überlegung formalisieren. In Beispiel 3.15 haben wir berechnet, wie groß die maximale Erhöhung des δ-Wertes sein kann. Nehmen wir an, wir haben (heuristisch) eine Spalte im Simplex-Tableau mit größtem δ-Wert gewählt. Für diese Spalte werden wir einen Basiswechsel durchführen. Nun ist nur noch die Frage, welchen Wert die damit festgelegte Variable maximal annehmen kann, ohne eine ungültige Lösung zu erzeugen. Dazu müssen wir jene Randbedingung, also jene Zeile, bestimmen, die als erstes von einer Erhöhung verletzt wird, den sogenannten *Engpass*. Dabei hilft uns die vorherige Überlegung zu den

Randbedingungen in Beispiel 3.15. Die zu wählende Zeile ergibt sich als Minimum des Quotienten $b_i/a_{i,k}$ für die festgelegte Spalte k und alle $i \in \{i_1, \ldots, i_m\} \subseteq I$. Die durch Spalte k und die Engpass-Zeile festgelegte Zelle wird markiert und ist diejenige Stelle, an der beim nächsten Basiswechsel die Pivotstelle entsteht.

Die Basis wechselt also in Spalte k und die 1 entsteht an der vom minimalen Quotienten bestimmten Zeile in Spalte (k). Man bezeichnet den Vorgang als *Pivotisierung*.

Beispiel 3.18 (Pivotisierung)

Wir betrachten das Simplex-Tableau aus Beispiel 3.17 und bestimmen die nächste Pivotstelle. Wir legen die Spalte für den nächsten Basiswechsel mit der Wahl des größten δ-Wertes, in diesem Falle $\delta_4 = 12$, fest.

$$
\begin{array}{cc|ccccc|cc}
 & & 7 & -3 & 6 & 0 & 0 & & b_i/a_{ik} \\
 & & 1 & 2 & 3 & 4 & 5 & & \\
\hline
7 & 1 & 1 & 0 & 0 & 3 & 2 & 12 & 4 \\
-3 & 2 & 0 & 1 & 0 & 5 & 3 & 25 & 5 \\
6 & 3 & 0 & 0 & 1 & \boxed{1} & 1 & 3 & 3 \\
\hline
 & & 0 & 0 & 0 & 12 & 11 & 27 &
\end{array}
\quad \leftarrow \min\{\tfrac{b_1}{a_{1,4}}, \tfrac{b_2}{a_{2,4}}, \tfrac{b_3}{a_{3,4}}\}
$$

$$\uparrow$$
$$k$$

Für diese Spalte $k = 4$ berechnen wir den Engpass als $\min\{\tfrac{b_1}{a_{1,4}}, \tfrac{b_2}{a_{2,4}}, \tfrac{b_3}{a_{3,4}}\} = \min\{\tfrac{12}{3}, \tfrac{25}{5}, \tfrac{3}{1}\} = 3$. Damit haben wir die Zeile ebenfalls festgelegt. Die neue Stelle für das Pivotelement kann durch eine Box markiert werden.

Bei den vorangegangenen Betrachtungen der δ-Werte und der Engpässe sind wir immer davon ausgegangen, dass $\delta_i > 0$ zumindest für ein i gilt und dass ein Engpass existiert. Wir müssen jedoch auch die übrigen Fälle betrachten und überlegen, was diese bedeuten:

$\delta_i \leq 0$: Wenn ein δ-Wert im Simplex-Tableau kleiner oder gleich 0 ist, so sollte kein Basiswechsel in die entsprechende Spalte hinein durchgeführt werden. Ein negativer δ-Wert bedeutet, dass das Verbesserungspotential der Zielfunktion bzgl. der durch die Spalte repräsentierten Variablen negativ, also eigentlich ein Verschlechterungspotential ist. Ein δ-Wert von 0 impliziert die Nichtexistenz von Verbesserungspotential. Ein Basiswechsel hätte keine Auswirkungen, würde aber zu keiner besseren Lösung führen und ist daher überflüssig.

$\forall \mathbf{i} : \mathbf{b_i}/\mathbf{a_{ik}} < \mathbf{0}$:   Sind alle Engpässe durch negative Quotienten bestimmt,[3] so ist das Problem in der betrachteten Variable x_k unbeschränkt. Das Simplex-Tableau ist dann in der vorliegenden Form unlösbar.

Wir können nun das zuvor ausführlich diskutierte Vorgehen zur Lösung linearer Optimierungsprobleme algorithmisch fassen, um eine Bearbeitungsvorschrift zur standardisierten Lösung solcher Probleme zu erhalten.

▶ **Vorschrift 3.19 (Simplex-Algorithmus)**   Der Simplex-Algorithmus erhält ein lineares Optimierungsproblem in Standardform als Eingabe.

1. *Anfangslösung*: Bestimme eine Anfangslösung in Basisform, also eine Startecke. Kann keine Anfangslösung gefunden werden, ist das Problem unlösbar.
2. *Überprüfungen*:

   - Prüfe auf Optimalität; wenn optimal: STOP
   - Prüfe auf Unlösbarkeit; wenn unlösbar: STOP
   - Gehe zum nächsten Schritt.

3. *Optimierungsschritt:* Bestimme eine neue, bessere Lösung im Simplex-Tableau mittels Pivotisierung und Basiswechsel. Gehe anschließend zu Schritt 2.

Der **erste Schritt** ist hier noch nicht in vollem Detail diskutierbar (wir verschieben dies auf den nächsten Abschnitt). Hier gehen wir erst einmal davon aus, dass wir eine erste Lösung in Basisform durch elementare Umformungen herstellen können. Am einfachsten ist die Vorstellung, dass wir eine Zeilenstufenform wie in Beispiel 3.17 herstellen und in ein Simplex-Tableau übertragen. Wir berechnen also auch die δ-Werte.

Die Überprüfungen im **zweiten Schritt** können wir mit unseren Vorüberlegungen leicht durchführen. dazu betrachten wir die δ-Werte und die Engpässe.

Optimalität: Wenn alle $\delta_k \leq 0$ für $k = 1, \ldots, n$ gilt, dann finden wir im gesamten Tableau kein Verbesserungspotential. In diesem Falle haben wir die optimale Lösung für das Problem vorliegen.

Unlösbarkeit: Gibt es im Tableau ein $\delta_k > 0$, so liegt dort prinzipiell Verbesserungspotential vor. Sind aber alle Quotienten $b_i/a_{i,k}$ für die Spalte k negativ, so ist das Problem unbeschränkt in Variable x_k und daher unlösbar. Wir brechen in diesem Falle ab.

Der **dritte Schritt** beschreibt den eigentlichen Optimierungsschritt. Hier wird das existierende Simplex-Tableau in ein neues Simplex-Tableau überführt, das dann eine bessere

---

[3]Gilt die Nichtnegativitätsbedingung für alle Elemente von b, so müssen alle Einträge $a_{i,k}$ der Spalte k negativ sein.

Lösung enthält. Das Vorgehen in diesem Schritt haben wir im Prinzip schon beschrieben:

- Wähle eine Spalte k im Simplex-Tableau, für die $\delta_k > 0$ gilt. Heuristisch wird hier oft diejenige Spalte mit dem größten δ-Wert gewählt.
- Bestimme die Zeile ℓ, die für die gewählte Spalte k den kleinsten Quotienten $b_i/a_{i,k} \geq 0$ enthält. Spalte k und Zeile ℓ bestimmen die Position (k, ℓ), an der das neue Pivotelement nach dem Basiswechsel stehen soll. Implizit bestimmt k die Spalte, die in die Basis geht und ℓ die Spalte, die die Basis verlässt.
- Führe den Basiswechsel durch elementare Umformungen für die Spalten k und ℓ durch und trage das Ergebnis in ein neues Simplex-Tableau ein. Berechne die δ-Werte für das neue Simplex-Tableau, ebenso wie den neuen Zielwert des Optimierungsproblems.

Nachdem der Optimierungsschritt abgeschlossen ist, wird der zweite Schritt erneut ausgeführt.

Damit ist der Simplex-Algorithmus vollständig definiert. Wir führen nun zuerst das Beispiel 3.18 entsprechend des Vorgehens zu einem optimalen Ende.

Beispiel 3.20 (Simplex-Algorithmus)

Das Ausgangstableau aus Beispiel 3.17 wurde bereits gemäß Schritt 2 überprüft. Es ist nicht optimal (δ_4 und δ_5 sind größer als 0). Zudem ist es gültig: In Beispiel 3.18 wurden die Engstellen und bereits das neue Pivotelement für den Basiswechsel bestimmt.

$$
\begin{array}{cc|ccccc|c}
 & & 7 & -3 & 6 & 0 & 0 & \\
 & & 1 & 2 & 3 & 4 & 5 & \\
\hline
7 & 1 & 1 & 0 & 0 & 3 & 2 & 12 \\
-3 & 2 & 0 & 1 & 0 & 5 & 3 & 25 \\
6 & 3 & 0 & 0 & 1 & \boxed{1} & 1 & 3 \\
\hline
 & & 0 & 0 & 0 & 12 & 11 & 27 \\
\end{array}
$$

Basiswechsel: x_3 verlässt die Basis, x_4 geht in die Basis (es wurde der größte δ-Wert gewählt). Die nötigen Umformungen sind $I = I - 3III$ und $II = II - 5III$.

$$
\begin{array}{cc|ccccc|c}
 & & 7 & -3 & 6 & 0 & 0 & \\
 & & 1 & 2 & 3 & 4 & 5 & \\
\hline
7 & 1 & 1 & 0 & -3 & 0 & 2 & 3 \\
-3 & 2 & 0 & 1 & -5 & 0 & 3 & 10 \\
0 & 4 & 0 & 0 & 1 & 1 & 1 & 3 \\
\hline
 & & 0 & 0 & -12 & 0 & -1 & -9 \\
\end{array}
$$

Nach dem Basiswechsel hat sich einiges verändert:

- Die ersten beiden linken Spalten des Tableaus sind aktualisiert worden. Die rechte der beiden Spalten enthält nun die Indizes der Variablen, deren Spalten in Basisform vorliegen (x_1, x_2, x_4). Die linke der beiden Spalten enthält die Koeffizienten der Variablen. Dies dient als Hilfestellung für die Berechnung der δ-Werte.
- Die δ-Werte wurden neu berechnet. Dazu werden die Spalten elementweise mit der vorderen Koeffizientenspalte multipliziert und die Einzelergebnisse addiert. Zuletzt wird der über der Spalte stehende Koeffizient subtrahiert: $\delta_3 = 7 \cdot (-3) + (-3) \cdot (-5) + 0 \cdot 1 - 6 = -12$.
- Der Zielfunktionswert wurde für die neuen (direkt ablesbaren) Ergebnisse $x_1 = 3$, $x_2 = 10$ und $x_4 = 3$ berechnet.

Wir können feststellen (Schritt 2), dass alle δ-Werte ≤ 0 sind. Es besteht also kein Verbesserungspotential mehr. Wir haben die optimale Lösung erreicht.

Wir greifen zur weiteren Veranschaulichung das Werbungsproblem erneut auf und versuchen, es mittels des Simplex-Algorithmus optimal zu lösen.

Beispiel 3.21 (Simplex-Algorithmus, Werbungsproblem)

Wir erzeugen das folgende Tableau aus der Standardform des Werbungsproblems. Dabei müssen wir Folgendes beachten: Da das Werbungsproblem als Maximierungsproblem vorliegt, wandeln wir es in das duale Minimierungsproblem um. Dies hat zur Folge, dass die Koeffizienten der Zielfunktion negativ werden. Wir müssen uns diesen Umstand merken, um später, wenn wir eine Lösung haben, eine Rücktransformation durchzuführen.

$$
\begin{array}{cc|ccccc|cc}
 & & -1 & -25 & 0 & 0 & 0 & & b/a \\
 & & 1 & 2 & 3 & 4 & 5 & & \\
\hline
0 & 3 & -1 & \boxed{2} & 1 & 0 & 0 & \cdot\ 0 & 0/2 & I = I/2 \\
0 & 4 & 1 & 0 & 0 & 1 & 0 & 150 & - & III = III - 150I \\
0 & 5 & 15 & 300 & 0 & 0 & 1 & 10000 & 10000/300 & \\
\hline
 & & 1 & 25 & 0 & 0 & 0 & 0 & & \\
\end{array}
$$

Aus den δ-Werten und den Engpässen können wir ablesen, dass für den Übergang vom ersten zum zweiten Tableau x_2 in die Basis geht und x_3 die Basis verlässt. Achtung: $0/2 = 0$ ist ein gültiger Engpass. Wir werden aber sehen, dass dieser Basiswechsel keine Auswirkungen auf das Ergebnis hat. Der Engpass ist so eng, dass er keine Verbesserung zulässt. Nach der angegebenen Umformung entsteht das folgende Tableau:

		-1	-25	0	0	0		b/a
		1	2	3	4	5		
-25	2	$-\frac{1}{2}$	1	$\frac{1}{2}$	0	0	0	$-$
0	4	1	0	0	1	0	150	$150/1$
0	5	$\boxed{165}$	0	-150	0	1	10000	$10000/165$
		$\frac{27}{2}$	0	$\frac{-25}{2}$	0	0	0	

$$I = I + III/330$$
$$II = II - III/165$$
$$III = III/165$$

Hier ist nur ein zulässiger δ-Wert zu finden, für den der minimale Engpass bestimmt wird. Daraus ergibt sich, dass x_1 in die Basis wandert und x_5 die Basis verlässt. Die angegebenen Umformungen führen zum letzten Tableau.

		-1	-25	0	0	0		b/a
		1	2	3	4	5		
-25	2	0	1	$\frac{1}{22}$	0	$\frac{1}{330}$	$\frac{1000}{33}$	$-$
0	4	0	0	$\frac{10}{11}$	1	$-\frac{1}{165}$	$\frac{2950}{33}$	$-$
-1	1	1	0	$-\frac{10}{11}$	0	$\frac{1}{165}$	$\frac{2000}{33}$	$-$
		0	0	$\frac{-25}{2}$	0	0	$-\frac{9000}{11}$	

Dieses Tableau weist ausschließlich negative δ-Werte auf. Es ist also keine Verbesserung mehr zu erzielen. Der ermittelte Zielwert von $9000/11$ ist also optimal. Es ist zu beachten, dass der Wert hier negativ angegeben ist, da wir das duale Minimierungsproblem betrachten. Das zugehörige Maximierungsproblem erzeugt mit den ermittelten Parametern einen positiven Zielwert gleicher Größe.

3.5   Die Anfangslösung: Zweiphasenmethode

Im Simplex-Algorithmus (Vorschrift 3.19) haben wir weitgehend offen gelassen, wie wir in Schritt 1 zu einer Anfangslösung kommen, wenn diese nicht durch die Standardform, also durch ausreichend viele Schlupfvariablen oder die Zeilenstufenform gegeben ist. Wir haben immer dann dieses Problem, wenn keine Basisform vorliegt.

Beispiel 3.22 (Keine Anfangslösung)
Wir betrachten das folgende lineare Optimierungsproblem:

$$5x_1 - 2x_2 + x_3 \stackrel{!}{=} \min$$
$$x_1 + 4x_2 - x_3 \leq 3$$
$$x_1 - 2x_2 + 2x_3 = 5$$
$$x_1, \ldots, x_3 \geq 0$$

In Standardform ergibt sich folgende Darstellung mit eingefügter Schlupfvariable x_4. Bei der Betrachtung der Nebenbedingungen fällt auf, dass diese nicht in Basisform vorliegen.

$$
\begin{aligned}
5x_1 - 2x_2 + x_3 &\overset{!}{=} \min \\
x_1 + 4x_2 - x_3 + x_4 &= 3 \\
x_1 - 2x_2 + 2x_3 &= 5 \\
x_1, \ldots, x_4 &\geq 0
\end{aligned}
$$

Nur für die Schlupfvariable x_4 ist ein Basisvektor vorhanden.

Um eine Startlösung zu erhalten, wenden wir einen Trick bei der Problemformulierung und den Simplex-Algorithmus selbst an. Wir führen künstliche Variablen in die Randbedingungen ein, die eine Basisform herstellen. Zusätzlich ersetzen wir das eigentliche Optimierungsproblem durch ein *Hilfsproblem*, das den Einfluss der künstlichen Variablen zum Gegenstand hat.

Beispiel 3.23 (Hilfsproblem)
Wir formulieren für das gegebene Beispiel das folgende Hilfsproblem mit der künstlichen Variablen x_5.

$$
\begin{aligned}
x_5 &\overset{!}{=} \min \\
x_1 + 4x_2 - x_3 + x_4 &= 3 \\
x_1 - 2x_2 + 2x_3 + x_5 &= 5 \\
x_1, \ldots, x_4 &\geq 0
\end{aligned}
$$

Die Variable x_5 stellt eine Basisform für die Randbedingungen her. Zugleich wurde das ursprüngliche Optimierungsproblem durch das Minimierungsproblem mit x_5 ersetzt.

Das Einfügen der künstlichen Variablen kann natürlich nicht kostenlos sein, sonst könnte man jedes Problem in ein entsprechendes „erweitertes" Problem umformen und so einfach eine Startlösung definieren. Wir gehen deshalb bei der Konstruktion des Hilfsproblems folgendermaßen vor:

- Füge die benötigten künstlichen Variablen ein, um eine Basislösung für die Randbedingungen zu erzeugen.
- Ersetze das ursprüngliche Optimierungsproblem durch ein neues Minimierungsproblem, bestehend aus der Summe der künstlichen Variablen.
- Die künstlichen Variablen tragen Strafkosten von 1 bei (Koeffizienten in der Zielfunktion), die übrigen Variablen erhalten die Kosten 0.
- Löse das Hilfsproblem unter Zuhilfenahme des Simplex-Algorithmus, um den Einfluss der künstlichen Variablen zu minimieren, tatsächlich ist das Ziel, den Einfluss (also die Strafkosten) auf 0 zu drücken.

Dieser Vorgang wird als erste Phase, die Phase der Suche nach einer Startlösung bezeichnet. Wir stellen nun einige Überlegungen an, was dieses Vorgehen bedeutet.

Wir haben die künstlichen Variablen eingeführt, um den Simplex-Algorithmus zur Ermittlung einer zulässigen Startlösung für das Ursprungsproblem anwenden zu können. Die künstlichen Variablen führen aber zu einer Veränderung des ursprünglichen Problems. Sie dürfen in der späteren Lösung des eigentlichen Problems keine Rolle spielen. Deshalb erhalten sie in Form des Hilfsproblems zusätzliche Kosten, die minimiert werden müssen. Tatsächlich müssen diese Kosten auf 0 gesenkt werden, da sie nur so keinen Einfluss auf das ursprüngliche Problem haben. Sinken die Kosten während der Anwendung des Simplex-Verfahrens auf das Hilfsproblem auf 0, so bedeutet dies, dass die künstlichen Variablen die Basis verlassen haben. In diesem Fall ist eine Lösung/Ecke entstanden, die nach Streichung der künstlichen Variablen eine Startecke für das Anfangsproblem ist. Sind wir hingegen nicht in der Lage, die künstliche Variable aus der Basis zu entfernen, so kann keine Anfangslösung für das ursprüngliche Problem gefunden werden.

Beispiel 3.24 (Lösung des Hilfsproblems)

Wir bringen das Hilfsproblem in die Form eines Simplex-Taleaus und versuchen, es optimal zu lösen.

$$
\begin{array}{cc|ccccc|cc}
 & & 0 & 0 & 0 & 0 & 1 & b/a & \\
 & & 1 & 2 & 3 & 4 & 5 & & \\
\hline
0 & 4 & 1 & 4 & -1 & 1 & 0 & 3 & - \\
1 & 5 & 1 & -2 & \boxed{2} & 0 & 1 & 5 & 5/2 \\
\hline
 & & 1 & -2 & 2 & 0 & 0 & 5 & \\
\end{array}
\qquad
\begin{aligned}
I &= I + II/2 \\
II &= II/2
\end{aligned}
$$

Durch die Umformungen geht x_3 in die Basis, x_5 verlässt die Basis.

$$
\begin{array}{cc|ccccc|cc}
 & & 0 & 0 & 0 & 0 & 1 & b/a & \\
 & & 1 & 2 & 3 & 4 & 5 & & \\
\hline
0 & 4 & \frac{3}{2} & 3 & 0 & 1 & \frac{1}{2} & \frac{11}{2} & - \\
0 & 3 & \frac{1}{2} & -1 & 1 & 0 & \frac{1}{2} & \frac{5}{2} & - \\
\hline
 & & 0 & 0 & 0 & 0 & -1 & 0 & \\
\end{array}
$$

Alle δ-Werte sind ≤ 0, der optimale Zielfunktionswert für die Hilfsfunktion ist 0. Dies bedeutet, wir haben eine Startlösung gefunden. Die künstliche Variable x_5 ist nicht mehr in der Basis und kann gestrichen werden. Die erste Phase ist beendet.

Nachdem durch die erste Phase eine zulässige Startlösung gefunden wurde, kann die zweite Phase ausgehend von dieser Startlösung (δ-Werte müssen natürlich neu berechnet werden) der Simplex-Algorithmus in gewohnter Form angewendet werden.

Beispiel 3.25 (Lösung des eigentlichen Problems, 2. Phase)

Wir lösen nun, ausgehend von der Startlösung der ersten Phase, das ursprüngliche Optimierungsproblem mit dem Simplex-Algorithmus.

$$
\begin{array}{cc|cccc|cc}
 & & 5 & -2 & 1 & 0 & & b/a \\
 & & 1 & 2 & 3 & 4 & & \\
\hline
0 & 4 & \frac{3}{2} & \boxed{3} & 0 & 1 & \frac{11}{2} & \frac{11}{6} \\
1 & 3 & \frac{1}{2} & -1 & 1 & 0 & \frac{5}{2} & - \\
\hline
 & & -\frac{9}{2} & 1 & 0 & 0 & \frac{5}{2} &
\end{array}
\qquad
\begin{aligned}
I &= I/3 \\
II &= II + I/3
\end{aligned}
$$

x_2 geht in die Basis, x_4 verlässt die Basis.

$$
\begin{array}{cc|cccc|cc}
 & & 5 & -2 & 1 & 0 & & b/a \\
 & & 1 & 2 & 3 & 4 & & \\
\hline
-2 & 2 & \frac{1}{2} & 1 & 0 & \frac{1}{3} & \frac{11}{6} & - \\
1 & 3 & 1 & 0 & 1 & \frac{1}{3} & \frac{13}{3} & - \\
\hline
 & & -5 & 0 & 0 & -\frac{1}{3} & \frac{2}{3} &
\end{array}
$$

Alle δ-Werte sind ≤ 0, also STOP. Die optimale Lösung wurde erreicht.

Wir fassen die Zweiphasenmethode noch einmal zusammen. Sie dient zum Auffinden geeigneter Startlösungen für die Durchführung des Simplex-Algorithmus bei Problemen, für die keine ablesbare Startlösung vorliegt. Die zwei Phasen haben dabei folgende Bedeutung:

Phase 1:

- Die erste Phase fügt künstliche Variablen in die Randbedingungen ein, um eine Basisform mit einer ablesbaren Startlösung herzustellen.
- Ein Hilfsproblem bestehend aus den künstlichen Variablen wird eingeführt und muss auf 0 minimiert werden (d. h. alle künstlichen Variablen müssen die Basis verlassen).
- Lösen des Hilfsproblems mit dem Simplex-Algorithmus.
- Mögliche Ergebnisse:

  1. Das Hilfsproblem kann mit Zielfunktionswert 0 gelöst werden; alle künstlichen Variablen haben die Basis verlassen. In diesem Falle ist die ermittelte Lösung nach Streichung der künstlichen Variablen eine Startecke für das ursprüngliche Problem.
  2. Das Hilfsproblem kann nicht gelöst werden bzw. hat einen Zielfunktionswert > 0. In diesem Falle kann das ursprüngliche Problem ebenfalls nicht gelöst werden.

Phase 2:
Liegt eine Startecke als Ergebnis der ersten Phase vor, so kann der Simplex-Algorithmus auf diese Lösung (ohne künstliche Variablen und mit neu berechneten δ-Werten) angewendet werden.

3.6   Spezielle Lösungsverfahren: Transportprobleme

Mit dem Vorliegen der oben eingeführten Zweiphasenmethode sind wir nun in der Lage, eine ganz spezielle und sogar *ganzzahlige* Anwendung des Simplex-Verfahrens zu betrachten: Transportprobleme. Im Allgemeinen betrachten wir dieses Problem folgendermaßen:

Es seien Standorte S_i, $1 \leq i \leq p$ gegeben, an denen jeweils $s_i > 0$ Einheiten eines Gutes verfügbar sind. Zudem existieren Zielorte Z_j, $1 \leq j \leq q$, an denen $z_j > 0$ Einheiten eines Gutes benötigt werden. Die Transportkosten von den Standorten zu den Zielorten sind durch eine Kostenmatrix $C = [c_{ij}]$ gegeben, wobei c_{ij} die Transportkosten von S_i zu Z_j bezeichnet. Gesucht ist nun ein kostenoptimaler Transportplan.

Zusätzlich zu der Problemdefinition legen wir fest, dass die Angebotsmenge genau der Nachfragemenge entspricht. Sollte dies einmal nicht der Fall sein, so nehmen wir einfach an, es existiere ein virtueller Stand- oder Zielort, der genau den Nachfrageüberhang bzw. das Überangebot ausgleicht. Die Kosten für einen Transport von/zu diesem virtuellen Ort betragen 0. Es gilt also immer:

$$\sum_{i=1}^{p} s_i = \sum_{j=1}^{q} z_j$$

Es ist leicht einzusehen, dass wir ein solches Problem auch als gerichteten Graph darstellen können. Die Stand- und Zielorte werden dabei als Knoten, die Transportwege als Kanten dargestellt. An die Transportwege/Kanten können direkt die Kosten annotiert werden. An den Knoten wird die verfügbare bzw. geforderte Gütermenge vermerkt. Abb. 3.4 zeigt dies an einem kleinen Beispiel für ein Transportproblem.

Wir können das Problem jedoch auch formal als lineares Programm darstellen, welches zum Ziel hat, einen kostenoptimalen Transportplan $[x_{ij}]$ zu bestimmen, also eine Matrix, in der x_{ij} angibt, wie viele Elemente von S_i nach Z_j befördert werden sollen.

$$\sum_{i=1}^{p} \sum_{j=1}^{q} x_{ij} c_{ij} \stackrel{!}{=} \min$$

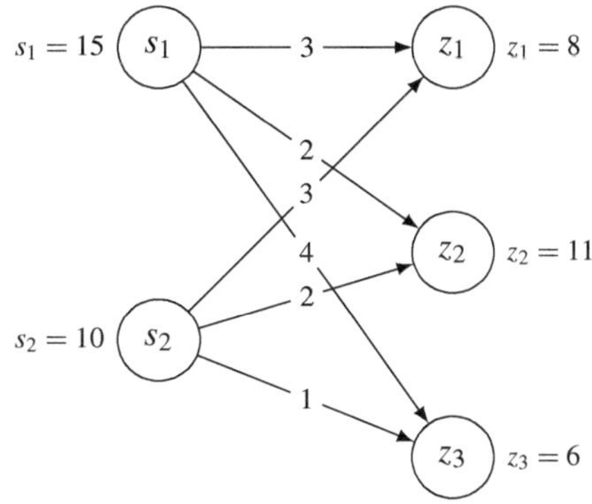

Abb. 3.4 Beispielhafte graphische Darstellung eines Transportproblems mit zwei Standorten und drei Zielorten. Die jeweils verfügbaren Güter an den Standorten sind neben den Knoten annotiert. Die Kosten für die Transporte zwischen den Orten sind an den gerichteten Kanten vermerkt

$$\sum_{j=1}^{q} x_{ij} = s_i, \ \forall i$$

$$\sum_{i=1}^{p} x_{ij} = z_j, \ \forall j$$

$$\mathbb{N}_0 \ni x_{ij} \geq 0$$

Aus dieser Darstellung lässt sich leicht eine andere Repräsentation des Problems erzeugen, da die Nebenbedingungen des Optimierungsproblems ausschließlich 0 und 1 als Koeffizienten aufweisen. Wir lösen:

$$c^T x \overset{!}{=} \min$$

$$Ax = b$$

$$x \geq 0$$

Wir schlüsseln dies nun nach einigen Vorbereitungen folgendermaßen auf:

- $1^T = (1, 1, \ldots, 1)^T \in \mathbb{R}^q$
- $0^T = (0, 0, \ldots, 0)^T \in \mathbb{R}^q$
- $I^q = \begin{bmatrix} 1 & 0 & 0 & \cdots & 0 \\ 0 & 1 & 0 & \cdots & 0 \\ \vdots & & \ddots & & \vdots \\ 0 & 0 & \cdots & & 1 \end{bmatrix} \in \mathbb{R}^{q \times q}$

Es ergibt sich dann für:

- $A = \begin{bmatrix} 1^T & 0^T & 0^T & \cdots & 0^T \\ 0^T & 1^T & 0^T & \cdots & 0^T \\ \vdots & & \ddots & & \vdots \\ 0^T & 0^T & \cdots & & 1^T \\ I^q & I^q & \cdots & & I^q \end{bmatrix}.$

Hier bezeichnet jede der ersten p Zeilen eine Ausprägung der ersten Nebenbedingung bzgl. s_i für jedes $1 \le i \le p$. Die Zeilen, die durch die Aufnahme der Einheitsmatrizen entstehen, repräsentieren die zweite Nebenbedingung bzgl. z_j für alle $1 \le j \le q$.

- $c = (c_{1,1} \ldots, c_{1,q}, c_{2,1}, \ldots, c_{2,q}, \ldots, c_{p,1}, \ldots, c_{p,q})^T$, die Repräsentation der Kostenmatrix als Vektor.
- $x = (x_{1,1} \ldots, x_{1,q}, x_{2,1}, \ldots, x_{2,q}, \ldots, x_{p,1}, \ldots, x_{p,q})^T$, die Repräsentation des Transportplans als Vektor.
- $b = (s_1, \ldots, s_p, z_1, \ldots, z_q)^T$ die Güter an Stand- und Zielorten als Vektor.

Beispiel 3.26 (Transportproblem)

Das in Abb. 3.4 dargestellte Problem kann formuliert werden als:

- $A = \begin{bmatrix} 1 & 1 & 1 & 0 & 0 & 0 \\ 0 & 0 & 0 & 1 & 1 & 1 \\ 1 & 0 & 0 & 1 & 0 & 0 \\ 0 & 1 & 0 & 0 & 1 & 0 \\ 0 & 0 & 1 & 0 & 0 & 1 \end{bmatrix}$

- $c = (3, 2, 4, 3, 2, 1)^T$
- $b = (15, 10, 8, 11, 6)^T$

Aus der eben allgemein vorgestellten Darstellungsform lässt sich nun leicht ein einfaches Simplex-Tableau aufstellen. Wir können einiges feststellen und müssen anderes beachten:

- Da die Nebenbedingungen als Koeffizienten nur 0 und 1 enthalten, wird das Simplexttableau (nach Umformungen) auch nur 1,0 oder -1 enthalten.
- Das Problem ist beschränkt, da die Transportmengen auf jeder Strecke mindestens 0 und höchstens durch den kleineren Wert aus Angebot und Bedarf begrenzt sind.
- Das Problem weist sicher eine zulässige Lösung auf, da leicht eine Lösung konstruiert werden kann, die den Bedarf ohne Berücksichtigung der Kosten aus dem Angebot deckt.
- Die Matrix A hat höchstens einen Rang von $p + q - 1$, da die Zeilen linear abhängig sind. Um den Simplex-Algorithmus verwenden zu können, muss ein Rang von $p + q$

sichergestellt werden. Dies wird durch das Hinzufügen einer technischen Variablen mit den Kosten 0 erreicht.

Mit diesen Beobachtungen und der Einführung der technischen Variablen ist nun die Anwendung des Simplex-Algorithmus möglich.

Beispiel 3.27 (Transportproblem mit Simplex-Algorithmus lösen)

Wir gehen von den Ergebnissen aus Beispiel 3.26 aus und konstruieren folgendes Simplex-Tableau. Dabei haben wir im Sinne der ersten Phase bereits vier künstliche Variablen eingefügt.

		0	0	0	0	0	0	0	1	1	1	1	b/a	
		1	2	3	4	5	6	7	8	9	10	11		
0	7	1	1	1	0	0	0	1	0	0	0	0	15	−
1	8	0	0	0	1	1	1	0	1	0	0	0	10	10
1	9	1	0	0	1	0	0	0	0	1	0	0	8	8
1	10	0	1	0	0	1	0	0	0	0	1	0	11	11
1	11	0	0	1	0	0	[1]	0	0	0	0	1	6	6
		1	1	1	2	2	2	0	0	0	0	0	35	

$$II = II - V$$

Basiswechsel: x_{11} verlässt die Basis, x_6 geht in die Basis.

		0	0	0	0	0	0	0	1	1	1	1	b/a	
		1	2	3	4	5	6	7	8	9	10	11		
0	7	1	1	1	0	0	0	1	0	0	0	0	15	−
1	8	0	0	−1	[1]	1	0	0	1	0	0	−1	4	4
1	9	1	0	0	1	0	0	0	0	1	0	0	8	8
1	10	0	1	0	0	1	0	0	0	0	1	0	11	11
0	6	0	0	1	0	0	1	0	0	0	0	1	6	−
		1	1	−1	2	2	0	0	0	0	0	−2	23	

$$III = III - II$$

Basiswechsel: x_8 verlässt die Basis, x_4 geht in die Basis.

		0	0	0	0	0	0	0	1	1	1	1	b/a	
		1	2	3	4	5	6	7	8	9	10	11		
0	7	1	1	1	0	0	0	1	0	0	0	0	15	15
0	4	0	0	−1	1	1	0	0	1	0	0	−1	4	−
1	9	[1]	0	1	0	−1	0	0	−1	1	0	1	4	4
1	10	0	1	0	0	1	0	0	0	0	1	0	11	11
0	6	0	0	1	0	0	1	0	0	0	0	1	6	6
		1	1	1	0	0	0	0	−2	0	0	0	15	

$$I = I - III$$

Basiswechsel: x_9 verlässt die Basis, x_1 geht in die Basis.

		0	0	0	0	0	0	0	1	1	1	1	b	b/a
		1	2	3	4	5	6	7	8	9	10	11		
0	7	0	1	0	0	1	0	1	1	-1	0	-1	11	11
0	4	0	0	-1	1	[1]	0	0	1	0	0	-1	4	4
0	1	1	0	1	0	-1	0	0	-1	1	0	1	4	–
1	10	0	1	0	0	1	0	0	0	0	1	0	11	11
0	6	0	0	1	0	0	1	0	0	0	0	1	6	–
		0	1	0	0	1	0	0	-1	-1	0	-1	11	

$$I = I - II$$
$$III = III + II$$
$$IV = IV - II$$

Basiswechsel: x_4 verlässt die Basis, x_5 geht in die Basis.

		0	0	0	0	0	0	0	1	1	1	1	b	b/a
		1	2	3	4	5	6	7	8	9	10	11		
0	7	0	1	1	-1	0	0	1	0	-1	0	0	7	7
0	5	0	0	-1	1	1	0	0	1	0	0	-1	4	–
0	1	1	0	0	1	0	0	0	0	1	0	0	8	–
1	10	0	1	1	-1	0	0	0	-1	0	1	1	7	7
0	6	0	0	[1]	0	0	1	0	0	0	0	1	6	6
		0	1	1	-1	0	0	0	-2	-1	0	0	7	

$$I = I - V$$
$$II = II + V$$
$$IV = IV - V$$

Basiswechsel: x_6 verlässt die Basis, x_3 geht in die Basis.

		0	0	0	0	0	0	0	1	1	1	1	b	b/a
		1	2	3	4	5	6	7	8	9	10	11		
0	7	0	1	0	-1	0	-1	1	0	-1	0	-1	1	1
0	5	0	0	0	1	1	1	0	1	0	0	0	10	–
0	1	1	0	0	1	0	0	0	0	1	0	0	8	–
1	10	0	[1]	0	-1	0	-1	0	-1	0	1	0	1	1
0	3	0	0	1	0	0	1	0	0	0	0	1	6	–
		0	1	0	-1	0	-1	0	-2	-1	0	-1	1	

$$I = I - IV$$

Basiswechsel: x_{10} verlässt die Basis, x_2 geht in die Basis.

0 0	0	0	0	0	0	1	1	1	1	b/a	
	1	2	3	4	5	6	7	8	9	10	11	
0 7	0	0	0	0	0	0	1	1	-1	-1	-1	0	$-$
0 5	0	0	0	1	1	1	0	1	0	0	0	10	$-$
0 1	1	0	0	1	0	0	0	0	1	0	0	8	$-$
0 2	0	1	0	-1	0	-1	0	-1	0	1	0	1	$-$
0 3	0	0	1	0	0	1	0	0	0	0	1	6	$-$
	0	0	0	0	0	0	0	-1	-1	-1	-1	0	

Die erste Phase ist beendet. Wir entfernen die künstlichen Variablen und starten die zweite Phase.

3	2	4	3	2	1	0		b/a	
1	2	3	4	5	6	7			
0 7	0	0	0	0	0	0	1	0	$-$
2 5	0	0	0	1	1	1	0	10	10
3 1	1	0	0	1	0	0	0	8	$-$
2 2	0	1	0	-1	0	-1	0	1	$-$
4 3	0	0	1	0	0	[1]	0	6	6
	0	0	0	-1	0	3	0	70	

$IV = IV + V$

$II = II - V$

Basiswechsel: x_3 verlässt die Basis, x_6 geht in die Basis.

3	2	4	3	2	1	0		b/a	
1	2	3	4	5	6	7			
0 7	0	0	0	0	0	0	1	0	$-$
2 5	0	0	-1	1	1	0	0	4	$-$
3 1	1	0	0	1	0	0	0	8	$-$
2 2	0	1	1	-1	0	0	0	7	$-$
1 6	0	0	1	0	0	1	0	6	$-$
	0	0	0	-1	0	0	0	52	

Hier ist die optimale Lösung mit $x_{1,1} = 8$, $x_{1,2} = 7$, $x_{2,2} = 4$, $x_{2,3} = 6$ ermittelt. Die Gesamtkosten betragen 52.

Das vorangegangene Beispiel verdeutlicht, dass eine Anwendung der Zweiphasenmethode möglich und die Umformungen aufgrund der Koeffizienten von $-1,0$ und 1 relativ einfach sind. Trotzdem kann die gesamte Auswertung des Simplexalgorithmus lange dauern und bei großen Problemen sehr unübersichtlich werden. Aus diesem Grunde verwendet man für Transportprobleme eine verwandte, aber einfachere Darstellung mit eigenen Regeln, die jedoch direkt aus der Simplex-Methode resultiert: die sogenannten *Transport-Tableaus*.

▶ **Definition 3.28 (Transport-Tableau)** Ein Transport-Tableau stellt die Kosten für den Transport der Güter von S_i, $1 \le n$ nach Z_j, $1 \le j \le m$ in Matrixform dar. Die letzte Spalte gibt die Menge s_i der an S_i lagernden Güter an. In der letzten Zeile notieren wir den Bedarf z_j am Zielort Z_j. Später können wir in jeder Zelle zusätzlich zu den Kosten auch die Menge der über den durch die Zelle repräsentierten Weg eintragen. Alternativ können die Zellen δ-Werte enthalten. In der rechten unteren Ecke des Tableaus werden die Gesamtkosten des Transportplans eingetragen.

	1	2	...	m	
1	$c_{1,1}$	$c_{1,2}$		$c_{1,m}$	s_1
2	$c_{2,1}$	$c_{2,2}$		$c_{2,m}$	s_2
⋮			⋱		⋮
n	$c_{n,1}$	$c_{n,2}$		$c_{n,m}$	s_n
	z_1	z_2	...	z_m	$c^T x$

Beispiel 3.29 (Transport-Tableau)

Für das Transportproblem in Beispiel in Beispiel 3.26 sieht das nicht ausgefüllte Tableau folgendermaßen aus:

	1	2	3	
1	3	2	4	15
2	3	2	1	10
	8	11	6	

Das Tableau ist ein Rahmen, um verschiedene Lösungen für das Transportproblem darzustellen und zu bewerten. Es ist nun möglich, eine Lösung in das Tableau einzutragen, die das Transportproblem löst. Eine Lösung besteht in einer Zuordnung von zu transportierenden Gütermengen zu geeigneten Transportwegen. Nach dem Eintragen müssen zwei Bedingungen zugleich erfüllt sein:

1. Die Summe der Einträge einer Zeile i muss dem Wert hinter der Zeile entsprechen (Gesamtbestand am Standort S_i).
2. Die Summe der Einträge einer Spalte j muss dem Wert unter der Spalte entsprechen (Gesamtbedarf an Zielort Z_j).

Man kann sich eine Vielzahl von Regeln vorstellen, um eine solche Anfangslösung zu bestimmen. Wir betrachten kurz zwei solcher Ansätze.

▶ **Vorschrift 3.30 (Nord-West-Eckenregel)** Starte in der linken oberen Ecke und transportiere von S_1 nach Z_1 Güter, bis das Angebot an S_1 erschöpft oder die Nachfrage bei Z_1 gedeckt ist. Danach betrachte zwei Fälle:

- Ist das Angebot erschöpft, wende das gleiche Vorgehen auf den Transport von S_2 nach Z_1 an, um die Nachfrage bei Z_1 zu decken.
- Ist die Nachfrage gedeckt, wende das gleiche Verfahren auf den Transport von S_1 nach Z_2 an, um die angebotenen Güter loszuwerden.

Danach fahre mit dem Transport $S_2 \to Z_2$ fort, usw. bis $S_n \to S_m$ betrachtet wurde. Da $\sum s_i = \sum z_j$ gilt, dürfen am Ende keine Güter übrig bleiben.

Beispiel 3.31 (Nord-West-Eckenregel)

Wir füllen das Tableau mit den Güterwerten aus Beispiel 3.26 mit Hilfe der Nord-West-Eckenregel:

	1	2	3	
	3	2	4	
1	⑧	⑦		15
	3	2	1	
2		④	⑥	10
	8	11	6	52

Beginnend in der linken oberen Ecke wird die Nachfrage an Z_1 mit 8 Einheiten der Güter aus S_1 befriedigt. Es verbleiben 7 Einheiten bei S_1, die entsprechend der Regel zu Z_2 geschafft werden. Dort ist die Nachfrage nicht befriedigt, so dass der Nachfrageüberhang mit Gütern aus S_2 befriedigt wird. Das verbleibende Angebot wird zu Z_3 transportiert.

Es ist offensichtlich, dass dies eine zulässige Lösung ist, da überall die Spalten- und Zeilensummen mit der abgetragenen Nachfrage bzw. dem verfügbaren Angebot übereinstimmt.

▶ **Vorschrift 3.32 (Matrix-Minimum-Methode)** Suche die günstigste Verbindung und schöpfe diese vollständig aus. Dies leert entweder S_i vollständig oder befriedigt die Nachfrage bei Z_j zur Gänze. Damit kann das Problem auf $p - 1$ Standorte bzw. $q - 1$ Zielorte reduziert werden. Fahre danach analog fort.

Beispiel 3.33 (Matrix-Minimum-Methode)

Die Anwendung der Matrix-Minimum-Methode auf das Beispiel 3.26 führt zum gleichen Ergebnis wie die Anwendung der Nord-West-Eckenregel in Beispiel 3.31.

Bei genauerer Betrachtung des Beispiels 3.31 sehen wir, dass hier bereits die zuvor per Simplex-Algorithmus ermittelte optimale Lösung vorliegt. Der Zielfunktionswert beträgt 52 und die Transportwege sind mit gleichen Gütermengen belegt wie in der Simplexlösung. Leider ist die Startlösung nicht immer direkt eine Optimallösung und zumeist sind die Startlösungen, die die beiden Regeln liefern, auch nicht die gleichen. Das folgende Beispiel zeigt dies.

Beispiel 3.34

Gegeben sei folgendes Transporttableau:

	1	2	3	
1	5	4	3	50
2	3	2	6	70
3	2	4	4	45
	80	60	25	

Mit der Nord-West-Eckenregel ergibt sich folgende Startlösung (die nicht optimal ist):

	1	2	3	
1	5 ⑤⓪	4	3	50
2	3 �30	2 ㊵	6	70
3	2	4 ⑳	4 ㉕	45
	80	60	25	600

Mit der Matrix-Minimum-Methode ergibt sich die folgende Lösung. Dabei geben die kleinen Zahlen in Klammern an, wann dieser Wert eingefügt wurde:

	1	2	3	
1	[5] (25) $^{(5)}$	[4]	[3] (25) $^{(4)}$	50
2	[3] (10) $^{(3)}$	[2] (60) $^{(1)}$	[6]	70
3	[2] (45) $^{(2)}$	[4]	[4]	45
	80	60	25	440

Es gilt übrigens *nicht* grundsätzlich, dass eine Startlösung mit der Matrix-Minimum-Methode zu einer besseren Lösung als die Nord-West-Eckenregel führt oder gar optimal ist. Beides sind heuristische Vorgehensweisen, um überhaupt zu einer (ganz guten und) zulässigen Startlösung zu gelangen.

Wir wissen nun, wie man eine zulässige Anfangslösung in einem Transporttableau bestimmen kann. Es bleibt zu klären, wie ausgehend davon eine optimale Lösung erzeugt wird. Dazu setzt man die *Zyklenmethode* ein, die alternativ auch als Stepping-Stone-Methode bezeichnet wird. Bevor wir diese jedoch formal vorstellen, leiten wir sie graphisch her.

Betrachten wir zunächst die ermittelte Anfangslösung der Nord-West-Eckenregel aus Beispiel 3.34:

	1	2	3	
1	[5] (50)	[4]	[3]	50
2	[3] (30)	[2] (40)	[6]	70
3	[2]	[4] (20)	[4] (25)	45
	80	60	25	600

Diese Startlösung können wir graphisch in Form eines Transportgraphen wie in Abb. 3.5 (links) repräsentieren.

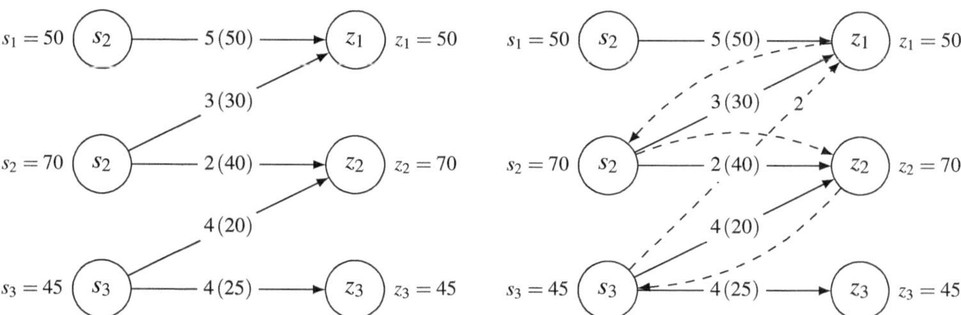

Abb. 3.5 Graphische Darstellung der im Tableau angegebenen Lösung (links) und Darstellung eines Verbesserungszyklus (rechts)

Diese Darstellung enthält nur jene Kanten, über die Güter von den Standorten zu den Zielorten fließen. Die Fragestellung zur Verbesserung der bisherigen Transportlösung lautet nun: Gibt es einen alternativen und günstigeren Güterfluss? Bei der Beantwortung dieser Frage müssen wir alle anderen Transportwege mit einbeziehen. Interessant sind insbesondere solche Wege, die geringe Kosten aufweisen. Wir wählen nun sukzessive alternative Transportkanten aus und prüfen, ob deren Nutzung gewinnbringend ist.

In Abb. 3.5 haben wir gestrichelt die alternative Transportkante von S_3 nach Z_1 eingezeichnet. Was passiert nun, wenn ein Element von S_3 nach Z_1 befördert wird? Da im bisherigen Transportplan das Angebot genau mit dem Bedarf übereingestimmt hat, entsteht nun zunächst eine Verschiebung. Durch den theoretischen zusätzlichen Transport des Elements von S_3 nach Z_1 wird das Angebot an S_3 mehr als ausgeschöpft und zudem der Bedarf in Z_1 übererfüllt. Die Übererfüllung in Z_1 kann nun dadurch kompensiert werden, dass ein Element von S_2 weniger zu Z_1 transportiert wird (dargestellt durch eine gestrichelte Kante in Richtung S_2). Daraus resultiert jedoch, dass an Standort S_2 ein Element verbleibt. Um dies wieder auszugleichen, kann das Element nach Z_2 transportiert werden (wieder durch eine gestrichelte Kante dargestellt), wo sofort wieder ein Überschuss entsteht. Dieser wird schließlich dadurch ausgeglichen, dass ein Element weniger von S_3 nach Z_2 transportiert wird. Damit gleicht sich die übermäßige Nutzung des Angebotes bei S_3 aus. Hier schließt sich nun ein *Zyklus*: Wir haben also die Effekte der Verschiebung eines Elementes von S_3 nach Z_1 über alle abhängigen Orte wieder auf S_3 zurückgeführt. Die Verschiebung des Elements geschieht also folgendermaßen:

$$S_3 \overset{+2}{\to} Z_1 \overset{-3}{\to} S_2 \overset{+2}{\to} Z_2 \overset{-4}{\to} S_3.$$

Wir erkennen an den über den Pfeilen notierten Zahlen, welche Kostenverschiebung durch die Wanderung der verschobenen Einheit in dem Zyklus entsteht. Positiv schlagen jene Verschiebungen zu Buche, die von S_i nach Z_j verlaufen, negativ die Ausgleichverschiebungen in die andere Richtung.

So können wir nun leicht den Effekt der Verschiebung über die alternative Kante berechnen:

$$-\delta = +2 - 3 + 2 - 4 = -3$$

Durch die Verschiebung einer Einheit über den Zyklus schlagen also drei Kosteneinheiten weniger zu Buche. Es scheint also sehr sinnvoll zu sein, möglichst viele Elemente über den alternativen Transportweg von S_3 nach Z_1 zu befördern. Diese Feststellung ist analog zu der Funktionsweise des δ-Wertes im Simplex-Algorithmus. Nicht ohne Grund haben wir deshalb bei der Berechnung des Kostengewinns diesen bereits mit $-\delta$ bezeichnet. In Anlehnung an den δ-Wert stellen wir den Gewinn positiv dar.

Wir können nun den δ-Wert für jede alternative Kante berechnen und im Tableau vermerken. Dafür verwenden wir die folgende Zyklusregel im Tableau.

▶ **Vorschrift 3.35 (Zyklusregel zur Berechnung von δ)** Für eine Zelle $x_{i,j}$ im Transporttableau berechnen wir $\delta_{i,j}$ folgendermaßen: Suche ausgehend von der Zelle $x_{i,j}$ abwechselnd zeilen- und spaltenweise einen Zyklus über bereits festgelegte Wege (Zellen mit Einträgen zu transportierten Gütern), bis die Ausgangszelle wieder erreicht ist. Danach werden die Kosten der Eckzellen des Zyklus mit alternierenden Vorzeichen addiert, beginnend mit den negativen Kosten der Ausgangszelle. Das Ergebnis wird als δ-Wert übernommen.

Beispiel 3.36 (Zyklusregel)

Wir führen die zuvor graphisch ermittelte Berechnung von δ nun beispielhaft im Tableau durch. Dabei gilt $x_{3,1}$ als Startzelle. Wir bilden den Zyklus über $x_{3,1} \to x_{2,1} \to x_{2,2} \to x_{3,2} \to x_{3,1}$ und versehen die Kosten mit alternierenden Vorzeichen startend bei $x_{3,1}$ mit $-$.

	1	2	3	
1	$\boxed{5}$ ⑤⓪	$\boxed{4}$	$\boxed{3}$	50
2	$\boxed{3}\ +$ ㉚	$\boxed{2}\ -$ ㊵	$\boxed{6}$	70
3	$\boxed{2}\ -$ 3	$\boxed{4}\ +$ ⓴	$\boxed{4}$ ㉕	45
	80	60	25	600

Bereits aus der vorherigen Rechnung wissen wir, dass sich daraus 3 ergibt. Dieser Wert wird in $x_{3,1}$ eingetragen. Das Vorgehen wird für alle nicht belegten Zellen ebenfalls durchgeführt.

	1	2	3	
1	[5] (50)	[4] *0*	[3] *1*	50
2	[3] + (30)	[2] − (40)	[6] *-4*	70
3	[2] − *3*	[4] + (20)	[4] (25)	45
	80	60	25	600

Beispielhaft wird hier noch die Berechnung von $\delta_{1,3}$ betrachtet. Durch Nutzung des Transportweges $x_{1,3}$ entsteht der Zyklus $x_{1,3} \;\to\; x_{3,3} \;\to\; x_{3,2} \;\to\; x_{2,2} \;\to\; x_{2,1} \;\to\; x_{1,1} \to x_{1,3}$. Der δ-Wert berechnet sich dann als $\delta_{1,3} = -3 + 4 - 4 + 2 - 3 + 5 = 1$.

Wie im Falle des Simplex-Tableaus geben uns die δ-Werte darüber Aufschluss, welcher alternative Weg welche Kostenvorteile für den Transport einer einzigen Einheit bietet. Wie beim Simplextableau wählen wir deshalb auch für unsere nächsten Schritte den alternativen Weg mit größten $\delta > 0$ als einzusetzenden Alternativweg und versuchen, so viele Güter wie möglich über diesen Weg zu transportieren. Ein *Engpass*, der die verschiebbare Gütermenge beschränkt, ist dabei durch die maximale variable Gütermenge gegeben, die die Randbedingungen nicht verletzt, also kein Überangebot oder eine Übernachfrage an einem Ort erzeugt.

▶ **Vorschrift 3.37 (Zyklenmethode)** Die Zyklenmethode geht folgendermaßen vor:

1. Bestimme für jede nicht genutzte Verbindung mittels der Zyklenregel einen Zyklus und den zugehörigen δ-Wert. Trage den δ-Wert in das Tableau ein.
2. Wenn für alle δ-Werte $d_{i,j} < 0$ gilt, ist eine optimale Lösung erreicht. Ansonsten wähle die Zelle mit dem größten δ-Wert.
3. Verschiebe die maximale Menge an Gütern über den zum δ-Wert gehörenden Zyklus und aktualisiere das Tableau entsprechend.
4. Fahre fort bei (1).

Beispiel 3.38 (Zyklenmethode)

Wir setzen das Beispiel 3.36 fort:

	1	2	3	
1	[5] (50)	[4] 0	[3] 1	50
2	[3] (30)	[2] (40)	[6] -4	70
3	[2] 3	[4] (20)	[4] (25)	45
	80	60	25	600

Nachdem gemäß Schritt (1) alle δ-Werte berechnet wurden, kann nun der nächste (größte) δ-Wert gewählt werden. Dies ist der Wert $\delta_{3,1} = 3$. Im zugehörigen Zyklus werden nun 20 Güter verschoben. Dadurch entsteht das folgende Tableau, bereits mit neuen δ-Werten versehen:

	1	2	3	
1	[5] (50)	[4] 0	[3] 4	50
2	[3] (10)	[2] (60)	[6] -1	70
3	[2] (20)	[4] -3	[4] (25)	45
	80	60	25	540

Am neu berechneten Zielfunktionswert können wir den Effekt ablesen, den die Verschiebung der 20 Gütereinheiten hatte. Da jede verschobene Einheit einen Kostenvorteil von 3 mit sich gebracht hat, ist der Zielfunktionswert um 60 gesunken.

Als nächstes müssen wir nun Zelle $x_{1,3}$ betrachten. Hier können wir 20 Einheiten verschieben und erhalten das folgende aktualisierte Tableau mit neuen δ-Werten:

	1	2	3	
1	[5] (25)	[4] 0	[3] (25)	50
2	[3] (10)	[2] (60)	[6] -5	70
3	[2] (45)	[4] -3	[4] -4	45
	80	60	25	440

Da nun alle δ-Werte negativ sind, haben wir eine optimale Lösung gefunden. Interessanterweise ist diese Lösung analog zu jener, die die Matrix-Minimum-Regel bereits als Startlösung gefunden hat. Es sei aber auch hier nochmal darauf hingewiesen, dass die Matrix-Minimum-Regel im Allgemeinen nicht das optimale Tableau liefert.

Sonderfälle

Es bleiben noch einige Beobachtungen und Sonderfälle zu klären:

- *Was bedeutet $\delta_{i,j} = 0$?*
  Tritt ein 0-Eintrag in einer Zelle auf, so bedeutet dies, dass ein Verschieben von Gütern über die repräsentierte Verbindung keinen Effekt auf die Gesamtkosten hat. Es können also Güter verschoben werden, ohne das Ergebnis zu verbessern oder zu verschlechtern. Ein Wert $\delta = 0$ bei sonst ausschließlich negativen δ-Werten bedeutet zugleich, dass die gefundene Lösung nicht die einzige optimale Lösung ist.
- *Wie geht man mit degenerierten Transportproblemen um?*
  Ein degeneriertes Transportproblem existiert dann, wenn sich das Problem in mehrere unabhängige Teilprobleme zerlegen lässt. In diesem Fall existieren weniger als $p + q - 1$ Basisvariablen. Bei der Konstruktion der Anfangslösung ist dann sicherzustellen, dass ggf. eine sogenannte „Basis-Null" eingefügt wird, also eine Transportmenge von „0" auf einer entsprechenden Verbindung genutzt wird. Während der Anwendung der Zyklenmethode muss zudem sichergestellt werden, dass immer $p + q - 1$ Basiszellen oder Stepping-Stones (im Zweifel Nullen) erhalten bleiben.

- *Wie genau wird ein Überangebot oder eine Übernachfrage behandelt?*
  Im Falle eines Überangebotes wird ein künstlicher Zielort mit einer künstlichen Nachfrage eingeführt, die das Ungleichgewicht behebt. Die Kosten für einen Transport von jedem Standort zu diesem künstlichen Zielort werden mit 0 bewertet. Es entsteht im Tableau also eine zusätzliche Spalte. Analog wird bei einer übermäßigen Nachfrage ein zusätzlicher, künstlicher Standort eingeführt, der das Ungleichgewicht ausgleicht. Es entsteht hier analog zum Überangebotsfall eine zusätzliche Zeile im Tableau.

3.7   Weiterführende Betrachtung linearer Optimierung

Am Anfang des Kapitels haben wir den Simplex-Algorithmus als Lösungsverfahren für lineare Optimierungsprobleme kennengelernt. In dem formalen, tabellarischen Vorgehensmodell zur Lösung haben wir verschiedene Elemente genauer betrachtet und deren Bedeutung im Verfahren interpretiert. Insbesondere für die δ-Werte haben wir festgehalten, dass diese angeben, in welche Variable (die dann in die Basis geht) weiteres Verbesserungspotential für die Lösungen besteht und wie groß dies ist. Zugleich sind die δ-Werte Indikatoren für die Optimalität der Lösung. Aus den Tableaus des Simplex-Algorithmus können jedoch noch mehr Informationen abgeleitet werden, die einerseits die δ-Werte plastischer im Problemkontext erscheinen lassen und zudem Eigenschaften des betrachteten Problems preisgeben. In einem ersten Schritt schauen wir uns dies genauer an. In einem zweiten Schritt formen wir das lineare Optimierungsproblem in ein äquivalentes, sogenanntes duales lineares Problem um und lernen schließlich eine weitere Lösungsmethode, den sogenannten dualen Simplex-Algorithmus kennen.

Für beide Schritte betrachten wir das folgende lineare Optimierungsproblem:

Beispiel 3.39 (Produktionsproblem)

Der Instrumentenbauer Holzstraß stellt verschiedene Musikinstrumente her. Besonders beliebt sind die Holzstraß-Tuba, die Holzstraß-Geige und die „Holzsträßchen" genannte Piccoloflöte.

Für die Herstellung der Musikinstrumente werden unterschiedlich viele Stunden an Handarbeit, insbesondere Metall- und Holzarbeiten, benötigt.

Die Herstellung einer Tuba kostet Holzstraß 4 Tage Metallarbeit und 1 Tag Holzarbeit, für eine Geige 2 Tage Metallarbeit und 2 Tage Holzarbeit. Für die Flöte werden 2 Tage Metallarbeit und 3 Tage Holzarbeit benötigt. Die Tuba wirft bei Verkauf einen Gewinn von 500 Euro, die Geige von 300 Euro und die Flöte von 400 Euro ab.

Wie viele Instrumente von welcher Sorte sollte die Firma optimalerweise herstellen, wenn pro Monat 60 Tage Metall- und 35 Tage Holzarbeit zu 100 Euro/Tag zur Verfügung stehen?

Wir können das Problem leicht als Maximierungsproblem formulieren und anschließend mit dem Simplex-Algorithmus lösen (ohne erste Phase):

$$5x_1 + 3x_2 + \quad 4x_3 \overset{!}{=} \max$$
$$4x_1 + 2x_2 + \quad 2x_3 \leq 60$$
$$x_1 + 2x_2 + \quad 3x_3 \leq 35$$

$$x_1, x_2, x_3 \geq 0$$

Lösung durch den Simplex-Algorithmus (hier nun als Minimierungsproblem):

$$
\begin{array}{cc|ccccc|c}
 & & -5 & -3 & -4 & 0 & 0 & \\
 & & 1 & 2 & 3 & 4 & 5 & \\
\hline
0 & 4 & \boxed{4} & 2 & 2 & 1 & 0 & 60 \\
0 & 5 & 1 & 2 & 3 & 0 & 1 & 35 \\
\hline
 & & 5 & 3 & 4 & 0 & 0 & 0
\end{array}
$$

Umformung: $I = \frac{1}{4}I$; $II = II - \frac{1}{4}I$

$$
\begin{array}{cc|ccccc|c}
 & & -5 & -3 & -4 & 0 & 0 & \\
 & & 1 & 2 & 3 & 4 & 5 & \\
\hline
-5 & 1 & 1 & \frac{1}{2} & \frac{1}{2} & \frac{1}{4} & 0 & 15 \\
0 & 5 & 0 & \frac{3}{2} & \boxed{\frac{5}{2}} & -\frac{1}{4} & 1 & 20 \\
\hline
 & & 0 & \frac{1}{2} & \frac{3}{2} & -\frac{5}{4} & 0 & -75
\end{array}
$$

Umformung: $II = \frac{2}{5}II$; $I = I - \frac{1}{5}II$

$$
\begin{array}{cc|ccccc|c}
 & & -5 & -3 & -4 & 0 & 0 & \\
 & & 1 & 2 & 3 & 4 & 5 & \\
\hline
-5 & 1 & 1 & \frac{1}{5} & 0 & \frac{3}{10} & -\frac{1}{5} & 11 \\
-4 & 3 & 0 & \frac{3}{5} & 1 & -\frac{1}{10} & \frac{2}{5} & 8 \\
\hline
 & & 0 & -\frac{2}{5} & 0 & -\frac{11}{10} & -\frac{3}{5} & -87
\end{array}
$$

Da $\delta_i \leq 0$ für alle i, haben wir die optimale Lösung gefunden.

3.7.1 Sensitivitätsanalyse

Aus der Betrachtung der Lösung von Beispiel 3.39 können wir direkt ablesen, dass 11 Tubas und 8 Piccoloflöten, jedoch keine Geige hergestellt werden sollten, um den Gewinn auf 8700 Euro zu maximieren. Wir haben bereits in Abschn. 3.4 als Abbruchkriterium für den Simplex-Algorithmus und Indikator für die Optimalität der Lösung die

δ-Werte betrachtet, die anzeigen, ob noch Verbesserungspotential durch einen Basiswechsel vorliegt. Wir können jedoch noch mehr aus den δ-Werten herausholen.

Betrachten wir noch einmal das letzte Tableau aus der Lösung von Beispiel 3.39. Anstatt in der „algorithmischen Tabellenform" können wir dieses Ergebnis auch schreiben als:

$$
\begin{aligned}
-z = -5x_1 - 3x_2 - 4x_3 &\quad\quad\quad\quad\quad\; \overset{!}{=} \min \\
x_1 + \tfrac{1}{5}x_2 + \quad\quad + \tfrac{3}{10}x_4 + -\tfrac{1}{5}x_5 &= 11 \\
\tfrac{3}{5}x_2 + \; x_3 - \tfrac{1}{10}x_4 + \quad \tfrac{2}{5}x_5 &= 8
\end{aligned}
$$

Wegen der Optimalität der Lösung wissen wir, dass $x_2 = x_4 = x_5 = 0$ gewählt wird und wir eigentlich die entsprechenden Terme ignorieren können. Es ergibt sich dann $x_1 = 11$ und $x_3 = 8$. Für die Zielfunktion – wir haben sie hier z genannt – ergibt sich der Zielwert 87.

Wir können nun aber ausgehend von der obigen Darstellung z noch einmal etwas allgemeiner betrachten, indem wir $x_2 = x_4 = x_5 = 0$ einmal kurz ignorieren. Formen wir die beiden Randbedingungen nach x_1 bzw. x_3 um, so ergibt sich:

$$
\begin{aligned}
x_1 &= 11 - \tfrac{1}{5}x_2 - \tfrac{3}{10}x_4 + \tfrac{1}{5}x_5 \\
x_3 &= \; 8 - \tfrac{3}{5}x_2 + \tfrac{1}{10}x_4 - \tfrac{2}{5}x_5
\end{aligned}
$$

Eingesetzt in die Zielfunktion z ergibt sich

$$
-z = -5\left(11 - \frac{1}{5}x_2 - \frac{3}{10}x_4 + \frac{1}{5}x_5\right) - 3x_2 - 4\left(8 - \frac{3}{5}x_2 + \frac{1}{10}x_4 - \frac{2}{5}x_5\right) \overset{!}{=} \min
$$

und nach Vereinfachung:

$$
-z = -87 + \frac{2}{5}x_2 + \frac{11}{10}x_4 + \frac{3}{5}x_5 \overset{!}{=} \min. \tag{3.1}
$$

Betrachten wir nun die Koeffizienten von x_2, x_4 und x_5, so stellen wir fest, dass die Werte (abgesehen vom Vorzeichen) mit jeden unserer δ-Werte im letzten Simplex-Tableau übereinstimmen. Es ist auch sofort klar, dass, wenn eine der Variablen (unter der Nichtnegativitätsbedingung) > 0 gewählt wird, der Zielfunktionswert nicht mehr optimal ist.

Doch mithilfe dieser Darstellung können wir nun leicht untersuchen, was passieren würde, wenn wir die Randbedingungen unseres Optimierungsproblems marginal veränderten. Das bedeutet, wir können etwa untersuchen, wie sich die Zielfunktion ändert, wenn mehr Ressourcen bei einer Randbedingung, also z. B. mehr Metall- oder Holzarbeitstage in Beispiel 3.39 vorliegen.

In der Randbedingung für die Metallarbeiten haben wir die Schlupfvariable x_4

$$4x_1 + 2x_2 + 2x_3 + x_4 = 60$$

und in die Randbedingung für Holzarbeiten die Schlupfvariable x_5 eingeführt

$$x_1 + 2x_2 + 3x_3 + x_5 = 35,$$

um beide Randbedingungen in Gleichheitsform zu verwenden. Außer in den jeweiligen Randbedingungen spielen diese Schlupfvariablen keine Rolle (insbesondere nicht in der Zielfunktion). Wir können diese also etwas „manipulieren". Betrachten wir die Randbedingung für die Metallarbeit und nehmen wir an, dass uns nun ein Tag Metallarbeit mehr zur Verfügung steht. Dies würde die Randbedingung ändern zu:

$$4x_1 + 2x_2 + 2x_3 + x_4 = 61.$$

Wir könnten alternativ aber auch mit $x_4' = x_4 - 1$ formulieren:

$$4x_1 + 2x_2 + 2x_3 + x_4' = 60.$$

Übernehmen wir x_4' nun statt x_4 in (3.1), so ergibt sich mit

$$-z = -87 + \frac{2}{5}x_2 + \frac{11}{10}x_4 - \frac{11}{10} + \frac{3}{5}x_5 \overset{!}{=} \min$$

für $x_2 = x_4 = x_5 = 0$ eine potentielle Erhöhung des Zielwert um $1\frac{1}{10}$ durch die Erhöhung der Kapazität der Metallarbeitsrandbedingung um eine Einheit. Da ein Tag zusätzlicher Metallarbeit nicht ausreicht, ein weiteres Instrument zu fertigen, ist dies ein theoretischer zusätzlicher Gewinn pro Metallarbeitseinheit. Einen solchen Wert können wir ebenfalls für die Erhöhung von Ressourcen bzgl. der Holzarbeit berechnen. Hier ergibt sich pro Tag zusätzlicher Holzarbeit ein theoretischer Gewinnzuwachs von $\frac{3}{5}$. Wir halten allgemeiner fest:

▶ **Definition 3.40 (Schattenpreis)** Der theoretische Gewinnzuwachs bei Erweiterung der Ressourcen in einer Randbedingung um eine Einheit wird als *Schattenpreis* bezeichnet. Der Schattenpreis ist direkt (mit umgekehrtem Vorzeichen) aus den δ-Werten des Lösungstableaus des Simplex-Algorithmus ablesbar.

Der Schattenpreis ist also eine Größe, die angibt, wie wertvoll im Bezug auf den Gewinn eine zusätzliche Einheit auf der „rechten Seite" der jeweiligen betrachteten

Randbedingung ist.[4] Und das Schöne ist, dass uns diese Information ganz automatisch durch den Simplex-Algorithmus mitgeliefert wird.

Bis jetzt haben wir die Randbedingungen und damit die Schlupfvariablen betrachtet. Bei genauerer Betrachtung der Lösung des Beispiels 3.39 und der Vorschrift 3.1 fällt zudem auf, dass $x_2 = 0$ für die optimale Lösung gilt, also keine Geige produziert wird.

Was würde jedoch passieren, wenn wir beschließen, eine Geige zu produzieren, also $x_2 = 1$ wählen? Die Kosten für die Nutzung von Metall- und Holzarbeitressourcen konnen wir wir mithilfe des Schattenpreises berechnen. Da wir jeweils zwei Tage Metall- bzw. Holzarbeit benötigen, wären die Kosten gegeben durch

$$2 \cdot \left(\frac{11}{10}\right) + 2 \cdot \left(\frac{3}{5}\right) = 3\frac{2}{5}.$$

Der Kostenbeitrag, den eine Geige liefert, liegt jedoch bei 3 (300 Euro). Es ist also offensichtlich, dass die Produktion einer Geige den Zielfunktionswert um $\frac{2}{5}$ (hundert Euro) mindert. Diesen Wert finden wir in unserer Lösung des Simplex-Algorithmus als δ_2-Wert und in der Vorschrift 3.1 als Koeffizienten von x_2. Im Allgemeinen wird dieser Wert als *Minderkosten* bezüglich der Nichtnegativitätsbedingung ($x_i \geq 0$) der betrachteten Variablen x_i bezeichnet und ist gleich dem Schattenpreis für diese Bedingung. Wir können auch diese Werte direkt aus unserer Lösung des Simplex-Algorithmus ablesen.

3.7.2 Das duale Problem

Die vorhergehende Betrachtung hat den Schattenpreis für eine Einheit einer Ressource (z. B. Metallarbeit) definiert. Wenn wir diesen Schattenpreis nun als „internen Preis" auf die verfügbaren Ressourcen anwenden, so erhalten wir eine Bewertung der in den Randbedingung festgelegten und verfügbaren Ressourcen. Im betrachteten Beispiel 3.39 bedeutet dies, dass sich der Gesamtwert w der Ressourcen ergibt als:

$$w = \left(\frac{11}{10}\right) \cdot 60 + \left(\frac{3}{5}\right) \cdot 35 = 87.$$

Es fällt auf, dass der Gesamtwert dem optimalen Zielfunktionswert für das betrachtete Maximierungsproblem entspricht. Führen wir nun als Gedankenexperiment folgende Überlegung durch:

Nehmen wir an, der Instrumentenbauer aus Beispiel 3.39 besitze die Ressourcen nicht selbst, sondern leihe sie sich für eine Leihgebühr, die pro Ressourceneinheit dem Schattenpreis entspräche. Aufgrund der Optimalität der Lösung würde der erwirtschaftete

---

[4]Und wenn etwa der Instrumentenbauer diese zusätzliche Arbeits-Einheit zu geringeren Kosten beschaffen kann, als sie im Bezug auf den Gewinn einbringt, so ist das für ihn profitabel.

Gewinn genau den Kosten entsprechen.[5] Gestalten wir die Schattenpreise variabel und verändern wir diese, so würden in unserem Kostenmodell die Kosten den Gewinn übersteigen. Diese Überlegungen haben zwei Auswirkungen:

1. Wir können den Beitrag jedes Instruments variabel über die Schattenpreise/ Leihgebühren und die zum Bau benötigten Ressourcen ausdrücken:

$$4\lambda_1 + \lambda_2 \geq 5$$
$$2\lambda_1 + 2\lambda_2 \geq 3$$
$$2\lambda_1 + 3\lambda_2 \geq 4$$

mit

$$\lambda_1, \lambda_2 \geq 0,$$

wobei λ_1 und λ_2 nun die Variablen Schattenpreise sind. Da wir diese Randbedingungen als Kostenrandbedingungen betrachten, muss die linke Seite (wenn wir vom optimalen Fall abweichen) größer als der Gewinnbeitrag eines Instruments sein.

2. Wir können das Optimierungsproblem als Minimierungsproblem bezüglich der Kosten unter den oben gegebenen Randbedingungen betrachten:

$$w = 60\lambda_1 + 35\lambda_2 \overset{!}{=} \min$$

Wenn wir dieses Problem lösen, erhalten wir $\lambda_1 = \frac{11}{10}$ und $\lambda_2 = \frac{3}{5}$.

Die Lösung des Problems liefert uns genau die optimalen Schattenpreise bzw. Leihgebühren, also jene Werte, bei denen die Kosten in unserem Gedankenexperiment und der Gewinn des ursprünglichen Problems gleich sind. Tatsächlich haben wir dasselbe Problem gelöst, es jedoch anders formuliert. Diese Formulierung wird im Allgemeinen als das *duale Problem* zum ursprünglichen Problem, dem *primalen Problem*, bezeichnet.

Die besprochene Herleitung des dualen Problems soll eine Intuition von der Dualität verschaffen. Die duale Form eines linearen Problems auf diese Weise zu konstruieren, ist natürlich zu aufwändig. Bei genauerer Betrachtung des dualen Problems stellen wir fest, dass es leicht über eine „Spiegelung" aus dem primalen Problem ableitbar ist: Als Koeffizienten für das duale Problem verwenden wir die rechte Seite der Randbedingungen; als Koeffizienten für die neuen Randbedingungen verwenden wir die Koeffizienten der alten Randbedingungen spaltenweise; als rechte Seite der neuen Randbedingungen benutzen wir die Koeffizienten der ursprünglichen Zielfunktion. Formal können wir dieses Vorgehen ausdrücken als:

---

[5] Wir haben ja den Schattenpreis und damit die Leihgebühr aus der optimalen Lösung abgeleitet.

$$\begin{array}{ccc}
c^T x \overset{!}{=} \min & & b^T \lambda \overset{!}{=} \max \\
Ax \geq b & \Leftrightarrow & A^T \lambda \geq c \\
x \geq 0 & & \lambda \geq 0
\end{array} \qquad (3.2)$$

wobei c der Koeffizientenvektor der Zielfunktion, A die Koeffizientenmatrix der Randbedingungen und b die rechte Seite der Randbedingungen für das primale Problem sind. Die Vektoren x und λ enthalten die Entscheidungsvariablen für das primale bzw. duale Problem. Formal lässt sich dieser Zusammenhang aus der Lagrange-Dualität herleiten.

► **Definition 3.41 (Lagrange-Dualität)** Ein Problem der Form

$$\min_x \; f(x)$$

mit Randbedingungen

$$g_i(x) \leq 0, \; i = 1, \ldots, m$$

besitzt das Lagrange-duale Problem

$$\max_\lambda \left(\min_x \left(f(x) + \sum_{i=1}^{m} \lambda_i g_i(x) \right) \right)$$

mit $\lambda_i \geq 0$ für $i = 1, \ldots, m$.

Beispiel 3.42 (Lagrange-Dualität)

Wir betrachten das Problem aus Beispiel 3.39 ein letztes Mal, diesmal unter dem Aspekt der Lagrange-Dualität, und leiten mit deren Hilfe die duale Form des Problems her. Wenn wir das Problem primal in Standardform gemäß Definition 3.41 ausdrücken, ergibt sich folgende Darstellung:

$$\begin{array}{rrrrr}
-5x_1 - 3x_2 - & 4x_3 & \overset{!}{=} & \min & \\
4x_1 + 2x_2 + & 2x_3 - & 60 & \leq & 0 \\
x_1 + 2x_2 + & 3x_3 - & 35 & \leq & 0 \\
& x_1, x_2, x_3 & \geq & & 0
\end{array}$$

Wir formulieren nun das Lagrange-duale Problem als:

$$\max_{\lambda} \Big(\min_{x} \big(-5x_1 - 3x_2 - 4x_3 + \lambda_1\,(4x_1 + 2x_2 + 2x_3 - 60)$$

$$+ \lambda_2\,(x_1 + 2x_2 + 3x_3 - 35) \big) \Big)$$

Nach Umformung ergibt sich:

$$\max_{\lambda} \Big(\min_{x} \big(x_1\,(-5 + 4\lambda_1 + \lambda_2) + x_2\,(-3 + 2\lambda_1 + 2\lambda_2)$$

$$+ x_3\,(-4 + 2\lambda_1 + 3\lambda_2) - 60\lambda_1 - 35\lambda_2 \big) \Big)$$

Mit $\lambda_{1,2} \geq 0$ und $x_{1,2,3} \geq 0$ können wir dies dann leicht nach Definition 3.41 (quasi rückwärts) in

$$60\lambda_1 + 35\lambda_2 \overset{!}{=} \min$$

mit

$$4\lambda_1 + \lambda_2 \geq 5$$
$$2\lambda_1 + 2\lambda_2 \geq 3$$
$$2\lambda_1 + 3\lambda_2 \geq 4$$

umformen.

Das erzeugte duale Problem kann nun als äquivalentes Problem zum primalen Problem betrachten werden und stattdessen gelöst werden. Das Ergebnis bzgl. der Zielfunktion ist wie oben gezeigt gleich. Die entstandene duale Form kann natülich leicht überprüft werden, indem wir das duale Problem des dualen Problems erzeugen und damit (hoffentlich, wenn wir keinen Fehler gemacht haben) wieder das primale Problem erhalten.

Es stellt sich nun die Frage, wofür man das duale Problem überhaupt betrachten sollte. Man hat ja für das primale Problem Lösungsverfahren, die gut funktionieren. Wir haben aber auch festgestellt, dass die Verfahren auf primalen Problemen manchmal Schwierigkeiten bereiten: So ist unter Umständen die Anwendung einer ersten Phase notwendig, um für primale Probleme eine Startlösung zu finden. Betrachten wir folgendes Beispiel:

Beispiel 3.43. Sei das folgende lineare Optimierungsproblem gegeben:

$$
\begin{aligned}
2x_1 + \ x_2 + 2x_3 + 2x_4 &\overset{!}{=} \min \\
x_1 + 2x_2 + 2x_3 \qquad\qquad &\geq 900 \\
3x_1 \qquad + \ x_3 + 4x_4 &\geq 600 \\
x1, x2, x3, x4 &\geq \ \ 0
\end{aligned}
$$

Wenn wir dafür durch Einfügen von Schlupfvariablen die Standardform

$$
\begin{aligned}
2x_1 + \ x_2 + 2x_3 + 2x_4 \qquad\qquad\qquad &\overset{!}{=} \min \\
x_1 + 2x_2 + 2x_3 \qquad\quad - x_5 \qquad\ &= 900 \\
3x_1 \qquad + \ x_3 + 4x_4 \qquad\quad - x_6 &= 600 \\
x_1, x_2, x_3, x_4, x_5, x_6 &\geq \ \ 0
\end{aligned}
$$

herstellen, stellen wir fest, dass insbesondere aufgrund der $\geq$-Relation in den ursprünglichen Randbedingungen (formal) noch keine Basisform vorliegt.[6] Wir könnten natürlich die Randbedingungen umformen zu

$$
\begin{aligned}
-x_1 - 2x_2 - 2x_3 \qquad\quad + x_5 \qquad\ &= -900 \\
-3x_1 \qquad\quad - \ x_3 - 4x_4 \qquad\quad + x_6 &= -600 \\
x_1, x_2, x_3, x_4, x_5, x_6 &\geq \ \ 0
\end{aligned}
$$

erzeugen damit aber auf der rechten Seite negative Werte, die im Simplex-Algorithmus nicht erlaubt sind. Wenn wir strikt nach dem Simplexansatz vorgehen, müssten wir also eine erste Phase vorschalten, um den Simplex-Algorithmus auszuführen.

Eine Lösung für dieses Problem ohne Anwendung der 1.Phase bietet in einem solchen Fall die sogenannte duale Simplex-Methode, die im primalen Tableau das duale Problem löst.

3.7.3　Die duale Simplex-Methode

Wenn wir uns nochmal an die Umformung des primalen in das duale Problem erinnern, so haben wir festgestellt, dass das duale Problem durch „Spiegelung" des primalen Problems entsteht. Dies bedeutet insbesondere, dass die b-Werte des primalen Problems zu den Zielfunktionskoeffizienten des dualen Problems werden. Wir erinnern uns, die Koeffizienten der Zielfunktion dürfen im Kontext des Simplex-Algorithmus durchaus

---

[6]Bei genauerer Betrachtung des Problems sollte dem geübten Betrachter auffallen, dass das primale Problem eigentlich – bis auf zwei einfache Umformungen – doch in Basisform vorliegt. Wir verwenden dieses Beispiel hier zur einfachen Demonstration eher konservativ.

negativ sein. Zugleich suchen wir vordergründig nicht mehr die optimalen Werte für die Entscheidungsvariablen des primalen Problems, sondern ermitteln die optimalen Schattenpreise, welche im (primalen) Ergebnis durch die δ-Werte repräsentiert werden. Diese Werte würden im (dualen) Ergebnis als rechte Seite im Tableau auftauchen, würden wir das (duale) Problem mit unserem bisherigen Simplex-Algorithmus lösen.

Anstatt aber das duale Problem zuerst zu erzeugen und dann mit dem bekannten Ansatz zu lösen (dies würde ggf. keine wirklichen Vorteile bringen), nutzen wir ein direktes und etwas abgewandeltes Simplex-Verfahren, mit dem das duale Problem im primalen Tableau gelöst wird. Die Besonderheiten dabei sind:

- Die b-Werte dürfen negativ sein.
- Die δ-Werte müssen zu jedem Zeitpunkt des Verfahrens ≤ 0 sein. Dies ist die sogenannte duale Zulässigkeit.

Die sich daraus ergebende duale Simplex-Methode funktioniert folgendermaßen:

▶ **Vorschrift 3.44 (Duale Simplex-Methode)** Die duale Simplexmethode erhält ein lineares Programm in Standardform als Eingabe, wenn dieses nicht die primale Zulässigkeit (alle b-Werte ≥ 0) erfüllt. Dafür muss aber zwingend die duale Zulässigkeit, nämlich $\delta_i \leq 0$ für alle $1 \leq i \leq n$, erfüllt sein. Ist dies sichergestellt, führe die folgenden Schritte durch.

1. *Anfangslösung*: Erzeuge eine Basislösung durch einfache Umformungen aus der Standardform.
2. *Überprüfung*:

   - Prüfe auf Optimalität; wenn optimal: STOP
   - Prüfe auf Unlösbarkeit; wenn unlösbar: STOP
   - Gehe zum nächsten Schritt.

3. *Optimierungsschritt*: Bestimme eine neue, bessere Lösung im Simplex-Tableau mittels Pivotisierung und Basiswechsel. Gehe anschließend zu Schritt 2.

Der **erste Schritt** ist hier relativ einfach: Wir müssen nur eine gültige Basislösung durch Umformungen erreichen. Normalerweise reicht dafür, wenn nötig, das Einfügen von Schlupfvariablen. Liegen $\geq$-Randbedingungen vor, so können wir durch einfache Multiplikation der Randbedingung mit (-1) eine gültige Basis herstellen. Da wir uns im dualen Fall befinden, dürfen nun auch negative b-Werte auftauchen.

Der **zweite Schritt** bezieht sich nun auf die δ-Werte und b-Werte im Tableau.

Optimalität: Wenn $b_i \geq 0$ für $\forall\, 1 \leq i \leq m$ gilt, dann ist eine optimale Lösung erreicht.

Unlösbarkeit: Gibt es im Tableau ein $b_i < 0$, so liegt dort grundsätzlich Verbesserungs-
potenzial vor. Gilt aber zusätzlich $a_{i,j} \geq 0$ für alle $1 \leq j \leq n$ in Zeile i, so ist das
Problem in seiner Zielfunktion unbeschränkt und damit unlösbar. In diesem Falle wird
das Verfahren abgebrochen.

Der **dritte Schritt** verläuft prinzipiell ähnlich wie der Simplex-Algorithmus für das
primale Problem. Wir müssen jedoch einige Unterschiede beachten.

- Wähle eine ZEILE k im Simplex-Tableau, für die $b_k < 0$ gilt. Heuristisch wählen wir
  oft die Zeile mit kleinstem $b_k < 0$.
- Bestimme die SPALTE ℓ für die festgelegte Zeile k, in der der Quotient $\delta_\ell / a_{k,\ell} \geq 0$
  am kleinsten ist. An Position (k, ℓ) entsteht dann nach Basiswechsel das neue
  Pivotelement.
- Führe einen Basiswechsel zur Variablen x_ℓ durch, indem wie beim primalen Simplex-
  Algorithmus einfache Zeilenumformungen durchgeführt werden. Berechne die neuen
  δ-Werte und den neuen Zielwert für das resultierende Tableau.

Zur Veranschaulichung führen wir nun noch das Beispiel 3.43 weiter und lösen es mit
Hilfe der dualen Simplex-Methode.

Beispiel 3.45 (Duale Simplex-Methode)

Da es uns bei der dualen Simplex-Methode erlaubt ist, starten wir mit der letzten
Umformung der Randbedingungen aus Beispiel 3.43. Wir haben also alle Koeffizienten
der Randbedingungen, außer jene der Schlupfvariablen x_5 und x_6, sowie die b-Werte
negativ vorliegen. Dies tragen wir in das Simplex-Tableau ein und berechnen wie
gehabt die δ-Werte. Wichtig ist festzuhalten, dass die δ-Werte, wie gefordert, negativ
sind. Dies ergibt sich daraus, dass die Koeffizienten der Zielfunktion positiv sind. Sollte
dies nicht vorliegen, müssen wir ggf. durch Umformung dafür Sorge tragen, dass dies
der Fall ist. Können wir die Negativität (oder Gleichheit mit 0) der δ-Werte nicht
herstellen, ist die duale Methode nicht anwendbar.

		2	1	2	2	0	0	
		1	2	3	4	5	6	
0	5	-1	$\boxed{-2}$	-2	0	1	0	-900
0	6	-3	0	-1	-4	0	1	-600
	δ	-2	-1	-2	-2	0	0	0
	$\dfrac{\delta_\ell}{a_{k,\ell}}$	$\dfrac{-2}{-1}$	$\dfrac{-1}{-2}$	$\dfrac{-2}{-2}$	$-$	$-$	$-$	

Mit den δ-Werten und nach Wahl der Zeile mit kleinstem b-Wert können wir die Spalte
mit kleinstem Quotienten $\delta_\ell / a_{k,\ell}$ bestimmen. Damit haben wir das Zielelement für die
Pivotisierung bestimmt.

Nach Umformung $I = -\frac{1}{2}I$ ergibt sich:

$$
\begin{array}{cc|cccccc|c}
 & & 2 & 1 & 2 & 2 & 0 & 0 & \\
 & & 1 & 2 & 3 & 4 & 5 & 6 & \\
\hline
1 & 2 & \frac{1}{2} & 1 & 1 & 0 & -\frac{1}{2} & 0 & 450 \\
0 & 6 & \boxed{-3} & 0 & -1 & -4 & 0 & 1 & -600 \\
\hline
 & \delta & -\frac{3}{2} & 0 & -2 & -2 & -\frac{1}{2} & 0 & 450 \\
\hline
 & \frac{\delta_\ell}{a_{k,\ell}} & \frac{1}{2} & - & 1 & \frac{1}{2} & - & - & \\
\end{array}
$$

Umformung: $I = I + \frac{1}{6}II;\ II = -\frac{1}{3}II$

$$
\begin{array}{cc|cccccc|c}
 & & 2 & 1 & 2 & 2 & 0 & 0 & \\
 & & 1 & 2 & 3 & 4 & 5 & 6 & \\
\hline
1 & 2 & 0 & 1 & \frac{5}{6} & -\frac{2}{3} & -\frac{1}{2} & \frac{1}{6} & 350 \\
2 & 1 & 1 & 0 & \frac{1}{3} & \frac{4}{3} & 0 & -\frac{1}{3} & 200 \\
\hline
 & \delta & 0 & 0 & -\frac{1}{2} & 0 & -\frac{1}{2} & -\frac{1}{2} & 750 \\
\end{array}
$$

Wir haben nur noch positive b-Werte. Die optimale Lösung ist erreicht. In der rechten Spalte können wir nun, wie zuvor im primalen Fall, die optimale Belegung der Entscheidungsvariablen des primalen Problems ablesen. In der Zeile der δ-Werte erscheint wieder unser (negativ angegebener) Schattenpreis.

3.8 Zusammenfassung des Kapitels

Wir wollen an dieser Stelle zusammenfassen, was wir über lineare Optimierung gelernt haben und welche wichtigen Erkenntnisse wir mitnehmen:

- Wir haben die Definition von linearen Problemen kennengelernt und festgestellt, dass viele Zusammenhänge über ein lineares Modell gut dargestellt werden können.
- Lineare Problemstellungen können anschaulich über ihre graphische Repräsentation gelöst werden. Bei komplexeren und hoch-dimensionalen Problemen wird dies jedoch unübersichtlich.
- Für die algorithmische Lösung von linearen Optimierungsproblemen haben wir den Simplexalgorithmus kennengelernt und seine Funktionsweise weitgehend analysiert. Zudem haben wir eine Möglichkeit entwickelt, Startlösungen in einem Zweiphasen-Vorgehen zu ermitteln.
- Wir haben eine Anwendung der Zweiphasenmethode im ganzzahligen Bereich betrachtet und damit beispielhaft ein Transportproblem gelöst. Zudem haben wir eine vereinfachte Methode kennengelernt, die auf dem Simplex-Verfahren basiert, mit

Hilfe von Transporttableaus die Ermittlung eines Transportplans jedoch erheblich vereinfacht.

- Wir haben uns weiterführende Interpretationen der Ergebnisse linearer Optimierung mit dem Simplex-Algorithmus angeschaut und den Schattenpreis kennengelernt. Aus dieser Betrachtung haben wir die duale Form eines (primalen) linearen Problems hergeleitet.
- Schließlich haben wir die duale Simplex-Methode als Lösungsverfahren kennengelernt, das insbesondere dann anwendbar ist, wenn für das ursprüngliche (primale) Problem ohne Zweiphasenmethode keine primal zulässige Anfangslösung gefunden werden kann.

Aufgaben

3.1. Bestimmen Sie für die folgenden Optimierungsprobleme (OP) mit Nebenbedingungen, ob es sich um ein lineares Optimierungsproblem (LOP) handelt oder nicht. Begründen Sie Ihre Antwort. Sollte es sich um ein LOP handeln, so stellen Sie das Problem grafisch dar und überführen Sie es in *Standardform*. Beantworten Sie zudem folgenden Frage: Ist das Problem lösbar und wenn ja, ist es eindeutig lösbar?

OP1 $\quad \frac{1}{3}x_1 + x_2 \to \max$

u. d. N. $\quad x_1, x_2 \geq 0$

$$x_2 \leq -\frac{2}{3}x_1 + 3$$

OP2 $\quad 2x_1x_2 + 3x_2 \to \min$

u. d. N. $\quad 3 \geq x_2 \geq 0$

$$3 \geq x_1 \geq 0$$

OP3 $\quad -2^3x_1 + 2x_2 \to \max$

u. d. N. $\quad x_1, x_2 \geq 0$

$$x_2 \geq -x_1 + 2$$
$$x_2 \leq x_1 + 2$$
$$x_2 \geq x_1 - 2$$
$$-4x_1 - x_2 \geq -12$$

3.2. Christian ist im Fitnessstudio und kann an zwei Geräten A und B trainieren. Die Übungen an Gerät A verbrennen 10 kCal pro Minute, jene an Gerät B ganze 12 kCal pro Minute. Da Christian als Student der Wirtschaftsinformatik sehr beschäftigt ist, möchte er die Zeit im Fitnessstudio effizient hinsichtlich Kalorienverbrauch nutzen und in seiner höchstens 30-minütigen Trainigszeit besonders viele Kalorien verbrennen. Allerdings kann er Gerät B höchstens 10 Minuten in Anspruch nehmen (das Gerät ist sehr begehrt).

(a) Formulieren Sie Christians Problem als *lineares Programm* und lösen Sie es graphisch. Skizzieren Sie hierzu den zulässigen Bereich. Gibt es eine eindeutige Lösung?

(b) Bringen Sie das lineare Programm in *Standardform*.

(c) Wir nehmen nun an, dass zusätzlich die Bedingungen $x_1, x_2 \in \mathbb{Z}$ gelten. Ist die ermittelte Lösung weiterhin optimal für das nun resultierende Problem?

3.3. Wir betrachten das folgende lineare Optimierungsproblem **LOP**

$$\textbf{LOP} \quad \frac{1}{2}x_1 + x_2 \to \max$$

$$\text{u. d. N.} \quad x_1 + x_2 \leq 4$$

$$x_1, x_2 \geq 1$$

(a) Stellen Sie das LOP grafisch dar. Was können Sie über den Lösungsraum aussagen?
(b) Überführen Sie das Problem in *Standardform*.
(c) Erstellen Sie die erweiterte Koeffizientenmatrix des aus der Standardform entstehenden linearen Gleichungssystems und bringen Sie es in Basisform (die ersten drei Spalten sollen in der Basis liegen). Lesen Sie die entstehende *spezielle Lösung* ab und berechnen Sie den Zielfunktionswert. Betrachten Sie Ihre Grafik aus Aufgabenteil a). Wo befindet sich die gefundene Lösung? Ist sie optimal?
(d) Stellen Sie die Basisvariablen in Abhängigkeit der Nicht-Basisvariablen dar und setzen Sie Ihr Ergebnis in die Zielfunktion ein, um diese in Abhängigkeit der Nicht-Basisvariablen darzustellen. Welche Schlüsse können Sie aus der allgemeinen Darstellung ziehen?
(e) Bestimmen Sie nun, welche Variable die Basis verlässt und welche hinzugenommen wird. Bestimmen Sie hierzu die Engpässe.
(f) Führen Sie den Basiswechsel durch und lesen Sie die neue Lösung ab. Ist diese optimal?

3.4. Gegeben ist das folgende lineare Optimierungsproblem

$$4x_1 - 3x_2 - 2x_3 \overset{!}{=} \min$$

mit einigen Nebenbedingungen

$$
\begin{aligned}
3x_1 \qquad\quad + 3x_3 &\leq 10 \\
x_2 - \quad x_3 &\leq 15 \\
3x_1 + 2x_2 \qquad\quad &= 21 \\
x_1, x_2, x_3 &\geq \;\; 0
\end{aligned}
$$

Lösen Sie das Problem mit der **Zweiphasenmethode** und beschreiben Sie knapp die von Ihnen durchgeführten Schritte und Umformungen.

3.5. Gegeben ist das folgende lineare Optimierungsproblem:

$$4x_1 + 2x_2 + 5x_3 + x_4 + 3x_5 + 5x_6 \overset{!}{=} \min$$

$$
\begin{aligned}
x_1 + 4x_2 + 4x_3 + \; x_4 \qquad\quad + 2x_6 &\geq 600 \\
x_1 \qquad\quad + \; x_3 + 4x_4 + 2x_5 + \; x_6 &\geq 400 \\
x_1, x_2, x_3, x_4, x_5, x_6 &\geq \quad 0
\end{aligned}
$$

Lösen Sie das Problem mit dem *dualen* Simplex-Algorithmus und geben Sie die Lösung vollständig an.

3.6. Zeigen Sie: Für alle primal zulässigen Punkte x mit $Ax = b, x \geq 0$ und alle zulässigen Punkte y mit $A^T y \geq c$ gilt

$$b^T y \geq c^T x.$$

Welche Bedeutung hat diese Aussage?

3.7. Sie möchten für den Bau einer Turingmaschine bunte Legosteine bestellen. Dazu haben Sie im Internet folgende Lieferanten, deren Lieferkapazitäten und die zugehörigen Lieferkosten ermittelt und (wie für OR-Studenten üblich) fein säuberlich in eine Tabelle eingetragen.

	Kosten für Bausteine				
Lieferant	Rot (r)	Grün (g)	Blau (b)	Gelb (y)	Gesamtmenge
Toys'R U (A)	5	4	3	7	50
Spielmarkt.de (B)	3	2	6	4	75
Bloxx.com (C)	2	4	4	3	45

Sie möchten für den geplanten Bau 80 rote, 60 grüne, 25 blaue und 35 gelbe Steine bestellen.

(a) Was fällt Ihnen auf, wenn Sie Liefer- und Lagerkapazität aus der gegebenen Auflistung vergleichen und was müssen Sie beim Aufstellen des Transporttableaus deshalb durchführen?

(b) Lösen Sie das Transportproblem. Starten Sie dabei mit der Nord-West-Eckenregel (NWR) und verfolgen Sie bei der Stepping Stone-Methode die Strategie, den größten δ-Wert für den Basiswechsel zu verwenden. Geben Sie schließlich das Ergebnis sinnvoll an.

3.8. Die Firma LieferMax hat vier Materialstandorte S_0 bis S_3 für Kleinteile zur Herstellung von Automobilen. Es sind 60 Teile bei S_0, 70 Teile bei S_1, 35 Teile bei S_2 und 55 Teile bei S_3 verfügbar.

Ein Automobilhersteller möchte seine vier Produktionsstätten mit entsprechenden Kleinteilen von LieferMax beliefern lassen. Bei Werk 1 werden 80 Teile, bei Werk 2 werden 60 Teile, bei Werk 3 werden 15 Teile und bei Werk 4 werden 65 Teile benötigt.

LieferMax hat festgestellt, dass Transportkosten von den Lagern zu dem Werken des Automobilherstellers entsprechend der folgenden Kostentabelle entstehen:

	W_1	W_2	W_3	W_4
S_0	6	3	2	1
S_1	5	4	3	7
S_2	3	4	2	4
S_3	5	2	3	6

Natürlich möchte LieferMax die Transportkosten zwischen den Standorten und Kundenlagern minimieren. Versuchen Sie mit Transporttableaus, eine optimale Lösung zu ermitteln. Bitte beachten Sie beim Lösungsansatz: Verwenden Sie die *Nordwestecken-Regel* zum Ermitteln einer Startlösung. Wenn zwei gleiche δ-Werte auftauchen, wählen Sie als nächstes jede Zelle mit größeren Kosten.

Literatur

1. Taha, H.A.: Operations Research: An Introduction, 9. Aufl. Pearson, New Jersey (2011)

Nichtlineare Optimierung 4

Zusammenfassung

Dieses Kapitel widmet sich nichtlinearen Problemstellungen, also jenen Optimierungsproblemen, die entweder in der Problemformulierung selbst oder den Randbedingungen nicht linear sind. Auf eine kurze Rekapitulation von Basiswissen aus der Analysis (Differenziation, Lagrange-Methode) folgt die Vorstellung diverser deterministischer, numerischer Lösungsmethoden und deren Illustration für ein- bzw. mehrdimensionale Suchräume. Dabei dienen die eindimensionalen Verfahren zur Annäherung an das Thema. Zugleich werden sie aber auch als Werkzeuge zur Integration in mehrdimensional arbeitende Verfahren (im Sinne der Hybridisierung) eingeführt. Das Kapitel schließt mit einem Vergleich von deterministischer und randomisierter Suche sowie einer Diskussion der Anwendungsszenarien für die unterschiedlichen Ansätze.

Betrachtet man reale Systeme, so lassen sich deren innere Zusammenhänge selten exakt mit linearen Modellen erklären. Lineare Modelle sind die einfachste Form, einen Zusammenhang zwischen Entscheidungsvariablen oder Parametern herzustellen. Sie haben zudem unbestreitbar den Vorteil, dass man sie sich einfach, fast intuitiv vorstellen kann. In manchen Anwendungsbereichen sind sie sogar ausreichend für eine gute Modellbildung und führen schnell zu einer Lösung (etwa durch die Anwendung des Simplex-Algorithmus).

Trotzdem hat die Betrachtung des in Abschn. 1.2.3 eingeführten einfachen Verschnittproblems bereits gezeigt, dass dieses nur sinnvoll über einen nicht-linearen Zusammenhang von Radius und Volumen modelliert werden kann. Dies folgt natürlich intuitiv aus den Berechnungsvorschriften für das Volumen und den Fläche eines Kreises.

Aber auch Kostenminimierungs- oder Effizienzmaximierungsprobleme müssen nicht, wie im vorherigen Kapitel stets angenommen, ausschließlich lineare Zusammenhänge

© Springer Fachmedien Wiesbaden GmbH, ein Teil von Springer Nature 2018   149
C. Grimme, J. Bossek, *Einführung in die Optimierung*,
https://doi.org/10.1007/978-3-658-21151-6_4

aufweisen. Insbesondere aus dem Bereich der Informatik wissen wir, dass der Output einer Projektgruppe, die ein Softwareprojekt bearbeitet, nicht notwendigerweise linear mit der Anzahl der mitarbeitenden Personen (also der Projektgruppengröße) wächst. Genauso führt eine Reduzierung der Ressourcen nicht automatisch zu linear davon abhängigen Einsparungen. Vielmehr kann eine zu große Entwicklergruppe einen erheblichen Management-Overhead erzeugen, der die Effizienz der Gruppe überproportional senkt. Eine Reduzierung von Ressourcen kann hingegen zu einer Überlastung der Projektgruppe und damit zu einer überproportionalen Behinderung der angenommenen Arbeitskraft führen.

Schließlich wissen wir bereits aus der Schule, dass die Modellierung realer physikalischer und technischer Systeme fast immer mit Nichtlinearität einhergeht. Wenn wir die Geschwindigkeit oder Beschleunigung einer Masse betrachten oder dynamische Systeme untersuchen, spielt immer Nichtlinearität bei der (auch hier oft idealisierten) Modellierung eine zentrale Rolle.

In diesem Kapitel betrachten wir einige analytische und einige numerische Methoden zur Lösung nichtlinearer Optimierungsprobleme.

4.1 Problemdefinition

Bevor wir mit der Betrachtung einzelner Lösungsansätze beginnen, wollen wir kurz nichtlineare Optimierungsprobleme definieren.

▶ **Definition 4.1 (Nichtlineares Optimierungsproblem)** Ein nichtlineares Optimierungsproblem ist gegeben durch

- n Entscheidungsvariablen $x_1, \ldots, x_n, x_i \in \mathbb{R}$ und $n \in \mathbb{N}$,
- eine nichtlineare Zielfunktion $f(x_1, \ldots, x_n) \overset{!}{=} opt$,
- (nicht)lineare Nebenbedingungen $g_i(x_1, \ldots, x_n) \leq b_i, \ i = 1, \ldots, m$,
- (nicht)lineare Nebenbedingungen $h_j(x_1, \ldots, x_n) = b_j, \ j = 1, \ldots, l$.

Im Gegensatz zur Definition der linearen Optimierungsprobleme bleiben wir hier etwas vage, was die Ausprägung der Funktionen (Zielfunktion und Nebenbedingungen) angeht. Dies liegt daran, dass nichtlineare Probleme vielfältige Ausprägungen annehmen können, selbst teilweise lineare. Wichtig ist festzuhalten, dass wir verschiedene Ausprägungen von nicht-linearen Problemen betrachten können, nämlich solche ohne Nebenbedingungen, Probleme mit Gleichheitsnebenbedingungen und Probleme mit Ungleichheitsnebenbedingungen (oder beides).

4.2 Analytische Lösungen

Wir betrachten nun zuerst (kurz) analytische Methoden zur Lösung von nicht-linearen Problemen ohne Nebenbedingungen, die bereits aus der Schule oder der Mathematikvorlesung bekannt sein dürften.[1] Anschließend betrachten wir weiterführende numerische Methoden zur Lösung von nicht-linearen Optimierungsproblemen, die im Kontext einer informatiknahen Veranstaltung aus unserer Sicht erheblich spannender sind.

4.2.1 Optimierung ohne Restriktionen

Bei der Untersuchung nicht-linearer Problemstellungen, für die eine analytische Form, also eine geschlossene mathematische Formulierung vorliegt, kann man anhand der Eigenschaften der Funktion auf Optima schließen. Unabhängig von der Anzahl der Variablen ist das Vorgehen im Grunde gleich:

▶ **Vorschrift 4.2 (Allgemeines Vorgehen zur Bestimmung von Optima)** Für eine gegebene Zielfunktion wird allgemein folgendermaßen vorgegangen:

1. Ermittle sogenannte kritische Stellen, also solche, die als Optimum in Frage kommen, und damit eine notwendige Bedingung erfüllen.
2. Überprüfe alle kritischen Stellen auf Optimalität. Dies wird als hinreichende Bedingung bezeichnet.

Eine kritische Stelle, die die notwendige und hinreichende Bedingung erfüllt, kann als lokal optimal angesehen werden. Erst ein Randwertvergleich, also ein Vergleich mit den Zielfunktionswerten am Rand des Definitionsbereichs (hier kommen ggf. auch $-\infty$ und ∞ in Betracht), kann globale Optimalität garantieren.

Für dieses allgemeine Vorgehen rufen wir uns im Folgenden zwei Ausprägungen in Erinnerung, die sich dann doch in der Anzahl der betrachteten Variablen unterscheiden.

4.2.1.1 Funktionen einer Veränderlichen

Die Betrachtung von Funktionen einer Variablen sind aus der Schule bekannt und werden dort als Kurvendiskussion bezeichnet. Das Vorgehen basiert auf den grundlegenden Aussagen der Differentialrechnung und lässt sich wie folgt in drei grobe Schritte unterteilen:

---

[1] Dies ist auch der Grund, warum wir Begriffe wie Ableitung, Gradient oder Hessematrix nicht mehr einführen, sondern als bekannt voraussetzen.

▶ **Vorschrift 4.3 (Kurvendiskussion)** Gegeben sei eine Funktion $f(x) \stackrel{!}{=} opt$ mit $x \in \mathbb{R}$ und f sei zweimal stetig differenzierbar.

1. Bilde die Ableitung $f'(x)$ der Funktion $f(x)$ und bestimme alle x, für die $f'(x) = 0$ gilt. Diese Belegungen sind kritische Stellen für ein Optimum (notwendige Bedingung).
2. Bilde die zweite Ableitung $f''(x)$ der Funktion $f(x)$ und bestimme $f''(x)$ für alle zuvor bestimmten kritischen Stellen (hinreichende Bedingung).

   - Gilt $f''(x) > 0$, so liegt an Stelle x ein lokales Minimum vor.
   - Gilt $f''(x) < 0$, so liegt an Stelle x ein lokales Maximum vor.
   - Gilt $f''(x) = 0$, untersuche die Umgebung des Punktes x auf ihr Krümmungsverhalten.

3. Wähle den lokal optimalen Punkt mit kleinstem/größten Zielwert und überprüfe anschließend am Rand des Definitionsbereiches, ob sich dort noch eine bessere Lösung findet.

Beispiel 4.4 (Fortsetzung Verschnittproblem)

In Abschn. 1.2.3 hatten wir den Materialverbrauch für die Herstellung einer Dose mit der Funktion

$$F(r) = 8r^2 + \frac{2}{r}$$

und ausschließlich abhängig vom Radius r des Dosendeckels beschrieben. Wir lösen das Problem nun durch eine einfache Kurvendiskussion. Wir schränken den Definitionsbereich auf $r > 0$ ein:

$$F'(r) = 16r - \frac{2}{r^2} = 0$$

$$\Leftrightarrow r = \sqrt[3]{\frac{1}{8}} = \frac{1}{2}$$

Der einzige kritische Punkt liegt bei $r = \frac{1}{2}$. Wir überprüfen diesen nun mit Hilfe der zweiten Ableitung auf Optimalität.

$$F''(r) = 16 + \frac{6}{r^3}$$

$$F''\left(\frac{1}{2}\right) = 64 > 0$$

Es liegt also ein lokal minimaler Punkt vor. Die Betrachtung $r \to 0$ und $r \to \infty$ zeigt für $F(r)$, dass die Funktion in beiden Fällen gegen unendlich strebt. Die ermittelte Lösung ist also im Definitionsbereich global minimal.

4.2.1.2 Funktionen mehrerer Veränderlicher

Bei Funktionen mit mehreren Veränderlichen gehen wir analog vor. Hier werden die Ableitungen durch den Gradienten und die Betrachtung der zweiten Ableitung durch die Betrachtung der Hesse-Matrix ersetzt. Die folgende Vorschrift stellt dies erneut in drei Schritten dar:

▶ **Vorschrift 4.5 (Mehrdimensionale analytische Optimierung)** Gegeben sei eine Funktion $f(x) \stackrel{!}{=} opt$ mit $x \in \mathbb{R}^n$, n sei die Dimension des Suchraumes und f sei darin zweimal stetig partiell differenzierbar.

1. Ermittle den Gradienten $\nabla f(x)$ der Funktion $f(x)$ und bestimme alle Belegungen von x, für die $\nabla f(x) = 0$ gilt. Diese Belegungen sind kritische Stellen für ein Optimum (notwendige Bedingung).
2. Ermittle die Hesse-Matrix $H(x)$ der Funktion $f(x)$ und bestimme die Definitheit dieser Matrix an den zuvor bestimmten kritischen Stellen (hinreichende Bedingung).

   * Ist die Hesse-Matrix positiv definit, so liegt an der betrachteten Stelle ein lokales Minimum vor.
   * Ist die Hesse-Matrix negativ definit, so liegt an der betrachteten Stelle ein lokales Maximum vor.
   * Ist die Hesse-Matrix indefinit, liegt kein lokales Optimum vor.

3. Wähle den lokal optimalen Punkt mit kleinstem/größten Zielwert und überprüfe anschließend am Rand des Definitionsbereiches, ob sich dort noch eine bessere Lösung findet.

Beispiel 4.6 (Optima im Mehrdimensionalen)
Wir betrachten die Funktion $f(x_1, x_2) = 5x_1^2 - 3x_1x_2 + 7x_2^2 - 3x_2$ zweier Veränderlicher $x_1, x_2 \in \mathbb{R}$ (siehe Abb. 4.1). Wir gehen nach dem oben besprochenen Schema vor.
Der Gradient der Funktion f wird bestimmt und gleich Null gesetzt.

$$\nabla f = \begin{pmatrix} \dfrac{\partial f}{\partial x_1} \\[2mm] \dfrac{\partial f}{\partial x_2} \end{pmatrix} = \begin{pmatrix} 10x_1 - 3x_2 \\[2mm] -3x_1 + 14x_2 - 3 \end{pmatrix} = 0$$

Nach Auflösen der Gleichungen ergibt sich die kritische Stelle mit $x_1 = \frac{9}{131}$ und $x_2 = \frac{30}{131}$. Für diese Stelle wird die Hesse-Matrix gebildet und auf Definitheit überprüft:

$$H(x_1, x_2) = \begin{bmatrix} 10 & -3 \\ -3 & 14 \end{bmatrix}$$

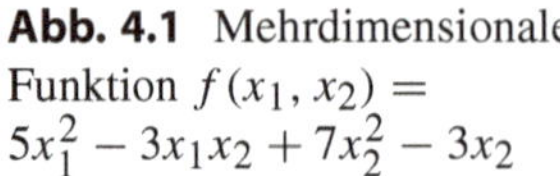

Abb. 4.1 Mehrdimensionale Funktion $f(x_1, x_2) = 5x_1^2 - 3x_1x_2 + 7x_2^2 - 3x_2$

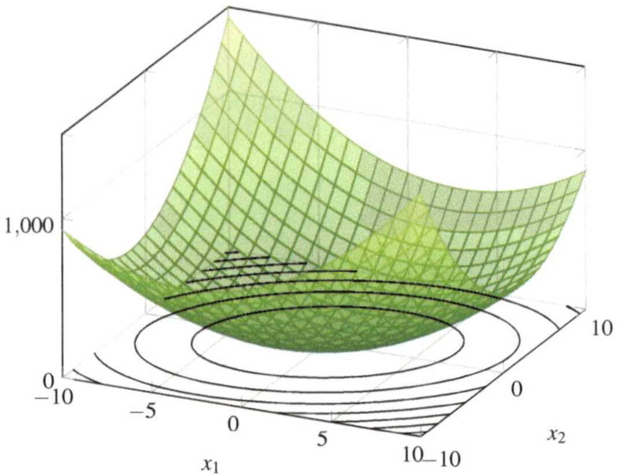

Mit dem Hauptunterdeterminanten-Kriterium ergibt sich $det(H_1) = 10 > 0$ und $det(H_2) = 131 > 0$. Damit ist die Matrix positiv definit und es liegt ein Minimum an der kritischen Stelle vor. Eine Randwertbetrachtung für den Definitionsbereich ergibt, dass dies das einzige, also globale Minimum ist.

Wir sollten anmerken, dass eine solche analytische Betrachtung von Optimierungsproblemen oftmals entweder einen großen manuellen Rechenaufwand mit sich bringt, oder die Nutzung von Software voraussetzt, die Probleme analytisch lösen kann. Bei größeren Problemen (als den gerade betrachteten quadratischen Problemen) müssen jedoch oft komplizierte Gleichungen gelöst werden, die auch analytische Software-Solver an ihre Grenze bringen. Zudem stellt das beschriebene Vorgehen vor allem eine Handlungsanweisung für die manuelle Rechnung zur Verfügung. Ein Algorithmus im klassischen Sinne ist dies nicht. Deshalb werden wir uns später numerische Verfahren ansehen, die auch für nicht stetig differenzierbare Funktionen und sogar unbekannte oder unvollständige Modelle gute Lösungen finden.

Zuvor betrachten wir aber der Vollständigkeit halber analytische Handlungsempfehlungen für nicht-lineare Probleme mit Restriktionen.

4.2.2 Optimierung mit Restriktionen

Wenn wir Definition 4.1 betrachten, können wir zwei Fälle von Nebenbedingungen unterscheiden. Zuerst betrachten wir Probleme mit ausschließlich Gleichheitsnebenbedingungen. Danach schauen wir, wie wir mit dem allgemeineren Fall, dem Fall mit Gleichheits- und Ungleichheitsnebenbedingungen umgehen. Bereits hier sei erwähnt, dass wir wieder eine mathematische Diskussion von Zusammenhängen in den einschlägigen und vorbereitenden Mathematik-Veranstaltungen voraussetzen. Wir betrachten hier die Methodik.

4.2.2.1 Probleme mit Gleichheitsnebenbedingungen

Im Folgenden betrachten wir Probleme der Form:

$$f(x) \overset{!}{=} opt, \text{ mit } x \in \mathbb{R}^n \text{ und}$$

$$h_i(x) = 0, \text{ für } i = 1, \dots, k \text{ (Gleichheitsnebenbedingungen)}.$$

Dies bedeutet, dass die Funktion f nur auf jenen Elementen des Entscheidungsraumes betrachtet wird, für die die gegebenen Nebenbedingungen $h_i(x)$ erfüllt sind.

Beispiel 4.7 (Problem mit Gleichheitsrestriktion)

Wir betrachten das Problem $f(x_1, x_2) = x_1^2 - 2x_2^2 \overset{!}{=} opt$ mit der Nebenbedingung $h(x_1, x_2) = x_1^2 + x_2 = 0$. In Abb. 4.2 wurde versucht, die Einschränkung des Entscheidungsraums für die Funktion f auf die die Funktion $h = 0$ erfüllenden Elemente im $\mathbb{R}^2$ darzustellen. Die rote Kurve repräsentiert diese Elemente im Entscheidungsraum, während die schwarze Kurve deren Ausprägung im Bildraum darstellt.

Wir suchen also bei der Optimierung einen optimalen Wert bezüglich f im durch die Nebenbedingungen $h_i = 0$ eingeschränkten Entscheidungsraum. Für die einfache Vorstellung betrachten wir ein zweidimensionales Problem mit einer Restriktion. Wir machen uns zunutze, dass an einem kritischen Punkt die Gradienten von f und h parallel sind und sich mit geeignetem Streckungsfaktor gegenseitig aufheben. Diesen Streckungsfaktor bezeichnen wir mit λ und nennen ihn *Lagrange-Multiplikator*.

Dass bei einem kritischen Punkt die Gradienten gerade parallel sind, lässt sich durch eine einfache Argumentation begründen: Wir können uns auf dem Weg zum Optimum auf f unter Nebenbedingung $h = 0$ nur über die dadurch gegebenen Elemente im Suchraum bewegen. Nur dort, wo die Kurve der Nebenbedingung die Höhenlinie von f berührt, können wir einen kritischen Punkt erwarten, da wir sonst auf der Kurve der Nebenbedingung weiterlaufen und einen bezüglich f besseren Wert erreichen könnten.

Abb. 4.2 Darstellung der Restriktion $x_1^2 + x_2 = 0$ auf der Zielfunktion $f(x_1, x_2) = x_1^2 - 2x_2^2$

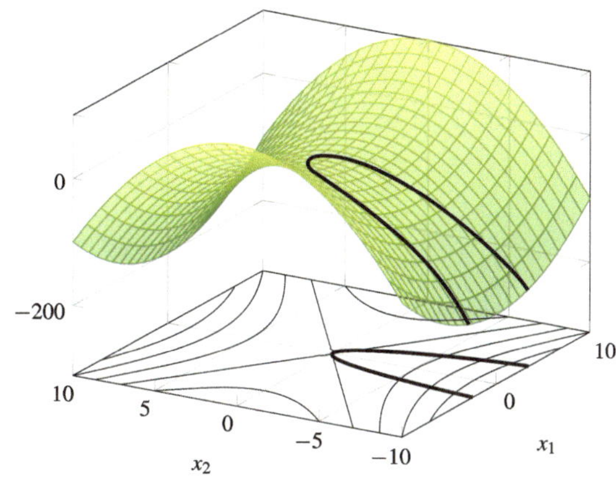

Allgemein (man kann das Argument einer Nebenbedingung auf mehrere Nebenbedingungen und deren gewichtete Linearkombination erweitern) geht man für das Erreichen einer notwendigen Bedingung für kritische Punkte folgendermaßen vor.

▶ **Vorschrift 4.8 (Lagrange-Methode, notwendige Bedingung)** Für eine gegeben Funktion $f(x)$, $x \in \mathbb{R}^n$ und k Nebenbedingungen h_i, $i = 1 \ldots, k$ gehe folgendermaßen vor:

1. Stelle die sogenannte *Lagrange-Funktion*

$$\mathscr{L}(x, \lambda) = f(x) + \sum_{i=1}^{k} \lambda_i h_i(x) = 0, \text{ mit } \lambda \in \mathbb{R}^k$$

auf.

2. Ermittle den Gradienten $\nabla \mathscr{L}(x, \lambda)$ und setze diesen gleich Null für die Bestimmung der kritischen Stelle. Dies führt zu dem Gleichungssystem:

$$\nabla f(x) + \sum_{i=1}^{k} \lambda_i \nabla h_i(x) = 0$$

$$h_1(x) = 0$$

$$\vdots$$

$$h_k(x) = 0$$

Löse das Gleichungssystem.

Diese Vorgehen liefert als Lösung(en) des entstehenden Gleichungssystems in Schritt (2) die kritischen Punkte. Um abschließend sicher zu sein, ob die kritischen Punkte tatsächlich optimal sind, muss jeder kritische Punkt weiter untersucht werden.[2] Eine Ausnahme bilden konvexe (konkave) Funktionen, bei denen die notwendige Bedingung zugleich hinreichend ist.

Beispiel 4.9 (Lagrange-Methode)

Wir betrachten noch einmal das Problem aus Abb. 4.2.

$$f(x_1, x_2) = x_1^2 - 2x_2^2 \stackrel{!}{=} opt$$

$$h(x_1, x_2) = x_1^2 + x_2 = 0$$

---

[2]Hier könnte die geränderte Hessematrix oder einfach eine graphische Darstellung betrachtet werden.

Die Lagrange-Funktion dazu lautet

$$\mathscr{L}(x_1, x_2, \lambda) = x_1^2 - 2x_2^2 + \lambda(x_1^2 + x_2).$$

Aus $\nabla\mathscr{L}(x_1, x_2, \lambda) = 0$ ergibt sich das Gleichungssystem

$$2x_1 + 2\lambda x_1 = 0$$

$$-4x_2 + \lambda = 0$$

$$x_1^2 + x_2 = 0$$

Daraus ergeben sich drei kritische Punkte: $\left(\frac{1}{2}, -\frac{1}{4}\right)$, $\left(-\frac{1}{2}, -\frac{1}{4}\right)$ mit $\lambda = -1$ und $(0, 0)$ mit $\lambda = 0$. Die Funktionswerte sind $f\left(\frac{1}{2}, -\frac{1}{4}\right) = \frac{1}{8}$, $f\left(-\frac{1}{2}, -\frac{1}{4}\right) = \frac{1}{8}$ und $f(0, 0) = 0$. Bei der Randbetrachtung fällt auf, dass die beschränkte Funktion für $x_2 \to -\infty$ gegen $-\infty$ läuft. Somit ist $(0, 0)$ ein lokales Minimum. Die anderen beiden kritischen Stellen sind globale Maxima unter den Beschränkungen.

4.2.2.2 Probleme mit Ungleichheitsnebenbedingungen

Betrachten wir allgemeiner eine Problemstellung

$$f(x) \overset{!}{=} opt, \text{ mit } x \in \mathbb{R}^n$$

$$g_i(x) \leq 0, \text{ für } i = 1\ldots, m \text{ Ungleichheitsnebenbedingungen und}$$

$$h_j(x) = 0, \text{ für } j = 1, \ldots, k \text{ Gleichheitsnebenbedingungen.}$$

Wir haben nun Ungleichheitsnebenbedingungen, für die wir zwei Fälle unterscheiden müssen. Wir müssen überprüfen, ob eine Bedingung ausgeschöpft wird, oder nicht. Wird sie ausgeschöpft, stoßen wir also auf dem Weg zum kritischen Punkt an die obere Grenze, so bezeichnen wir die Bedingung als *aktiv*. Erreichen wir den kritischen Punkt im Rahmen der Randbedingung, so bezeichnen wir die Bedingung als *inaktiv*. Reduziert auf die ausschließliche Betrachtung von Ungleichheitsnebenbedingungen (tatsächlich nur eine einzige) und zwei Variablen kann dies mit Abb. 4.3 dargestellt werden.

Für die intuitive Herleitung einer Vorgehensweise für solche Probleme betrachten wir für einen Moment nur Probleme mit Ungleichheitsnebenbedingungen.[3] Wir können anhand von Abb. 4.3 zwei Fälle feststellen:

1. Wenn die Nebenbedingung inaktiv ist, können wir zuerst versuchen, den kritischen Punkt unabhängig von der Nebenbedingung zu bestimmen und danach überprüfen, ob der kritische Punkt die Nebenbedingung erfüllt.

---

[3]Für Gleichheitsnebenbedingungen haben wir ja vorher das Lagrange-Verfahren betrachtet.

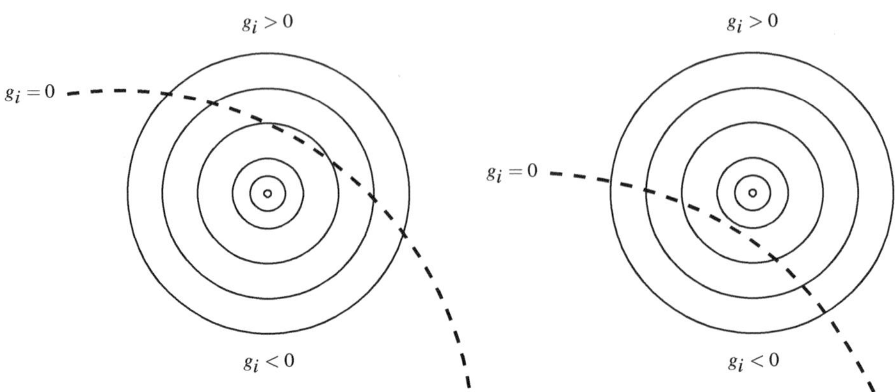

Abb. 4.3 Darstellung inaktiver (links) und aktiver Nebenbedingungen (rechts). Auf dem Weg zum Optimum werden bei inaktiven Nebenbedingungen diese nicht ausgeschöpft. Bei aktiven Nebenbedingungen endet der Weg zum Optimum an der oberen Grenze der Nebenbedingung

2. Wenn die Nebenbedingung aktiv ist, so liegt uns schließlich der Fall der Gleichheitsnebenbedingung vor, wenn wir uns dem (lokalen) Optimum bis an die erlaubte Grenze heran nähern.

Wir können also für ein lokales Optimum in dieser Situation formulieren:

Satz 4.10. Seien $f, g : \mathbb{R}^2 \to \mathbb{R}$ zwei differenzierbare Funktionen und sei $(x, y) \in \mathbb{R}^2$ ein lokales Optimum von f unter der Nebenbedingung $g(x, y) \leq 0$ mit $\nabla g(x, y) \neq 0$. Dann gibt es ein $\mu \geq 0$, so dass

$$\nabla f(x, y) + \mu \nabla g(x, y) = 0$$

und $\mu g(x, y) = 0$.

Entweder beschreibt (x, y) also einen (lokal) optimalen Punkt, dann verschwindet der Gradient von f und wir können die Nebenbedingung mit $\mu = 0$ unbeachtet lassen (sie ist inaktiv). Oder die Nebenbedingung ist ausgeschöpft und damit aktiv, also $g(x, y) = 0$; in diesem Falle heben sich der Gradient von f und der Gradient von g bis auf Streckung durch $\mu > 0$ gegenseitig auf. Dies ist die Situation der Gleichheitsnebenbedingung.

Diese Betrachtung können wir grundsätzlich für jede gegebene Randbedingung durchführen. Wir müssen also feststellen, ob eine Randbedingung aktiv oder inaktiv ist. Da wir von Anfang an nicht wissen, welche Randbedingung eine wichtige Rolle spielt und welche nicht, müssen wir im Zweifel alle möglichen Kombinationen von aktiven (also ausgeschöpften) Randbedingungen ($\mu > 0$) und inaktiven Randbedingungen ($\mu = 0$) durchprobieren. Wir können etwas abstrakt das folgende Vorgehen befolgen:

▶ **Vorschrift 4.11 (Lokale Optima unter Ungleichheitsnebenbedingungen)** Lege für alle m Ungleichheitsnebenbedingungen in jeder Permutation fest, welche Nebenbedingungen aktiv und welche inaktiv sind. Für all diese Permutationen gehe folgendermaßen vor:

- Setze die Lagrange-Multiplikatoren der inaktiven Nebenbedingungen gleich Null.
- Ermittle mit der Lagrange-Methode kritische Punkte unter den aktiven Nebenbedingungen.
- Überprüfe, ob die zuvor ermittelten kritischen Punkte die inaktiven Nebenbedingungen erfüllen.

Alle zulässigen kritischen Punkte aller überprüfter Permutationen von festgelegten aktiven und inaktiven Nebenbedingungen werden gesammelt und die Funktionswerte später verglichen.

Dieses Vorgehen kann ohne Veränderung für die zusätzliche Berücksichtigung von Gleichheitsnebenbedingungen übernommen werden, da diese ebenfalls im zweiten Schritt des beschriebenen Vorgehens berücksichtigt werden können. Somit ergibt sich für einen kritischen Punkt allgemein die folgende notwendige Bedingung:

Satz 4.12 (Kuhn-Tucker-Bedingung). Seien $f, g_1 \ldots, g_m, h_1, \ldots, h_k : \mathbb{R}^n \to \mathbb{R}$ differenzierbar und $x^* = (x_1^*, \ldots x_n^*)^T \in \mathbb{R}^n$ ein lokales Optimum von f unter den Nebenbedingungen $g_1(x^*) \leq 0, \ldots, g_m(x^*) \leq 0$ und $h_1(x^*) = 0, \ldots, h_k(x^*) = 0$. Zudem seien die Gradienten der Nebenbedingungen linear unabhängig. Dann gibt es $\mu_1, \ldots, \mu_m \geq 0$ und $\lambda_1, \ldots, \lambda_k \in \mathbb{R}$, so dass

$$\nabla f(x^*) + \sum_{i=1}^{m} \mu_i \nabla g(x^*) + \sum_{j=1}^{k} \lambda_j \nabla h(x^*) = 0$$

und

$$\sum_{i=1}^{m} \mu_i g(x^*) = 0.$$

Die Frage, die bei der Betrachtung der Lagrange-Methode und der erweiterten Variante basierend auf der Kuhn-Tucker-Bedingung aufkommt, ist die nach der Anwendung dieser Verfahren. Sicherlich sind dies mathematisch interessante Überlegungen, eine Übertragung auf komplexe Problemstellungen oder gar in den Computer erscheint jedoch schwierig. Erstens sind nicht jederzeit die Ableitungen einer gegebenen Funktion zu ermitteln. Andererseits ist die Übertragung analytischer Methoden auf den Computer sehr aufwendig; zumal, wenn wir wie eben beschrieben alle Nebenbedingungen auch noch erschöpfend in aktiver und inaktiver Form untersuchen müssen. Wir betrachten daher im Folgenden einige numerische Methoden, die jedoch oft auf analytische Zusammenhänge zurückgreifen, oder darauf basieren.

4.3   Deterministische numerische Verfahren

Numerische Verfahren sind motiviert durch die Lösung kontinuierlicher Problemstellungen mit Hilfe eines Computers. Man unterscheidet gewöhnlicherweise zwischen

- *exakten numerischen Verfahren*, die in der Lage sind, kontinuierliche Problemstellungen in endlicher Zeit mit unendlicher Genauigkeit zu lösen (z. B. Gauß-Algorithmus oder Simplex-Verfahren) und
- *approximativen numerischen Verfahren*, die eine Problemstellung näherungsweise lösen und nur bei unendlichem Zeiteinsatz auch unendliche Genauigkeit erreichen können.

Im Folgenden wollen wir einige Methoden der zweiten Art betrachten. Zugleich beschränken wir uns hier erst einmal auf deterministische Methoden. Diese integrieren kein zufälliges Element und gelangen vom gleichen Anfangszustand immer zu derselben Lösung.[4]

4.3.1   Vorbereitung

In den folgenden Abschnitten werden wir einige generelle numerische Methoden betrachten, um nicht-lineare Problemstellungen (meist) approximativ, aber mit beliebiger Genauigkeit zu lösen. Bevor wir aber in die einzelne Betrachtung einsteigen, sollen einige Begriffe und Ideen vorbereitet werden. Wir betrachten nacheinander Problemstellungen einer und später mehrerer Veränderlicher. Erstere bezeichnen wir als eindimensionale Probleme, jene mit mehreren Veränderlichen als mehrdimensionale Probleme. Dabei beschreibt die Anzahl der Veränderlichen die Dimension des Suchraums.

Analog zu unserem Vorgehen, nämlich der Suche nach (annähernd) optimalen Lösungen, bezeichnen wir unsere Verfahren auch als *Suchverfahren*. Bevor wir aber mit der

---

[4]Einige der Beschreibungen von Verfahren folgen eng der Darstellung bei [1].

Suche nach einem Optimum (meist ein Minimum, aber wir wissen ja, dass das prinzipiell egal ist) im Suchraum beginnen, müssen wir noch einige Unterscheidungen einführen.

Approximative numerische Sucherfahren können grob in zwei Klassen eingeteilt werden, nämlich *simultane Methoden* und *sequentielle Methoden*. Wir betrachten hier kurz einen einfachen Vertreter der simultanen Methoden, bevor wir später meist sequentielle Verfahren anschauen.

4.3.1.1 Simultane Suche

Eine der einfachsten Methoden, simultan im Suchraum nach Optima zu suchen, ist eine Gittersuche. Dabei werden gleichzeitig und unabhängig voneinander mehrere Punkte im Suchraum bezüglich ihres Zielfunktionswertes untersucht. Der beste – bei der Minimierung der kleinste – Wert wird dann als gefundenes Optimum (Minimum) deklariert. Der Name der Gittersuche ergibt sich aus der gleichmäßigen Verteilung der „Testpunkte" über den Suchraum auf einem (Hyper-)Gitter.

Betrachten wir diese Strategie bezüglich einer einzigen Variable, so werden im Intervall $[a, b]$ genau N Punkte gleichmäßig verteilt. Diese gleichmäßige Verteilung der untersuchten Punkte ist das beste Vorgehen für solch eine Suchstrategie.

Ganz offensichtlich liefert dieses Verfahren nur in äußersten Glücksfällen das exakte Optimum, nämlich genau dann, wenn wir das Optimum durch die Platzierung eines Suchpunktes exakt treffen. Wir wollen nun für das Verfahren die mit der Wahl von N (der Anzahl der Suchpunkte) einhergehenden Unsicherheit oder anders herum die Genauigkeit bestimmen.

Die Länge des Unsicherheitsbereichs eines Suchpunktes ergibt sich als

$$\ell_N = \frac{2}{N + 1}(b - a).$$

Die N Suchpunkte unterteilen das Intervall $[a, b]$ in $N + 1$ Teilintervalle. Von jedem der N Punkte aus betrachtet könnte das Optimum im Teilintervall rechts oder links liegen. Deren gemeinsame Länge beschreiben die Ungenauigkeitslänge jedes Suchpunktes, siehe Abb. 4.4.

Aus der Unsicherheit können wir nun für eine angestrebte Länge $\ell_N = \varepsilon$ auf eine benötigte Anzahl von Suchpunkten schließen:

$$N + 1 = \frac{2(b - a)}{\varepsilon}$$

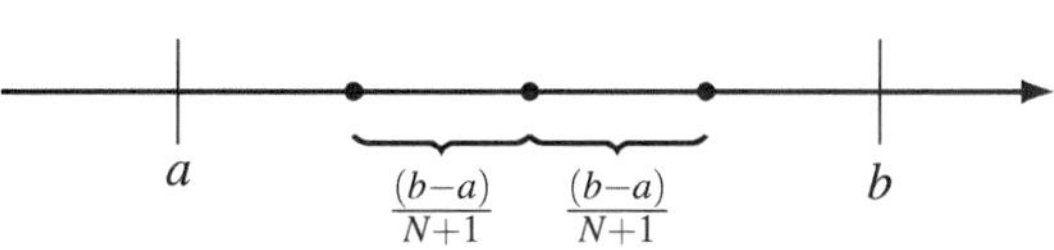

Abb. 4.4 Darstellung der Unsicherheit aus der Perspektive eines Suchpunktes bei simultanen Methoden

Da jedoch das Ergebnis in obiger Rechnung für gegebene ε nicht zwangsläufig ganzzahlig ist, ergibt sich, dass für eine angestrebte maximale Ungenauigkeit $< \varepsilon$ (d. h., wir nähern uns bis mindestens ε an das Optimum an) bei der Bestimmung des Optimums

$$\frac{2(b-a)}{\varepsilon} - 1 < N \leq \frac{2(b-a)}{\varepsilon}$$

Punkte gewählt werden müssen.

Beispiel 4.13 (Simultane Suche)

Für eine simultane Suche auf einem Intervall $[0, 1]$ soll nebenläufig gesucht werden und eine maximale Ungenauigkeit von $\varepsilon = 0{,}01$ akzeptiert werden. Um sicherzustellen, dass diese Qualität eingehalten wird, sind mindestens

$$N > \frac{2}{\varepsilon} - 1 = 199,$$

also 200 Suchpunkte notwendig.

Insgesamt können wir festhalten, dass eine Suche dieser Art, abhängig von der gewünschten minimalen Genauigkeit, eine große Anzahl an Auswertungen im Suchraum benötigt. Diese Anzahl steigt stark mit der Anzahl der betrachteten Dimensionen an (Fluch der Dimensionen). Ein Vorteil dieser Methode ist einerseits ihre Einfachheit und zum anderen ihre nebenläufige Realisierbarkeit. Alle Funktionsauswertungen sind hier parallel durchführbar und vollständig unabhängig voneinander. Bei ausreichender Rechenkapazität kann so schnell ein Optimum approximiert werden.

4.3.1.2 Auffinden eines guten Suchgebietes (Boxing-in)

Bei dem vorherigen simultanen Verfahren und bei folgenden Verfahren arbeiten wir oft in einem Intervall $[a, b]$, in dem wir Optima vermuten. Wie gehen wir aber vor, wenn kein solches Intervall vorgegeben ist? Wo starten wir dann unsere Suche? Wir können in diesem Fall einen Startpunkt $x_{(0)}$ wählen und für das Einschachteln (Boxing-in) eines Minimums folgendes Vorgehen wählen:

▶ **Vorschrift 4.14 (Boxing-in)** Sei $f(x)$ ein gegebene Funktion mit einem Parameter.

1. Wähle einen Startpunkt $x_{(0)}$ und eine feste Schrittweite s. Bestimme $x_{(1)} = x_{(0)} + s$.
2. Wenn $f(x_{(1)}) < f(x_{(0)})$, dann fahre allgemein fort mit

$$x_{(k+1)} = x_{(k)} + s,$$

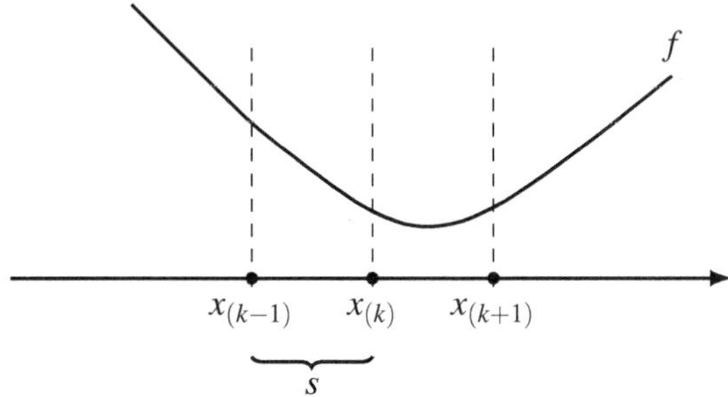
Abb. 4.5 Schematische Darstellung des Boxing-in eines Minimums

bis gilt

$$f(x_{(k+1)}) > f(x_{(k)}).$$

3. Das Intervall ergibt sich als $[a, b]$ mit $a = x_{(k-1)}$ und $b = x_{(k+1)}$.

Ist die Bedingung in Schritt (2) nicht erfüllt, so wird die Iteration in entgegengesetzter Richtung durchgeführt:

$$x_{(k+1)} = x_{(k)} - s.$$

Die überprüfte Bedingung ist analog zum obigen Vorgehen. Abb. 4.5 stellt den letzten Schritt des Verfahrens dar.

Beispiel 4.15 (Boxing-in)

Für die Funktion $f(x) = x^2$ wird der Startpunkt $x_{(0)} = -4$ gewählt. Es gilt $f(x_{(0)}) = 16$. Es ergibt sich bei einer Schrittweite von $s = 1\frac{1}{2}$ die folgende Entwicklung:

k	$x_{(k)}$	$f(x_{(k)})$
0	-4	16
1	-2.5	6.25
2	-1	1
3	0.5	0.25
4	2	4

Ein lokales Minimum der Funktion f muss also zwischen $x_{(2)}$ und $x_{(4)}$ liegen.

Das Verfahren bestimmt ein Intervall um (mindestens) ein lokales Optimum mit einer Ungenauigkeit von $2s$. Insgesamt ist jedoch zu beachten, dass dieses Verfahren abhängig vom gewählten Startpunkt und der festgelegten Schrittweite sehr lange laufen kann. Tatsächlich kann es sogar unendlich laufen, wenn die Funktion ab einer bestimmten Stelle konstant verläuft. Für solch einen Fall ist eine obere Schranke für die durchzuführenden Suchschritte anzugeben.

Anstatt der konstanten Schrittweite kann diese bei jedem erfolgreichen Schritt verdoppelt werden. Das bedeutet, die Iterationsformel

$$x_{(k+1)} = x_{(0)} + 2^k s$$

wird angewendet, bis $f(x_{(k+1)}) > f(x_{(k)})$ festgestellt wird. Die obere Grenze ist dann $b = x_{(k+1)}$. Danach wird von b startend die Iteration in die entgegengesetzte Richtung durchgeführt, um die untere Schranke a zu bestimmen. Dieses Vorgehen ist erheblich schneller zur Bestimmung eines Suchintervalls, gleichzeitig jedoch auch ungenauer.

Mit den vorherigen Diskussionen haben wir nun die Voraussetzung für eine Beschäftigung mit verschiedenen Optimierungsstrategien gelegt.

4.3.2 Eindimensionale Strategien

Die Betrachtung eindimensionaler Strategien ergibt aus zwei unterschiedlichen Gründen sehr viel Sinn. Erstens sind einige Sachverhalte und Überlegungen in einer Dimension leichter darzustellen und zu verstehen. Andererseits benötigen die später betrachteten höherdimensionalen Optimierungsverfahren nicht selten eine eindimensionale Strategie als lokale Optimierungsmethode, um in einer Dimension einen Fortschritt in Richtung Optimum zu erreichen. Die Kenntnis solcher eindimensionaler Strategien und ihrer Eigenschaften sowie ihrer Anwendbarkeit sind also unabdingbare Voraussetzung für die Realisierung komplexerer Optimierungsmethoden.

Wir betrachten daher im Folgenden fünf unterschiedliche Ansätze, ein lokales Optimum in einem gegebenen Intervall (zu dessen Ermittlung können wir etwa auf die Boxing-in-Methode von oben zurückgreifen) zu bestimmen. Drei der Methoden bestehen aus Verfeinerungen der Intervallschachtelung, also der schrittweisen und wiederholten Teilung des Intervalls in interessante und nicht berücksichtigte Teilintervalle. Die anderen Methoden setzen auf eine Kenntnis der Steigung in betrachteten Punkten und wenden auf unterschiedlich komplexen Interpolationen allgemein Prinzipien des Satzes von Bolzano[5] an.

---

[5]Jede beschränkte Folge reeller Zahlen besitzt einen Häufungspunkt.

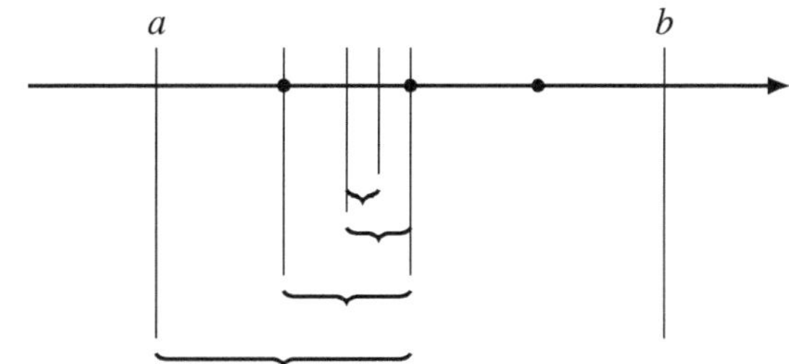

Abb. 4.6 Schematische Darstellung der Intervallschachtelung

4.3.2.1 Intervallschachtelung und dichotome Suche

Die Intervallschachtelung motiviert sich direkt aus der simultanen Suchstrategie, führt diese aber iterativ weiter. Dabei wird die Methode der äquidistanten Unterteilung wiederholt angewandt. In das Teilintervall, das den bisher besten Testpunkt des Gesamtintervalls enthält, werden erneut N gleichmäßig verteilte Testpunkte gelegt und das Vorgehen wiederholt, bis eine vorher festgelegte Ungenauigkeit von ε unterschritten wird, siehe Abb. 4.6.

Dieses Verfahren schreitet exponentiell voran. Die Ungenauigkeit nimmt deshalb exponentiell ab. Wählen wir jeweils drei gleich verteilte Testpunkte im Intervall, so ergibt sich für die Ungenauigkeitslänge folgende Entwicklung:

$$\ell_1 = (b - a)$$

$$\ell_2 = \frac{2}{3+1}(b - a) = \frac{1}{2}(b - a)$$

$$\ell_3 = \frac{1}{2}\left(\frac{1}{2}(b - a)\right)$$

$$\ell_4 = \frac{1}{2}\left(\frac{1}{2}\left(\frac{1}{2}(b - a)\right)\right)$$

$$\vdots$$

$$\ell_N = \frac{1}{2^{N-1}}(b - a) = \varepsilon > 0$$

Daraus folgt:

$$2^{N-1} = \left(\frac{b-a}{\varepsilon}\right) \Leftrightarrow N - 1 = \log_2\left(\frac{b-a}{\varepsilon}\right)$$

So erhalten wir für die Anzahl der (ganzzahligen) benötigten Versuche:

$$1 + \log_2\left(\frac{b-a}{\varepsilon}\right) < N$$

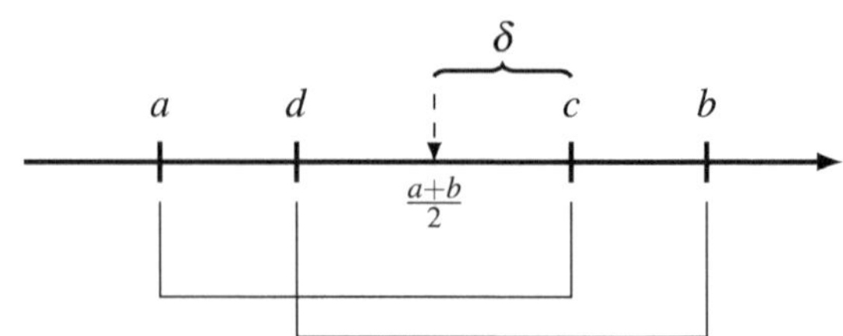

Abb. 4.7 Schematische Darstellung der dichotomen Suche

Bis auf im ersten Schritt benötigen wir nur zwei neue Auswertungen von Testpunkten. Den dritten, mittleren Testpunkt im neuen Intervall übernehmen wir stets aus dem vorherigen Schritt.

Einen alternativen Ansatz zur Intervallschachtelung mit drei Testpunkten bietet die sogenannte *dichotome Suche oder Gabelsuche*, die mit zwei Testpunkten arbeitet. In einem Intervall $[a, b]$ werden zwei neue Testpunkte c und d so gebildet, dass zwei überlappende Teilintervalle $[a, c]$ und $[d, b]$ entstehen:

$$c = \frac{a + b}{2} + \delta$$

$$d = \frac{a + b}{2} - \delta$$

Abb. 4.7 zeigt die Bildung der Teilintervalle schematisch. Für Minimierungsprobleme wird dann das neue, kleinere Suchintervall aufgrund folgender Vorschrift bestimmt:

$f(d) > f(c) :$ Das nächste betrachtete Intervall ist $[d, b]$.
$f(d) \leq f(c) :$ Das nächste betrachtete Intervall ist $[a, c]$.

Die dichotome Suche verhält sich im Grenzfall $\delta \to 0$ bezüglich der Anzahl der nötigen Schritte für die Sicherstellung einer gegebenen maximalen Ungenauigkeit ε analog zur Intervallschachtelung mit drei gleich verteilten Testpunkten. Der einzige Unterschied liegt im ersten Schritt, in dem hier nur zwei Testpunkte evaluiert werden müssen. In allen folgenden Schritten müssen wie im obigen Falle zwei neue Testpunkte ausgewertet werden.

4.3.2.2 Fibonacci-Suche

Angelehnt an die dichotomen Suche verfügt die sogenannte Fibonacci-Suche ebenfalls über überlappende Teilintervalle. Hier wird der Term δ der dichotomen Suche so geschickt gewählt, dass pro Iteration (ausgenommen ist der erste Schritt) nur eine neue Auswertung eines Testpunktes notwendig ist.

Es wird jedoch nicht δ direkt geschickt bestimmt, sondern basierend auf der sogenannten Fibonacci-Folge in Iteration k eine Schrittweite s_k bestimmt, um von den jeweiligen Intervallgrenzen a_k und b_k aus neue Testpunkte zu erzeugen. Für eine schematische Darstellung siehe Abb. 4.8.

Abb. 4.8 Schematische Darstellung der Fibonacci-Suche

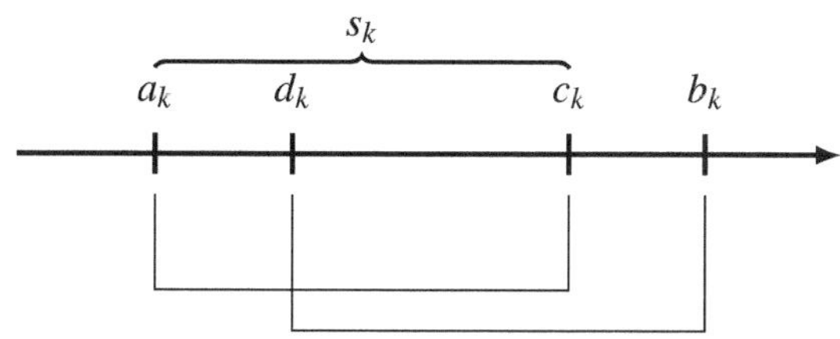

Die Fibonacci-Folge besteht aus Folgengliedern, die sich ausgehend von der initialen Festlegung

$$f_0 = f_1 = 1$$

als Addition der beiden direkten Vorgängerglieder ergeben:

$$f_k = f_{k-1} + f_{k-2}.$$

So entsteht die bekannte Folge:

$$1, 1, 2, 3, 5, 8, 13, 21, 34, 55, 89, \ldots$$

Voraussetzung für den Algorithmus ist, dass zuvor festgelegt wird, wie viele Schritte N durchgeführt werden. Danach werden N Fibonacci-Zahlen ermittelt und abgelegt. Die Bildungsregel für die neuen Testpunkte c_k und d_k aus a_k und b_k mit Schrittweite s_k in Iteration k lautet:

$$s_k = \frac{f_{N-(k+1)}}{f_{N-k}} (b_k - a_k)$$

$$c_k = a_k + s_k$$

$$d_k = b_k - s_k$$

Für die Auswahl des als nächstes betrachteten kleineren Teilintervalls wird (für Minimierungsprobleme) unterschieden:

$f(d_k) > f(c_k)$:

$$a_{k+1} = d_k$$

$$b_{k+1} = b_k$$

$f(d_k) \leq f(c_k)$:

$$a_{k+1} = a_k$$

$$b_{k+1} = c_k$$

Wie bereits oben erwähnt, besitzt die Fibonacci-Suche die schöne Eigenschaft, dass einer der bereits verwendeten Testpunkte in die nächste Iteration übernommen werden kann:

$$f(d_k) > f(c_k) :$$

$$d_{k+1} = c_k$$

$$f(d_k) \leq f(c_k) :$$

$$c_{k+1} = d_k$$

Wir wollen diesen Zusammenhang für den zweiten Fall $f(d_k) \leq f(c_k)$ nachweisen; der andere Fall ist analog: Mit $s_k = \frac{f_{N-(k+1)}}{f_{N-k}}(b_k - a_k)$ entstehen

$$c_k = a_k + s_k = a_k + \frac{f_{N-(k+1)}}{f_{N-k}}(b_k - a_k) = \left(1 - \frac{f_{N-(k+1)}}{f_{N-k}}\right) a_k + \frac{f_{N-(k+1)}}{f_{N-k}} b_k$$

und

$$d_k = b_k - s_k = b_k - \frac{f_{N-(k+1)}}{f_{N-k}}(b_k - a_k) = \left(1 - \frac{f_{N-(k+1)}}{f_{N-k}}\right) b_k + \frac{f_{N-(k+1)}}{f_{N-k}} a_k$$

Entsprechend des zweiten Falls wählen wir nun das neue Intervall $[a_k, c_k]$. Damit bleibt zu zeigen, dass $c_{k+1} = d_k$ gilt. Das neue Intervall ergibt sich als:

$$[a_{k+1}, b_{k+1}] = [a_k, c_k] = [a_k, a_k + \frac{f_{N-(k+1)}}{f_{N-k}}(b_k - a_k)]$$

Strikt nach dem Bildungsgesetz aus Grenze und Schrittweite ergibt sich:

$$c_{k+1} = a_k + \frac{f_{N-(k+2)}}{f_{N-(k+1)}} \left(a_k + \frac{f_{N-(k+1)}}{f_{N-k}}(b_k - a_k) - a_k\right)$$

$$= a_k + \frac{f_{N-(k+2)}}{f_{N-(k+1)}} \left(\frac{f_{N-(k+1)}}{f_{N-k}}(b_k - a_k)\right)$$

$$= a_k + \frac{f_{N-(k+2)}}{f_{N-k}}(b_k - a_k)$$

Wegen $f_{N-k} - f_{N-(k+1)} = f_{N-(k+2)}$ ergibt sich

$$\frac{f_{N-(k+2)}}{f_{N-k}} = \frac{f_{N-k} - f_{N-(k+1)}}{f_{N-k}} = 1 - \frac{f_{N-(k+1)}}{f_{N-k}}$$

und substituiert in c_{k+1}:

$$c_{k+1} = a_k + \left(1 - \frac{f_{N-(k+1)}}{f_{N-k}}\right)(b_k - a_k)$$

$$= a_k + \left(1 - \frac{f_{N-(k+1)}}{f_{N-k}}\right)b_k - \left(1 - \frac{f_{N-(k+1)}}{f_{N-k}}\right)a_k$$

$$= \left(1 - \frac{f_{N-(k+1)}}{f_{N-k}}\right)b_k + \frac{f_{N-(k+1)}}{f_{N-k}}a_k$$

$$= d_k$$

$\square$

Trotz dieser Eigenschaft, einen bereits untersuchten Testpunkt weiterverwenden zu können muss bei dem Verfahren von Beginn an die Anzahl der Iterationen festgelegt und zudem alle benötigten Folgenglieder der Fibonacci-Folge erzeugt werden.

Um dieses Problem zu beheben, nutzt man daher oft die Regel des „Goldenen Schnittes". Dieses Verfahren basiert auf der Beobachtung (die man natürlich auch zeigen kann), dass der Quotient zweier Glieder der Fibonacci-Folge für große N konvergiert. Es gilt nämlich:

$$\lim_{N \to \infty} \frac{f_{N+1}}{f_N} =: q = \frac{1 + \sqrt{5}}{2} = 1{,}6180\ldots$$

Mit Hilfe dieses Zusammenhangs wird nun im Gegensatz zur Fibonacci-Suche nicht mehr das Verhältnis zweier aufeinander folgender Fibonacci-Zahlen, sondern direkt das Verhältnis $s_k = s = \frac{1}{q} = 0{,}6180$ als Schrittweite genutzt.

Damit ergibt sich für die Ungenauigkeitslänge nach N Schritten

$$\ell_N = s^{N-1}(b_0 - a_0)$$

und für eine zu erreichende Genauigkeit von ε sind dann

$$N \geq \log_q \frac{(b_0 - a_0)}{\varepsilon} - 1$$

Schritte notwendig. Der zentrale Vorteil dieses Ansatzes liegt jedoch darin, dass im Gegensatz zur Fibonacci-Suche keine Fibonacci-Zahlen erzeugt und gespeichert werden müssen, da immer mit dem gleichen Teilungsverhältnis gearbeitet wird.

Die bisher betrachteten Methoden entstammen insofern einer gemeinsamen Vorgehensklasse, als dass sie ein Suchintervall sukzessive verkleinern und damit den Bereich, in dem das mögliche Optimum liegt, immer weiter eingrenzen. Neben den Zielfunktionswerten an den Testpunkten sind für diese Verfahren keine weiteren Informationen zum Modell notwendig. Im Folgenden betrachten wir nun Methoden, die einen anderen Ansatz verfolgen. Wir gehen davon aus, dass an einem Testpunkt nicht nur der Zielfunktionswert, sondern ebenfalls die Steigung in dem Punkt vorliegt (also die erste oder sogar zweite Ableitung). Diese Information können wir nutzen, um im Sinne des notwendigen (und ggf. hinreichenden) Kriteriums der Kurvendiskussion eine Nullstelle für die Steigung zu bestimmen. Dort können wir ein lokales Optimum vermuten.

Während die ersten beiden Verfahren wiederholt eine lineare Interpolation für die Annäherung des Nulldurchgangs bestimmen, verwendet das dritte Verfahren den Ansatz, den interessanten Teil der betrachteten Zielfunktion mit einem quadratischen Modell zu approximieren und für dieses Ersatzmodell das Optimum zu bestimmen. Dies funktioniert sogar vollständig ableitungsfrei.

4.3.2.3 Regula Falsi

Die Regula Falsi ist ein einfaches Interpolationsverfahren, dem für das iterative Auffinden eines potentiellen kritischen Punktes das Vorliegen zweier Testpunkte und der an diesen Punkten vorliegenden Steigung genügen. Die Steigung muss dabei nicht in analytischer Form berechnet werden, sondern kann näherungsweise für eine kleine Umgebung bestimmt werden. Damit – darauf sei hier explizit hingewiesen – wird dann sukzessive die Nullstelle der ersten Ableitung der gegebenen Zielfunktion bestimmt. Eine solche Nullstelle stellt einen potentiellen Kandidaten für einen Extrempunkt dar.

Grundsätzlich werden mit den beiden Testpunkten a_k und b_k die Steigungen $f'(a_k)$ und $f'(b_k)$ bestimmt. Vorausgesetzt sei, dass $f'(a_k)$ und $f'(b_k)$ unterschiedliche Vorzeichen haben. Wir können nun den Zwischenwertsatz ausnutzen. Mit Hilfe der Steigungen wird eine Sekante für den Steigungsgraphen, siehe Abb. 4.9, gebildet. Dort, wo die Sekante die x-Achse schneidet (dies muss gemäß des Zwischenwertsatzes eintreten), entsteht ein neuer Testpunkt, der im nächsten Schritt a_k oder b_k ersetzt.

Die Sekante ergibt sich über eine einfache lineare Interpolation der Art

$$f'(c_k) = f'(a_k) + \frac{f'(b_k) - f'(a_k)}{b_k - a_k}(c_k - a_k)$$

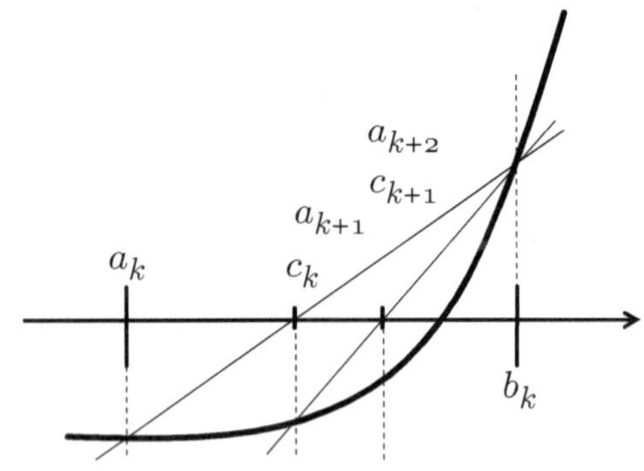

Abb. 4.9 Schematische Darstellung einiger Iterationsschritte der Regula Falsi für den Graphen der ersten Ableitung einer zu optimierenden Funktion

und führt mit $f'(c_k) = 0$ zu

$$0 = f'(a_k) + \frac{f'(b_k) - f'(a_k)}{b_k - a_k} c_k - \frac{f'(b_k) - f'(a_k)}{b_k - a_k} a_k$$

$$\frac{f'(b_k) - f'(a_k)}{b_k - a_k} c_k = -f'(a_k) + \frac{f'(b_k) - f'(a_k)}{b_k - a_k} a_k$$

$$c_k = a_k - f'(a) \frac{b_k - a_k}{f'(b_k) - f'(a_k)}.$$

Damit ist direkt die Iterationsformel für die Bestimmung von c_k gegeben. Für eine anschließende Iteration müssen nun noch die neuen Punkte a_{k+1} und b_{k+1} bestimmt werden. Dafür gilt:

- $f'(c_k)$ und $f'(a_k)$ haben das gleiche Vorzeichen: $a_{k+1} = c_k$ und $b_{k+1} = b_k$.
- $f'(c_k)$ und $f'(b_k)$ haben das gleiche Vorzeichen: $a_{k+1} = a_k$ und $b_{k+1} = c_k$.

Das Verfahren terminiert, wenn die Nullstelle exakt getroffen wird, also $f(c_k) = 0$ gilt, oder wenn eine hinreichende und vorher festgelegte Genauigkeit erreicht wurde: $f(c_k) \leq \varepsilon$.

Abschließend sollten wir noch festhalten, dass die Methode neben der Steigungsbestimmung in den Testpunkten zusätzlich keine Informationen liefert, ob der gefundene Punkt tatsächlich ein kritischer Punkt, also ein (lokales) Optimum ist. Weiter noch bleibt die Information, ob die gefundene Nullstelle ein Minimum, Maximum oder ein Sattelpunkt ist, unbekannt. Wir können aber aus der letzten betrachteten Sekante auf die (annähernde) Steigung um den approximierten Nullpunkt schließen und damit eine gute Vermutung aussprechen. Da wir selten den exakten Nullpunkt treffen, bleibt diese Einschätzung grundsätzlich nur eine Vermutung.

4.3.2.4 Newton-Raphson-Interpolation

Grundlage der Newton-Raphson-Interpolation ist erneut die Bestimmung der Nullstelle der ersten Ableitung der betrachteten Funktion. Bevor wir das Verfahren auf die Ableitung übertragen, leiten wir die Iterationsformel für die Nullstellensuche in ihrer ursprünglichen Form her:

Die Funktion $f(x)$ wird am Punkt x_k linearisiert (siehe Abb. 4.10), indem wir die Tangente als Funktion von x_{k+1} über das bekannte x_k und die dort bekannte Steigung $f'(x_k)$ darstellen:

$$t(x_{k+1}) = f(x_k) + f'(x_k)(x_{k+1} - x_k)$$

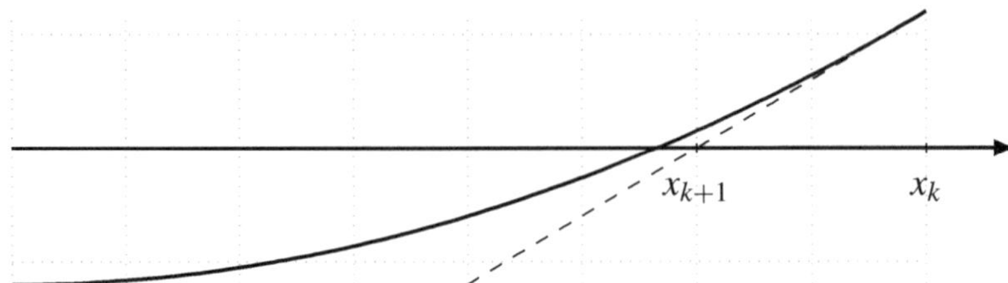

Abb. 4.10 Schematische Darstellung der Konstruktion eines Schrittes in der Newton-Raphson-Interpolation

Abb. 4.11 Schematische
Darstellung einiger
Iterationsschritte
Newton-Raphson-Interpolation

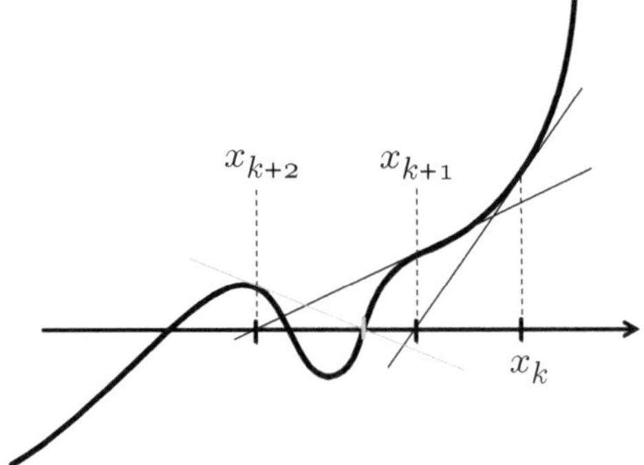

Nehmen wir nun an, dass x_{k+1} gerade die gesuchte Nullstelle der linearen Funktion ist, so ergibt sich diese konkret gerade aus:

$$t(x_{k+1}) = 0 = f(x_k) + f'(x_k)(x_{k+1} - x_k).$$

Dies führt direkt zur allgemeinen Iterationsformel:

$$x_{k+1} = x_k - \frac{f(x_k)}{f'(x_k)}.$$

Da wir jedoch in diesem Kontext an der Bestimmung der Nullstelle der ersten Ableitung interessiert sind, müssen wir die Iterationsformel entsprechend anpassen:

$$x_{k+1} = x_k - \frac{f'(x_k)}{f''(x_k)}.$$

Somit können wir mit Berechnung der ersten und zweiten Ableitung an der Stelle x_k einen neuen Testpunkt bestimmen. Die wiederholte Anwendung, siehe Abb. 4.11, kann zur Bestimmung der Nullstelle führen.

Bei diesem Verfahren müssen wir noch einige Besonderheiten erwähnen:

Abb. 4.12 Schematische
Darstellung einer zyklischen
Iteration während der
Anwendung der
Newton-Raphson-Interpolation

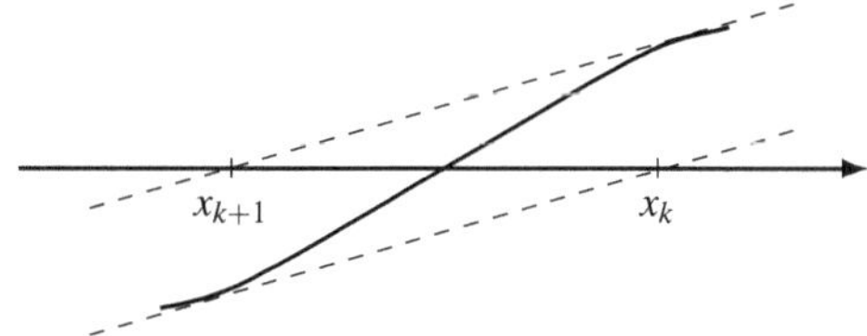

Quadratische Probleme: Für quadratische Funktionen ermittelt das Verfahren, wenn die erste und zweite Ableitung vorliegen, die optimale Lösung in einem Schritt. Betrachte wir die allgemeine quadratische Funktion $f(x) = ax^2 + bx + c$, so ergibt sich für die Iteration:

$$x_1 = x - \frac{2ax + b}{2a} = x - x + \frac{b}{2a} = \frac{b}{2a}.$$

Größer als 2. Ordnung: Für Probleme mit höherer als quadratischer Ordnung kann das Verfahren abhängig vom gewählten Startpunkt in einen Zyklus gelangen oder sogar divergieren. Abb. 4.12 zeigt das Entstehen eines Zyklus schematisch. Der Nullpunkt x_{k+1} der Tangente an $(x_k, f(x_k))$ führt über die erneute Iteration zu x_{k+2} und von dort wieder zu x_k als Nullpunkt.

Insgesamt mag sich dem kritischen Anwender die Frage stellen, warum diese Methode verwendet werden sollte, wenn die erste und zweite Ableitung vorliegen. Tatsächlich kann dann auch die analytische Methode von oben genutzt werden. Es muss jedoch nicht notwendigerweise die analytische Form beider Ableitungen vorliegen, sondern es können auch numerische Näherungen der Steigungen in x_k genutzt werden.

4.3.2.5 Lagrange-Interpolation

Während die vorangegangenen Interpolationsverfahren die Steigung in den Testpunkten direkt benötigten, um einen Iterationsschritt durchzuführen, geht die Lagrange-Interpolation anders vor. Hier wird meist ein quadratisches Ersatzpolynom für die betrachtete Funktion auf Basis von drei Stützstellen (Testpunkte und Zielfunktionswerte) bestimmt. Dazu existiert eine allgemeine Vorschrift, die aus den Stützstellen generierte *Lagrange-Grundpolynome* verwendet. Ein solches Polynom wird allgemein für die Stützstelle i über

$$L_i(x) = \prod_{k=0, k \neq i}^{n} \frac{x - x_k}{x_i - x_k} = \frac{x - x_0}{x_i - x_0} \cdot \frac{x - x_1}{x_i - x_1} \cdots \frac{x - x_{i-1}}{x_i - x_{i-1}} \cdot \frac{x - x_{i+1}}{x_i - x_{i+1}} \cdots \frac{x - x_n}{x_i - x_n}$$

bestimmt. Dabei wird genau der Term für x_i im Produkt ausgespart. Formal stellt dieses Lagrange-Polynom jenen Teil des später zu konstruierenden Gesamtpolynoms dar, der, wenn x_i eingesetzt wird, 1 ergibt und an allen anderen Stützstellen verschwindet, also Null wird.

Das Gesamtpolynom n-ten Grades aus $n+1$ Stützstellen ergibt sich dann als

$$p(x) = \sum_{i=0}^{n} f(x_i) L_i(x).$$

Für die konkrete Anwendung im Optimierungsfalle erzeugen wir, wie bereits erwähnt, ein Polynom vom Grad 2. Dazu benötigen wir drei Stützpunkte a, b und c, also auch drei Lagrange-Grundpolynome. Wir können damit das Polynom

$$p_2(x) = f(a)\frac{(x-b)(x-c)}{(a-b)(a-c)} + f(b)\frac{(x-a)(x-c)}{(b-a)(b-c)} + f(c)\frac{(x-a)(x-b)}{(c-a)(c-b)}$$

erzeugen. Beispielhaft ist dieses Polynom in Abb. 4.13 dargestellt.

Der nächste Punkt d in der Iteration wird nun dort erzeugt, wo das Ersatzpolynom sein Minimum aufweist. Dieses entsteht dort, wo die erste Ableitung verschwindet, also $p_2'(d) = 0$ gilt. Für die Bestimmung dieses Punktes ergibt sich die direkte Form

$$d = \frac{1}{2} \cdot \frac{(b^2 - c^2)f(a) + (c^2 - a^2)f(b) + (a^2 - b^2)f(c)}{(b-c)f(a) + (c-a)f(b) + (a-b)f(c)}$$

Für d müssen wir noch Folgendes beachten: Ist der Nenner positiv, so hat $p_2(x)$ an Stelle d ein Minimum. Sonst liegt dort ein Maximum oder Sattelpunkt vor.

Mit diesem neuen Punkt d und zwei der vorherigen Stützstellen können wir nun ein neues quadratisches Polynom bilden und die Suche verfeinern. Die Ersetzung eines alten Punktes macht die Unterscheidung von vier Fällen nötig:

1. Fall:

$$\left.\begin{aligned} a_{k+1} &= a_k \\ b_{k+1} &= d_k \\ c_{k+1} &= b_k \end{aligned}\right\} , \text{ wenn } \begin{cases} a_k < d_k < b_k \text{ und} \\ f(d_k) < f(b_k) \end{cases}$$

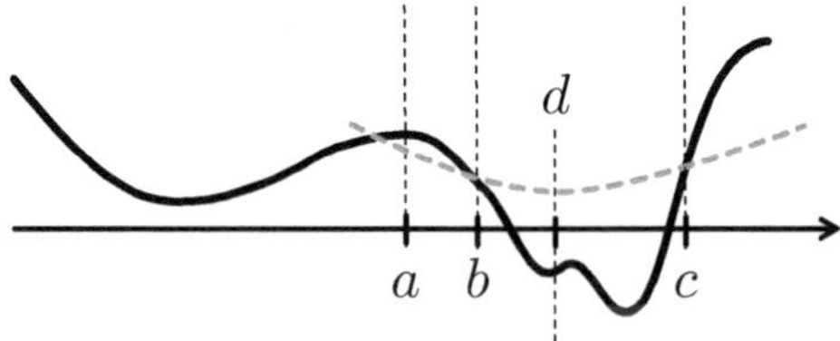

Abb. 4.13 Schematische Darstellung einer Iteration durch Lagrange-Interpolation eines quadratischen Polynoms durch die Stützpunkte $(a_k, f(a_k))$, $(b_k, f(b_k))$ und $(c_k, f(c_k))$. Der Extrempunkt des erzeugten Polynoms kann als $(d_k, f(d_k))$ direkt bestimmt werden und dient als neuer Stützpunkt in der folgenden Iteration

2. Fall:

$$\left.\begin{array}{l} a_{k+1} = d_k \\ b_{k+1} = b_k \\ c_{k+1} = c_k \end{array}\right\} \text{, wenn} \left\{\begin{array}{l} a_k < d_k < b_k \text{ und} \\ f(d_k) > f(b_k) \end{array}\right.$$

3. Fall:

$$\left.\begin{array}{l} a_{k+1} = b_k \\ b_{k+1} = d_k \\ c_{k+1} = c_k \end{array}\right\} \text{, wenn} \left\{\begin{array}{l} b_k < d_k < c_k \text{ und} \\ f(d_k) < f(b_k) \end{array}\right.$$

4. Fall:

$$\left.\begin{array}{l} a_{k+1} = a_k \\ b_{k+1} = b_k \\ c_{k+1} = d_k \end{array}\right\} \text{, wenn} \left\{\begin{array}{l} b_k < d_k < c_k \text{ und} \\ f(d_k) > f(b_k) \end{array}\right.$$

Das Verfahren terminiert, wenn eine gewünschte Genauigkeit erreicht wurde. Diese ist entweder über die Ausdehnung des Suchintervalls oder eine angestrebte Mindestqualität des Zielfunktionswertes (kleinster der bisher ermittelten Funktionswerte) definiert.

Insgesamt ist das Verfahren durch seine quadratische Ersatzfunktion bestimmt. Es setzt voraus, dass die Zielfunktion in der Nähe des Optimums eine quadratische Ausprägung aufweist und einigermaßen „gutmütig" ist, also eine relativ glatte Form aufweist.

Für Probleme mit quadratischer Zielfunktion ermittelt das Verfahren die optimale Lösung in einem einzigen Iterationsschritt!

4.3.3 Mehrdimensionale Strategien

Die Betrachtung höher-dimensionaler Suchräume erhöht den Aufwand für die Optimierung erheblich und steigert zumeist auch die Komplexität der Problemstellung. Am Beispiel der Gittersuche lässt sich dies einfach verdeutlichen. Haben wir in einer Dimension N Suchpunkte betrachtet, so müssen wir im n-dimensionalen Suchraum $N = \prod_{i=1}^{n} N_i$ Punkte betrachten, wenn N_i die Untersuchungsdichte der Dimension i angibt. Diese exponentielle Zunahme von Testpunkten wird umgangssprachlich als „Fluch der Dimensionen" bezeichnet. Aus Gründen des Rechenaufwands ist also klar, dass eine solche Betrachtung des Suchraumes oftmals keine besonders gute Idee ist. Viel sinnvoller erscheint nun ein schrittweises Vorgehen bei der Suche. Der Rückgriff auf historische Informationen aus zurückliegenden Suchschritten kann hier hilfreich sein, um nicht vielversprechende Teile des Suchraums vorerst aus der Betrachtung auszuschließen. Dazu verwendet man im Allgemeinen die Iterationsvorschrift

$$\boxed{x_{k+1} = x_k + s_k \cdot v_k}$$

wobei $x_i \in \mathbb{R}^n$ ein Vektor im Suchraum, $s_k \in \mathbb{R}$ eine skalare Schrittweite oder ein Schrittweitenvektor und $v_k \in \mathbb{R}^n$ ein Richtungsvektor mit Einheitslänge sind.

Wir wollen im Folgenden einige dieser iterativen, mehrdimensional arbeitenden Strategien untersuchen. Dabei beschränken wir uns für die Visualisierung oft auf den Fall des zweidimensionalen Suchraums und stellen darin die betrachtete Funktion über die Projektion ihrer Höhenlinien in den Suchraum dar.

4.3.3.1 Koordinaten-Strategien

Die abwechselnde Suche in alle Koordinatenrichtungen ist sicherlich eine der offensichtlichsten Methoden, die man im Kontext mehrdimensionaler Suchräume anwenden kann. Das generelle Vorgehen kann in den in Algorithmus 4.1 dargestellten algorithmischen Schritten dargestellt werden.

Diese sehr allgemeine Formulierung kann insbesondere in den Anweisungen (4) bis (6) angepasst und genauer spezifiziert werden. Dabei wird grundsätzlich der Basisvektor der gerade betrachteten Koordinatenrichtung als Richtungsvektor v_k in der Iterationsformel verwendet.

Im *einfachsten Falle* wird die Schrittweite über alle Iterationen hinweg konstant gewählt (damit entfällt Schritt 6). Der explorative Schritt (4) in Dimension i besteht dabei aus einem einfachen Schritt in positive Koordinatenrichtung ($x_{k+1} = x_k + s \cdot e_i$) oder in negative Koodinatenrichtung ($x_{k+1} = x_k - s \cdot e_i$). Die Überprüfung der Qualität ist einfach durch den Zielfunktionswertvergleich des Ausgangspunktes x_k und des neu ermittelten Punktes x_{k+1} beschrieben, siehe beispielhaft Abb. 4.14.

Eine *Erweiterung mit Schrittweitenanpassung* vergrößert die Schrittweite im Falle eines Explorationserfolges. Andererseits führt ein Explorationsfehlschlag zu einer Verkleinerung der Schrittweite (Schritt 6). Für das spezielle Vorgehen der Vergrößerung und Verkleinerung der Schrittweite gibt es eine annähernd unendliche Menge an Varianten. Eine sehr einfache Strategie verdoppelt die Schrittweite im Erfolgsfalle und halbiert sie im Fehlerfalle. Zudem kann für jede Koordinatenrichtung eine individuelle Schrittweite gespeichert werden. Dazu ist die Schrittweite s_k in der Iterationsformel als n-dimensionaler Vektor zu definieren. Schematisch ist dieser Ansatz in Abb. 4.15 dargestellt. Hier wird

---

Algorithmus 4.1 Koordinatensuche

Eingabe: $x_0 \in \mathbb{R}^n$ als Startpunkt, n Suchraumdimension, s_0 initiale Schrittweite
  1: **while** Terminierungskriterium nicht efüllt **do**
  2:     Boxing-in in jeder Suchraumdimension.
  3:     **for** $i = 1, \ldots, n$ **do**
  4:         Explorativer Schritt (ggf. lineare Suche) in Dimension i.
  5:         Überprüfe die Qualität des neuen Punktes und übernimm diesen ggf. als neuen Startpunkt.

  6:         Passe ggf. die Schrittweite an (abh. von (5)).
  7:     **end for**
  8: **end while**

Abb. 4.14 Schematische Darstellung eines Optimierungspfades durch den Suchraum eines zweidimensionalen Problems. Dabei wurde für jede Koordinatenrichtung eine feste Schrittweite verwendet

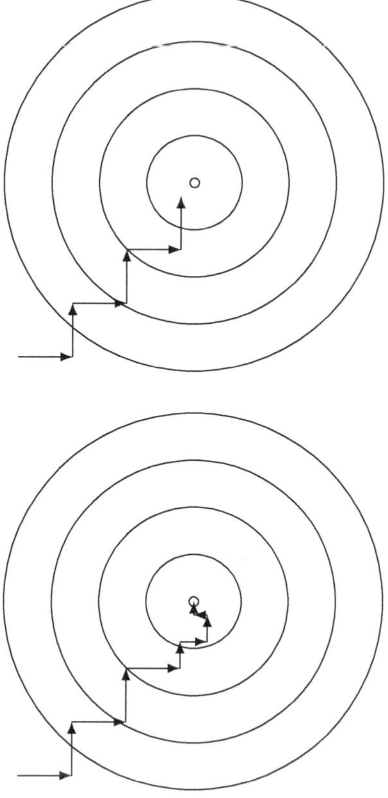

Abb. 4.15 Schematische Darstellung einer Koordinatenstrategie mit adaptiver Schrittweite. In der Nähe der optimalen Lösung wird die ursprüngliche Schrittweite angepasst (hier verkleinert), um weiteren Fortschritt zu erzielen

die Schrittweite in der Nähe des Optimums nach Fehlversuchen (gepunktete Schritte) verkleinert. Auf eine Vergrößerung im Erfolgsfalle wurde hier verzichtet.

Eine sehr dynamische Art, die Schrittweite anzupassen, bietet die *Anwendung lokaler eindimensionaler Suchstrategien* in jeder Koordinatenrichtung (Schritt 4). Dabei wird um den aktuellen Punkt x_k herum ein Suchintervall definiert, in dem eine der bekannten Methoden (Fibonacci-Suche, Goldener Schnitt, Lagrange-Interpolation) angewendet wird. Dies bestimmt für jede Koordinatenrichtung das relative Optimum und kann so zu einem lokalen Koordinaten-Suchschritt führen, siehe beispielhaft Abb. 4.16.

Die Koordinatensuche findet gerade aufgrund ihrer Einfachheit und einfachen Anpassbarkeit ein oft praktische Anwendung. Dabei ist ihr Konvergenzverhalten nicht selten schlecht. Theoretisch konvergiert die Suche für eine exakt angepasste dynamische Schrittweite und stetig differenzierbare Probleme. Die Konvergenzgeschwindigkeit hängt jedoch stark von der Form der Konturen der Funktion ab. Sind die Konturen konzentrisch und sphärisch oder elliptisch (in etwa an den Koordinatenachsen ausgerichtet), dann konvergiert die Methode schnell. In anderen Fällen, siehe etwa Abb. 4.17, kann die Konvergenz aufgrund schneller Reduzierung der Schrittweite und nur noch kleinschrittigem Fortschritt sehr lange dauern. Insbesondere, wie dargestellt, in langen Tälern, die

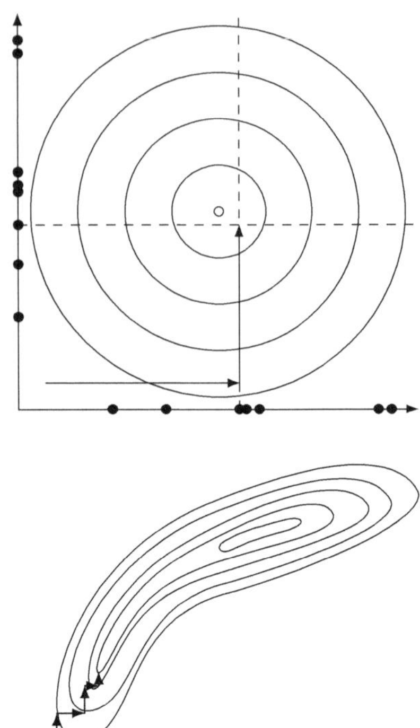

Abb. 4.16 Schematische Darstellung einer Koordinatenstrategie mit integrierter lokaler Suche in jeder Koordinatenrichtung (angedeutet durch die Suchpunkte auf jeder Koordinatenachse)

Abb. 4.17 Schematische Darstellung der Grenzen einer Koordinatenstrategie, selbst mit Anpassung der Suchschrittweite

nicht an den Koordinatenachsen ausgerichtet sind, kann die Suche nur noch langsam fortschreiten. Im Falle von Diskontinuitäten in der Funktion kann es sogar passieren, dass die Konvergenz vollständig verlorengeht, wenn das Verfahren nur in Richtungen jenseits der Koordinatenachsen Fortschritte erzielen kann. Es scheint also notwendig, die feste Bindung des Algorithmus an die Koordinatenachsen aufzugeben, um schnelleren Fortschritt zum Optimum zu erzielen.

4.3.3.2 Mustersuche (Hooke & Jeeves)

Das von Hooke und Jeeves vorgeschlagene Suchverfahren versucht, die strikte Bindung der Suchschritte an die Koordinatenachsen aufzuweichen und zusätzlich „Muster" im bisherigen Suchverlauf zu erkennen und in das weitere Vorgehen aufzunehmen. Dabei werden zwei verschiedene Schritte verwendet:

Explorationsschritt: Entsprechend dem einfachsten Ansatz der Koordinatensuche wird in jede Koordinatenrichtung ein fester Suchschritt (keine lineare Suche) durchgeführt und jeder Teilschritt bei einer Verbesserung des Zielfunktionswertes übernommen.

Extrapolationsschritt: Basierend auf dem Ergebnis des vorherigen Schrittes wird (wenn ein Verbesserung vorliegt), die resultierende Richtung aus allen Teilschritten als Extrapolationsrichtung verwendet und ein Schritt in diese Richtung gemacht.

Eine Besonderheit ist, dass das Ergebnis des Extrapolationsschrittes nicht direkt auf seine Qualität geprüft wird, sondern direkt ein weiterer Explorationsschritt angeschlossen wird. Führt dieser zu einer Verbesserung, wird erneut eine Extrapolation ausgeführt usw. Wenn eine Exploration nach Extrapolation nicht zum Erfolg führt, wird, sofern die Extrapolation erfolgreich war (erst jetzt wird diese ausgewertet), deren Ergebnis übernommen. Sonst wird auch die Extrapolation verworfen und am Ausgangspunkt die Schrittweite halbiert.

Algorithmus 4.2 stellt das Suchvorgehen dar: Nach einer Exploration (Zeile 3 und Algorithmus 4.3) wird überprüft, ob damit ein Fortschritt erzielt wurde (Zeile 4). Ist dies nicht der Fall, wird die Schrittweite halbiert (Zeile 5). Ansonsten wird, solange ein Fortschritt erzielt, wird folgendermaßen vorgegangen: Nach einem Extrapolationsschritt (Zeile 9) wird direkt eine Exploration angeschlossen (Zeile 10). Ist dabei ein Fortschritt erzielt worden, werden der Ausgangspunkt der Extrapolation und das Resultat der Exploration als neue Stützstellen für die weitere Suche, also eine weitere Extrapolation genutzt (Zeilen 11–13). War die Exploration nicht erfolgreich, jedoch die vorausgegangene Extrapolation (hier wird der Wert das erste Mal auf seine Qualität überprüft), so ist dies ebenfalls ein Erfolg. Der Ausgangspunkt der Extrapolation und ihr Resultat werden nun als neue Stützstellen für eine weitere Extrapolation genutzt (Zeilen 15–17). In allen anderen

---

Algorithmus 4.2 Mustersuche nach Hooke und Jeeves

Eingabe: $x_0 \in \mathbb{R}^n$ als Startpunkt, n Suchraumdimension, $s \in \mathbb{R}^n$ initialer Schrittweitenvektor

```
 1: x = x_0.
 2: while Terminierungskriterium nicht erfüllt do
 3:     (y, f(y)) := Exploration(x, f(x), s)
 4:     if x = y then
 5:         s := ½s
 6:     else
 7:         erfolg := true
 8:         while erfolg do
 9:             v := x + 2(y − x)
10:             (z, f(z)) = Exploration(v, f(y), s)
11:             if f(z) < f(y) then
12:                 x := y
13:                 y := z
14:             else
15:                 if f(v) < f(y) then
16:                     x := y
17:                     y := v
18:                 else
19:                     erfolg := false
20:                     x := y
21:                 end if
22:             end if
23:         end while
24:     end if
25: end while
```

Algorithmus 4.3 Exploration nach Hooke und Jeeves

Eingabe: $x \in \mathbb{R}^n$ als Startpunkt, $q \in \mathbb{R}$ als Qualitätswert einer Vergleichslösung, $s \in \mathbb{R}^n$ Schrittweitenvektor

Ausgabe: $\left(x', f(x')\right)$

```
 1: for i = 1,..., n do
 2:     x' = x;
 3:     f(x') = q
 4:     if f(x' + s_i · e_i) < f(x') then
 5:        x' := x' + s_i · e_i
 6:        f(x') = f(x' + s_i · e_i)
 7:     else
 8:        if f(x' - s_i · e_i) < f(x') then
 9:           x' = x' - s_i · e_i
10:           f(x') = f(x' - s_i · e_i)
11:        end if
12:     end if
13: end for
```

Fällen liegt kein Erfolg vor und der extrapolationsbasierte Suchschritt wird abgebrochen. Die Extrapolation wird verworfen.

Abb. 4.18 zeigt ein schematisches Beispiel für die Anwendung des Algorithmus. Die Iterationsfolge ist in der Grafik mit Zahlen kenntlich gemacht. Wir wollen sie noch einmal kurz betrachten: Der Algorithmus startet in der linken oberen Ecke und führt erfolgreiche Explorationsschritte 1 und 3 (2 ist erfolglos und nur angedeutet) entlang den Koordinatenachsen aus. Die daraus resultierende Richtung wird als Extrapolationsschritt (4) durchgeführt. Danach wird erneut ein Explorationsschritt gemacht, der nur in einer Dimension (8) erfolgreich ist. Da die Lösung jedoch bessere Qualität aufweist als der Ausgangspunkt der vorangegangenen Extrapolation, wird eine weitere Extrapolation angeschlossen (9). Die Richtung ergibt sich aus dem Ausgangspunkt der ersten Iteration und dem Resultat der Exploration. Die sich an die Extrapolation 9 anschließende Exploration ist in keiner Dimension mit der gewählten Schrittweite erfolgreich. Trotzdem ist das Resultat der Extrapolation besser als die letzte Lösung (Resultat von 8). Deshalb wir erneut eine Extrapolation (14) angeschlossen (die Richtung scheint ja vielversprechend zu sein). Die hier angeschlossene Exploration (15) liefert zwar einen besseren Zielwert als die vorangegangene Extrapolation, dieser ist aber schlechter als der Ausgangswert von Schritt 14. Das Resultat der Extrapolation 14 ist ebenfalls schlechter als das deren Ausgangspunkt, also wird die gesamte Extrapolation verworfen und die innere Schleife (Extrapolationsschleife) verlassen. Am Endpunkt von Extrapolation 9 wird nun die Exploration mit halbierter Schrittweite fortgesetzt.

Abschließend soll die Methode kurz kritisch betrachtet werden: Die Mustersuche ist ein sehr erfolgreiches Verfahren, das aufgrund seines Extrapolationsschrittes schneller als die Koordinatenstrategie Täler durchwandern kann, solange diese keine zu starke Krümmung aufweisen. Andernfalls scheitert auch der Extrapolationsschritt. Implizit

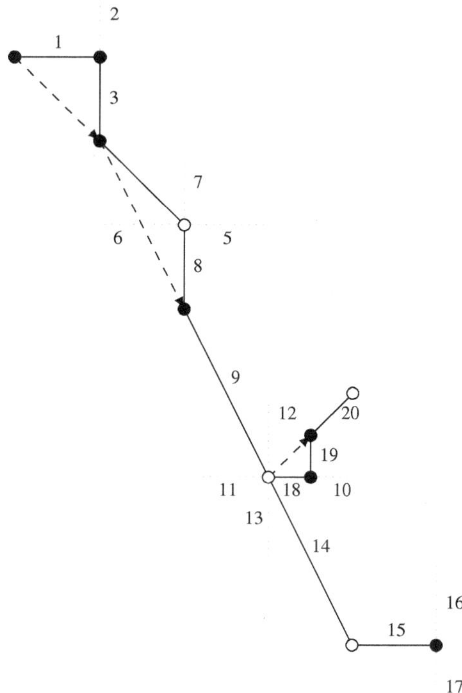

Abb. 4.18 Beispiel für das Iterationsvorgehen der Methode von Hooke und Jeeves (Mustersuche)

konstruiert der Extrapolationsschritt die angenäherte Abstiegsrichtung, welche von den Koordinatenrichtungen unabhängig ist. Die Beschränkung des Explorationsschritts auf die Koordinatenrichtungen kann jedoch wie bei der Koordinatensuche zur vorzeitigen Terminierung führen, wenn Diskontinuitäten vorliegen.

4.3.3.3 Simplex-Strategie (Nelder & Mead)

Ein zu den bisherigen Methoden sehr verschiedenes Vorgehen schlägt die sogenannte Simplex-Strategie von Nelder und Mead vor. Obwohl der Name ähnlich zu dem Algorithmus für die Lösung linearer Optimierungsprobleme ist, hat die Methode dazu keine Verwandtschaft. Als Simplex wird hier das einfachste konvexe Objekt bezeichnet, dass durch $n + 1$ (linear unabhängige) Punkte im n-dimensionalen Suchraum erzeugt werden kann. Im zweidimensionalen Raum ist dies ein Dreieck, im dreidimensionalen Raum ein Tetraeder. Solche Objekte, sowie deren Streckungen und Kontraktionen werden in diesem Verfahren benutzt.

Startobjekt ist ein gleichmäßiges Simplex, das ausgehend von dem Startpunkt der Suche konstruiert wird. Mit diesem Objekt wird nun gesucht, indem es verformt und gespiegelt wird. Nachdem alle $n + 1$ Eckpunkte ausgewertet wurden, wird versucht, den schlechtesten Punkt zu ersetzen. Dies geschieht, indem ein neuer Punkt als *Reflexion*

(Punktspiegelung) des schlechtesten Punktes x_w erzeugt wird. Die Spiegelung geschieht über den Schwerpunkt $\bar{x}$ der übrigen n Eckpunkte. Ist diese Spiegelung erfolgreich, d. h. weist der resultierende Suchpunkt einen besseren Zielfunktionswert als die bisher beste Ecke des Simplex auf, so wird direkt eine *Expansion* des Simplex vorgenommen, es also in die neue Suchrichtung ausgedehnt. Führt auch dies zum Erfolg, wird der neue Punkt anstatt des schlechtesten Punktes des Simplex übernommen. Reflexion und Expansion sind schematisch in Abb. 4.19 dargestellt.

Führt die Reflexion dazu, dass der neue Suchpunkt nicht besser ist als der beste Punkt des Simplex, jedoch mehr als einen Punkt des Simplex dominiert, so wird der neue Suchpunkt ebenfalls als Ersatz für den schlechtesten Punkt des Simplex übernommen. Ist die Reflexion hingegen nur besser als der schlechteste Punkt, so wird das Simplex zusammengezogen, quasi eine negative Expansion durchgeführt (Expansionsfaktor < 1). Wir bezeichnen dies als *äußere Kontraktion*. Im Falle keiner Verbesserung wird zunächst eine *innere Kontraktion* versucht. Dabei wird die Reflexion verworfen und der schlechteste Punkt im Simplex nach innen verschoben.

Sind äußere und innere Kontraktion erfolglos, wird eine vollständige Kontraktion des Simplex in Richtung der bisher besten Ecke durchgeführt. Sämtliche Kontraktions-Schritte sind in Abb. 4.20 am Beispiel veranschaulicht. Eine formale Darstellung der algorithmischen Schritte findet sich in Algorithmus 4.4.

Abb. 4.21 zeigt exemplarisch all die algorithmischen Schritte. Dabei beginnt das Verfahren mit dem Simplex aus den Punkten 1, 2 und 3. Die Reflexion des schlechtesten Punktes (1) führt zu Punkt 4, der besser als der bisher beste Punkt ist. Deshalb wird

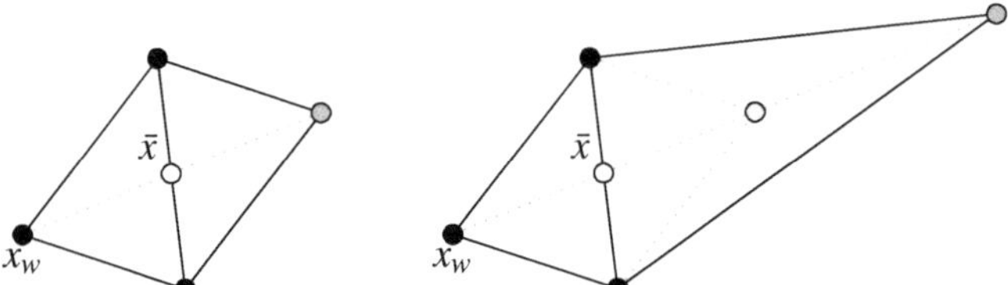

Abb. 4.19 Schematische Darstellung der Reflexion (links) bzw. Expansion (rechts) für den anschaulichen Fall $n = 2$

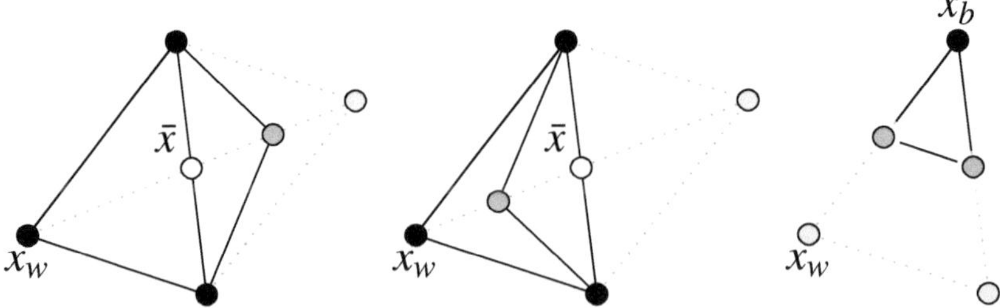

Abb. 4.20 Schematische Darstellung der äußeren (links), inneren (mitte) und vollständigen Kontraktion (rechts) für den anschaulichen Fall $n = 2$

Algorithmus 4.4 Simplex-Strategie nach Nelder und Mead

Eingabe: $x_0 \in \mathbb{R}^n$ als Startpunkt, n Suchraumdimension

1:   Konstruiere initialen Simplex ($n + 1$ Punkte)
2:   **while** Terminierungskriterium nicht erfüllt **do**
3:    Bewerte Ecken des aktuellen Simplex: Seien x_b = bester, x_w = schlechtester
4:    Reflektiere x_w am Schwerpunkt der übrigen n Punkte: Punktspiegelung an $\bar{x} = \frac{1}{n}\sum_{i=1,i\neq w}^{n+1} x_i$ führt zu $x' := \bar{x} + (\bar{x} - x_w)$
5:    **if** $f(x') < f(x_b)$ **then**
6:     Expansion: $x'' = x' + (x' - \bar{x})$.
7:     Wenn $f(x'') < f(x_b)$: $x_w := x''$,
8:      sonst: $x_w := x'$.
9:    **else**
10:     Bestimme die Anzahl μ der von x' dominierten Ecken des Simplex.
11:     **if** $\mu > 1$ **then**
12:      Einfache Ersetzung: $x_w := x'$.
13:     **else**
14:      **if** $\mu = 1$ **then**
15:       Äußere Kontraktion: $x'' := \frac{1}{2}(\bar{x} + x')$.
16:       Wenn $f(x'') < f(x')$: $x_w := x''$,
17:        sonst vollständige Kontraktion: $x_i := \frac{1}{2}(x_b + x_i)$, für alle i.
18:      **else**
19:       Innere Kontraktion: $x'' := \frac{1}{2}(\bar{x} + x_w)$.
20:       Wenn $f(x'') < f(x')$: $x_w := x''$,
21:        sonst vollständige Kontraktion: $x_i := \frac{1}{2}(x_b + x_i)$, für alle i.
22:      **end if**
23:     **end if**
24:    **end if**
25: **end while**

---

sogleich eine (tatsächlich erfolgreiche) Expansion durchgeführt, aus der Punkt 5 resultiert. Punkt 2 ist nun der schlechteste Punkt des neuen Simplex und wird zu Punkt 6 reflektiert. Dieser ist nicht besser als der bisher beste Punkt, aber besser als der schlechteste und der zweitschlechteste Punkt. Deshalb wird er einfach übernommen. Danach wird Punkt 3 reflektiert. Das Resultat (7) ist besser als der bisher beste Punkt, die Expansion (8) ist jedoch nicht erfolgreich. Eine einfache Reflexion und Übernahme führt zu Punkt 9. Die Reflexion von Punkt 6 in Punkt 10 ist nur besser als der schlechteste Punkt 6. Dies führt zu einer äußeren Kontraktion und zu Punkt 11, der besser ist als Punkt 10.Danach ist noch einmal eine einfache Reflexion in Punkt 12 erfolgreich. Die nachfolgende Reflexion (14) liefert ein schlechteres Ergebnis als den bisher schlechtesten Punkt (11). Dies führt zu einer inneren Kontraktion (15), die ebenfalls nicht erfolgreich ist. Deshalb wird schließlich eine vollständige Kontraktion (Punkte 16,17) durchgeführt.

Die Methode erlaubt das Suchen in hoch-dimensionalen Räumen und gibt durch die $n + 1$ zugleich betrachteten Suchpunkte ausführlichere Auskunft über den Entscheidungsraum als ein einziger Suchpunkt. Das „Umklappen" eines schlechtesten Punktes

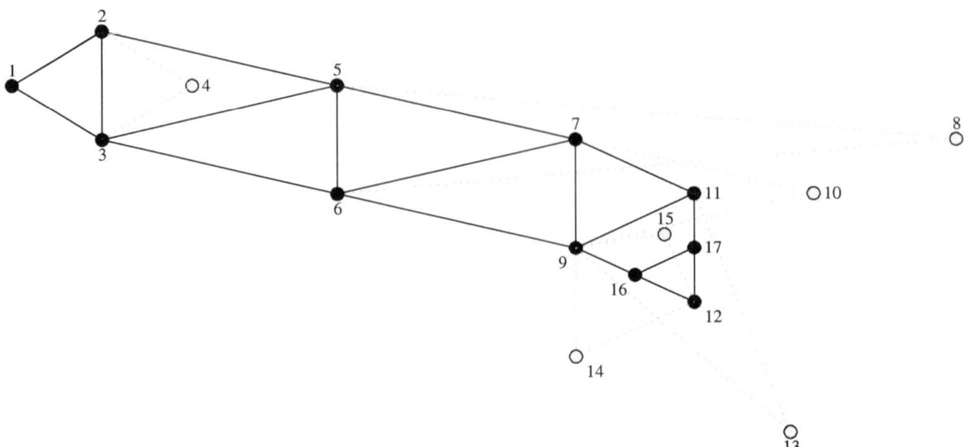

Abb. 4.21 Schematisches Beispiel für das Iterationsvorgehen der Simplex-Methode von Nelder und Mead

um den Schwerpunkt aller besseren Punkte entspricht einem heuristisch einleuchtend erscheinenden Ansatz, sich in die von besseren Punkten angedeutete Richtung zu bewegen. Gerade die Auswertung von $n + 1$ Punkten ist jedoch auch kostspielig. Zudem besteht die Gefahr, dass bei Kontraktionen lineare Abhängigkeiten zwischen Punkten des Simplex entstehen. Dann sucht das Verfahren nur noch auf einem Unterraum des Suchraums.

4.3.3.4 Methode des steilsten Abstiegs

Bereits in den zuvor betrachteten Verfahren, die sich nicht ausschließlich auf die Koordinatenrichtungen bei der Suche stützen, wurden implizit Abstiegsrichtungen zum Optimum gesucht, um einen direkteren Weg zu finden. In stetig differenzierbaren Funktionen gibt der Gradient gerade für jeden Punkt im Suchraum die Richtung des größten Anstiegs an. Im Falle der Maximierung könnte man die Information, wenn sie vorliegt, doch direkt verwenden. Für eine Minimierung muss man nur in die Gegenrichtung steuern.

Das Verfahren selbst ist leicht beschrieben. Wenn wir von einem Startpunkt $x_0 \in \mathbb{R}^n$ ausgehen und annehmen, dass wir an jeder Stelle den Gradienten $\nabla f(x)$ bestimmen können, so gehen wir folgendermaßen vor:

1. Bestimme für x_i den Gradienten $\nabla f(x_i)$ und verwende $v_i = -\nabla f(x_i)$ als Abstiegsrichtung.
2. Bilde $x' = x_i + s_i \cdot v_i$, wobei die Schrittweite s_i unterschiedlich bestimmt werden kann:

   - wähle s_i konstant (kleinschrittige Variante)
   - wähle s_i exakt durch eindimensionale Suche (langschrittige Variante)

3. Wenn eine Verbesserung erzielt wurde, $x_{i+1} := x'$

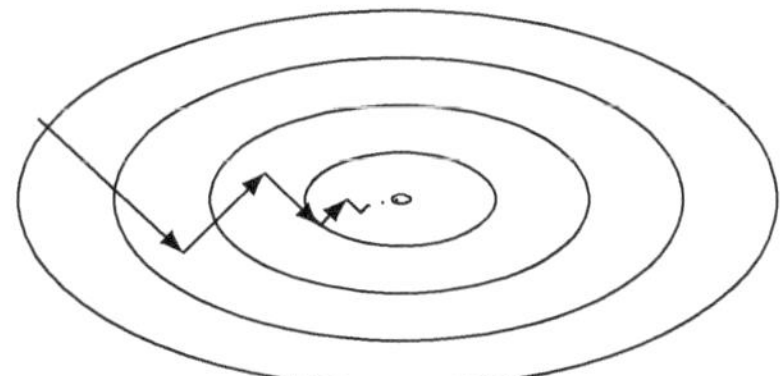

Abb. 4.22 Schematisches Beispiel das Zick-Zack-Verhalten des Verfahrens des steilsten Abstiegs

Dieses Vorgehen wird fortgesetzt, bis ein Terminierungskriterium erreicht ist, oder kein Fortschritt mehr erzielt wird (insbesondere durch konstante Schrittweite).

Das Verfahren führt für Problemstellungen mit sehr symmetrischen Konturen schnell in die Nähe des Optimums. Elliptische Konturen können jedoch bereits ein Problem darstellen. Je nachdem, wie ausgeprägt die elliptische Form ist, kann das Verfahren in ein sogenanntes Zick-Zack-Verhalten verfallen und ist im Extremfall nicht besser als die Koordinatensuche. Abb. 4.22 zeigt ein solches Zick-Zack-Verhalten beispielhaft an einer quadratischen Funktion mit elliptischen Konturen.

4.3.3.5 Konjugierte Richtungen

Das letzte betrachtete Verfahren versucht gerade, genau das Zick-Zack-Verhalten des steilsten Abstiegs zu vermeiden. Ausgangspunkt ist die Aussage zu konjugierten Richtungen:

▶ **Definition 4.16 (konjugierte Richtungen)** Sei Q eine symmetrische Matrix. Zwei Vektoren v_1 und v_2 werden als Q-orthogonal oder konjugiert bezeichnet, wenn $v_1^T Q v_2 = 0$ gilt. Eine Menge von Vektoren wird als konjugiert bezeichnet, wenn alle Vektoren paarweise bzgl. Q konjugiert sind.

Weiterhin gilt, dass für eine positiv definite Matrix Q und eine Menge von konjugierten Vektoren gilt, dass die Vektoren linear unabhängig sind. Für eine quadratische Funktion bedeutet dies, dass für die Hesse-Matrix n konjugierte Richtungen existieren, entlang derer man zum Minimum gelangt. Nötig sind dafür n Liniensuchen in den jeweiligen Richtungen.

Ziel der Methode der konjugierten Richtungen ist es, diese sukzessive zu approximieren. Dazu wird schematisch vorgegangen. Startpunkt ist ein gegebener Punkt x_0:

1. Initialisiere die ersten Richtungen mit den Koordinatenrichtungen.
2. Führe eine Liniensuche nacheinander in alle Richtungen durch.
3. Suche erneut in der aus den vorausgegangen Suchen resultierenden Richtung (Liniensuche) und bestimme den besten Punkt.
4. Verwerfe die zuerst verwendete Koordinatenrichtung und füge die resultierende Richtung aus Schritt (3) als neue Richtung an (zuletzt verwendet im nächsten Schritt).
5. Gehe zu (2).

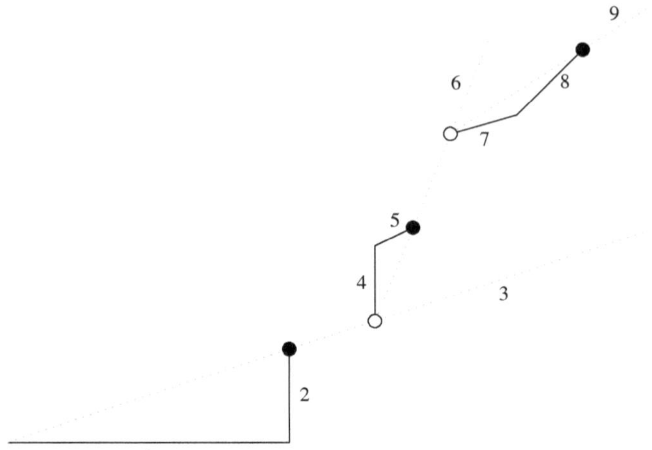

Abb. 4.23 Schematisches Beispiel des Verfahrens der konjugierten Richtungen

Abbruchkriterien sind:

- Es gibt nur noch geringe Änderungen in jede Richtung $\Rightarrow$ ggf. Neustart.
- Liniensuche wird auf der Geraden zwischen altem und neuem Ergebnis durchgeführt: Optimum nahe am alten Punkt, Abbruch, ansonsten Neustart.

Abb. 4.23 zeigt ein schematisches Beispiel der Methode. Ausgehend vom Startpunkt wird jeweils eine Suche in die Koordinatenrichtungen durchgeführt (1 und 2) und anschließend in der resultierenden Richtung gesucht (3). Nach erfolgreichem Abschluss wird die erste Suchrichtung verworfen und die resultierende Richtung als neue (im nächsten Schritt zuletzt genutzte) Suchrichtung übernommen. Suchschritt 5 verwendet diese neue Richtung. Danach wird mit Schritt 6 erneut eine resultierenede Richtung ermittelt, die nun anstatt der zuvor zuerst verwendeten Richtung als letzte Suchrichtung übernommen wird. Schritte 7 und 8 führen erneut zu einer neuen resultierenden Suchrichtung usw.

Es bleibt diese Methode kritisch zu betrachten. Essentiell für die Funktionsweise der Methode ist die Erhaltung der linearen Unabhängigkeit der konjugierten Vektoren. Diese kann verlorengehen, wenn die Suche in eine Richtung erfolglos ist. In diesem Falle würde das Suchverfahren nur noch in einem Unterraum des Suchraumes arbeiten. Ein Lösungsansatz ist, die Richtungsvektoren in einer Matrix zusammenzufassen und während der Iterationen grundsätzlich die Determinante der Matrix zu prüfen und zu maximieren ($det(M) = 0 \Rightarrow$ lineare Abhängigkeit). Dazu kann z. B. immer jene Richtung ersetzt werden, in die der größte Fortschritt erzielt wurde oder abhängig von der Entwicklung der Determinanten der Ersetzungsschritt ausgelassen werden, um zu verhindern, dass die Determinante 0 wird.

Insgesamt haben wir nun eine Menge von Methoden kennengelernt, um auch Probleme mit mehrdimensionalem Suchraum gut zu lösen. Fast alle dieser Methoden basieren auf relativ einfachen Annahmen und sind grundsätzlich ohne detaillierte Kenntnis der Zielfunktion anzuwenden. Gleichzeitig setzen sie aber oft „gutmütige" Eigenschaften der Funktion oder sogar quadratisches Verhalten (zumindest) in der Nähe des Optimums voraus. Diskontinuitäten stellen diese Verfahren oftmals vor größere Probleme und einige benötigen sogar Informationen über Ableitungen. Allen gemeinsam ist, dass sie deterministischer Natur sind, also einem festen Schema folgen. Wir konnten sehen, das diese festen Schemata zwei Nachteile haben:

1. Feste Vorgehensweisen führen oft zu Stagnation oder langen Laufzeiten an Stellen, an denen die Funktion nicht-quadratisches oder nicht „gutmütiges" Verhalten aufweist.
2. Die Methoden garantieren grundsätzlich nur lokale Optimalität ihrer aufgefundenen Lösungen. Globale Optimalität kann im Allgemeinen nicht erreicht werden.

4.4 Zusammenfassung des Kapitels

Wir wollen auch hier zusammenfassen, was wir im Kontext nicht-linearer Optimierung gelernt haben:

- Wir haben neben der Definition nicht-linearer Probleme insbesondere festgestellt, dass nicht alle Systeme und Zusammenhänge der realen Welt linear modelliert werden können. Vielmehr ist die Mehrzahl aller realen Systeme nur sinnvoll in nicht-linearer Weise zu modellieren.
- Wir haben einige analytische Methoden aus der Schule und der Mathematikvorlesung wiederholt und diese noch einmal insbesondere im Kontext der Optimierungsaufgabe, weniger im Zusammenhang des mathematischen Selbstzwecks betrachtet.
- Wir haben eine Vielzahl von eindimensionalen und mehrdimensionalen deterministischen und numerischen Verfahren kennengelernt, die wir an der ein oder anderen Stelle verfeinert haben (etwa die Schrittweitenanpassung der Koordinatensuche oder die Erweiterung zur Mustersuche nach Hooke und Jeeves).

Aufgaben

4.1. Es sei die folgende Funktion gegeben:

$$f(x_1, x_2, x_3) = x_1 + 2x_3 + x_2 x_3 - x_1^2 - x_2^2 - x_3^2.$$

Ermitteln Sie, ob diese Funktion eine kritische Stelle besitzt und überprüfen Sie ggf., ob es sich dabei um ein Maximum oder Minimum handelt.

4.2. Gegeben ist das folgende nicht-lineare Optimierungsproblem mit Nebenbedingung:

$$f(x_1, x_2) = x_1^3 - 3x_2^2$$

$$h(x_1, x_2) = 2x_1^3 - x_2 = 0$$

(a) Bestimmen Sie zuerst, ob das Problem ohne Berücksichtigung der Nebenbedingung h eine kritische Stelle hat, und ob dort ein Optimum vorliegt.

(b) Bestimmen Sie weiterhin, ob die Funktion unter Berücksichtigung der Randbedingung ein Optimum aufweist.

4.3. In dieser Aufgabe soll es um die Optimierung einer eindimensionalen Zielfunktion gehen. Diese sei durch die Funktionsvorschrift

$$f(x) = (6x - 2)^2 \sin(12x - 4)$$

gegeben. Führen Sie jeweils $N = 10$ Iterationen der Fibonacci-Suche (a) mit dem Startinterval $[0, 1]$ und (b) $[0, 2]$ durch.

4.4. Leiten Sie die Iterationsformel des Newton-Verfahrens

$$x_{k+1} = x_k - \frac{f(x_k)}{f'(x_k)}$$

her. **Hinweis:** Eine Approximation der Funktion f mittels Taylorpolynom könnte hilfreich sein.

4.5. Newton-Verfahren

(a) Implementieren Sie das Newton-Verfahren in einer Programmiersprache Ihrer Wahl.

(b) Betachten Sie die Funktion $f : \mathbb{R} \to \mathbb{R}, x \mapsto 3x^3 - 4x^2 + 2$ über dem Intervall $I = [-1, 2]$. Wenden Sie Ihre Implementierung aus (a) zur Bestimmung einer Nullstelle von f an. Starten Sie das Verfahren einmal mit dem Startpunkt $x_0 = 0{,}5$, bis die Nullstelle auf $\varepsilon = 0{,}01$ genau bestimmt ist.

(c) Starten Sie das Verfahren nun mit dem Startwert $x_0 = 1$. Visualisieren Sie die ersten beiden Iterationen grafisch, d. h., stellen Sie die Funktion sowie die ersten beiden linearen Approximationen dar. Was beobachten Sie? Wie kann das Newton-Verfahren geeignet angepasst werden?

(d) Welche weiteren Punkte führen zu derselben Problematik wie in (c)?

Literatur

1. Schwefel, H.P.: Evolution and Optimum Seeking. Wiley, New York (1995)

Zusammenfassung

Thema dieses Kapitels sind von der Natur inspirierte algorithmische Konzepte und Verfahren. Aufbauend auf den Ideen der modernen Evolutionstheorie (nach Darwin) und der systematischen Einbindung von Zufall wird in das Gebiet der evolutionären Algorithmen eingeführt. Für diese inzwischen weit verbreiteten und akzeptierten Verfahren wird eine praxisorientierte Grundlage gelegt. Das Kapitel schließt mit der Präsentation von Verfahren, welche das Verhalten von Schwärmen und Kolonien imitieren, um Optimierungsprobleme zu lösen.

Bei der vorhergehenden Betrachtung deterministischer numerischer Optimierungsverfahren haben wir etwa bei der Koordinatensuche festgestellt, dass ein Schritt entlang den Koordinatenrichtungen – also die Nutzung der Basisvektoren – oftmals den Fortschritt des Verfahrens bremst oder verhindert. Deshalb wurde in weiteren Verfahren, die wir betrachtet haben, sukzessive die Bindung an die Koordinatenachsen aufgegeben. Dabei wurden andere Richtungen ermittelt, die als Kombination der Koordinatenrichtungen vielversprechend erschienen oder durch mehrfachen Fortschritt „erlernt" wurden. Zwar konnten damit erhebliche Verbesserungen in speziellen Situationen erzielt werden, mehrere wichtige Aspekte konnten jedoch nicht abschließend gelöst werden:

- Im Falle von Diskontinuitäten sind diese Verfahren oft hilflos. Das Simplex-Verfahren bietet durch seine Überdeckung von $n + 1$ Punkten eine Möglichkeit, Diskontinuitäten zu verlassen, kann aber ggf. in sich zusammenfallen und nur noch einen Unterraum betrachten.
- Viele Verfahren versuchen, den Gradienten oder eine Abstiegsrichtung zu bestimmen. Dies setzt jedoch eine starke Strukturierung des Suchraums voraus, so dass man

durch Nachbarschaftsbeziehungen von Lösungen und ihrer Zielfunktionswerte auf eine solche Richtung schließen kann. Mit „nicht gutmütigen" Problemen können diese Verfahren schlecht umgehen.

- Die globale Konvergenz wird von keinem vorgestellten Verfahren garantiert. Mehrere Experimente mit unterschiedlichen Startpunkten können höchstens Indizien für die Qualität der gefundenen Optima liefern. Oftmals ist durch die Einschränkung der deterministisch bestimmten Suchrichtungen schon vorgegeben, dass auch theoretisch nicht alle Elemente des Suchraums erreicht werden können.

Den Verfahren scheinen also verschiedene Funktionalitäten zu fehlen. Einerseits werden oftmals nicht alle möglichen Suchrichtungen, sondern nur fest bestimmte Richtungen in die Suche einbezogen. Andererseits können lokal konvergierte Verfahren das lokale Optimum meist nicht mehr verlassen. Eine hinreichend große Explorationskapazität ist in diesen Algorithmen meist nicht vorgesehen.

Zugleich besteht das Bedürfnis, einen Algorithmus einfach zu gestalten. Wir haben bereits bei der Betrachtung der Methode von Hooke und Jeeves (Mustersuche) oder des Simplexansatzes von Nelder und Mead beobachten können, wie diese Verfahren Optimierungserfolge mit zunehmender Komplexität erkaufen. Eine Berücksichtigung der oben genannten Anforderungen können zu sehr komplexen Verfahren führen.

Ein sehr einfacher Ansatz, jeden Punkt (zumindest theoretisch und im gegebenen Suchbereich) zu erreichen, ist die zufällige Exploration, die wir im Folgenden genauer betrachten wollen. Dabei schauen wir uns zuerst die einfachste Möglichkeit einer Zufallssuche und anschließend sogenannte evolutionäre Algorithmen an.

5.1   Optimierung durch Zufall

Die Optimierung unter Verwendung des Zufalls wurde im Operations Research lange Zeit sehr kritisch betrachtet. Ein Problem ist die geringe Verlässlichkeit des Zufalls. Man kann rein intuitiv niemals garantieren, dass aus einem zufällig arbeitenden Verfahren das gleiche Ergebnis herauskommt, selbst wenn man mit den gleichen Verfahrensparametern oder Startpunkten arbeitet.

Zudem ist der Zufall im Allgemeinen nicht mathematisch exakt handhabbar. Die Mathematiker oder mathematisch geprägten Optimierer – jene also, die zur Zeit der Entwicklung randomisierter Verfahren hauptsächlich die Optimierung betrieben und daran forschten – standen dieser Herangehensweise schon aus diesem Grunde kritisch gegenüber.

Ein weiterer Grund ist die folgende Betrachtung randomisierter Verfahren: die sogenannte *simultane Zufallssuche* (Monte-Carlo-Suche). Dabei wird der n-dimensionale Suchraum in ein Hyperkubus V eingeschränkt. In diesem Hyperkubus werden simultan (oder auch sukzessive) unabhängig Lösungen gezogen. Liegen diese Lösungen innerhalb

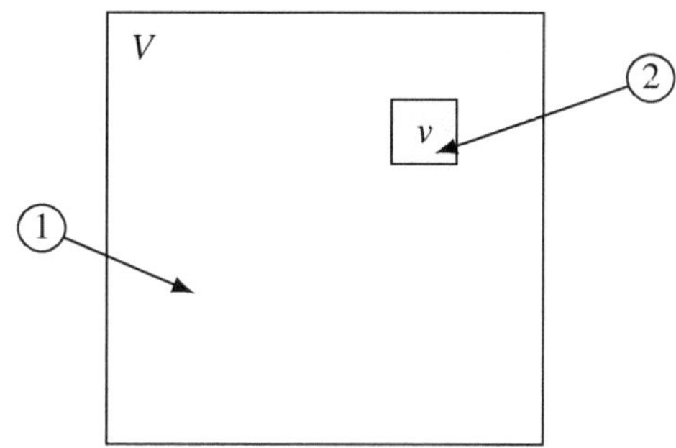

Abb. 5.1 Schematisches Darstellung der Monte-Carlo-Suche

eines gewünschten Qualitätsbereichs v, so werden sie als annähernd optimale Lösung übernommen. Abb. 5.1 zeigt dies schematisch.

Es ist nun interessant, wie viele Testpunkte erzeugt werden müssen, um mit einer gegebenen Wahrscheinlichkeit p mindestens einen Punkt im Bereich hinreichender Qualität (also in v) bei gleichverteilter Wahl der Punkte im Suchraum zu treffen. Die Anzahl der Versuche benennen wir wieder mit N. Wir können nun erst mal p folgendermaßen ausdrücken:

$$p = 1 - \left(1 - \frac{v}{V}\right)^N$$

Dabei bezeichnet der zweite Term die Wahrscheinlichkeit, dass v N-mal hintereinander nicht getroffen wird; p ist dann die Gegenwahrscheinlichkeit. Daraus lässt sich leicht durch Umstellen ermitteln:

$$1 - p = \left(1 - \frac{v}{V}\right)^N$$

und damit schließen

$$N = \frac{\ln(1 - p)}{\ln\left(1 - \frac{v}{V}\right)}.$$

Betrachten wir das Verhältnis $\frac{v}{V}$ für viele Dimensionen, so können wir davon ausgehen, dass es sehr klein wird. Aus diesem Grund können wir folgende Approximation nutzen:

$$\ln(1 + x) \approx x, \ \text{für } x \ll 1$$

Dies führt zu der Approximation:

$$N \approx -\ln(1 - p) \cdot \left(\frac{V}{v}\right)$$

Um eine Beziehung zur Gittersuche vom Anfang der Betrachtung numerischer Verfahren herzustellen, nehmen wir nun an, V werde durch einen Hyperquader mit Kantenlänge

D und v durch einen (kleineren) Hyperquader mit Kantenlänge d beschrieben. Dann können wir das Verhältnis $\frac{v}{V}$ durch $\left(\frac{d}{D}\right)^n$ substituieren. Es ergibt sich für die vorherige Approximation:

$$N \approx -\ln(1-p) \cdot \left(\frac{D}{d}\right)^n$$

Während bei der Gittersuche

$$N = \left(\frac{D}{d}\right)^n$$

gilt, hängt N für die Zufallssuche nach obiger Darstellung von der angepeilten Wahrscheinlichkeit p ab, dass mindestens ein Punkt im angestrebten Qualitätsbereich liegt. Für den zur Grid-Suche vergleichbaren Fall würde sich ein $p \approx 0{,}63$ ergeben. Eine 90 %-ige Trefferwahrscheinlichkeit würde jedoch

$$N \approx 2,3 \cdot \left(\frac{D}{d}\right)^n$$

Versuche benötigen, was definitiv schlechter ist, als die Grid-Suche.

Diese Beobachtung führte lange Zeit dazu, dass zufällige Einflüsse für die Optimierung weitgehend abgelehnt wurden. Tatsächlich beruht diese Beobachtung aber darauf, dass unabhängig gewählt wird und (aufgrund numerischer Näherungen) mehrfach gleichartige Lösungen gewählt werden können. Kann man dies verhindern, so ist die Zufallssuche nicht schlechter als eine Grid-Suche.

Trotzdem haben randomisiert arbeitende Verfahren genau aufgrund dieser Betrachtung kaum Beachtung gefunden. Insbesondere die Begründer sogenannter evolutionärer Verfahren hatten in den späten 1960er-, frühen 1970er-Jahren gegen erheblichen Widerstand zu kämpfen. Auch heute werden diese Verfahren in einigen sehr mathematisch geprägten Fachbereichen noch skeptisch betrachtet. Wir wollen im Anschluss jedoch die Grundlagen dieser durchaus sehr mächtigen Verfahren, gerade unter dem Aspekt der Anwendung, betrachten. Diese Verfahren haben sich insbesondere dann als besonders mächtige Optimierungsverfahren gezeigt, wenn kein übliches Verfahren eine gute Lösung für große Praxisprobleme erreichen kann.

5.2　Evolutionäre Algorithmen

Wir beginnen die Betrachtung der evolutionären Algorithmen mit zwei kurzen Abschnitten, die weniger algorithmisch als vielmehr historisch sind. Der erste Abschnitt stellt kurz die Entwicklung und einige Hintergründe der den Algorithmen zugrunde liegenden Gedanken der biologischen Evolutionstheorie dar. Das zweite Kapitel zeigt auf, welche

Strömungen und „Schulen" es im Gebiet der evolutionären Algorithmen gab und teilweise noch gibt. Danach steigen wir wieder in die Algorithmik ein und betrachten zuvorderst die sogenannten Evolutionsstrategien, bevor wir später die Begriffe der genetische Algorithmen, evolutionäre Algorithmen und die evolutionäre Programmierung kurz betrachten.

5.2.1 Ein kurzer Abstecher in die Geschichte der Evolutionstheorie

Eine der zentralen Fragen der Naturforschung (heute Biologie) des 18. und 19. Jahrhunderts war die Ergründung der Artenvielfalt der Erde. Entgegen der vom christlichen Glauben vertretenen Genesis, also der Schöpfung der Tier- und Pflanzenvielfalt in einem einzigen vor relativ kurzer Zeit durchgeführten göttlichen Akt, sprachen Indizien der Geologie und Beobachtungen von Nischenbildung in abgeschlossenen Reservaten (z. B. Inseln) für einen anderen längeren Verlauf der Entwicklung von Flora und Fauna. Neben dem Faktor der Zeit stellten Forscher zunehmend verwandtschaftliche Beziehungen zwischen Tieren und Arten fest. So entwickelten sich langsam sogenannte Evolutionstheorien, die in dem heute üblichen grundlegenden Gedankenmodell mündeten. Drei der bekanntesten Forscher dieser Zeit sollen kurz erwähnt werden, siehe auch Abb. 5.2.

Jean-Baptiste de Lamarck entwickelte um 1800 die Theorie, dass die Entwicklung von Pflanzen und Tieren von der sogenannten Urzeugung, einer Neuentstehung von Arten, ausgeht. Diesen ursprünglichen und unabhängig voneinander entstandenen Arten wohnt in Lamarcks Sichtweise eine Zielrichtung bereits inne. Zusätzlich entwickelt Lamarck die Nebenbedingung, dass Entwicklung und Diversifikation der Arten durch die Vererbung erworbener Eigenschaften entsteht. Dieser letzte Aspekt wird oftmals als Lamarckismus bezeichnet und kann bildlich an dem etwas vereinfachten Beispiel der Giraffenhälse erklärt

Abb. 5.2 Die drei bekanntesten Begründer von Evolutionstheorien: J.B. Lamarck, A.R. Wallace und C. Darwin. (Quellen: Galerie des naturalistes de J. Pizzetta, Paris: Ed. Hennuyer (1893), Borderland Magazine (1896), Maull and Fox (1859))

werden. Nach Lamarck entwickelte die Giraffe als Spezies über lange Zeit einen langen Hals, weil sie sich nach Blättern am Baum reckte. Dies streckt den Hals. Genau jene erworbene Eigenschaft wird – nach Lamarck – in der Generationenfolge vererbt. Nach heutigem Verständnis sind hier Ursache und Wirkung vertauscht.

Die moderne Evolutionstheorie basiert auf den Erkenntnissen von *Alfred Russel Wallace* und *Charles Darwin*. Beide formulieren etwa zeitgleich eine Entwicklung von neuen Arten aus vorangegangenen Arten durch Variation und Anpassung an äußere Einflüsse, die sogenannte natürliche Selektion. Bereits 1855 (einige Jahre vor Darwin) formuliert Wallace: „*Every species has come into existence coincident both in space and time with a pre-existing closely allied species.*" (in: On the Law Which Has Regulated the Introduction of New Species, Volume 16 (2nd Series) of the Annals and Magazine of Natural History, 1855). Es wird also bereits die Idee der Entwicklung von Arten aus anderen Arten heraus vorgeschlagen. Darwin formuliert 1859 etwas expliziter, jedoch erst ganz am Ende seines sehr bekannten Buches: „*These laws, taken in the largest sense, being growth with reproduction; inheritance which is almost implied by reproduction; variability from the indirect and direct action of the external conditions of life, and from use and disuse; a ratio of increase so high as to lead to a struggle for life, and as consequence to natural selection, entailing divergence of character and the extinction of less-improved forms.*" (in: On the Origin of Species by Means of Natural Selection, London: J. Murray, 1859)

Hier tauchen die wichtigen Begriffe auf, die die Evolutionstheorie bis heute prägen und die uns bei der Betrachtung evolutionärer Algorithmen stetig begleiten werden: Reproduktion, Variation, Vererbung, äußere Einflüsse, Populationswachstum und „Kampf ums Überleben" bzw. natürliche Selektion.

Wie kritisch diese Theorie gesehen wurde, ist in der Karikatur von Darwin in Abb. 5.3 zu sehen. Die Konsequenz seiner Theorie, dass auch die Art des Menschen aus vorangegangenen Arten entstanden ist (in diesem Falle den Menschenaffen), passte nicht in das religiös geprägte Bild der besonderen Stellung des Menschen.

Abb. 5.3 Zeitgenössische Karikatur Darwins wegen seiner Abstammungslehre. (Quelle: The Hornet magazine, 1871)

Diese Darwin'sche Evolutionstheorie besagt kurz dargestellt, dass die Lebewesen der Erde stets einer Veränderung unterliegen. Diese wird durch zufällige Veränderungen (so weiß man heute) des Erbgutes (Genotyp) erzeugt. Diese Veränderung wird als Mutation bezeichnet und kann durch externe Einflüsse auf das Erbgut oder Fehler im Prozess der Vererbung geschehen. Insbesondere durch sexuelle Reproduktion kann sich Erbgut zudem vermischen (Rekombination). Vereinzelt entstehen dabei neue Ausprägungen einer Art (Phänotyp), also geringfügig unterschiedliche Eigenschaften oder Charakteristika. Diese bieten dem individuellen Lebewesen möglicherweise Vorteile und machen es Artgenossen überlegen. Diese Überlegenheit äußert sich ggf. in einer höheren Reproduktionsrate und damit in der Fähigkeit, sein Erbgut erfolgreicher weiterzugeben. Dies führt über längere Zeit zu einer Verbreitung der Veränderung im Genotypen und führt so zu einer langsamen Veränderung der Art. Der Prozess, der zu einer Verbreitung von Veränderungen führt, wird als natürliche Selektion bezeichnet und ist sehr vielschichtig und kann äußerst komplex sein. Er ist im Kontext einer komplexen Umwelt und einem komplizierten Wechselspiel von Arten und Lebewesen zu betrachten. Es gilt nicht die übliche Redensweise „survival of the fittest" im Sinne des Überlebens des besten Individuums. Es gilt vielmehr, dass die am besten an viele Rahmenbedingungen angepassten Individuen erfolgreicher ihr Erbgut weitergeben können, als weniger gut angepasste Individuen.

Diese hier sehr knapp dargestellten Zusammenhänge der Evolutionstheorie reichen, um die Motivation der evolutionären Algorithmen nachzuvollziehen. Tatsächlich ist der Name hauptsächlich als Metapher gedacht, der jedoch auf dem Verständnis basiert, dass in der Natur ein gut funktionierender Prozess existiert, der vielleicht nicht im eigentlichen Sinne zielgerichtet optimiert, Arten jedoch ermöglicht, sich an die gerade existierenden Umgebungseinflüsse flexibel (wenn auch über lange Zeit) anzupassen. Ausschlaggebend – und dies ist der interessante Aspekt – sind dabei offensichtlich weitgehend zufällige Einflüsse.

5.2.2 Eine sehr kurze Geschichte der evolutionären Algorithmen

Die Idee, die Evolution als abstrakten Optimierungsprozess zu sehen (wie bereits angedeutet kann man darüber streiten, ob in der Natur tatsächlich optimiert wird) und in analoger Art zufällige Einflüsse in die Lösungsbildung einfließen zu lassen, entstand interessanterweise fast zeitgleich an drei Orten:

- David Fogel schlug 1966 die Nutzung evolutionärer Prinzipien für die automatische Entwicklung endlicher Automaten vor (Evolutionäre Programmierung, EP).
- John Holland und DeJong benutzten seit 1975 die Analogie zur Lösung kombinatorischer Probleme (Genetische Algorithmen, GA).
- Ingo Rechenberg und Hans-Paul Schwefel lösten bereits 1968 Parameteroptimierungsprobleme (erst ganzzahlig, später reellwertig) mit sogenannten Evolutionsstrategien (ES).

Inzwischen (nach vielen Jahren der wissenschaftlich sehr intensiven Diskussion) sind diese Verfahren gemeinsam unter dem Begriff der evolutionären Algorithmen zusammengefasst. Unterschiede zwischen den grundlegenden Verfahren sind nur in Details zu finden, so dass zumeist die übergeordnete Bezeichnung gewählt wird. Der wohl augenscheinlichste Unterschied zwischen GAs und ES ist, dass die Bezeichnung GA heutzutage im Zusammenhang mit ganzzahliger Optimierung und ES im Zusammenhang mit reellwertiger Optimierung verwendet wird.

5.2.3 Die (1+1)-ES

Um die evolutionären Algorithmen nun technisch einzuführen, betrachten wir reellwertige Probleme und sprechen daher von Evolutionsstrategien. Die einfachste dieser Strategien ist die sogenannte (1+1)-ES (auf die Notation gehen wir später ein), die auch den ersten von Rechenberg und Schwefel vorgeschlagenen Algorithmus repräsentiert.

Die (1+1)-ES richtet sich strikt nach der Iterationsformel für mehrdimensionale numerische Optimierungsverfahren. Die einzige Besonderheit des Vorgehens besteht in der zufälligen Wahl der Suchrichtung v_k und der normalverteilten Schrittweite s_k. Die Iterationsformel wird meist durch einen einzigen Zufallseinfluss übersichtlicher dargestellt:

$$x_{k+1} = x_k + z_k, \text{ wobei } x_k, x_{k+1}, z_k \in \mathbb{R}^n \text{ und } z_{k,i} \sim \mathcal{N}(0, \sigma_i^2), i \in \{1, \ldots, n\}$$

Im Kontext der ES wird diese zufällige Veränderung der Entscheidungsvariable als *Mutation* bezeichnet. Dazu haben wir eine Normalverteilung genutzt, die einen Erwartungswert von 0 hat und deren Varianz über die Standardabweichung σ_i in jeder Komponente gegeben ist. Die zufällige Veränderung der Lösung x_k ist natürlich nicht ausreichend. Im Anschluss an die Mutation muss entschieden werden, ob diese sinnvoll war oder nicht. Im Sprachgebrauch der ES wird der Vorgang des Vergleichs der Zielfunktionswerte von x_k und x_{k+1} als *Selektion* bezeichnet. Es wird nämlich jener Entscheidungsvektor übernommen, der den besseren Funktionswert hat. Im Sinne der Metapher des Evolutionsprozesses wird schließlich der Entscheidungsvektor als *Individuum* bezeichnet. Formal können wir die (1+1)-ES leicht durch den folgenden Algorithmus 5.1 darstellen.

Algorithmus 5.1 1+1-ES

Eingabe: $x \in \mathbb{R}^n$ Startindividuum, $\sigma \in \mathbb{R}^n$ Schrittweite
 1: **while** Terminierungskriterium nicht erfüllt **do**
 2:     $x' = x + \mathcal{N}(0, \sigma)$
 3:     **if** $f(x') \leq f(x)$ **then**
 4:         $x := x'$
 5:     **end if**
 6: **end while**

Dieses sehr einfache Vorgehen erinnert von seiner algorithmischen Komplexität an die Koordinatensuche. Wir untersuchen, was die beiden Verfahre unterscheidet. Tatsächlich gibt es zwei zentrale Unterscheidungsmerkmale:

1. Die Suche ist vollständig unabhängig von den Koordinatenrichtungen. Die Suchrichtung ist in jedem Schritt zufällig.
2. Die Schrittweite der Suche ist ebenfalls nicht festgelegt. Sie wird zwar zentral bestimmt von der Varianz der Normalverteilung, kann jedoch (zufällig) auch sehr kleine und sehr große Werte annehmen.

Die Konsequenz dieser Unterschiede ist immens. Im Gegensatz zur Koordinatensuche kann so von einem Startpunkt aus theoretisch jeder Punkt im Suchraum, also auch das *globale Optimum* erreicht werden. Wann es erreicht wird, ist jedoch nicht wirklich garantiert. Natürlich erreicht der Algorithmus nur in unendlicher Zeit das globale Optimum. Dies ist jedoch schon besser, als das, was eine Koordinatensuche im Allgemeinen erreichen kann.

Ein weiterer, weniger auffälliger Unterschied ist im Vergleich der Zielfunktionswerte zu finden. Wir erlauben, dass eine Lösung auch dann übernommen wird, wenn sie die gleiche Qualität wie die bereits vorhandene Lösung aufweist. Dies ist insbesondere dann sinnvoll, wenn sich der Algorithmus in einer lokalen Umgebung befindet, in der alle Lösungen die gleichen Zielfunktionswerte aufweisen. Würden wir die entsprechende Gleichheit der Qualität verbieten, so würde der Algorithmus stehen bleiben. Durch das Fortschreiten bei Gleichheit entspricht das Suchverhalten jedoch einer zufälligen Suche. Zwar garantiert dies kein Verlassen des Plateaus oder einen weiteren Fortschritt, es ist aber sicher besser, sich in der lokalen Umgebung stichprobenartig umzuschauen, ob nicht vielleicht doch eine bessere Lösung vorliegt (vielleicht singulär), als einfach stehenzubleiben und nichts zu tun.

Es stellt sich nun die Frage, ob dies bereits die gesamte Übertragung der Evolutionsprinzipien auf die Algorithmik waren? Natürlich ist dies nicht so. Im nächsten Abschnitt werden wir sehen, dass es nur der allererste Anfang war.

5.2.4 Evolutionsschleife und Notation der Evolutionsstrategien

Wenn wir versuchen, die Evolutionstheorie ein wenig vollständiger (aber nach wie vor abstrakt und algorithmisch nutzbar) zu betrachten, dann können wir den evolutionären Algorithmus weiterhin als Schleife (der sogenannten Evolutionsschleife) darstellen, fügen aber erheblich mehr Schritte ein, siehe Abb. 5.4. Die wichtigste Änderung aber ist, dass wir im Gegensatz zur (1+1)-ES nun nicht mehr ein einziges Individuum, sondern eine *Population* von Individuen, also eine Menge von Lösungskandidaten betrachten.

Wie in Abb. 5.4 dargestellt, wird diese Population (ob initial oder als Resultat der Evolutionsschleife) einer sogenannten *Elternselektion* unterworfen. Hier werden in der Population diejenigen Individuen identifiziert, die sich reproduzieren dürfen, aus denen also

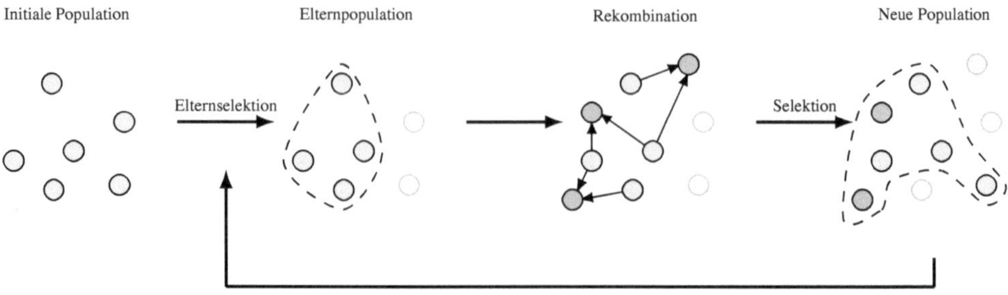

Abb. 5.4 Schematische Darstellung der Evolutionsschleife evolutionärer Algorithmen

neue Lösungen entstehen. Auf diese *Elternpopulation* werden sogenannte *Reproduktions- und Variationsmechanismen* angewendet. Einen solchen Reproduktionsmechanismus, den einfachsten, haben wir bereits als Klonen des Elternindividuums in der (1+1)-ES kennengelernt. Die Mutation der (1+1)-ES war zudem ein Variationsoperator. Weitere besprechen wir weiter unten.

Die Reproduktion und Variation führt zu einer *Nachkommenpopulation*. Je nach Umsetzung werden nun in einem weiteren Selektionsschritt diejenigen Individuen aus Eltern- und Nachkommenpopulation ausgewählt, die die neue Population in der nächsten *Generation* (Iteration) bilden. Algorithmus 5.2 stellt diese Schritte ebenfalls dar, ohne die genauen Inhalte der einzelnen Aspekte zu konkretisieren.

Bevor wir nun in die Diskussion der einzelnen Schritte einsteigen, sollen die Begriffe der Biologie und der Algorithmik, die wir eben eingeführt haben, nochmal gegenübergestellt werden. Tab. 5.1 zeigt die Äquivalenzen in der Begriffsbildung.

Wir betrachten nun etwas detaillierter verschiedene Bausteine evolutionärer Algorithmen. Dabei beschränken wir uns nicht auf ursprüngliche Eigenschaften der Evolutionsstrategien, sondern berühren insbesondere auch den Bereich der genetischen Algorithmen.

5.2.5 Notation

Direkt anschließend an die Darstellung der Evolutionsschleife bietet es sich an, ein wenig Notation für die evolutionären Algorithmen einzuführen. Bereits bei der (1+1)-ES haben wir diese Notation, ohne sie allerdings explizit zu erwähnen, verwendet. Dies soll nun

---

Algorithmus 5.2 Allgemeiner evolutionärer Algorithmus

Eingabe: initialer Suchbereich, initiale Schrittweite, exogene Parameter
 1: $P :=$ initiale Population
 2: **while** Terminierungskriterium nicht erfüllt **do**
 3:      Elternpopulation $E :=$ Elternselektion(P)
 4:      Nachkommen $C :=$ Variation(Reproduktion(E))
 5:      $P :=$ Selektion(E, C)
 6: **end while**

Tab. 5.1 Gegenüberstellung der Begriffe der Biologie und der Algorithmik im Kontext evolutionärer Optimierung

Biologie	Algorithmus
Individuum	Lösungskandidat im Suchraum
Population	Menge von Individuen (Lösungskandidaten)
Fitness	Zielfunktionswert eines Individuums, Auskunft über die Güte einer Lösung
Elternteil	Lösungskandidat, welcher zur Reproduktion ausgewählt wird
Nachkomme	Lösungskandidat, welcher durch Reproduktion und Variation von Eltern entsteht
Generation	eine vollständige Schleifen-Iteration
Rekombination, Mutation	Evolutionsoperatoren zur Reproduktion und Variation von Lösungen
Selektion	Evolutionsoperator zur Auswahl von Individuen

allgemein nachgeholt werden. Schwefel [3] hat die folgende Notation im Kontext von Evolutionsstrategien eingeführt. Über die vergangenen Jahrzehnte hat sich diese jedoch auch im Kontext anderer evolutionärer Algorithmen durchgesetzt, weshalb sie hier als generelle Notation vorgestellt wird.

▶ **Definition 5.1 (Notation von EAs)** Grundlegend werden für die Größe von Populationen (also die Anzahl der enthaltenen Individuen) die folgenden Bezeichner eingeführt:

μ: Größe der Elternpopulation
λ: Größe der Nachkommenpopulation

Aufbauend auf der Festlegung dieser Teilpopulationen wird die Bildung und Größe der Gesamtpopulation einer Generation über ein Dreiertupel (μ, κ, λ) definiert. Das $1 \leq \kappa \leq \infty$ gibt zusätzlich zu den bekannten Größen an, welche maximale Lebenszeit an Generationen ein Individuum in der Population hat.

Für $\kappa = 1$ wird vereinfacht (μ, λ) und für $\kappa = \infty$ wird $(\mu + \lambda)$ geschrieben.

Beispiel 5.2 (Notation von EAs)

$(1 + 1)$: Die Elternpopulation des Algorithmus besteht aus einem Individuum, ebenso die Nachkommenpopulation. Die Lebenszeit eines Individuums ist theoretisch unbegrenzt (in der (1+1)-ES bleibt es erhalten, bis ein besserer oder mindestens gleichwertiger Nachkomme gefunden wurde).

$(10 + 70)$: Es wird eine Elterngeneration der Größe $\mu = 10$ und eine Nachkommenpopulation der Größe $\lambda = 70$ in einer Iteration des Algorithmus genutzt. Dies bedeutet, aus 10 Elternindividuen werden 70 Nachkommen erzeugt. Die Lebensdauer eines Individuums ist theoretisch unbegrenzt (z. B. des besten Individuums).

$(10, 70)$:   Es werden 10 Elternindividuen und 70 Nachkommen in einer Iteration verwendet. Nachdem sich die 10 Elternindividuen reproduziert haben, nehmen sie nicht mehr an der nächsten Iteration teil. Dies bedeutet, die Lebensdauer eines Individuums beträgt eine Generation.

$(\mu + 1)$:   Ein oft auftretender Spezialfall, der einen eigenen Namen hat: „Steady-State-Ansatz". Es werden μ Eltern in jeder Generation verwendet, jedoch nur ein einziger Nachkommenindividuum produziert, das ggf. ein schlechteres Elternindividuum ersetzt. Dieser Ansatz hält die Population über Generationen sehr stabil. Im biologischen Sinne herrscht fast kein Selektionsdruck.

$(10, 5, 70)$:   Dies entspricht weitgehend dem (10,70)-Ansatz mit dem Unterschied, dass ein Individuum (bei guter Qualität) bis zu $\kappa = 5$ Generationen überdauern kann. Danach wird es aber entfernt.

Manchmal findet man eine noch allgemeinere Vierertupel-Definition in der Art $(\mu/\rho, \kappa, \lambda)$. Das μ/ρ gibt dabei an, dass ρ Individuen an der Erzeugung *eines* neuen Individuums teilnehmen. In der biologischen Analogie gilt bei Tieren meist $\rho = 2$, also Paarungsfortpflanzung. Algorithmisch kann man sich natürlich viele andere Varianten ausdenken.

Der Vollständigkeit halber wollen wir noch erwähnen, dass eine $(\mu + \lambda)$-Strategie als „elitär" bezeichnet wird, da immer das Überleben der μ besten Individuen sichergestellt wird. Dies kann ggf. zur Stagnation bei der Annäherung an ein Optimum führen. Die (μ, λ)-Strategie setzt hingegen auf „Vergessen", auch von wirklich guten Lösungen. Dies kann Stagnation verhindern, jedoch auch zum Verlust der optimalen Lösung und im Zweifel zur Divergenz führen. Schließlich wollen wir noch festhalten, dass über das Verhältnis der Parameter μ und λ sowie über die Lebensspanne von Individuen ein *Selektionsdruck* in der Population eingestellt werden kann. Wir diskutieren dies im Rahmen der Selektion näher.

5.2.6   Das Individuum und seine Repräsentationen

Ein zentrales Element aller numerischen Optimierungsalgorithmen ist die aktuelle Lösung, oft die beste, die bisher erreicht wurde. Im Kontext evolutionärer Verfahren werden auch diese Lösungskandidaten (EAs verfügen ja oft über eine Population davon) als Individuen in der biologisch motivierten Analogie betrachtet. Hierbei wird die Repräsentation von Lösungen (Genotyp) und deren Ausprägung (Interpretation) im Problemkontext als zwei Suchräume betrachtet. Wie bei Pflanzen oder Tieren der genetische Code die innere Repräsentation eines Individuums ist, kann für eine Lösung eine individuelle Repräsentation angenommen werden, die sich im genotypischen Suchraum befindet. Dieser Genotyp enthält alle Informationen zur betrachteten Lösung. Abgeleitet aus dem Genotyp, quasi durch eine Transformationsfunktion, lässt sich eine Ausprägung der Lösung, der

Abb. 5.5 Die Transformation von Genotyp in Phänotyp und dessen Bewertung in schematischer und formaler Darstellung

sogenannte Phänotyp bestimmen. Dies wäre in der Analogie der Biologie ein Lebewesen mit verschiedenen Eigenschaften.

Abb. 5.5 zeigt diese Übertragung der Naturanalogie auf die Algorithmik. Der genotypische Suchraum Φ_g enthält die interne Repräsentation des Individuums, in der Biologie z. B. eine DNA-Repräsentation. Der phänotypische Suchraum enthält die spezielle Ausprägung des Individuums als Ergebnis der Transformation $f_g : \Phi_g \to \Phi_p$. Erst diese Ausprägung hat sich in ihrer Umgebung zu beweisen, um erfolgreich oder nicht erfolgreich zu sein. Algorithmisch wird dies durch die Ziel- oder Fitnessfunktion $f : \Phi_p \to \mathbb{R}$ dargestellt.

Wir wollen für einige unserer bisher betrachteten Probleme anschauen, was dies konkret bedeutet.

Beispiel 5.3 (Rucksackproblem, binäre Repräsentation)

In Beispiel 2.27 haben wir das folgende Rucksackproblem betrachtet und gelöst: Wir wollen vier Gegenstände mit angegebenem Gewicht und Nutzen in einen Rucksack mit Gewichtskapazität von 8 kg mit maximalem Nutzen beladen.

	A	B	C	D
Gewicht	2	3	1	2
Nutzen	4	3	3	1
Nutzen/Gew.	2	1	3	$\frac{1}{2}$

Das von uns verwendete Branch & Bound-Verfahren hat dafür implizit bereits eine Kodierung des Problems benutzt, die darauf basierte, anzugeben, ob ein Element eingepackt wird oder nicht.

Explizit geben wir nun eine solche genotypische Kodierung an, indem wir eine Zeichenkette der Länge 4 definieren und in jedem Zeichen i festhalten, ob das Element mit entsprechendem Index i eingepackt wird oder nicht. Dazu reicht es, ein Alphabet mit 2 Zeichen/Buchstaben, nämlich $\{0, 1\}$ zu verwenden. Repräsentationen möglicher Lösungen wären etwa

$$l_1 = 1, 0, 0, 1$$

oder

$$l_2 = 0, 0, 0, 1,$$

die über eine Transformationsfunktion leicht in eine phänotypische Interpretation, nämlich:

Elemente im Rucksack: A, D
und
Elemente im Rucksack: D
umgewandelt werden können. Formal ist $\Phi_g = \{0, 1\}^4$ die Menge aller vierelementigen Binärzeichenketten. Der phänotypische Suchraum Φ_p wäre die Menge der möglichen Packungen im Rucksack. Die Abbildung zwischen Genotyp und Phänotyp ist sehr direkt und die Zuordnung jedes Phänotyps zu einem Genotyp eindeutig (bijektiv).

Die Zielfunktion f ist nun die Abbildung des phänotypischen Suchraums in die ganzen Zahlen: $f : \Phi_p \to \mathbb{Z}$. Damit kann nämlich nun für jede Rucksackfüllung der Zielfunktionswert durch Addition der Gewichte bestimmt werden.

Sollen mehr als zwei Zustände im Genotypen kodiert werden, kann das Alphabet größer gewählt werden. Entsprechend muss die Transformationsfunktion zur Interpretation der Kodierung angepasst werden. Wir sprechen dann nicht von binärer, sondern allgemeiner von ganzzahliger Repräsentation.

Beispiel 5.4 (Traveling Salesperson Problem, Permutation)
Ab Beispiel 2.46 haben wir versucht, eine kostenoptimale Rundreise auf dem folgenden Graphen zu bestimmen.

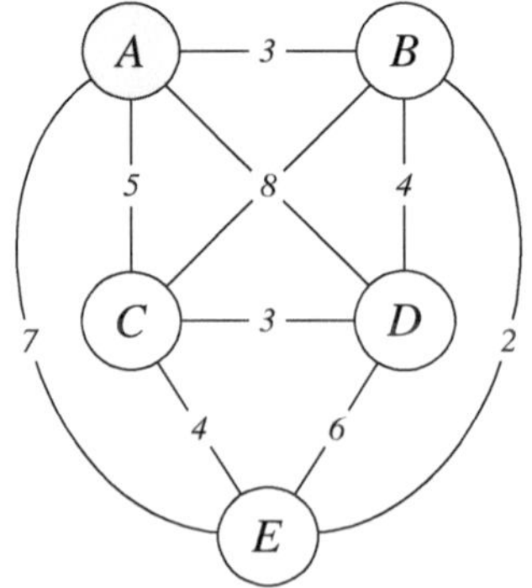

Dabei haben wir eine Tour als Lösung etwa genotypisch durch eine Permutation der Knoten beschrieben,

$$l_1 = A, B, D, C, E$$

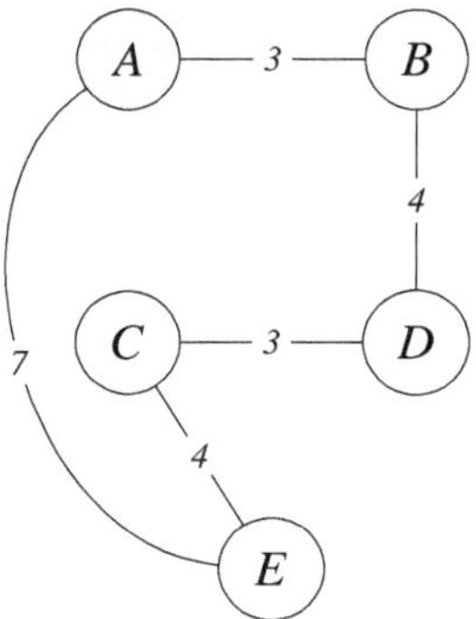

oder

$$l_2 = A, E, B, C, D$$

die beide im phänotypischen Kontext einen Kantenzug durch den gegebenen Graphen darstellen, also einige Kanten enthalten, andere nicht.

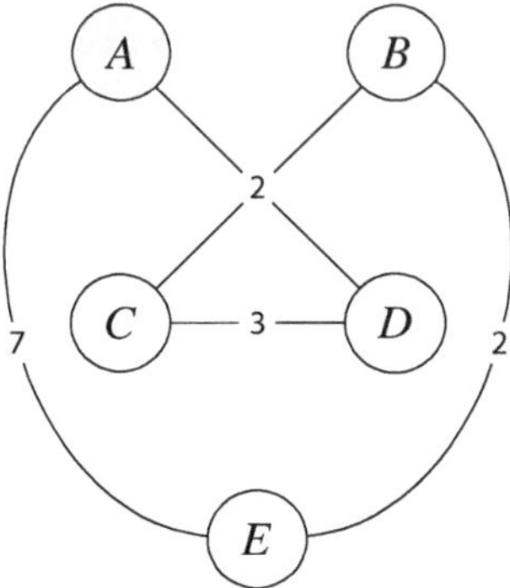

Aus dieser phänotypischen Darstellung kann leicht, erneut über die Addition der Kantengewichte, ein Zielfunktionswert bestimmt werden, der schließlich Aussagen über die Qualität der Lösung macht. Auch hier ist jeder Permutation ein individueller, eindeutiger Phänotyp zugeordnet.

Beispiel 5.5 (Parameteroptimierung, reellwertige Repräsentation)

Bei Parameteroptimierungsaufaben, also solchen Problemen, deren Parameter gegeben durch $x_1, \ldots, x_n$ aus $\mathbb{R}$ sind, ist keine Unterscheidung zwischen Genotyp und Phänotyp zu treffen. Die Lösung dieser Probleme wird genotypisch wie phänotypisch durch einen reellwertigen Vektor $l \in \mathbb{R}^n$ repräsentiert.

Die Zielfunktion $f : \mathbb{R}^n \to \mathbb{R}$ wird direkt auf dem Lösungsvektor angewandt. Eine Zwischenstufe der Transformation ist nicht nötig.

Wir stellen also fest, dass Repräsentationen im genotypischen und phänotypischen Suchraum die Grundlage für die Suche und Interpretation von Lösungen sind. Erst auf Basis der Interpretation wird eine Qualitätsbeurteilung vorgenommen. Der Algorithmus sucht meistens im genotypischen Suchraum, während die Qualitätsbewertung einer Lösung auf Basis der phänotypischen Lösung geschieht.

Für die Umsetzung einer guten Repräsentation kann man (wie bereits teilweise bereits in den Beispielen bemerkt) einige wichtige Punkte für die geno- und phänotypische Darstellung von Lösungen ableiten:

Teillösungen: Wenn möglich, sollten Teillösungen, also gute Teilaspekte einer Lösung, auch in der Repräsentation des Individuums sinnvoll dargestellt werden, um eine Weitergabe dieser Teillösungen während der Reproduktion zu ermöglichen.

Unterdrückung isomorpher Ausprägungen: Es ist wichtig zu verhindern, dass derselbe Phänotyp durch mehrere Genotypen entstehen kann.

Alphabet: Die Verwendung eines möglichst kleinen Alphabets verringert die Größe des Suchraums und kann so zu einer schnelleren Lösung von Problemen führen.

5.2.7 Selektionsmechanismen und ihre Bedeutung

Die Selektion ist der zentrale Mechanismus des evolutionären Algorithmus zur Sicherstellung von Fortschritt im Sinne der Zielfunktion. Im Gegensatz zur Natur, in der die Selektion die „Bewahrung von guten (gut angepassten) Variationen und die Rückweisung schädlicher Variationen"[1] hat, ist die Selektion im evolutionären Algorithmus über die Zielfunktion offensichtlich zielgerichtet. Voraussetzung dafür ist natürlich eine Ordnung der Bewertung von Individuen, so dass ein Vergleich möglich ist. Wir wollen im folgenden drei verbreitete Arten von Selektionsmechanismen betrachten:

Deterministische Selektion: Als deterministische Selektion werden die bereits kurz bei der Vorstellung eingeführten Selektionsregime $(\mu + \lambda)$ und (μ, λ) betrachtet. In einer gegebenen Gesamtpopulation aus μ Elternindividuen und λ Nachkommenindividuen hängt die Überlebenswahrscheinlichkeit direkt von der Fitness, also dem Zielfunk-

---

[1]Darwin 1859, Kap. 4, S. 51: The Origin of Species.

tionswert eines Individuums ab. Während die Plus-Selektion sicherstellt, dass die besten Individuen niemals verlorengehen und so eine monotone Verbesserung der Zielfunktionswerte herbeiführt (elitäre Selektion), erzwingt die Komma-Selektion das Vergessen auch guter Lösungen. Die Idee dabei ist es, Stagnation bei guten Lösungen zu vermeiden. Zugleich geht man davon aus, dass während der Reproduktion durch nur geringe Veränderungen keine allzu viel schlechtere Lösung entstehen wird. Natürlich gehören auch die Zwischenvarianten mit Lebenszeit κ zu den deterministischen Selektionen.

Diese Form der Selektion wird meist eingesetzt, um am Ende der Evolutionsschleife aus der vorhandenen Elternpopulation und der erzeugten Nachkommenpopulation eine neue Population für die nächste Generation zu erzeugen. Sie ist in vielen einfachen Ansätzen damit zugleich eine Elternselektion, da einfache Ansätze meist die gesamten μ Individuen als Eltern betrachten.

Fitnessproportionale Selektion: Eine statistische, dynamische Methode der Selektion ist die fitnessproportionale Selektion. Sie wird oft als Selektion zur Auswahl der Elternpopulation genutzt. Hier hat – angelehnt an natürliche Selektionsvorgänge bei der Reproduktion – prinzipiell jedes Individuum die Möglichkeit auf Fortpflanzung. Die Reproduktionswahrscheinlichkeit hängt aber von der Fitness (also dem Zielfunktionswert) ab. Die Wahrscheinlichkeit für ein Individuum sich fortzupflanzen ergibt sich aus dem Verhältnis der individuellen Fitness und der Gesamtfitness der Population:

$$p_i = \frac{f(\mathbf{x}_i)}{\sum_{j=1}^{N} f(\mathbf{x}_j)}, \text{ mit } \forall j : f(\mathbf{x}_j) \geq 0 \text{ und } N \text{ Populationsgröße.}$$

Die alternative Bezeichnung der Methode als „Rouletterad-Selektion" ist sicherlich auf die einfache Vorstellung der Funktionsweise des Ansatzes zurückzuführen. Wie in Abb. 5.6 dargestellt, kann man sich die Fitness jedes Individuums als Teilstück eines Rouletterads vorstellen. Je größer die Fitness ist, desto mehr Umfang des Rouletterads wird überdeckt. Stoppt nun durch einen Zufallsprozess die Kugel im Bereich eines Teilstücks, so darf sich das zugehörige Individuum fortpflanzen. Je größer das überdeckte Teilstück des Rouletterades für ein Individuum ist, desto größer ist die Wahrscheinlichkeit, dass die Kugel daneben stoppt. Es bleibt anzumerken, dass diese Methode offenbar für Maximierungsprobleme konzipiert ist.

Ein alternatives Konzept, das zwar auf der Fitness basiert, diese aber nicht direkt verwendet, ist die Methode der Ränge (engl: Ranking). Dabei werden Individuen aufgrund ihrer Zielfunktionswerte Ränge zugewiesen, deren Ordnung dann die Reproduktionswahrscheinlichkeit bestimmt. Dies geschieht, indem die Indizes der Ränge auf eine Reproduktionswahrscheinlichkeit abgebildet werden. Oft wird dazu eine lineare Abbildung verwendet. In einigen Fällen verwendet man auch exponentielle Abbildungen, so dass einem guten Individuum eine exponentiell größere Wahrscheinlichkeit zugeordnet wird, zur Reproduktion beizutragen, als schlechteren Individuen. Dieser Ansatz ist direkt auf Maximierungs- und Minimierungsprobleme anzuwenden.

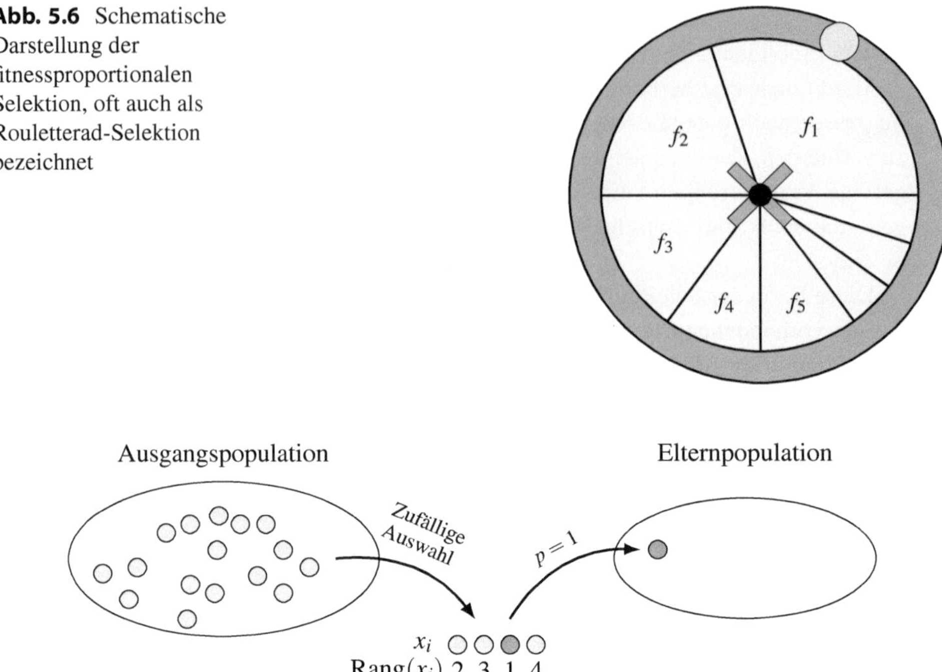

Abb. 5.6 Schematische Darstellung der fitnessproportionalen Selektion, oft auch als Rouletterad-Selektion bezeichnet

Abb. 5.7 Schematische Darstellung des Selektionsprozesses der Turnierselektion

Turnierselektion: Eine spezielle Variante der Rangselektion wird als Turnierselektion bezeichnet, siehe Abb. 5.7. Dabei wird aus der Ausgangspopulation eine Menge von k Individuen zufällig gezogen und verglichen. Auf Grundlage der Zielfunktionswerte werden Ränge zugewiesen. Das beste Individuum erhält Rang 1, das schlechteste den Rang k. Im Allgemeinen erhält das Individuum mit Rang 1 die Reproduktionswahrscheinlichkeit $p = 1$ und wird in die Elternpopulation aufgenommen.

Dieser Prozess wird mehrfach wiederholt, bis die erforderliche Menge an Individuen in der Elternpopulation vorhanden ist. Dabei können natürlich auch – abhängig von der zufälligen Wahl – schlechte Individuen (gewöhnlicherweise jedoch nicht das schlechteste Individuum) in die Elternpopulation aufgenommen werden, jedoch mit geringerer Wahrscheinlichkeit. In den meisten Anwendungen wird $k = 2$ gewählt, es treten also immer zwei Individuen gegeneinander an.

5.2.8 Variation: Mutation und Rekombination

Variationsoperatoren sind jene Bausteine der evolutionären Algorithmen, die zur *Innovation* in einer Population führen, also entweder bisher unbekannte genotypische Ausprägungen „entdecken" oder vorhandene Ausprägungen neu kombinieren. Die erste

Aufgabe fällt der *Mutation* zu, die zweite der *Rekombination* oder dem *Crossover*. Wir betrachten beide Einflüsse im Folgenden genauer.

Mutation

Die Mutation ist im biologischen Sinne eine Veränderung des Erbgutes durch äußeren Einfluss oder zufällige Prozesse während der Replikation der Geninformation. Als Konsequenz werden zufällige Veränderungen der genotypischen Ausprägung eines Individuums im evolutionären Algorithmus ebenfalls als Mutation bezeichnet. Im Kontext der (1+1)-ES haben wir dies bereits als Addition eines Zufallsvektors zu einer vorhandenen Lösung kennengelernt. Natürlich gibt es abhängig von der Repräsentation der Lösung unterschiedliche Arten von Mutation. Allen gemein ist, dass irgendwo ein zufälliger Einfluss auftaucht. Bevor wir die verschiedenen Mutationen im Detail betrachten, soll auf vier Eigenschaften hingewiesen werden, die eine Mutation nach Möglichkeit erfüllen sollte:

1. *Erreichbarkeit*: Eine Mutation muss derart entwickelt werden, dass der durch sie eingebrachte zufällige Einfluss dazu führt, dass jeder beliebige Punkt von jedem anderen Punkt im Suchraum erreicht werden kann. So stellt die Mutation prinzipiell die Erkundung des gesamten Suchraums sicher.
2. *Skalierbarkeit*: Der Einfluss der Mutation soll veränderbar sein, um eine Anpassung an lokale Gegebenheiten des Suchraums zu ermöglichen. Der typische Parameter für die Anpassung des Mutationseinflusses ist die Mutationsschrittweite.
3. *Verzerrungsfreiheit*: Es sollte keine Tendenz bei der Suchrichtung der Mutation vorliegen (Bias), sondern jede Suchrichtung mit gleicher Wahrscheinlichkeit verfolgt werden können.
4. *Symmetrie*: Der Mutationsübergang soll mit gleicher Wahrscheinlichkeit umkehrbar sein, die Transformation eines Elternindividuums in ein Nachkommenindividuum durch Mutation sollte also genauso wahrscheinlich sein wie der umgekehrte Prozess.

Von fast zwingender Wichtigkeit ist jedoch nur die erste Eigenschaft. Sie garantiert theoretisch globale Konvergenz. Die anderen Eigenschaften werden in speziellen Situationen auch schon mal aufgegeben, die zweite etwa, wenn der Algorithmus sehr einfach sein soll (siehe (1+1)-ES), die dritte und die vierte, wenn man vorhandenes Wissen in die Mutation einbaut und damit sehr wohl eine Tendenz vorgibt.

Reellwertige Repräsentation: Die reellwertige Mutation arbeitet auf dem Suchraum der reellen Zahlen und unterscheidet, wie bereits erwähnt, nicht zwischen einem Geno- und Phänotyp. Sie führt zufällige Veränderungen direkt auf einem reellwertigen Vektor aus. Die Formel hatten wir bereits oben angegeben:

$$x_{k+1} = x_k + z_k, \text{ wobei } x_k, x_{k+1}, z_k \in \mathbb{R}^n \text{ und } z_{k,i} \sim \mathcal{N}(0, \sigma_i^2), i \in \{1, \ldots, n\}.$$

Dabei ist $z_{k,i}$ eine normalverteilte Zufallszahl mit Erwartungswert 0 und Standardabweichung σ_i, die auch als Mutationsschrittweite bezeichnet wird. Die Normalverteilung als Generator für die Zufallszahlen wird genutzt, um sicherzustellen, dass oftmals eine kleine Abweichung vom Erwartungswert (Null ist neutrales Element bzgl. der Addition) erzeugt wird, selten aber eine große Abweichung auftreten kann. Durch die Symmetrie der Normalverteilung ist zudem sichergestellt, dass es keinen Bias in der Wahl der Richtungen gibt. Die Normalverteilung erzeugt mit gleicher Wahrscheinlichkeit analoge positive wie negative Zufallswerte.

Die reellwertige Repräsentation ist eine sehr ursprüngliche Eigenschaft von Evolutionsstrategien[2] und hat zu einem wichtigen Alleinstellungsmerkmal dieser Strategien geführt: der Selbstanpassung der Schrittweite.

Ganz offenbar ergibt es im Geiste der obigen zweiten Forderung nach Skalierbarkeit Sinn, den Parameter σ je nach lokaler Gegebenheit des Suchraumes anzupassen. Es ist einsichtig, dass nahe am Optimum eine geringe Mutationsschrittweite und damit nur (überwiegend) geringe zufällige Abweichungen von der aktuellen Lösung schneller zu einem Fortschritt führen, als häufige sehr große Abweichungen von der Lösung durch große Mutationsschrittweiten. Neben einigen komplizierteren Anpassungsregeln sind zwei grundlegende Regeln hervorzuheben: Die einfachste Strategie, die sogenannte *1/5-Regel* von Rechenberg und die *Selbstanpassung* von Schwefel.

- Die 1/5-Regel ist eine empirische Regel, die auf der Beobachtung und dem experimentellen Nachweis beruht, dass es vorteilhaft ist, die Mutationsschrittweite so einzustellen, dass die Erfolgswahrscheinlichkeit für eine gute Mutation etwa $0,2$ bis $0,25$ beträgt. Nachgewiesen wurde dies auf dem Kugelmodell und dem Korridormodell, zwei sehr einfachen Zielfunktionen. Als Vorschrift ergibt sich daraus:

▶ **Vorschrift 5.6** (1/5-**Regel**) Beobachte eine Anzahl von M Mutationen. Bestimme die empirische Erfolgswahrscheinlichkeit $p_s = \frac{s}{M}$, wobei s die Anzahl der erfolgreichen Mutationen ist (Nachkomme besser als Elternteil).

$$\sigma = \begin{cases} \frac{\sigma}{\beta} & , \text{wenn } p_s > 1/5 \\ \sigma \cdot \beta & , \text{wenn } p_s < 1/5 \\ \sigma & , \text{wenn } p_s = 1/5 \end{cases} \quad , 0.817 \leq \beta \leq 1$$

Vergrößere die Schrittweite also, wenn die Erfolgswahrscheinlichkeit größer als 1/5 ist. Verkleinere die Schrittweite, wenn die Wahrscheinlichkeit kleiner als 1/5 ist.

---

[2]Obwohl die ersten Evolutionsstrategien ganzzahlige Repräsentationen hatten, werden ES heutzutage meist (wenn überhaupt unterschieden wird) mit reellwertigen Repräsentationen in Verbindung gebracht.

Mit dieser Vorschrift kann oft ein schnellerer Fortschritt erreicht werden, als mit konstanter Mutationsschrittweite. Wir haben aber das Problem, dass wir nun anstatt der Mutationsschrittweite zumindest den Parameter β angeben müssen, der das Ausmaß der Vergrößerung und Verkleinerung der Schrittweite bestimmt. Es ist zudem fraglich, wie groß das Zeitfenster der Iterationen für die Auswertung der Erfolgswahrscheinlichkeit gewählt werden muss. Es ist also noch M als weiterer Parameter einzustellen.

- Die Selbstanpassung bietet hier, wie der Name schon sagt, teilweise Abhilfe. Sie ist ein eigener Evolutionsmechanismus in der Evolutionsstrategie. Dabei sind diesmal die sogenannten Strategieparameter, also die Schrittweiten pro Dimension, Gegenstand der Optimierung. Sie sollen so eingestellt werden, dass „optimaler" Fortschritt erreicht wird. Dazu wird vor einer Mutation auf Ebene des Suchraumes (also einer Mutation des Lösungskandidaten) eine Mutation der Strategieparameter durchgeführt. Dabei ist es das Ziel den Strategieparameter zu strecken oder zu stauchen, die Schrittweite also größer oder kleiner zu machen. Hier bietet sich eine multiplikative Mutation an. Wir benötigen also eine Zufallszahl, die multipliziert mit der alten Mutationsschrittweite in Dimension i die neue Mutationsschrittweite in Dimension i ergibt. Wir formulieren dies als:

$$\sigma_i' = \sigma_i \cdot \xi.$$

Die Zufallsvariable ξ sollte dabei nicht direkt normalverteilt gewählt werden, da ihr Erwartungswert dann bei 0 läge. Das neutrale Element (im Sinne von keiner Veränderung) ist für die Multiplikation 1. Deshalb wählt man ξ logarithmisch normalverteilt (lognormalverteilt):

$$\xi = e^{\tau'\mathcal{N}(0,1)+\tau\mathcal{N}_i(0,1)},$$

wobei $\tau' \propto 1/\sqrt{2n}$ und $\tau \propto 1/\sqrt{2\sqrt{n}}$ sogenannte Lernparameter sind, die standardmäßig wie angegeben gewählt werden.

Eine eigene Selektion für den Prozess der Selbstanpassung der Strategieparameter existiert nicht. Hier wird implizit davon ausgegangen, dass gute Strategieparameter mit dem Individuum überleben, an das sie gekoppelt sind. Sie haben ja schließlich dazu beigetragen, dass das Individuum seine Qualität erreicht hat.

Binäre Repräsentation: Werden Lösungskandidaten über binäre Zeichenfolgen dargestellt, so ergeben sich nicht viele Möglichkeiten für ein Mutationsvorgehen. Eine Mutation kann dann definiert werden als das „Kippen" eines Bits, also als einen Wechsel von 1 zu 0 und umgekehrt. Formal lässt sich diese Mutation darstellen als:

$$x_{k+1} = mut(x_k, \sigma_m), \text{ wobei } x_k, x_{k+1} \in \{0, 1\}^l \text{ und } \sigma_m \in [0, 1].$$

Dabei beschreibt die Funktion *mut* die Betrachtung jeder Position $i = 1, \ldots, l$ im Genom: Jedes Mal wird eine Zufallszahl $p_i = \mathscr{U}(0,1)$ gleichverteilt gezogen und mit der gegebenen Mutationsstärke σ_m verglichen. Gilt $p_i < \sigma_m$ zu, so wird an der Position eine 0 zu einer 1 gekippt (bzw. andersherum). Für ganzzahlige Repräsentationen, also Zeichenketten mit mehr als zwei Belegungen (Allele) pro Position, verfährt man ähnlich. Die Entscheidung, zu welchem Allel „gekippt" wird, muss hier allerdings zusätzlich (vielleicht ebenfalls gleichverteilt) getroffen werden.

Permutationsbasierte Repräsentationen: Permutationskodierungen sind insofern besonders, als dass jede Belegung in der Zeichenkette nur ein einzigen Mal auftauchen darf. Ein einfaches „Kippen" oder das Einführen einer bereits vorhandenen Belegung ist daher nicht möglich. Wir können nur die Ordnung der Elemente in der Permutation vertauschen.

Einer der einfachsten Operatoren ist in diesem Kontext die sogenannte Vertauschungsmutation (engl.: Swap Mutation). Die Vorschrift für diesen Mutationsschritt lautet:

▶ **Vorschrift 5.7 (Swap-Mutation)**   Gegeben sei eine Lösung L in Permutationsrepräsentation:

1. Wähle zwei Positionen i und j zufällig aus $\{1, \ldots, l\} \in \mathbb{N}$, wenn l die Länge von L ist.
2. Vertausche die Einträge von i und j.

Diese sehr einfache Vorschrift bewahrt die Zulässigkeit der Permutationsdarstellung und führt zugleich eine zufällige Änderung in der Ordnung der Permutation durch.

Beispiel 5.8 (TSP)

Wir betrachten die Lösung

$$l_1 = A, B, D, C, E$$

des Traveling Sales Person-Problems aus Beispiel 5.4.

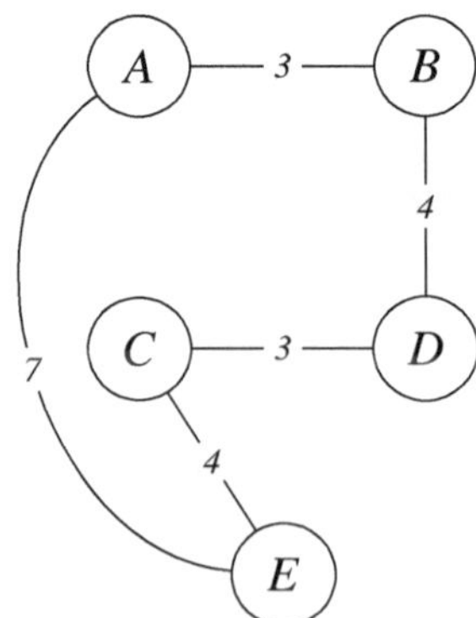

Wir führen nun eine zufällige Swap-Mutation aus, die zur Vertauschung der Elemente an den Positionen $i = 2$ und $j = 5$ führt. Es ergibt sich die neue Lösung

$$l_1 = A, E, D, C, B,$$

deren graphische Repräsentation (also der Phänotyp) eine andere zulässige Tour repräsentiert.

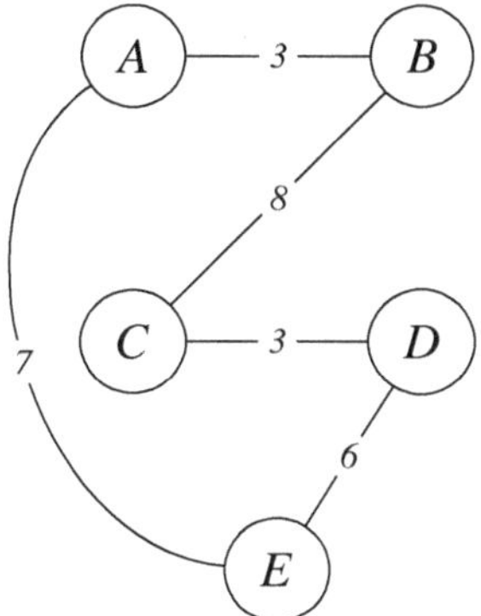

In diesem Falle wäre es keine verbessernde Mutation. Dieses Individuum würde die Selektion wahrscheinlich nicht überstehen.

Abschließend soll noch bemerkt werden, dass man natürlich viele Arten von Mutationen erzeugen kann, die einen zufälligen Einfluss im Sinne der Exploration auf vielfältige Arten in die Suche einbringen können. Wir haben hier die grundlegenden Aspekte betrachtet und Erweiterungen ausgespart, die z. B. Problemwissen in die Mutation einfließen lassen und damit nicht selten Anforderungen 3 und 4 an Mutationen verletzten.

Rekombination/Crossover

Biologisch gesehen bringt die Rekombination keine neue genetische Information in die Population ein. Durch die Verschmelzung und Neukombination der genetischen Informationen verschiedener Individuen (gewöhnlicherweise sexueller Art bei Tieren) entstehen jedoch Varianten, die vorher noch nicht „ausprobiert" wurden und verschiedene gute Charakteristika der Eltern vereinen.

Algorithmisch bedeutet die Rekombination (im Kontext genetischer Algorithmen auch als Crossover bezeichnet), dass auf dem Genotyp der Individuen eine konvexe Operation durchgeführt wird. Wie bei der Mutation sind auch die Mechanismen der Rekombination von der Repräsentation der Individuen abhängig. Wir betrachten im Folgenden wieder wieder einige Rekombinationsarten und unterscheiden sie nach der Repräsentation der Individuen.

Reellwertige Repräsentation: Im reellwertigen Suchraum entsteht ein Nachkomme durch die Verschmelzung der räumlichen Informationen (Vektoren) der ρ Elternindividuen zu einem Nachkommen c auf verschiedene Arten, die in der folgenden mathematischen Darstellung zusammengefasst und kurz erläutert sind. Dabei ist c_i die i-te Komponente des Nachkommenvektors und $p_{k,i}$ die i-te Komponente des k-ten Elternteils:

$$c_i = \begin{cases} p_{k,i}, & \text{Diskrete Rekombination: } p_k \text{ zufällig gewählt} \\ & \text{aus der Population.} \\ \frac{1}{\rho}\sum_{k=1}^{\rho} p_{k,i}, & \text{Global intermediäre Rekombination, alle Eltern} \\ & \text{tragen gleich bei.} \\ \alpha p_{k,i} + (1-\alpha)p_{l,i} & \text{Lokal intermediäre Rekombination: } p_k, p_l \text{ aus} \\ & \text{Population für jeden Nachkommen gewählt, wobei} \\ & \alpha \sim \mathcal{U}(0,1) \text{ gleichverteilt zwischen} \\ & 0 \text{ und } 1 \text{ für jede Komponente gewählt wird.} \end{cases}$$

Die folgende Grafik stellt die Rekombinationsarten schematisch dar. Links sind die diskrete und global intermediäre Rekombination dargestellt. Rechts ist die lokal intermediäre Rekombination dargestellt.

Die diskrete Rekombination erzeugt Nachkommen an den Ecken des durch die Eltern aufgespannten Hyperrechtecks. Dabei können zufällig selbstverständlich auch Kopien der Eltern entstehen. Die global intermediäre Rekombination erzeugt einen Nachkommen im Schwerpunkt der Eltern (vgl. c_3). Die lokal intermediäre Rekombination hebt diese Beschränkung auf den Schwerpunkt auf und erlaubt eine Erzeugung von Nachkommen gleichverteilt im gesamten eingegrenzten Hyperrechteck.

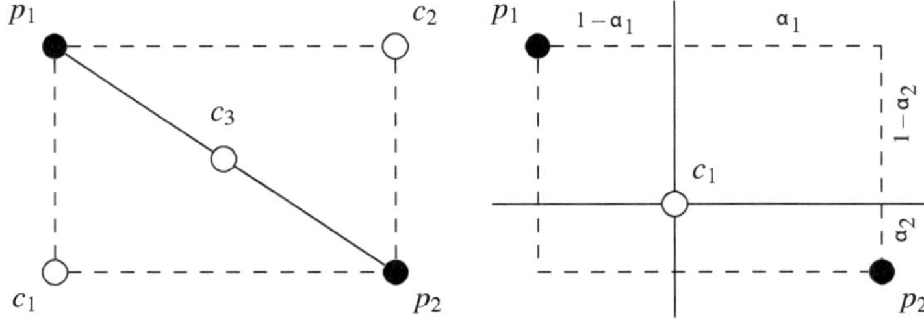

Binäre Repräsentation: Die Rekombination im Kontext binärer (oder auch ganzzahliger) Repräsentationen stellt sich wieder als sehr einfach dar. Da keine weiteren Restriktionen bei der Kombination von Geninformationen zu einem Nachkommen beachtet werden müssen, können sehr direkte Varianten verwendet werden. Eine davon ist das sogenannte k-Punkt-Crossover (engl.: k-Point-Crossover, k-PX).

▶ **Vorschrift 5.9** (k-PX) Es seien zwei Elternindividuen p_1 und p_2 in binärer Kodierung gegeben.

1. Wähle zufällig k verschiedene Positionen in der Zeichenkette (Crossover-Punkte).
2. Erzeuge zwei Nachkommen c_1 und c_2 durch abwechselnden Austausch der Informationen der Elternindividuen an den Crossover-Punkten.

Beispiel 5.10 (k-PX)

Seien folgende Elternindividuen mit $k = 2$ zufällig gewählten Crossover-Punkten gegeben:

p_1: 0 1 | 0 1 1 1 | 0 1 0 0

p_2: 1 1 | 1 1 0 0 | 1 1 0 1

Als Nachkommen ergeben sich dann:

c_1: 0 1 | 1 1 0 0 | 0 1 0 0

c_2: 1 1 | 0 1 1 1 | 1 1 0 1

Permutationsbasierte Repräsentationen: Im Kontext von permutationskodierten Individuen muss als zentraler Punkt bei der Vermischung der Informationen mehrerer Individuen sichergestellt werden, dass in den Nachkommen weiterhin eine Permutation vorliegt und nicht mehrere Einträge doppelt vorkommen. Wir betrachten in diesem Kontext zwei Varianten, die eine Permutationskodierung unterstützen.

- Partially Mapped Crossover (PMX): Diese Variante wählt zwei zufällige „Cut-Points" und tauscht die mittleren Teilsequenzen. Danach werden die restlichen Stellen, an denen keine Konflikte herrschen, aus den Elternindividuen aufgefüllt. Die konfliktären Stellen werden durch Betrachtung der wechselseitigen Abbildung der Elemente der mittleren Teilsequenz aufeinander gelöst. Dabei bilden immer die „untereinander stehenden Elemente" aufeinander ab.

Beispiel 5.11

p_1: 1 2 | 3 4 5 6 | 7 8 9

p_2: 5 4 | 8 6 3 1 | 9 2 7

Durch Vertauschen der mittleren Teilsequenz entstehen als Nachkommen:

c_1: ? ? | 8 6 3 1 | ? ? ?

c_2: ? ? | 3 4 5 6 | ? ? ?

Es bleiben die Fragezeichen zu belegen. Dies geschieht, wo kein Konflikt vorliegt, analog zu den Eltern:

c_1: ? 2 | 8 6 3 1 | 7 ? 9

c_2: ? ? | 3 4 5 6 | 9 2 7

Für die übrigen Fragezeichen werden Abbildungen aus den in der Mitte getauschten Elementen gebildet: $8 \leftrightarrow 3$, $6 \leftrightarrow 4$, $3 \leftrightarrow 5$, $1 \leftrightarrow 6$.

c_1: 4 2 | 8 6 3 1 | 7 5 9

c_2: 8 1 | 3 4 5 6 | 9 2 7

Für das erste Fragezeichen wird durch die Abbildung $1 \rightarrow 6 \rightarrow 4$ ersetzt. das zweite Fragezeichen durch $8 \rightarrow 3 \rightarrow 5$. Beim zweiten Nachkommen verlaufen die Abbildungen in die entgegengesetzte Richtung.

- Order Crossover (OX): Um die Ordnungsstruktur der Eltern weitgehend beizubehalten, geht man folgendermaßen vor. Es werden wieder zwei „Cut-Points" bestimmt. Die mittlere Teilsequenz wird für die Nachkommen übernommen. Danach wird die Gesamtsequenz der Eltern beginnend vom zweiten Cut-Point aus bestimmt. Aus dieser Sequenz werden die Elemente der übernommenen Teilsequenz des anderen Elternteils entfernt und die Sequenz ab dem zweiten Cut-Point wieder anstatt der Fragezeichen eingefügt.

Beispiel 5.12

Gegeben seien die beiden Elternindividuen p_1 und p_2 in Permutationskodierung mit zwei zufälligen Cut-Points:

p_1: 1 2 | 3 4 5 6 | 7 8 9

p_2: 5 4 | 8 6 3 1 | 9 2 7

Durch Übernahme der mittleren Teilsequenz entstehen folgende (unvollständige) Nachkommen.

c_1: ? ? | 3 4 5 6 | ? ? ?

c_2: ? ? | 8 6 3 1 | ? ? ?

Die vollständige Sequenz des zweiten Elternindividuums wird ab dem zweiten Cut-Point gebildet und um die Elemente, die vom ersten Elternteil in c_1 übernommen wurden, gekürzt.

9 2 7 5 4 8 6 3 1

9 2 7 8 1

Die verbleibende Sequenz wird ab dem zweiten Cut-Point in das erste Nachkommenindividuum eingefügt.

c_1: 8 1 | 3 4 5 6 | 9 2 7

Mit dem gleichen Vorgehen entsteht die gekürzte Sequenz aus Elternindividuum p_1:

7 8 9 1 2 3 4 5 6

7 9 2 4 5

Eingefügt in den unvollständigen Nachkommen c_2 ab dem zweiten Cut-Point ergibt sich:

c_2: 4 5 | 8 6 3 1 | 7 9 2

Wie bei der Mutation gilt auch hier, dass die vorgestellten Rekombinationen und Crossover-Varianten grundlegende Methoden sind. Es gibt in der Literatur fast unzählbare Varianten mit unterschiedlichen Zielrichtungen.

5.2.9 Unterscheidung von evolutionären Algorithmen

Zwischendurch haben wir immer wieder angedeutet, dass der Begriff der evolutionäre Algorithmen ein Oberbegriff für verschiedene (historisch begründete) Verfahrensarten ist. Wir haben nun ausreichend Grundlagen kennengelernt, um verschiedene Eigenschaften dieser Spezialformen zu verstehen und die zwei wichtigsten Klassen, Evolutionsstrategien und genetische Algorithmen zu definieren.

Evolutionsstrategien (ES)   sind historisch definiert als jene evolutionären Verfahren, die auf einer reellwertigen Repräsentation arbeiten. In diesem Kontext spielt natürlich die reellwertige Mutation eine zentrale Rolle. Mit ihr ist die (Selbst-)Anpassung der Schrittweite ein zentrales Alleinstellungsmerkmal dieser Strategien. Gleichwertig zur Mutation wird in den Strategien die Rekombination (eigentlich wird auch nur hier der Begriff verwendet) genutzt. Im Kontext der ES wird die Rekombination insbesondere als ein Operator gesehen, der die durch die Mutation induzierte Varianz innerhalb der Population kontrolliert. Gleichzeitig spielt die Rekombination eine zentrale Rolle für die Selbstanpassung.

Genetische Algorithmen (GA)   sind historisch der ganzzahlige Gegenpol zu Evolutionsstrategien. Die Repräsentation ist gewöhnlich auf binäre, ganzzahlige oder permutationsbasierte Repräsentationen beschränkt. Im Gegensatz zu den Evolutionsstrategien spielt in genetischen Algorithmen das Crossover (dies ist der Begriff für die dortige Rekombination) eine wichtigere Rolle als die Mutation. Angelehnt an die geringere Wahrscheinlichkeit einer Mutation in biologischen Systemen wird die Mutationswahrscheinlichkeit gewöhnlicherweise auf nicht größer als 1 bis 10 Prozent gewählt. Dies setzt genetische Algorithmen dem Vorwurf aus, wenig zu explorieren und dafür vielmehr vorhandene genetische Informationen zusammenzufügen.

Abschließend müssen wir diese gerade getroffene Unterscheidung aus heutiger Forschungssicht jedoch weitgehend revidieren. Eine wirkliche Unterscheidung zwischen genetischen Algorithmen und Evolutionsstrategien ist heutzutage kaum mehr festzustellen. Man begegnet sowohl einem reellwertig arbeitenden GA, der weitgehend gleichwertig zum Crossover auf Mutation setzt, wie auch Evolutionsstrategien, bei deren Umsetzung gesteigerter Wert auf Rekombination gelegt wurde, oder die ausschließlich Mutation anwenden. Tatsächlich ausschlaggebend sind heute nicht mehr Ideologien der algorithmischen Forschung, sondern eine gute und erfolgreiche Anwendbarkeit eines heuristischen Konzeptes aus den vorgestellten und vielen anderen Bausteinen, die hier nicht dargestellt wurden.

5.3   Naturinspirierte Verfahren

Bereits bei der Einführung der evolutionären Algorithmen haben wir uns längere Zeit mit dem Begriff der biologischen Evolution als terminologisches und verfahrenstechnisches Vorbild für diese Algorithmen beschäftigt. Tatsächlich gehört dieses Vorgehen des „Lernens von Konstruktions-, Verfahrens- und Entwicklungsprinzipien der Natur" ([2], S. 3) zu einem viel umfassenderen Gebiet der Forschung, das sich nicht auf Algorithmik beschränkt: die sogenannte *Bionik*. [2] definiert die Bionik in seinem Standardwerk ausführlich als:

> Bionik als Wissenschaftsdisziplin befasst sich systematisch mit der technischen Umsetzung und Anwendung von Konstruktionen, Verfahren und Entwicklungsprinzipien biologischer Systeme. Dazu gehören auch Aspekte des Zusammenwirkens belebter und unbelebter Teile und Systeme sowie die wirtschaftlich-technische Anwendung biologischer Organisationskriterien. (Kap. 1, S. 3)

Die grundlegende Idee im technischen (und auch algorithmischen) Bereich ist es also, erprobte und gut funktionierende Konstruktionsprinzipien oder Verfahrensweisen aus der Natur zu übernehmen. In der Natur kann man beobachten, dass viele Dinge (bei Lebewesen insbesondere durch lange, oft evolutionäre Entwicklung) sehr gut manchmal fast optimal unter den gegebenen Umständen funktionieren. Einerseits hat die Natur oft gute, stabile aber zugleich kostengünstige Konstruktionen hervorgebracht. So kann man bei der Konstruktion von Gebäuden, bei der Umsetzung aerodynamischer oder sonstiger strömungstechnisch optimaler Formen, bei der Konstruktion von Flugzeugen und der Erzeugung von Auftrieb und bei vielen anderen technischen Herausforderungen von Vorbildern aus der Natur lernen. Dabei bedeutet dieses Lernen mehr als ein einfaches Kopieren der natürlichen Prinzipien. Voraussetzung für eine erfolgreiche Umsetzung ist, den Nutzen der Konstruktion in der Natur zu erkennen und dies im Kontext der technischen Umsetzung neu zu bewerten. Vielleicht können dann nur Teilaspekte, die aber die technische Herausforderung sinnvoll lösen, übernommen werden.

Neben technischen Prinzipien stehen algorithmisch betrachtet die Verfahrensprinzipien im Vordergrund. Betrachtet man etwa Schwärme, so fällt auf, dass einzelne relativ simpel agierende Agenten als Schwarm ein komplexes Verhalten entwickeln können, welches alle Individuen gegen Feinde schützt, oder neue Nahrungsquellen erschließt, die ohne diese Kooperation nicht zugänglich wären. Genau diese Eigenschaft, in der Gruppe mehr zu erreichen als als einzelnes Individuum, ist auch Vorbild für eine Vielzahl von Optimierungsverfahren, die sich stark aus der Beobachtung biologischer Systeme motivieren. Zwei dieser Verfahren wollen wir hier betrachten: *Schwarmalgorithmen* und *Ameisen-Kolonie-Systeme*.

5.3.1 Schwarmalgorithmen

Schwarmalgorithmen vertreten, motiviert aus dem Schwarmverhalten von Vögeln, Fischen oder anderen Tieren, eine andere Analogie der Optimierung (engl.: Particle Swarm Optimization, PSO), siehe Abb. 5.8. Im Zentrum stehen drei Eigenschaften, die einen Schwarm und seine Entstehung begünstigen:

- Zusammenhalt (Kohärenz): Die Individuen eines Schwarms folgen unter anderem der einfachen Regel, sich grob zum Mittelpunkt des Schwarms zu orientieren. Dies entspricht einer Ausrichtung am globalen Verhalten des Schwarms.
- Räumliche Trennung (Diffusion): Obwohl jedes Individuum zum Zentrum strebt, ist es ebenfalls daran interessiert, nicht mit seinem Nachbarn zu kollidieren und zugleich in der Lage, seine eigenen Richtungsentscheidungen zu treffen. Dies führt zu einem lokalen Ausbruch und auch zur (begrenzten) Entfernung vom Schwarm und führt schließlich zur räumlichen Ausdehnung des Schwarms.
- Ausrichtung (Alignment): Jedes Individuum richtet sich zudem nach dem Verhalten seiner nächsten Umgebung, also der Nachbarn im Schwarm. Tendenziell folgt es so einer lokalen Richtung der Umgebung.

Alle drei Eigenschaften wirken in ihrer Kombination zusammen und führen so zur Schwarmbildung.

Abb. 5.8 Schwärme in der Natur: Fischschwärme und Vogelschwärme. Schwarmverhalten findet sich ebenfalls bei Insekten

Die algorithmische Übertragung folgt dabei der bekannten Iterationsformel:

$$x_{k+1} = x_k + v_{k+1},$$

wobei v_{k+1} im Kontext der Schwarmalgorithmen nun als „Flug-" oder „Schwimmrichtung" bezeichnet wird und als

$$v_{k+1} = \underbrace{w \cdot v_k}_{\text{alte Richtung}} + \underbrace{c_1 r_1 (x_k^{best} - x_k)}_{\text{eigene Historie}} + \underbrace{c_2 r_2 (x^{global} - x_k)}_{\text{globaler Einfluss}}$$

entsteht. Die Richtung setzt sich also aus drei Komponenten zusammen, nämlich der individuellen Richtung des Individuums, einer (lokale) Historie und einem globalen Einfluss, nämlich der Orientierung hin zum besten Individuum des Schwarms. Dies entspricht zwar nicht vollständig den obigen drei Eigenschaften, beschreibt aber ähnliche Einflüsse (individuell, lokal, global). Relativ neue Entwicklungen unter dem Namen „Fish School Search" setzten die obigen Eigenschaften sehr direkt um.

Die Gesamtrichtung wird durch eine lineare Kombination aller Teilrichtungen und der Einfluss der Teilrichtungen durch eine individuelle und durch Zufall beeinflusste Gewichtung bestimmt. Während w das Gewicht der individuellen Bewegung des Partikels/Individuums festlegt, bestimmen c_1 und c_2 – jeweils multipliziert mit einer gleichverteilten Zufallszahl $r_1 \sim \mathcal{U}(0, 1)$ bzw. $r_2 \sim \mathcal{U}(0, 1)$ – die Gewichtungen von lokalem und globalem Einfluss. Der lokale Einfluss ist dabei die Erinnerung des Partikels an seine bisher beste erreichte Position. Der globale Einfluss zeigt in die Richtung des besten Individuums (des Führungspartikels).

Schematisch ist in Abb. 5.9 dargestellt, wie diese Richtungen entstehen. Die gewichtete Summe aller abgebildeten Vektoren des betrachteten Individuums bilden die resultierende

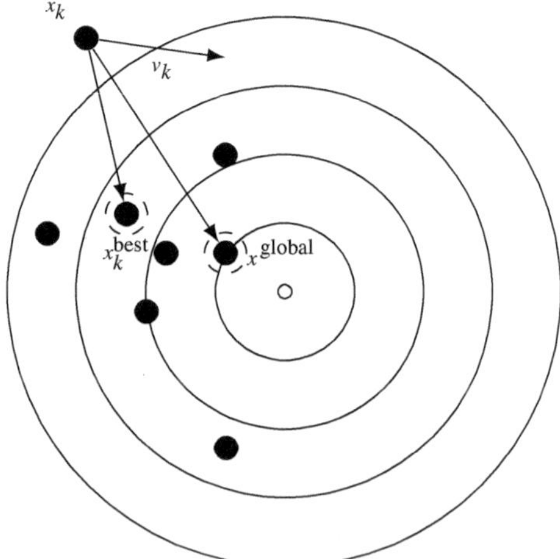

Abb. 5.9 Schematische Darstellung der Iteration eines Partikels in einem Schwarmalgorithmus

Richtung und damit die Positionsveränderung des Partikels. Vergleichen wir das Vorgehen mit dem eines EAs, so stellen wir einige Unterschiede, aber auch etliche Gemeinsamkeiten fest. Die Schwarmalgorithmen basieren offensichtlich nicht auf einem vergleichbaren Reproduktionskonzept. Zwar sind alte und neue Position eines Partikels mit Elternteil und Nachkomme vergleichbar, die Entstehung des und der Umgang mit dem Nachfolgepartikel weicht jedoch von der Entstehung eines Nachkommens in EAs ab:

- Die Entstehung einer Bewegungsrichtung aus lokaler Umgebung, globaler Richtung und individuellem Einfluss erinnert stark an die reellwertige Rekombination von Informationen mehrerer Eltern in EAs. Tatsächlich führt diese Bewegung (trotz Zufallsgewichtung) nicht zu einer nach außen gerichteten Innovation. Mit der Zeit kollabiert der Schwarm deshalb. Das Verfahren stellt so nur lokale Konvergenz sicher. Aus diesem Grund wird oft eine der Mutation ähnliche Störung in die Partikelbewegung eingebaut, die im Kontext der Schwarmalgorithmen jedoch nicht Mutation, sondern *Turbulenz* genannt wird.
- Es gibt keinen expliziten Selektionsmechanismus. Individuen bewegen sich unabhängig davon, ob die Bewegung zu einem besseren Zielfunktionswert führt oder nicht. Mittelfristig führt die Bewegung in Richtung global beste Lösung zu einer Verbesserung des einzelnen Partikels, zumindest in die Qualitätsklasse des Führungspartikels.

Wie bereits erwähnt, garantiert das ursprüngliche Schwarmverfahren nur lokale Konvergenz. Erst durch das Hinzufügen weiterer Einflüsse, welche der Mutation der EAs stark ähneln, erreicht man auch theoretisch globales Konvergenzverhalten.

5.3.2 Ameisen-Kolonie-Optimierung

Einen recht bekannten Ansatz der Übertragung natürlicher Prinzipien auf die Algorithmik stellen die sogenannten Ameisen-Systeme (engl.: Ant Systems) oder Verfahren zur Ameisen-Kolonie-Optimierung (engl.: Ant Colony Optimization, ACO) dar. Diese Verfahren basieren auf einer durchaus sehr interessanten Beobachtung: Ameisen finden von ihrem Nest aus immer den kürzesten Weg zum Futterplatz. Aus globaler Sicht – und mit Kenntnis der Algorithmen von Dykstra und Floyd (siehe Kap. 2) – könnte man nun meinen, dass dies nichts Besonderes ist. Betrachtet man aber eine einzelne Ameise, so hat diese natürlich keine globale Sicht. Sie kann nur über Fühler und Facettenaugen ihre lokale Umgebung wahrnehmen. Ist das Futter zudem durch eine Sicht- oder allgemeiner Sensorikbarriere (etwa einen Stein) verdeckt, so ist die Beobachtung schon sehr erstaunlich.

Auch hier spielt die Ameisenpopulation und damit eine Art Schwarmverhalten eine wichtige Rolle. Eine einzelne Ameise als relativ einfacher Agent hätte keine Chance, dieses komplexe, ja optimale Laufverhalten zu entwickeln. Ausschlaggebend für das Funktionprinzip sind drei sehr einfache Eigenschaften und Verhaltensweisen einer jeden Ameise:

- Eine Ameise hat nur einen sehr geringen Sinnesradius.
- Eine Ameise hinterlässt auf dem von ihr beschrittenen Weg chemische Stoffe (Pheromone), die als Kommunikationsmittel fungieren, aber mit der Zeit verfliegen.
- Eine Ameise bewegt sich bei der Futtersuche eher zufällig in der lokalen Umgebung, sie folgt jedoch tendenziell den Pheromonspuren anderer Ameisen.

Aus diesen drei Punkten ergibt sich in der Gesamtpopulation der Ameisen ein gutes kollektives Verhalten bei der Futtersuche. Dadurch, dass eine Ameise Pheromone auf ihrem Weg hinterlässt, gibt sie nachfolgenden Ameisen einen Anreiz diesem Weg zu folgen. Ist der Weg besonders kurz, so wirkt das erneute Nutzen des Weges (auf dem Rückweg von der Futterstelle zum Nest) dem Verfliegen der Pheromone stärker entgegen als auf einem langen Weg und erhält damit die Attraktivität der Spur für andere Ameisen. Die stärkere Nutzung des Weges durch andere Ameisen führt zudem zu einer weiteren Verstärkung der Pheromonspur und dadurch zu einer selbstverstärkenden und explosionsartigen Nutzung des Weges.

Beispiel 5.13 (Kürzeste Wege der Ameisen)

Die Entwicklung einer (annähernd) kürzesten Ameisenstraße zwischen Nest und Futterstelle ist im Folgenden schematisch dargestellt. Dieses Prinzip funktioniert auch, wenn Hindernisse einen direkten Weg von Nest zu Futterplatz behindern.

Die Ameisen starten vom Nest (N) ausgehend einen zufälligen Weg zur Futterquelle (F). Einige Ameisen gehen dabei längere Wege als andere. Alle hinterlassen auf dem Weg Pheromone. In der Abbildung sind drei Ameisen dargestellt, die zeitgleich unterschiedliche Wege vom Nest zur Futterquelle gehen.

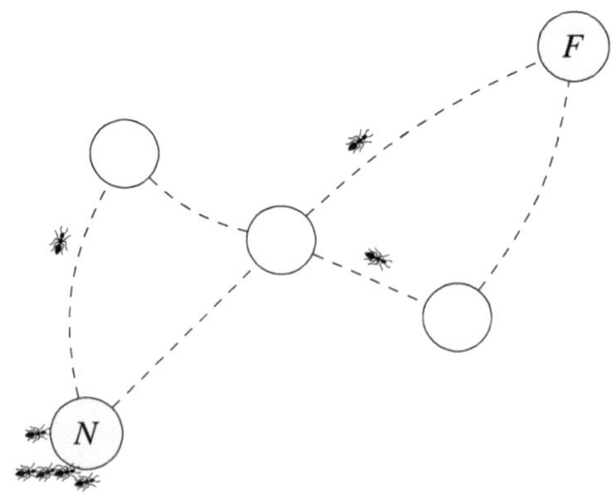

Andere Ameisen folgen der Pheromonspur der vorgelaufenen Ameisen und verstärken diese. Eine Spur wird proportional zur Pheromonintensität mit höherer Priorität (Wahrscheinlichkeit) gewählt. Kürzere Wege weisen ein schnelleres Wachstum der Pheromonintensität auf, da sie häufiger durchwandert werden.

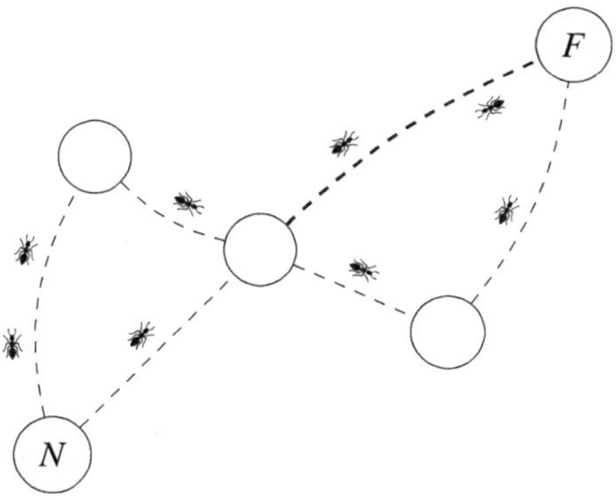

Durch die stärkere Ausprägung der Pheromonspur kürzester Wege wählen Ameisen, die zuvor einen alternativen, längeren Weg gegangen sind, für den Rückweg häufiger den bereits stark ausgeprägten Weg und verstärken dessen Pheromonintensität zusätzlich (autokatalytisches Verhalten).

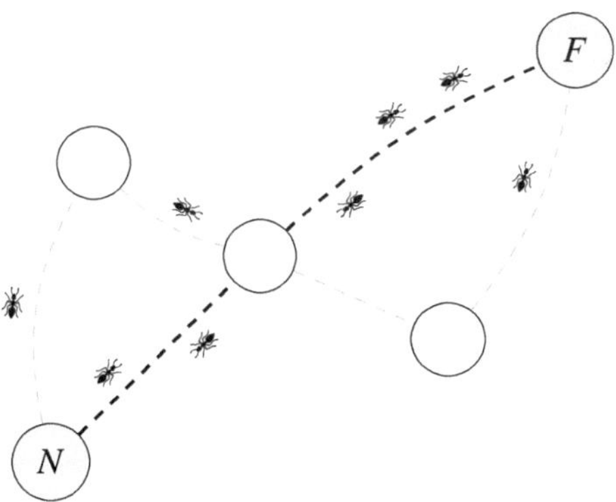

Mittelfristig prägt sich damit der (annähernd) kürzeste Weg zwischen Nest und Futterquelle als Weg für alle Ameisen aus. Die übrigen Pheromonspuren verschwinden, da die Wege nicht mehr oder zu selten genutzt werden.

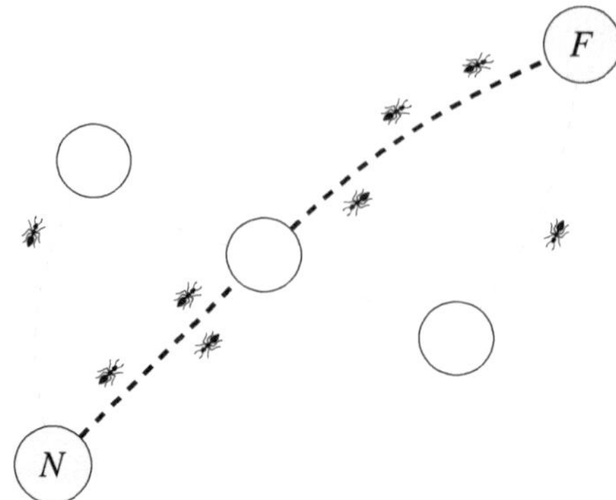

Die Anwendung ähnlicher Prinzipien zur Bestimmung kürzester Wege ist insbesondere
dann interessant, wenn wie bei den Ameisen keine globale Sicht auf die Umgebung
gegeben ist. Vorstellbar sind hier etwa autonome robotische Agenten, die gemeinsam
einen kürzesten Weg zu einem Ziel bestimmen sollen.

Eine andere Anwendung – und dies ist die erste Anwendung, die im algorithmischen
Kontext von [1] vorgeschlagen wurde – betrifft die Bestimmung kürzester Touren
für das Traveling Salesperson Problem (TSP). Diesen Ansatz wollen wir hier genauer
betrachten. Der grundlegende Algorithmus ist in Algorithmus 5.3 dargestellt.

Die Idee des Algorithmus ist, dass jede Ameise eine Tour in Form einer Permutation der
Knoten durchwandert. Da wir ein euklidisches TSP betrachten, also eine Instanz, in der der
direkte Abstand d_{ij} zweier Knoten i und j im euklidischen Raum der Bewertung der Kante
(i, j) entspricht, liegt ein vollständiger Graph vor, so dass jede Permutation prinzipiell eine
zulässige Lösung liefert, siehe Abb. 5.10.

Nach einer zufälligen Initialisierung (und für jede folgende Iteration) geht der Algorithmus folgendermaßen vor: Für jede Ameise $a \in A$, A Menge der Ameisen, wird für
die durch sie repräsentierte Tour die Tourlänge L_a berechnet. Abhängig davon und einem
konstanten Parameter $Q > 0$ wird die Pheromonmenge berechnet, die diese Ameise auf
den in ihrer Tour enthaltenen Kanten hinterlässt. Diese Pheromonmenge $\Delta\tau_{ij}^a$ ergibt sich
für eine Kante (i, j) durch Ameise a als:

Algorithmus 5.3 Ameisen-System

Eingabe: A Ameisen, Q, α, β Parameter
 1: Initialisiere Ameisen in A
 2: **for** N Schritte **do**
 3:     Berechne Pheromonspur jeder Ameise
 4:     Aktualisiere Pheromonspur auf Graphen
 5:     Bewege jede Ameise in A für eine ganze Tour
 6: **end for**

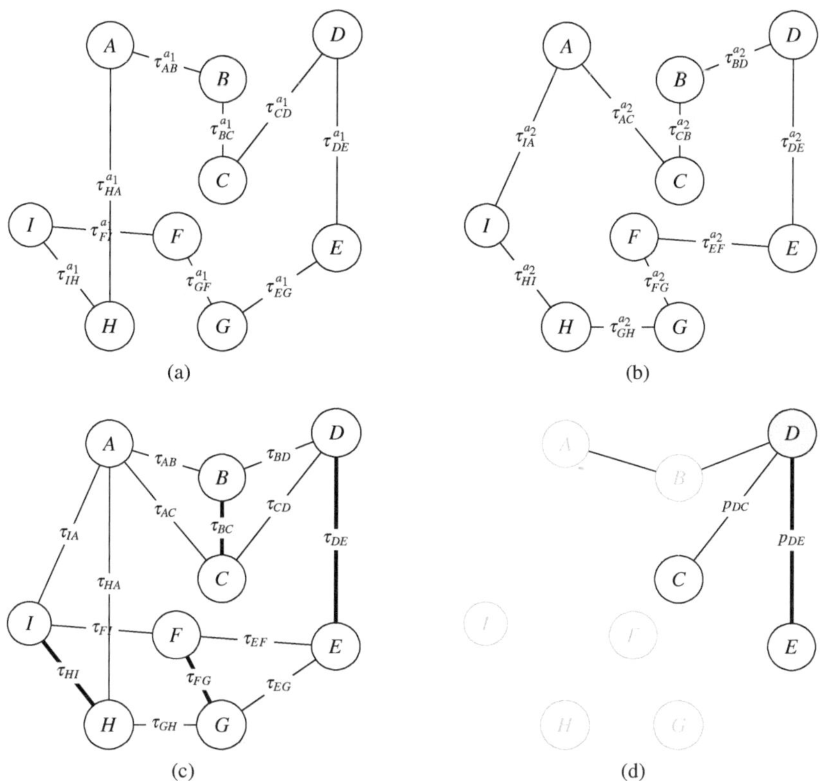

Abb. 5.10 Veranschaulichung der ersten Schritte des ACO-Algorithmus zur Lösung des TSP am Beispiel mit zwei Ameisen $A = \{a_1, a_2\}$. (**a**) Initiale Tour von Ameise $a_1 \in A$. Die Ameise hinterlässt auf jeder verwendeten Kante (x, y) Pheromone $\tau_{xy}^{a_1}$. (**b**) Initiale Tour von Ameise a_2. Die Ameise hinterlässt auf jeder verwendeten Kante (x, y) Pheromone $\tau_{xy}^{a_2}$. (**c**) Überlagerung der beiden Touren. Kanten die von mehreren Ameisen besucht wurden sind entsprechend dicker dargestellt. (**d**) Zwischenschritt bei Konstruktion einer neuen Tour. Der Anfang $A \to C \to D$ ist bereits festgelegt. Nun wird Knoten C oder E mit entsprechender Wahrscheinlichkeit gewählt. Alle anderen Knoten sind nicht zulässig, da nicht direkt erreichbar oder bereits besucht

$$\Delta\tau_{ij}^{a} = \begin{cases} \frac{Q}{L_a} & \text{wenn Ameise } a \in A \text{ die Kante } (i, j) \text{ nutzt.} \\ 0 & \text{sonst.} \end{cases}$$

Für Kante (i, j) ergibt sich dann eine Gesamtpheromonmenge $\Delta\tau_{i,j}$, die durch alle Ameisen pro Iteration des Algorithmus beigesteuert wird von:

$$\Delta\tau_{i,j} = \sum_{a \in A} \Delta\tau_{ij}^{a}$$

Dies für alle genutzten Kanten des Graphen durchgeführt ergibt die in Zeile 4 genannte Aktualisierung der Pheromonspur als:

$$\tau_{ij} = \rho \cdot \tau_{ij} + \Delta\tau_{ij},$$

wobei $0 \le \rho \le 1$ die Verdampfungsbeständigkeit bzw. $1 - \rho$ die Evaporationsrate der Pheromone beschreibt. Wird $\rho = 1$ gewählt, verdampfen die Pheromone nicht. Wird $\rho = 0$ gewählt, verdampfen sie sofort. Eine Standardwahl des Parameters ist die Halbierung alter Pheromone mit $\rho = 0{,}5$.

Die Bewegung jeder Ameise (Zeile 5) ist nun beeinflusst von der Pheromonspur. Befindet sich eine Ameise bei ihrer Rundtour auf einem Knoten i, so wird für jeden noch nicht besuchten Knoten j eine Übergangswahrscheinlichkeit

$$p_{ij}^{a} = \begin{cases} \dfrac{[\tau_{ij}]^{\alpha} \cdot [\eta_{ij}]^{\beta}}{\sum_{k \in \text{zul. } k} [\tau_{ik}]^{\alpha} \cdot [\eta_{ik}]^{\beta}} & \text{wenn } j \text{ zulässig.} \\[2ex] 0 & \text{sonst.} \end{cases}$$

für die Ameise a bestimmt. Es werden $\alpha, \beta \ge 0$ und $\eta_{ij} = \frac{1}{d_{ij}}$ gewählt. Die Parameter α und β beschreiben die Wichtigkeit der Pheromonmenge auf der Kante bzw. Wichtigkeit der Sichtbarkeit des benachbarten Knotens. Der Größe η ist ein Wert für die Sichtbarkeit des Nachbarknotens: diese nimmt mit zunehmender Distanz des Nachbarknotens ab.

Danach wird entsprechend der bestimmten Wahrscheinlichkeiten zufällig bestimmt, welche Kante als nächstes gewählt wird. Dies entspricht weitgehend einer fitnessproportionalen Selektion dieser Kante. Abb. 5.10 veranschaulicht die Idee an einem Beispiel mit zwei Ameisen a_1 und a_2.

Durch mehrere Iterationen werden so vielversprechende, kurze Wege mit mehr Pheromonen belegt als lange Wege. So können gute Lösungen für das TSP erzeugt werden. Bereits eine Implementierung dieses einfachsten Modells zeigt, dass für TSP-Probleme mit der Anwendung von einfachen und aus der Natur entliehenen Prinzipien eine gute Lösung gefunden werden kann. Dies kann jedoch nur der Startpunkt für weitere Untersuchungen sein.

5.4   Zusammenfassung des Kapitels

Wir wollen an dieser Stelle zusammenfassen, was wir über naturinspirierte Verfahren gelernt haben:

- Wir haben den Zufall als nützliches und wichtiges Werkzeug im Bereich der Optimierung eingeführt.

- Mit evolutionären Algorithmen haben wir die grundlegende Funktionsweise einer ganzen Klasse von Lösungsverfahren für schwere kontinuierliche und diskrete Probleme kennengelernt.
- Evolutionäre Algorithmen bilden evolutionäre/genetische Vorgänge algorithmisch ab und imitieren damit erfolgreiche evolutionäre Prinzipien: Überlebensselektion zur Auswahl guter Lösungen, Rekombination zur Bildung neuer Individuen durch Austausch von Lösungssegmenten bestehender Lösungen sowie Mutation für das Einbringen zufälliger und kleiner Änderungen.
- Schließlich haben wir einen kurzen Ausflug in die Schwarmintelligenz unternommen. Am Beispiel der Ameisen-Optimierungsverfahren haben wir gesehen, wie die kollektive Intelligenz einer Ameisenkolonie bei der Futtersuche als Inspiration für algorithmische Lösungsverfahren dienen kann.

Aufgaben

5.1. Wir wollen die binäre Funktion $f(x) = \sum_{i=1}^{n} x_i$ mit $x \in \{0,1\}^n$ mit einem evolutionären Algorithmus minimieren. Wir nutzen eine $(1+1)$-Strategie und repräsentieren Lösungskandidaten als Binärstrings. In jeder Iteration wird aus dem Elter x_k ein neues Individuum x_{k+1} durch Bitflip-Mutation mit Mutationswahrscheinlichkeit $p \in (0,1)$ durchgeführt. Dabei wird jedes Bit unabhängig von den anderen geflippt. x_{k+1} ersetzt x_k, falls $f(x_{k+1}) \leq f(x_k)$ gilt.

(a) Bestimmen Sie die Wahrscheinlichkeit, dass eine Mutation das Individuum nicht verändert, d. h. $x_k = x_{k+1}$.
(b) Sei $n \in \mathbb{N}$ gegeben. Zeigen Sie, dass die Wahrscheinlichkeit, die optimale Lösung in einem Schritt zu erreichen, echt größer 0 ist.

5.2. Gegeben seien die folgenden zwei Elternindividuen in Permutationskodierung:

$$p_1 : 1 \quad 3 \quad 6 \quad 9 \quad 4 \quad 5 \quad 2 \quad 7 \quad 8, \quad p_2 : 9 \quad 1 \quad 3 \quad 4 \quad 8 \quad 7 \quad 6 \quad 2 \quad 5$$

(a) Wenden Sie den *Partially-Mapped-Crossover* Operator (PMX) an. Als „Cut-Points" wählen Sie die Positionen hinter Element 3 sowie hinter Element 7. Geben Sie dabei alle Zwischenschritte an.
(b) Wenden Sie nun den *Ordered-Crossover* Operator (OX) an. Die Cut-Points wählen Sie dabei wie in (a).

5.3. Es gilt, eine kontinuierliche Zielfunktion $f : [L, R] \to \mathbb{R}$ zu minimieren. Sie haben keinerlei problemspezifisches Wissen und analytische/direkte Verfahren scheiden aus. Ihre Arbeitsgruppe entscheidet sich für den Einsatz eines EA, der ausschließlich reellwertige

Mutation $X_{k+1} = X_k + Z_k$ nutzt (also keine Rekombination). Ein Brainstorming ergab folgende Vorschläge für die Verteilung der Mutation Z_k:

(a) Diskrete Gleichverteilung.
(b) Exponentialverteilung, d. h. $Z_k \sim \text{Exp}(\lambda)$, $\lambda \in (0, \infty)$.
(c) Normalverteilung, d. h. $Z_k \sim \mathcal{N}(\mu, \sigma^2)$.

Diskutieren Sie die Vorschläge. Welche Verteilungen sind geeignet und welche nicht? Begründen Sie Ihre Antwort.

5.4. Sie haben u. a. die *fitnessproportionale Selektion* kennengelernt. Gehen Sie nun davon aus, dass ein Maximierungsproblem vorliegt.

(a) Wie wirken sich negative Fitnesswerte aus? Finden Sie eine Möglichkeit, dieses Problem zu umgehen.
(b) Nennen Sie einen weiteren großen Nachteil der Fitnessproportionalen Selektion.

5.5. Sei eine Population von N Individuen gegeben mit Fitness-Werten $f_1, \ldots, f_N$. Wir nehmen an, dass fitnessproportionale bzw. Turnierselektion mit Turniergröße $k = 2$ (mit/ohne Zurücklegen) als Survival-Selektion zur Selektion von $m < n$ Individuen benutzt wird. Wie groß ist jeweils die Wahrscheinlichkeit, dass das beste Individuum überlebt? Nehmen Sie der Einfachheit halber an, dass keine Bindungen zwischen den Fitness-Werten existieren, d. h. $f_i \neq f_j$ für $1 \leq i < j \leq n$.

Literatur

1. Dorigo, M., Maniezzo, V., Colorni, A.: Ant system: optimization by a colony of cooperating ants. IEEE Trans. Syst. Man Cybern. B Cybern. **26**(1), 29–41 (1996)
2. Nachtigall, W.: Bionik, Grundlagen und Beispiele für Ingenieure und Naturwissenschaftler, 2. Aufl. Springer, Berlin (2002)
3. Schwefel, H.P.: Evolution and Optimum Seeking. Wiley, New York (1995)

Entscheidungs- und Spieltheorie 6

Zusammenfassung

Als Abschluss des Buches soll das Kapitel zur Entscheidungstheorie einen anderen, allgemeineren Blickwinkel auf die Problematik der Optimierung vermitteln. Nach einer sehr grundlegenden Einführung in die (traditionelle) Theorie der Entscheidungsfindung sollen die Zusammenhänge zwischen Entscheidungstheorie und Optimierung herausgearbeitet werden. Hier wird die Optimierung, so wie wir sie in den vorhergehenden Kapiteln betrachtet haben, tatsächlich nur noch als ein Spezialfall der (optimalen) Entscheidungsfindung angesehen. Die Methoden zur Entscheidungsauswahl bieten dann zugleich einen interessanten Ansatzpunkt für einen kurzen Exkurs zur Fragestellung der Mehrzieloptimierung (Pareto-Optimierung). Zur Vervollständigung der Diskussion werden noch einige Aspekte der Spieltheorie als Erweiterung der Entscheidungstheorie betrachtet.

Ähnlich allgegenwärtig wie das Streben nach Optimalität in verschiedenen Bereichen der Wirtschaft, der Politik oder im Privaten ist die Notwendigkeit, Entscheidungen zu treffen. Diese Entscheidungen – und damit sind wir sofort wieder im Kernbereich des Operations Research angelangt – sollen natürlich möglichst gut getroffen werden, um alle (durchaus subjektiven) Zielvorstellungen eines Entscheiders oder von der Umwelt gesetzten Randbedingungen zu berücksichtigen. Dies kann ein schwerwiegendes Problem darstellen und die Fragestellungen der „reinen" Optimierung schnell überschreiten: Wie wählt man unter vielen Zielvorgaben eine Lösung aus? Kann man solch eine Lösung abschließend bewerten? Wie kommt man zu einer Entscheidung und ergibt diese tatsächlich Sinn? Aus Sicht der Entscheidungstheorie ist die Optimierung nur ein Spezialfall der Entscheidungsfindung, zugleich aber auch ein Werkzeug zur Lösungsfindung. Wir gehen darauf später genauer ein. Zudem können wir uns verschiedene Umweltsituationen vorstellen, denen ein Entscheider ausgesetzt ist: Liegen ihm sichere Informationen zu seinen Entscheidungsmöglichkeiten vor, so kann er leichter entscheiden, als wenn er unter einem definierten oder undefinierten Risiko entscheiden muss.

Schließlich, und hier verlassen wir bereits den Kontext der Entscheidungstheorie, kann es sein, dass Teile der Umwelt selbst Entscheidungen treffen und damit auf die Entscheidung des Entscheiders zurückwirken. In diesem Falle scheitern die Ansätze der (wahrscheinlichkeitsbasierten) Entscheidungstheorie. Stattdessen hilft die Spieltheorie, die dieses Szenario als Spieler-Gegenspieler-Duell oder Kooperation betrachtet und so gute Entscheidungsstrategien identifiziert.

Egal, ob wir gute Entscheidungen treffen oder gute Entscheidungsstrategien entwickeln wollen, immer spielt das Streben nach Optimalität eine zentrale Rolle. Dies ist der Grund, warum wir Entscheidungstheorie und Spieltheorie in ihren einfachsten Grundlagen in diesem Kapitel und im Kontext von Operations Research besprechen.

6.1 Arten der Entscheidungstheorie und Struktur von Entscheidungsmodellen

Betrachten wir die Entscheidungstheorie als Forschungsgebiet, so können wir zwei wichtige Arten der Betrachtung unterscheiden: die sogenannte *präskriptive/normative Entscheidungstheorie* und die *deskriptive Entscheidungstheorie*. Wir können auch sagen, es geht in diesen Gebieten einerseits um die rationale Entscheidungsfindung, andererseits um die Erklärung tatsächlichen Entscheidungserhaltens. Beides ist wichtig, um ein gutes Modell für Entscheidungsprozesse zu entwickeln.

6.1.1 Präskriptive/normative Entscheidungstheorie

Die präskriptive/normative Entscheidungstheorie versucht, den Entscheidungsprozess weitgehend zu formalisieren und rational erfass- und nachvollziehbar zu machen, sogar Regeln zur Entscheidungsfindung abzuleiten. Dazu müssen neben dem *Zielsystem* für die Entscheidungen (also einem Modell der Zielvorstellungen eines Entscheiders) sogenannte Entscheidungsmodelle (eine formal beschreibbare und logisch nachvollziehbare Handlungsimplikation) entwickelt werden. Damit entsteht im Idealfall eine Sammlung von Entscheidungsanweisungen, die ein Entscheider nutzen kann. In den folgenden Abschnitten beschäftigen wir uns mit der Entwicklung solcher Entscheidungshilfen, weshalb wir sie an dieser Stelle nicht detaillierter diskutieren.

6.1.2 Deskriptive Entscheidungstheorie

Ein zum vorherigen Ansatz nahezu entgegengesetztes Vorgehen betrachtet die deskriptive Entscheidungstheorie. Hier werden tatsächliche Entscheidungen beobachtet und es wird versucht, die Rationalität, insbesondere aber die Irrationalität hinter den getroffenen Entscheidungen zu verstehen. Dies hilft dabei, ein möglichst realitätsnahes Bild von Entscheidungsprozessen zu entwickeln. Durch diese Erkenntnisse lassen sich ggf. sogar bessere Modelle für die präskriptive/normative Entscheidungstheorie finden, wenn es darum geht, etwa menschliches Entscheidungsverhalten nachzubilden.

Im Folgenden betrachten wir einige Entscheidungsprobleme der deskriptiven Entscheidungstheorie und versuchen, daraus einige Schlüsse zu ziehen. Wir starten mit einem Experiment, für das Sie sich selbst Ihre Antwort überlegen können. Entscheiden Sie einfach mal aus dem Bauch heraus.

Experiment 6.1 (Verlust). Wählen Sie eine der beiden Alternativen:

(1) Sie verlieren mit 85 %-iger Wahrscheinlichkeit 100 Euro.
(2) Sie verlieren sicher 80 Euro.

Das zweite Experiment ist sehr ähnlich. Nun können Sie aber etwas gewinnen.

Experiment 6.2 (Gewinn). Wählen Sie eine der beiden Alternativen:

(3) Sie erhalten mit 85 %-iger Wahrscheinlichkeit 100 Euro.
(4) Sie erhalten sicher 80 Euro.

Wie ist Ihre Wahl ausgefallen? Haben Sie die Alternativen 1 und 4 gewählt? Wenn dies so ist, dann befinden Sie sich in guter Gesellschaft. Wir haben diese Fragen in der Vorlesung „Operations Research" im Sommersemester 2017 an alle Teilnehmer gestellt. Die Mehrheit der Studierenden wählte genau so. Tatsächlich ist dies aber (zumindest aus rationaler Sicht) nicht unbedingt schlüssig. Warum haben Sie diese Wahl getroffen?

Legen wir eine einfache Berechnung des Erwartungswertes als rationalen Maßstab zugrunde, so ergibt dieser für die Alternative 1 einen Verlust von 85 Euro, für die Alternative 3 einen Gewinn von 85 Euro. Es wäre damit durchaus sinnvoll, die Alternativen 2 und 3 zu wählen, um einerseits den erwarteten Verlust gering und andererseits den erwarteten Gewinn groß zu halten.

Es stellt sich also die Frage, was der Grund für die mehrheitliche Entscheidung für die Alternativen 1 und 4 ist. Tatsächlich spielen hier Gefühle eine große Rolle. Die geringe Chance, durch die Wahl von Alternative 1 nichts zu verlieren, überwiegt

(Fortsetzung)

die Akzeptanz des erwartet geringeren Verlusts von 80 Euro (Alternative 2). Genau anders herum verhält es sich bei der Wahl von Alternative 4. Der Unterschied zwischen einem sicheren Gewinn von 80 Euro und einem erwartet 5 Euro höheren Gewinn wird gefühlsmäßig nicht als relevant wahrgenommen. Verluste werden also gemeinhin als unangenehmer als Gewinne empfunden.

Experiment 6.3 (Kinobesuch). Sie möchten ins Kino gehen. Eine Karte kostet 10 Euro. Stellen Sie sich folgende Situationen vor:

(1) Auf dem Weg zum Kino verlieren Sie 10 Euro.
(2) Auf dem Weg verlieren Sie Ihre bereits gekaufte Karte.

Wie würden Sie in der jeweiligen Situation entscheiden? Kaufen Sie eine (neue) Kinokarte, um ins Kino zu gehen?

Wir haben beide Situationen ebenfalls mit den Teilnehmern der Vorlesung „Operations Research" durchgespielt und in Situation 1 hat sich die Mehrheit für den Kauf einer Kinokarte entschieden. In Situation 2 haben sich weniger als 50 % für den Kauf entschieden. Ist dies rational verständlich? Objektiv unterscheiden sich diese Situationen nicht. In jedem Fall sind Sie um 20 Euro ärmer.

Das Prinzip, das dahinter steckt, wird in der deskriptiven Entscheidungstheorie als „Mental Accounting", also als mentale Kontoführung bezeichnet: In der ersten Situation werden der Verlust des Geldes und der Kartenkauf als unabhängige Ereignisse betrachtet. Die Karte wird mit Kosten von 10 Euro verbucht. In der zweiten Situation wird das mentale Konto mit den Kosten der verlorenen Karte und den erneuten Kosten für die neue Karte, also 20 Euro belastet.

Bereits die besprochenen Beispiele zeigen, dass eine einfache „objektive" oder rationale Modellannahme für die präskriptive/normative Entscheidungstheorie nicht grundsätzlich ausreichend ist. Es sind vielmehr subjektive, menschliche Elemente zu berücksichtigen. In den folgenden Überlegungen zur Entscheidungstheorie beschränken wir uns dennoch ausschließlich auf den Zweig der normativen Entscheidungsfindung. Dieser ist im Kontext des Operations Research formal erfassbar und wird deshalb hier behandelt. Wir sollten aber im Hinterkopf behalten, dass die menschliche Entscheidungsfindung durchaus anders ablaufen kann und ebenfalls (menschlich und sehr subjektiv) begründbar oder verständlich ist.

6.1.3 Struktur von Entscheidungsmodellen

Die von uns im Folgenden betrachteten präskriptiven/normativen Entscheidungmodelle sind formal relativ klar definiert und folgen (wie die Optimierungsprobleme) einer grundlegenden Struktur. Diese wollen wir kurz beschreiben.

Wie in Abb. 6.1 dargestellt, besteht jedes Entscheidungsmodell zentral aus Entscheidungsregeln und dem sogenannten Entscheidungsfeld. Die genauere Betrachtung der zweite Komponente ist für die Wahl oder Entwicklung geeigneter Regeln zuerst zu betrachten. Elemente des *Entscheidungsfelds* sind Alternativen, Ergebnisse der Entscheidung und die Umwelt, in der der Entscheidungsprozess stattfindet.

Alternativen sind die verschiedenen Entscheidungsmöglichkeiten, die ein Entscheider zur Wahl hat. Wenn man die Realität genau betrachtet, kann diese Menge der Alternativen sehr groß, sogar unendlich werden. Um jedoch eine Entscheidung sinnvoll treffen zu können, beschränkt man sich gewöhnlicherweise auf eine endliche Anzahl von Alternativen.[1] Ein Entscheidungsproblem liegt natürlich nur vor, wenn mindestens zwei Alternativen zur Verfügung stehen.

Ergebnisse der Entscheidung sind quantifizierbare Konsequenzen der Entscheidung für eine Alternative bezüglich vom Entscheider vorgegebener Zielsetzungen. Wenn der Entscheider eine Entscheidung trifft, dann erzielt er damit ein Ergebnis, z. B. einen

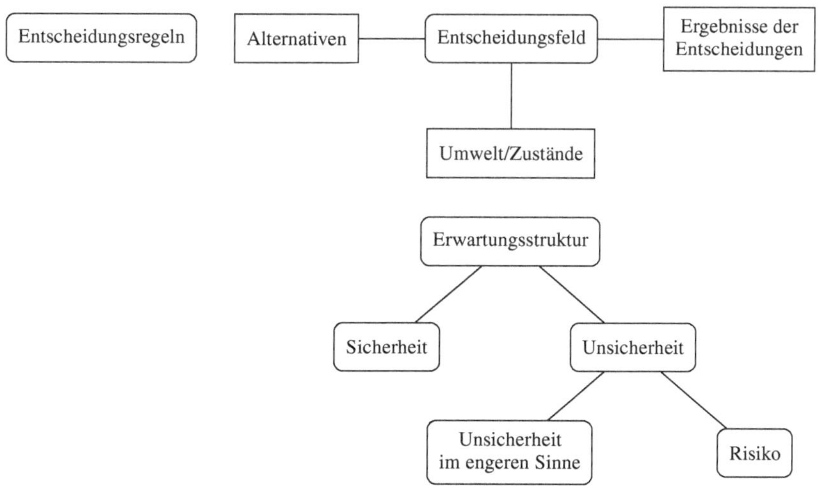

Abb. 6.1 Schematische Darstellung der Struktur von präskriptiv/normativen Entscheidungsproblemen, nach [1]

---

[1] Wie man unendlich viele Alternativen auf eine endliche Anzahl begrenzt, ist nicht trivial. Eine einfache Lösung wäre subjektiv einige Alternativen auszuwählen, die gewisse Randbedingungen erfüllen, z. B. realisierbar sind.

„Wert" der Alternative bezüglich verschiedener Zielsetzungen, ggf. abhängig von der Erwartungsstruktur der Umwelt.

Umwelt   oder Zustand der Entscheidung wird jene (formale) Umgebung genannt, in der eine Entscheidungssituation auftritt.

Um eine gute Entscheidung zu treffen, kommt es jedoch nicht nur darauf an, die Möglichkeiten und eventuellen Ergebnisse zu kennen. Es ist auch wichtig zu betrachten, in welcher Umwelt, präziser in welcher *Erwartungsstruktur* eine Entscheidung getroffen werden soll. Diese Erwartungsstruktur bestimmt nämlich maßgeblich, welche Ergebnisse einer Entscheidung wie zustandekommen (können). Hier stellen sich Fragen wie:

- Ist das Ergebnis einer Alternative sicher? (Entscheidung unter Sicherheit)
- Sind mehrere Ergebnisse einer Alternative möglich, jedoch ohne dass bekannt ist, wie diese Ergebnisse eintreten? (Entscheidung unter Unsicherheit i. e. S.)
- Haben die möglichen vielfältigen Ergebnisse einer Alternative (umweltabhängig) verschiedene Eintrittswahrscheinlichkeiten? (Entscheidung unter Risiko)

Tatsächlich müssen wir überlegen, ob wir unter Sicherheit oder Unsicherheit (in verschiedenen Ausprägungen) entscheiden. Je nachdem, in welcher Entscheidungsstruktur wir uns befinden, müssen wir anders abwägen.

Die Entscheidungsregeln als präskriptive, also vorschreibende Handlungsanweisungen sind also je nach Erwartungsstruktur anders zu entwickeln. Gemein ist allen, dass sie aus einer sogenannten *Präferenzfunktion* und einer *Optimierungsausprägung* bestehen. Die Präferenzfunktion können wir in unserer OR-Welt mit der Zielfunktion vergleichen. Die Optimierungsausprägung gibt an, ob wir maximieren oder minimieren wollen. Wir betrachten einige grundlegende Regeln und entsprechende Entscheidungsmodelle im folgenden Abschnitt.

6.2   Entscheidungsfindung

Die Entscheidungsfindung ist ein Prozess, für dessen Beschreibung wir nicht notwendigerweise sofort in die Betrachtung der Erwartungsstruktur einsteigen müssen. Zuerst reicht uns für eine Formalisierung die Angabe des Alternativenraums, des Zustands-/Zielraums und des Ergebnisraums.

▶ **Definition 6.4 (Elemente des Entscheidungsprozesses)**   Eine endliche Menge $A = \{a_1, \ldots, a_n\}$ von n Alternativen wird als *Alternativenraum* bezeichnet. Aus dieser Menge muss im Entscheidungsprozess eine Alternative gewählt werden.

Eine endliche Menge $Z = \{z_1, \ldots, z_m\}$ von m Zuständen oder Zielen wird als *Zustands-/Zielraum* bezeichnet. Zusätzlich wird ein Zustand/Ziel mit einer Eintrittswahrscheinlichkeit p_j, $1 \leq j \leq m$ versehen.

Sei $g : A \times Z \to \mathbb{R}$, dann wird $e_{i,j} = g(a_i, z_j)$ mit $1 \leq i \leq n$ und $1 \leq j \leq m$ als *Ergebnis* der Wahl von Alternative a_i für Zustand/Ziel z_j unter der Konsequenzfunktion g bezeichnet.

Implizit haben wir bereits durch die Aufnahme der Wahrscheinlichkeit p_j eine theoretische Unsicherheit berücksichtigt. Praktischerweise können wir diese nun berücksichtigen, wenn wir sie benötigen.

Wir müssen, bevor wir uns in die Betrachtung einzelner Regeln unter verschiedenen Erwartungsstrukturen stürzen, noch kurz eine allgemeine Darstellungsweise einführen, die wir im Folgenden immer nutzen wollen:

Bemerkung 6.5 (Entscheidungsmatrix). Den Zusammenhang, der durch die Abbildung $g : A \times Z \to \mathbb{R}$ aus Definition 6.4 dargestellt wird, vermerken wir in einer Entscheidungsmatrix. Diese geben wir im Allgemeinen tabellarisch an als:

	z_1	z_2	$\cdots$	z_m
	p_1	p_2		p_m
a_1	$e_{1,1}$	$e_{1,2}$		$e_{1,m}$
a_2	$e_{2,1}$	$e_{2,2}$		
$\vdots$			$\ddots$	
a_n	$e_{n,1}$			$e_{n,m}$

Alle Elemente in der Tabelle ergeben silh aus der Definition 6.4.

6.2.1 Entscheidungen unter Sicherheit

Entscheidungen unter Sicherheit zu treffen, ist grundsätzlich einfacher, als dies unter Unsicherheit zu tun. Sicherheit bedeutet hier, dass die Umweltbedingungen klar sind und die Konsequenz einer Entscheidung eindeutig bestimmt werden kann. Liegt also nur ein einziges Ziel des Entscheiders vor, so können für alle Alternativen die Konsequenzen bzw. Ergebnisse bezüglich des Zieles verglichen und die beste Alternative ausgewählt werden. Dies ist aus entscheidungstheoretischer Sicht der einfachste Fall, was jedoch nicht bedeutet, dass es wirklich einfach ist. Wenn wir eine große (oder unendliche) Menge an Alternativen annehmen, dann betrachten wir den klassischen Fall der Optimierung, so wie wir sie in den vorherigen Kapiteln behandelt haben. Die Präferenzfunktion (oder Zielfunktion) ist dann äquivalent mit dem Nutzen einer Alternative.

Aus entscheidungstheoretischer Sicht ist es im Falle der Entscheidung unter Sicherheit aber interessanter, mehrere Ziele zugleich zu betrachten. Dabei nehmen wir an, dass der Entscheider verschiedene (sich ergänzende oder widersprechende) Zielsetzungen formuliert hat. Die Menge Z aus Definition 6.4 bezeichnet nun nicht mehr Zustände, sondern Ziele. Da wir nach wie vor unter Sicherheit entscheiden, ist der Wert jedes Ziels sicher. Die Eintrittswahrscheinlichkeit p_j spielt deshalb keine Rolle und wird darum nicht berücksichtigt oder aufgeführt. Wir schauen uns einige einfache Verfahren an, mit der Entscheidung unter Sicherheit umzugehen.

6.2.1.1 Zielunterdrückung

Bei der Zielunterdrückung (auch lexikographische Ordnung genannt), wird eine Wichtigkeitsordnung der Ziele erstellt. Der Entscheider betrachtet dann zuerst das wichtigste Ziel und unterdrückt alle übrigen. Bleiben mehr als eine Alternative übrig, so betrachtet er das nächstwichtigste Ziel und unterdrückt die übrigen unwichtigeren Ziele. Dies wird fortgesetzt, bis eine einzige Alternative übrig bleibt. Sind am Ende noch mehrere Alternative übrig, sind diese natürlich gleichwertig. Der Entscheider kann dann eine dieser Alternativen zufällig wählen oder weitere Ziele definieren.

Beispiel 6.6 (Zielunterdrückung)

Sei folgende Entscheidungsmatrix unter Sicherheit gegeben. Der Entscheider habe vier Ziele definiert, wobei z_1 wichtiger als z_2 wichtiger als z_3 wichtiger als z_4 ist. Der Entscheider versucht, alle Ziele zu maximieren.

	z_1	z_2	z_3	z_4
a_1	10	3	16	1
a_2	11	5	9	16
a_3	8	4	17	9
a_4	1	2	2	8
a_5	11	5	11	8

Da z_1 am wichtigsten ist, wird dies zuerst ausschließlich betrachtet. Es bleibt die reduzierte Entscheidungsmatrix (erstes Ziel markiert):

	z_1	z_2	z_3	z_4
a_2	11	5	9	16
a_5	11	5	11	8

Offenbar sind die Alternativen im Ziel z_2 gleichwertig. Es muss also auf Ziel z_3 zurückgegriffen werden. Dies liefert uns Alternative a_5 als zu wählende Alternative.

Das Verfahren ist jedoch problematisch, wenn wir uns sehr extreme Problemstellungen anschauen.

Beispiel 6.7 (Nachteil der Zielunterdrückung)

Sei folgende Entscheidungsmatrix gegeben. Ansonsten gelten die Voraussetzungen aus Beispiel 6.6.

	z_1	z_2	z_3	z_4
a_1	10	10	8	11
a_2	10	9	10	11
a_3	11	0	0	0

Hier wird Alternative a_3 gewählt, obwohl diese in Ziel z_1 nur marginal besser ist als die anderen Alternativen. In allen anderen Zielen ist sie jedoch viel schlechter. Man könnte vermuten, dass der Entscheider lieber eine Lösung gewählt hätte, die auch die anderen Ziele erfüllt.

Die Unterdrückung der Ziele führt, wie gezeigt dazu, dass Ziele, die ggf. ebenfalls eine gewisse Wichtigkeit besitzen, unter Umständen gar nicht berücksichtigt werden. Dies versucht die nächste Methode zu verhindern.

6.2.1.2 Gewichtung von Zielen

Die Methode erlaubt es dem Entscheider, seine Ziele explizit zu gewichten, die Wichtigkeit also zu quantifizieren. Dann wird jeder Ergebniswert $e_{i,j}$ mit dem entsprechenden Gewicht w_j des zugehörigen Ziels z_j multipliziert und die Produkte für jede Alternative addiert. Wir bezeichnen dies als Nutzen u der Alternative a_i:

$$u(a_i) = \sum_{j=1}^{m} w_j \cdot e_{i,j}$$

Die Alternative mit größtem Nutzen wird schließlich gewählt. Alternativen mit gleichem Nutzen werden als gleichwertig betrachtet.

Beispiel 6.8 (Zielgewichtung)

Sei erneut folgende Entscheidungsmatrix gegeben. Der Entscheider habe die vier Ziele nun gewichtet mit $w_1 = 5$, $w_2 = 3$, $w_3 = 2$ und $w_4 = 1$.

	z_1	z_2	z_3	z_4	$u(a_i)$
a_1	10	3	16	1	$50 + 9 + 32 + 1 = 92$
a_2	11	5	9	16	$\mathbf{55 + 15 + 18 + 16 = 104}$
a_3	8	4	17	9	$40 + 12 + 34 + 9 = 95$
a_4	1	2	2	8	$5 + 6 + 4 + 8 = 23$
a_5	11	5	11	8	$55 + 15 + 22 + 8 = 100$

Alternative a_2 wird nun gewählt.

Das Problem an dieser Methode mag sein, dass der Entscheider nicht immer in der Lage ist, die Ziele genau zu gewichten. Ohne die Angabe von Gewichten ist sie Methode jedoch nicht anwendbar.

6.2.1.3 Goal-Programming

Leichter als eine genaue Gewichtung anzugeben, ist es für einen Entscheider oftmals, ein angestrebtes „Wunschziel" zu nennen. Dieses ist ein Vektor, der für jedes Ziel einen Wunschwert enthält. Im Folgenden bezeichnen wir diesen Punkt mit $\hat{u}$. Für jede Alternative a_i wird nun komponentenweise die Distanz zum Wunschpunkt bestimmt. Die Summe aller Distanzen gibt dann Auskunft über die Qualität der Alternative:

$$u(a_i) = \sum_{j=1}^{m} |\hat{u}_j - e_{i,j}|$$

Wir wählen nun natürlich die *minimale* Summe.

Beispiel 6.9 (Goal-Programming)

Sei erneut die bekannte Entscheidungsmatrix gegeben. Der Entscheider gibt $\hat{u} = (11, 2, 14, 6)^T$ an. Nach Anwendung der Vorschrift entsteht diese Entscheidungsmatrix:

	z_1	z_2	z_3	z_4	$u(a_i)$
a_1	1	1	2	5	9
a_2	0	3	5	10	18
a_3	3	2	3	3	11
a_4	10	0	12	2	24
a_5	0	3	3	2	**8**

Bei diesem Vorgehen ist Alternative a_5 zu wählen.

Die angegebene Vorschrift ist eigentlich nur ein Spezialfall des Goal-Programmings. Allgemein wird oft ein Wunschbereich durch eine obere $\hat{u}$ und untere $\check{u}$ Grenze für die Ziele angegeben. Anstatt eines Abstandes wird dann der Abstand einer Alternative von der oberen sowie von der unteren Schranke berechnet, jeweils mit ebenfalls vom Entscheider festgelegten Gewichten w_1, w_2 gewichtet und erst dann addiert. Schließlich wird das ganze noch potenziert:

$$u(a_i) = \left(\sum_{j=1}^{m} w_1 |\hat{u}_j - e_{i,j}| + w_2 |\check{u}_j - e_{i,j}| \right)^{1/p}$$

Setzen wir (wie es gewöhnlicherweise gemacht wird) $w_1 = 1$, $w_2 = 0$ und $p = 1$, so erhalten wir unseren Spezialfall.

6.2.1.4 Dominanzprinzip

Alle bisherigen Entscheidungsregeln haben den Ansatz verfolgt, einen einzigen skalaren Wert entweder sequentiell oder in irgendwie aggregierter Form zu betrachten und dann eine „eindimensionale" Entscheidung zu treffen. Kann man nicht alle Ziele gleichwertig betrachten? Tatsächlich ist dies, um zu einer Entscheidung zu gelangen, nur eingeschränkt möglich. Wir können die sogenannte Dominanz, also die besser-schlechter-Beziehung zwischen zwei Elementen wie wir sie kennen, auf Vektoren mehrerer Zielwerte erweitern:

▶ **Definition 6.10 (Dominanz)** Wir betrachten die Maximierung der Ziele. Seien $x, y \in \mathbb{R}^m$, dann sagen wir x dominiert y (wir notieren $x \succeq y$), wenn für alle $1 \leq i \leq m$ gilt: $x_i \geq y_i$.

Gilt $x \succeq y$ und existiert mindestens ein $1 \leq i \leq m$ mit $x_i > y_i$, dann wird y von x echt dominiert (wir notieren $x \succ y$).

Gilt $x \succ y$ und für alle $1 \leq i \leq m$ gilt $x_i > y_i$, so sagt man y wird von x strikt dominiert (wir notieren $x \succ_s y$).

Beispiel 6.11 (Dominanzprinzip)

Sei die bekannte Entscheidungsmatrix gegeben. Sie wird auf Dominanz untersucht.

	z_1	z_2	z_3	z_4
a_1	10	3	16	1
a_2	11	5	9	16
a_3	8	4	17	9
a_4	1	2	2	8
a_5	11	5	11	8

Wir stellen fest:

- a_5 dominiert a_4 echt, jedoch nicht strikt, da $e_{4,4} = e_{5,4}$.
- a_2 dominiert a_4 strikt, da alle Ergebnisse von a_4 kleiner als bei a_2 sind.
- a_2 dominiert a_1, a_3 und a_5 nicht.

Wie wir sehen, können wir die Definition der Dominanz nutzen, um Alternativen, die von anderen Alternativen in allen Zielen übertroffen werden oder gleichwertig sind, auszuschließen. Über Alternativen, die sich gegenseitig nicht dominieren, können wir jedoch mittels der Dominanz keine Präferenzaussage treffen.

6.2.2 Entscheidungen unter Unsicherheit im engeren Sinne

Ebenso schwierig wie eine Entscheidung unter Sicherheit mit mehreren Zielsetzungen zu treffen, ist es, eine Entscheidung unter Unsicherheit zu treffen, bei der nur ein Ziel verfolgt wird, jedoch die Eintrittswahrscheinlichkeit für Umweltzustände und damit die Ausprägung des Ergebnisses ungewiss ist. Im Rahmen der Unsicherheit betrachten wir zuerst den Fall der sogenannten „Unsicherheit im engeren Sinne". Die definierende Eigenschaft dieser Unsicherheitsart ist, dass wir keine Eintrittswahrscheinlichkeit für eine Umweltbedingung angeben können und damit verschiedene unsichere Ergebnisse bei der Wahl der Alternative möglich sind. In solchen Situationen (wir diskutieren später im Rahmen der Laplace-Regel kurz, ob die Unsicherheit i.e.S überhaupt praktisch relevant ist) stehen uns einige einfache Entscheidungsregeln zur Verfügung. Bevor wir diese diskutieren, sei darauf hingewiesen, dass wir erneut die Entscheidungsmatrix als Darstellungsform nutzen. Diesmal stellt jede Spalte jedoch kein Ziel des Entscheiders, sondern ein mögliches Ergebnis abhängig vom möglicherweise eintretenden Umweltzustand dar.

6.2.2.1 MaxiMin/MiniMax-Regel

Dieser Regel liegt eine einfache, wenn auch sehr *pessimistische* Annahme zugrunde: Wir gehen vom schlechtesten Fall aus und versuchen, daraus das Beste zu machen.

Wenn wir also unser Ergebnis (etwa als Gewinn) maximieren wollen, bestimmen wir für jede Alternative den geringstmöglichen Gewinn über alle Umweltzustände. Wir wählen dann diejenige Alternative mit größtem geringsten Gewinn (MaxiMin). Wähle also $a \in A$ gemäß:

$$\max_{a \in A} \left(\min_{z \in Z} (e_{a,z}) \right)$$

Wollen wir unser Ergebnis (etwa als Verlust) hingegen minimieren, gehen wir analog nur umgekehrt vor. Wir wählen diejenige Alternative mit dem kleinsten größten Verlust (MiniMax). Wähle also hier $a \in A$ gemäß:

$$\min_{a \in A} \left(\max_{z \in Z} (e_{a,z}) \right)$$

Beispiel 6.12 (MaxiMin-Regel)

Sei folgende Entscheidungsmatrix für ein Geldanlage-Entscheidungsproblem unter Unsicherheit i. e. S. gegeben: Wir haben bereits den jeweils schlechtesten Ausgang pro

	z_1	z_2	z_3	$\min_{z \in Z}(e_{a,z})$
Sparbuch	0	25	100	**0**
Aktien	35	10.000	−400	−400
Staatsanleihen	750	−5000	300	−5000
Risikolebensversicherung	1000	−2000	200	−2000

Anlageart in der letzten Spalte angegeben. Gemäß der Regel wählen wir Alternative 1, das Sparbuch, da es uns im schlimmsten Falle einen Gewinn von 0, also keinen Verlust bringt, während alle anderen Investitionsarten zu Verlusten führen können. Wir sehen, dass diese Regel sehr pessimistisch und im unternehmerischen Umfeld sicher nicht sinnvoll ist. Dort würde man wohl anders entscheiden.

6.2.2.2 MaxiMax-Regel

Die MaxiMax-Regel stellt das genaue Gegenteil zur pessimistischen MaxiMin-Regel dar. Die geht maximal *optimistisch* vor und wählt jene Alternative, die den größten Gewinn verspricht. Wähle also hier $a \in A$ gemäß:

$$\max_{a \in A}\left(\max_{z \in Z}\left(e_{a,z}\right)\right)$$

Diese Regel ist sicher ebenfalls unrealistisch, geht sie doch von einem sehr übersteigerten Optimismus aus, der auch in unternehmerischen Entscheidungen nicht an den Tag gelegt werden sollte.

6.2.2.3 Hurwicz-Regel

Die von Hurwicz vorgeschlagene Regel versucht auf recht einfache Weise, einen (vom Entscheider) einstellbaren Kompromiss zwischen Optimismus und Pessimismus herzustellen. Der Nutzen u einer Alternative $a \in A$ wird als

$$u(a) = \alpha \cdot \max_{z \in Z}\left(e_{a,z}\right) + (1 - \alpha) \cdot \min_{z \in Z}\left(e_{a,z}\right)$$

bestimmt, wobei $\alpha \in [0, 1]$ ein vom Entscheider festgelegter *Zuversichtswert* ist. Es wird also für jede Alternative das größte und kleinste Ergebnis bestimmt und diese gewichtet addiert.

Beispiel 6.13

Wir betrachten erneut das Entscheidungsproblem zur Geldanlage. Diesmal gehen wir jedoch davon aus, dass der Entscheider einen Zuversichtswert $\alpha = 0{,}7$ festgelegt hat. Es ergibt sich mit

	z_1	z_2	z_3	$\max(e_{a,z})$	$\min(e_{a,z})$	$u(a)$
Sparbuch	0	25	100	100	0	70
Aktien	35	10.000	-400	10.000	-400	**6880**
Staatsanleihen	750	-5000	300	750	-5000	-975
Risikolebensvers.	1000	-2000	200	1000	-2000	100

eine Entscheidung für Aktien als Geldanlage, da dies entsprechend des Zuversichtswertes des Entscheiders den größten Nutzen verspricht.

6.2.2.4 Regel von Savage-Niehans

Die Regel, die fast gleichzeitig von Leonard Jimmie Savage und Jürg Niehans vorgeschlagen wurde, ist zweistufig. In der ersten Stufe wird ein *Bedauernswert $b_{a,z}$* bestimmt, wo zuvor das Ergebnis in der Entscheidungsmatrix stand. Dafür wird bestimmt, welches maximale Ergebnis für den Umweltzustand erreicht werden kann. Der Bedauernswert einer jeden Alternative für diesen bestimmten Umweltzustand z ist dann die Differenz von dem zuvor bestimmten maximalen Ergebnis unter z und dem Ergebniswert der Alternative a unter z.

$$b_{a,z} = \max_{a \in A}(e_{a,z}) - e_{a,z}$$

Anders (und zugegeben sehr bildlich) ausgedrückt, ist es die Größe der Träne des Bedauerns, die man weint, wenn man eine andere Alternative wählt, als jene, die das maximale Ergebnis für einen Umweltzustand verspricht.

Der zweite Schritt besteht dann darin, in der entstandenen „Matrix des Bedauerns" diejenige Alternative zu wählen, deren maximaler Bedauernswert am geringsten ist. Wähle hier also a gemäß:

$$\min_{a \in A} \left(\max_{z \in Z}(b_{a,z}) \right).$$

Wieder bildlich ausgedrückt, wählen wir diejenige Alternative, bei der die größte Träne am kleinsten ist, wenn wir die Tränen aller Umweltzustände für diese Alternative berücksichtigen.

Beispiel 6.14 (Regel von Savage-Niehans)

Sei wieder das Entscheidungsproblem zur Geldanlage gegeben.

	z_1	z_2	z_3
Sparbuch	0	25	100
Aktien	35	10.000	-400
Staatsanleihen	750	-5000	300
Risikolebensvers.	1000	-2000	200
$\max_{a \in A}(e_{a,z})$	1000	10.000	300

Hier haben wir bereits den Maximalwert für jede Spalte, also jeden Umweltzustand bestimmt. Im nächsten Schritt geben wir die Bedauernsmatrix und zusätzlich den größten Bedauernswert für die jeweilige Alternative an.

	z_1	z_2	z_3	$\max_{z \in Z} b_a$
Sparbuch	1000	9975	200	9975
Aktien	965	0	600	**965**
Staatsanleihen	250	15.000	0	15.000
Risikolebensvers.	0	12.000	100	12.000

Wir wählen hier nun Alternative 2 (Aktien) mit dem kleinsten maximalen Bedauernswert.

6.2.2.5 Laplace-Regel

Die Laplace-Regel stößt uns nun auf ein Problem, das in dem theoretischen Konstrukt der Entscheidung unter Unsicherheit im engeren Sinne begründet liegt und uns an dessen Realitätsnähe zweifeln lassen kann. Die obigen Regeln wählen mehr oder weniger kompliziert eine Alternative unter der isolierten Betrachtung der Umweltzustände. Was aber ist eigentlich die Veranlassung dafür im Kontext der Unsicherheit i. e. S. – also in einer Situation in der uns keine Informationen über das Eintreten von Umweltbedingungen vorliegen – davon auszugehen, dass eine bestimmte Umweltsituation wahrscheinlicher eintritt, als eine andere? Tatsächlich müssen wir (da ja keine Informationen vorliegen) davon ausgehen, dass jede Umweltsituation mit gleicher Wahrscheinlichkeit auftritt. Damit haben wir aber automatisch die Unsicherheit i. e. S. in eine Risikosituation überführt, in der jede Umweltsituation eine gleiche Eintrittswahrscheinlichkeit aufweist.

Bei m Umweltzuständen hat jeder Zustand eine Eintrittswahrscheinlichkeit von $p = 1/m$. Damit ergibt sich für eine Alternative ein einfacher Nutzenwert durch:

$$u(a) = \frac{1}{m} \sum_{j=1}^{m} e_{a,j}.$$

Wir betrachten also das durchschnittliche Ergebnis für jede Alternative oder (als Spezialfall) den Erwartungswert bei gleicher Eintrittswahrscheinlichkeit. Wir wählen dann natürlich jene Alternative mit größtem Durchschnitts-/Erwartungswert als Nutzen.

Beispiel 6.15 (Laplace-Regel)

Wieder werde die Entscheidungsmatrix für ein Geldanlage-Entscheidungsproblem verwendet:

	z_1	z_2	z_3	$u(a)$
Sparbuch	0	25	100	41,66
Aktien	35	10.000	−400	**3211,66**
Staatsanleihen	750	−5000	300	−1316,66
Risikolebensvers.	1000	−2000	200	−266,66

Wir wählen also auch hier die Alternative 2, die den größten Erwartungswert bei gleich wahrscheinlichem Eintreten der Umweltzustände aufweist.

6.2.3 Entscheidungen unter Risiko

Wie bereits während der Betrachtung der Laplace-Regel diskutiert, sind Situationen, in denen wir über die Eintrittswahrscheinlichkeit von Umweltzuständen keine Aussage machen können, relativ selten und realitätsfern. Viel häufiger ist es uns möglich, eine (wie auch geartete) Abschätzung für diese Wahrscheinlichkeiten anzugeben. Neben statistischen Wahrscheinlichkeiten, die wir aufgrund von Modellen und Verteilungsannahmen bestimmen können, ist es ggf. auch möglich, subjektive Wahrscheinlichkeiten zu bestimmen, die eine ganz persönliche Risikobereitschaft oder ein Bauchgefühl ausdrücken. In solchen Fällen können wir das Risiko, das mit einer Entscheidung verbunden ist, bestimmen. Wir gehen also davon aus, dass wir nun die Wahrscheinlichkeit für das Eintreten eines Umweltzustands z_j mit der Wahrscheinlichkeit p_j, $1 \leq j \leq m$ quantifizieren können.

6.2.3.1 Bayes-Regel

Die Bayes-Regel wird in der Literatur auch als μ-Regel bezeichnet, da sie insbesondere den Erwartungswert für den Nutzen einer Entscheidung bestimmt. Im Grunde ist sie damit die allgemeine Form der Laplace-Regel, bei der wir bereits implizit gleiche Eintrittswahrscheinlichkeiten für alle Umweltzustände angenommen haben. Diesmal können sich die Eintrittswahrscheinlichkeiten jedoch unterscheiden, so dass sich ergibt:

$$u(a) = \mu_a = \sum_{j=1}^{m} p_j \cdot e_{a,z_j}.$$

Wir wählen dann mit

$$\max_{a \in A}(\mu_a)$$

die Alternative mit größtem Erwartungswert.

Beispiel 6.16 (Bayes-Regel)

Wir betrachten erneut das Beispiel mit Geldanlagearten. Diesmal haben wir jedoch die Eintrittswahrscheinlichkeiten für die Umweltzustände z_1 bis z_3 quantifiziert. Es ergibt sich der Nutzen als Erwartungswert:

	z_1 $p_1 = 0{,}35$	z_2 $p_2 = 0{,}1$	z_3 $p_3 = 0{,}555$	$u(a)$
Sparbuch	0	25	100	61,25
Aktien	35	10.000	-400	272,2
Staatsanleihen	750	-5000	300	192,5
Risikolebensvers.	1000	-2000	200	260

Wir wählen hier erneut die Aktien als Geldanlage, da diese Alternative den größten Erwartungswert hat.

Betrachten wir dieses Ergebnis aber genauer, so fällt auf, dass wir diese Entscheidung besonders deshalb getroffen haben, weil der Umweltzustand z_2 einen überproportionalen Gewinn verspricht, seine Eintrittswahrscheinlichkeit aber zugleich sehr gering ist. Viel wahrscheinlicher ist, dass wir bei dieser Wahl 400 Geldeinheiten verlieren, wenn z_3 eintritt. Es stellt sich also die Frage, ob diese Wahl wirklich geschickt ist.

Tatsächlich zeigt die Betrachtung im vorangegangenen Beispiel die Schwächen der Betrachtung des Erwartungswertes. Ist die Spannweite der möglichen Ergebnisse sehr groß, würde dies ggf. eine subjektive Entscheidung stark beeinflussen. Im Beispiel würde man vielleicht einen (relativ geringen) Verlust viel schwerwiegender beurteilen denn einen hohen Gewinn als erstrebenswert. Dies berücksichtigt aber der Erwartungswert nicht.

6.2.3.2 Das (μ, σ)-Prinzip

Die zuvor diskutierte Problematik der isolierten Betrachtung des Erwartungswertes ist auf eine fehlende Berücksichtigung der Spannweite der Ergebnisse, also deren Varianz (oder Standardabweichung) zurückzuführen. Das (μ, σ)-Prinzip schlägt daher vor, beide Größen, den Erwartungswert μ und die Standardabweichung σ, zu betrachten. Die Standardabweichung bestimmen wir einfach über:

$$\sigma = \sqrt{Var(e_a)} = \sqrt{\sum_{j=1}^{m} p_j \cdot (e_{a,z_j} - \mu_a)^2},$$

wobei e_a hier die Zufallsvariable des Ergebnisses für die Alternative a bezeichnet.

Wir müssen beachten, dass die Berechnung der Standardabweichung nicht ausreicht, um eine Entscheidung zu treffen, wir hier also keine Entscheidungsregel, sondern ein Entscheidungsprinzip vorliegen haben. Um eine Entscheidung zu treffen, ist nun festzustellen, welche Risikobereitschaft ein Entscheider an den Tag legt: Ist er eher risikoscheu, risikofreudig oder risikoneutral?

Die Festlegung dieser Risikobereitschaft ist ein subjektiver und individueller Prozess. Wir wollen hier festhalten, dass eine solche Festlegung relativ anschaulich über sogenannte *Indifferenzkurvensysteme* festgelegt werden kann. Eine Indifferenzkurve beschreibt für einen Entscheider in unserem Falle eine Menge von (μ, σ) Wertepaaren, die für den Entscheider gleichen Nutzen haben. Egal also, welche (μ, σ)-Kombination auf der Kurve betrachtet wird, alle Kombination auf dieser Kurve sind für den Entscheider gleichwertig. Logischerweise ergeben sich für unterschiedliche Nutzenwerte verschiedene Indifferenzkurven (sogar unendlich viele, wenn der Nutzen beliebig eingeteilt werden kann). Die Gesamtheit der Indifferenzkurven ist das Indifferenzkurvensystem, siehe Abb. 6.2.

Grundsätzlich gilt für die Indifferenzkurven, dass sie sich mit steigendem Nutzen vom Ursprung des Koordinatensystems entfernen. Liegt nun ein solches System von Indifferenzkurven für einen Entscheider vor, so ist die Bestrebung, jene Alternative zu wählen, die auf der Indifferenzkurve mit größtem Nutzen liegt. Die Lage der Alternativen auf den Indifferentkurven hängt stark mit der Form dieser Kurven zusammen. Grundsätzlich können wir uns merken:

- Die Kurve hat eine *positive Steigung*: der Entscheider ist *risikoscheu*.
- Die Kurve hat eine *negative Steigung*: der Entscheider ist *risikofreudig*.
- Die Kurve hat *keine Steigung*: der Entscheider ist *risikoneutral*.

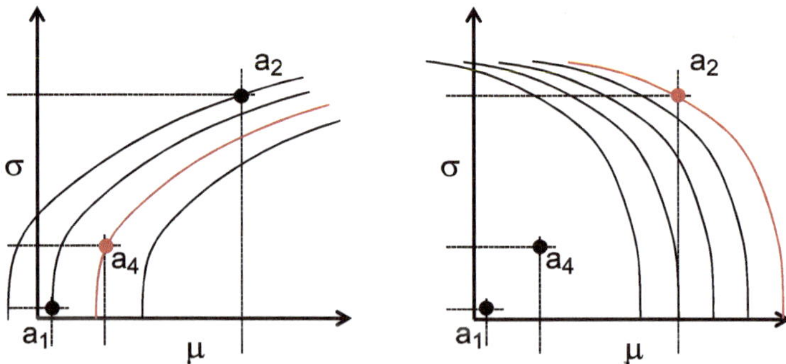

Abb. 6.2 Schematische Darstellung eines Indifferenzkurvensystems zur Entscheidungsunterstützung mit dem (μ,σ)-Prinzip

Beispiel 6.17

Wir greifen zum wiederholten Male das Beispiel zur Geldanlage auf. Diesmal bestimmen wir zusätzlich zum Erwartungswert auch die Standardabweichung:

	z_1 $p_1 = 0,35$	z_2 $p_2 = 0,1$	z_3 $p_3 = 0,55$	μ_a	σ_a
Sparbuch	0	25	100	57,5	47,5
Aktien	35	10.000	−400	792,25	3075,8
Staatsanleihen	750	−5000	300	−72,5	1655,6
Risikolebensvers.	1000	−2000	200	260	839,3

Betrachten wir nun die zwei Indifferenzkurvensysteme eines Entscheiders in Abb. 6.2:

1. Das linke Kurvensystem deutet auf einen risikoscheuen Entscheider hin (Steigung der Kurven ist positiv). Wenn wir nun die berechneten (μ, σ)-Tupel der Alternativen a_1, a_2 und a_4 einzeichnen, stellen wir fest, dass a_4 auf der Indifferenzkurve mit größtem Nutzen (am weitesten vom Ursprung entfernt) liegt. Wir würden uns also unter diesem System für Alternative 4 (Risikolebensversicherung) entscheiden.
2. Das rechte System beschreibt einen risikofreudigen Entscheider und würde, wenn wir die (μ, σ)-Tupel unseres Beispiels einzeichnen, zur Wahl von Alternative a_2 (Aktien) führen.

Wir können also festhalten, dass die Entscheidung für die zur Verfügung stehenden Alternativen stark von der Risikobereitschaft des Entscheiders abhängt. Die Frage, die noch bleibt, ist, wie ein solches System von Indifferenzkurven erzeugt wird bzw. wie man den Nutzen bestimmen kann. Ein Weg ist die Festlegung einer Nutzenfunktion, die μ und σ als Parameter enthält. Ein einfaches Beispiel ist die Funktion:

$$u(\mu_a, \sigma_a) = \mu_a + \omega \cdot \sigma_a.$$

Wir beobachten drei Fälle für das Gewicht ω:

- $\omega < 0$: Der Entscheider ist risikoscheu.
- $\omega > 0$: Der Entscheider ist risikofreudig.
- $\omega = 0$: Der Entscheider ist risikoneutral. Dieser Spezialfall entspricht der Regel von Bayes.

In Abb. 6.3 sind beispielhaft drei Ausprägungen der Kostenfunktion für $\omega = -2$, $\omega = 2$ und $\omega = 0$ dargestellt. Dabei ist wichtig zu bemerken, dass die Indifferenzkurvensysteme den Konturen der Funktionen im Suchraum entsprechen.

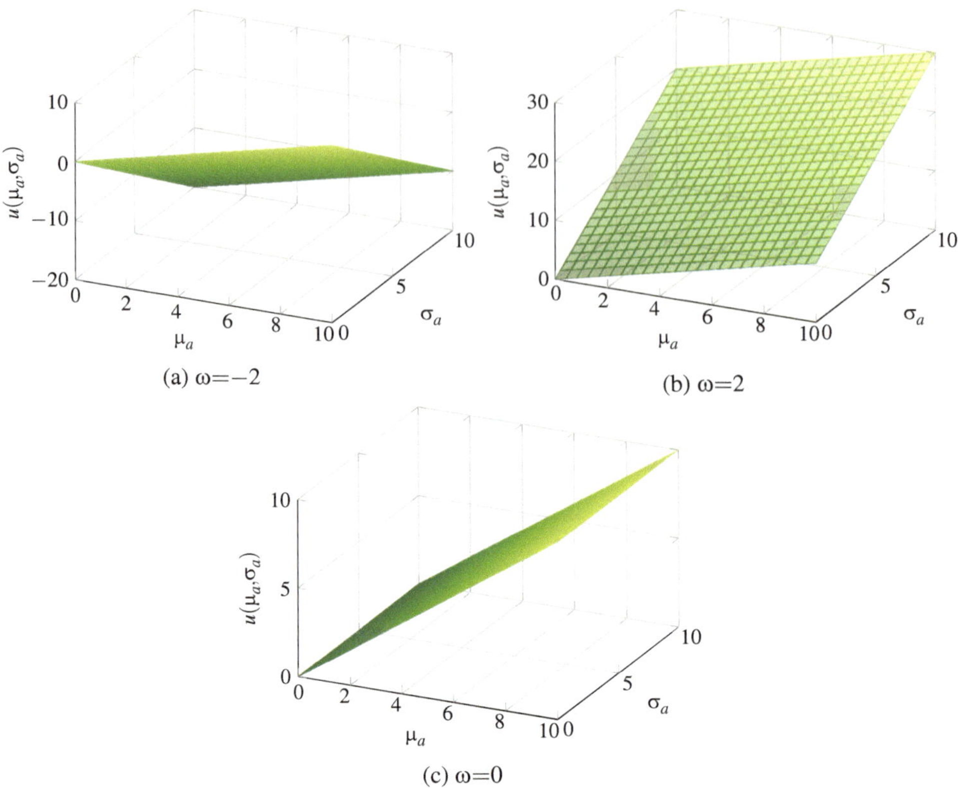

Abb. 6.3 Grafische Darstellung der einfachen Nutzenfunktion $u(\mu_a, \sigma_a)$ mit verschiedenen Gewichten ω. Dargestellt sind zudem die Konturen der Funktion, die hier den Indifferenzkurven entsprechen

Wir können feststellen, dass die Indifferenzkurven für $\omega = -2$ eine positive Steigung aufweisen. Dies entspricht wie zuvor bemerkt dem risikoscheuen Entscheider. Für $\omega = 2$ ist der Entscheider risikofreudig, die Steigung der Indifferenzkurven ist negativ.

6.2.4 Abschlussbemerkung zur Entscheidungstheorie

In diesem Abschnitt haben wir einen kurzen Einblick in die verschiedenen Ausprägungen von Entscheidungen erhalten. Wir haben festgestellt, dass Entscheidungen unter Sicherheit oder unter Unsicherheit getroffen werden können. Zudem haben wir einige einfache Regeln für jeden Fall kennengelernt, ausprobiert und bewertet. Es ist wichtig festzuhalten, dass

- Entscheidungsfindung eng mit Optimierung verbunden ist, insbesondere im Hinblick darauf, dass man eine optimale Entscheidung treffen möchte.

- Entscheidungen subjektiv wie objektiv getroffen werden können und es das Bestreben der Entscheidungstheorie ist, auch subjektive Einflüsse quantifizierbar und modellierbar zu machen.

6.3   Spieltheorie – Hintergrund und Ausprägungen

In diesem Anschnitt und quasi in Erweiterung der Entscheidungstheorie wollen wir uns kurz mit einigen grundlegenden Aspekten der Spieltheorie beschäftigen. Während der Betrachtungen in Abschn. 6.2 haben wir den Vorgang der Entscheidungsfindung derart betrachtet, dass der Entscheider die möglichen Ziele oder Umweltzustände beschreiben kann und ggf. deren Eintrittswahrscheinlichkeit kennt. Wir sind zudem implizit davon ausgegangen, dass seine Entscheidung für jeden Zustand quantifizierbar ist und das Ergebnis bei entsprechender Wahl nur von dem (sicheren oder risikobehafteten) Eintreten des Ergebnisses abhängt.

Komplizierter wird die Situation, wenn eine Entscheidung nicht mehr als isoliertes Problem eines einzigen Entscheiders betrachtet werden kann, sondern die Aktion oder Reaktion eines intelligenten „Gegenspielers" das Ergebnis der Entscheidung maßgeblich beeinflussen kann. Es sind dann nicht nur die möglichen Ergebnisse zu betrachten (und egoistisch zu optimieren), sondern auch die Auswirkungen einer intelligenten Wahl dieses Gegenspielers zu berücksichtigen: Es muss strategisch vorgegangen werden.

Wir wollen zur Verdeutlichung direkt ein sehr bekanntes Beispiel betrachten, das sogenannte Gefangenendilemma.

Beispiel 6.18 (Gefangenendilemma)

Zwei Verbrecher sind gefasst worden, denen ein Mord angelastet wird. Leider ist unklar, welcher der beiden den Mord begangen hat. Zusätzlich zum Mord kann jedoch beiden eine Beteiligung an der Planung nachgewiesen werden. Dies reicht nicht für die Verurteilung zu einer lebenslangen Strafe, bringt beide jedoch 3 Jahre in Haft. Der Staatsanwalt verhört nun beide Angeklagten unabhängig voneinander und bietet jedem eine Kronzeugenregelung an: Gesteht einer den Mord, leugnet jedoch der andere, so kommt der Kronzeuge (also der Geständige) frei. Der andere muss lebenslang hinter Gitter. Gestehen beide, so werden sie jeweils für 7 Jahre eingesperrt. Leugnen beide, so können sie nur wegen der Tatplanung (also zu 3 Jahren) verurteilt werden. Da beide in Einzel(untersuchungs)haft sitzen, können sie sich nicht vorher absprechen. Welches ist also die beste Einzelstrategie für jeden Angeklagten?

Wie soll man geschickt wählen. Leugnen würde vordergründig erst mal eine relativ geringe Strafe versprechen, wenn nicht der andere Angeklagte von der Kronzeugenregelung Gebrauch macht. Gestehen kann andererseits vorteilhaft sein, wenn der andere leugnet (man kommt dann frei). Wieder andererseits kann das Geständnis eine relativ lange Strafe von 7 Jahren nach sich ziehen, wenn der andere Angeklagte ebenfalls gesteht. Wie soll man hier entscheiden? Und wie helfen hier die bisherigen Entscheidungsegeln? Die Antwort auf die zweite Frage – nämlich „Wenig bis gar nicht" – macht klar, warum man sich mit der Spieltheorie beschäftigen muss. Sie bietet nämlich Perspektiven auf und Lösungsansätze für diese Art von Problemen. Im nächsten Abschnitten wollen wir eine grundlegende Ausprägungen der Spieltheorie betrachten, die sich mit strategischen Spielen, also Konkurrenzsituationen beschäftigt. Es sei schon hier (vielleicht beruhigend) erwähnt, dass dieser Abschnitt nur wenige grundlegende Aspekte beleuchtet und keine detaillierte Darstellung der Spieltheorien darstellt. Für die weitere Beschäftigung mit dem Thema – auch mit der grundverschiedenen Sichtweise auf kooperative Spiele (jene, die einen Blick auf Kooperation und Einfluss werfen) beschäftigt sich die einschlägige Literatur sehr ausführlich, etwa Winter in seinem Lehrbuch [2].

6.4   Strategische Spiele

Strategische Spiele sind jene, die man weithin mit Spielen direkt in Verbindung bringt. Hier konkurrieren zwei oder mehr Spieler strategisch um möglichst hohe Erträge. Wir kennen dies durchaus aus tatsächlichen Spielsituationen. Wenn wir Mühle, Schach oder auch Schnick-Schnack-Schnuck (Rock-Paper-Scissors) spielen, tun wir das zu zweit und müssen Entscheidungen über unsere Spielstrategie treffen, um zu gewinnen. Aber auch Situationen wie in Beispiel 6.18 oder andere soziale und wirtschaftliche Interaktionen können als Spiele modelliert werden. Tatsächlich führen wir hier ein Spiel sogar formal ein.

▶ **Definition 6.19 (Strategisches Spiel)** Ein strategisches Spiel ist durch folgende Elemente gegeben:

- Eine Menge $\Sigma = \{1, \ldots, N\}$ von *Spielern*.
- Endlichen und nicht-leeren *Strategiemengen* $S^j = \{s_1^j, \ldots, s_k^j\}$ der Spieler $1 \leq j \leq N$. Die Elemente $s_1^j, \ldots, s_k^j$ werden als *Strategien* des Spielers j bezeichnet. Eine vom Spieler gewählte Strategie aus S^j wird mit $\bar{s}^j$ notiert.
- Einen *Nutzen* $e_\ell(\bar{s}^1, \ldots, \bar{s}^N)$ mit $\bar{s}^j \in S_j$, $1 \leq j, \ell \leq N$ für Spieler ℓ.

Ziel des Spiels ist es, für jeden Spieler den Nutzen zu optimieren (meist eine Auszahlung zu maximieren). Es wird also jene Kombination von Strategien gesucht, die aus jeder individuellen Sicht die gewählte Strategie für den Spieler als rationale Strategie erscheinen lässt.

Diese Definition erscheint vielleicht zuerst etwas verwirrend. Wir wollen sie daher noch mal mit einfachen Worten ausdrücken. Jedes Spiel besteht also aus …

- N Spielern. Wir werden uns im Folgenden ausschließlich mit zwei Spielern beschäftigen. Die Konzepte sind aber oft direkt auf mehr Spieler übertragbar.
- einer Strategiemenge jedes Spielers. Diese enthält alle Vorgehensmöglichkeiten eines Spielers. Im Beispiel des Kinderspiels „Stein-Schere-Papier" wären dies etwa die Wahlmöglichkeiten zwischen den Handzeichen für „Stein" (Faust), „Schere" (gespreizte Zeige- und Mittelfinger) oder „Papier" (flache Hand).
- einem Nutzen der gewählten Strategien aller Spieler aus der Sicht eines einzelnen Spielers. Dieser Nutzen hängt von den Spielregeln oder der Umwelt des Spiels ab. Im Beispiel der „Stein-Schere-Papier"-Spiels ist der Nutzen von den „geworfenen" Strategien beider Spieler abhängig: Spieler 1 siegt bei einer Kombination (Papier^1, Stein^2) und hat damit den Nutzen $e_1(\text{Papier}^1, \text{Stein}^2) = 1$ (=Gewonnen), während Spieler 2 den Nutzen $e_2(\text{Papier}^1, \text{Stein}^2) = -1$ (=Verloren) hat.

Insgesamt ist die Darstellung von Spielen in dieser ausformulierten Form relativ lästig zu benutzen. Für Zweipersonenspiele wählt man deshalb oft die sogenannte „Bi-Matrix", eine Matrix mit zwei Einträgen pro Zelle (für jeden Spieler ein Ergebniseintrag), um ein Spiel darzustellen. Als Zeilenbeschriftungen gibt man die Strategien von Spieler 1, als Spaltenbeschriftung die Strategien von Spieler 2 an. Jede Zelle enthält, wie angedeutet, ein Ergebnistupel. Dieses bezeichnet $\left(e_1(\bar{s}^1, \bar{s}^2), e_2(\bar{s}^1, \bar{s}^2)\right)$, also die Ergebnisse der Wahl der speziellen Strategiekombination von Spieler 1 und Spieler 2. Wir betrachten dies beispielhaft für das Kinderspiel „Stein-Schere-Papier".

Beispiel 6.20 (Bi-Matrix von Stein-Schere-Papier)
Die „Bi-Matrix" zum Spiel Stein-Schere-Papier lautet folgendermaßen:

	Stein	Schere	Papier
Stein	(0,0)	(1,−1)	(−1,1)
Schere	(−1,1)	(0,0)	(1,−1)
Papier	(1,−1)	(−1,1)	(0,0)

Wir können direkt ablesen, welche Ergebnisse welche Strategien und Entscheidungen der beiden Spieler zur Folge haben. Wählen beide das gleiche Symbol, entsteht ein Unentschieden (ausgedrückt durch Nutzen 0). In jeder anderen Konstellation ist die Wahl eines Spielers der Wahl des anderen Spielers überlegen oder umgekehrt.

In gleicher Weise können wir das in Beispiel 6.18 eingeführte Gefangenendilemma als Spiel zwischen zwei Gefangenen ausdrücken:

Beispiel 6.21 (Bi-Matrix des Gefangenendilemmas)
Die Bi-Matrix zum Gefangenendilemma lautet folgendermaßen:

	leugnen	gestehen
leugnen	(3,3)	(15,0)
gestehen	(0,15)	(7,7)

Nun sind als Strategien die jeweiligen Handlungsmöglichkeiten der beiden Gefangenen eingetragen. Die Nutzenwerte ergeben sich aus den jeweiligen Jahren Strafe, die die Gefangenen abhängig von ihren Handlungen erhalten. Offensichtlich ist hier eine Minimierung des Nutzens von Interesse.

Nachdem wir nun eine geeignete Darstellungsform für Spiele gefunden haben, ist die nächste und eigentlich zentrale Frage: Wie wählt ein Spieler seine Strategie? Wir haben bereits beim Gefangenendilemma gesehen, dass dies nicht so einfach ist, wenn man nicht weiß, was der Gegner tut. Bevor wir nun aber in die Methoden zur Strategieentscheidung einsteigen, sollen noch zwei Arten von Spielen unterschieden werden:

- *Spiele mit reinen Strategien*: Dies sind Spiele, bei denen für jeden Spieler jeder „Spiel-stufe" eine eindeutige Strategie zugeordnet wird. Es wird in einer speziellen Situation also eine reine Entscheidung getroffen, alle anderen Optionen werden ausgeschlossen. Dies ist jedes mal in derselben Situation wieder die gleiche Entscheidung mit dem gleichen (reinen) Nutzen.
- *Spiele mit gemischten Strategien*: Diese Art von Spielen ermöglicht dem Spieler in einer Situation die Auswahl verschiedener Strategien. Man assoziiert die Strategien dann mit Auswahlwahrscheinlichkeiten. So kann auch im Gegensatz zu den reinen Strategien kein reiner Nutzen, sondern nur ein erwarteter Nutzen angegeben werden.

Im Folgenden betrachten wir nun zwei wichtige Konzepte, um Spiele zu vereinfachen oder ggf. zu entscheiden: die Dominanz und das Nash-Gleichgewicht.

6.4.1 Dominanz

Das Konzept der Dominanz ist uns bereits aus der Entscheidungstheorie bekannt. Dort haben wir es angewendet, um in allen Zielen oder Umweltzuständen unterlegene Alternativen auszusortieren und bei unseren Entscheidungen nicht mehr zu berücksichtigen. In gleicher Weise verwenden wir diese Methodik hier.

Beispiel 6.22 (Dominanz)

Wir betrachten verschiedene abstrakte Spiele. Dabei werden die Strategien von Spieler 1 mit $s_1, s_2, \ldots$, die Strategien für Spieler 2 mit $t_1, t_2, \ldots$ bezeichnet.

(a) Als Spiel sei gegeben:

	t_1	t_2
s_1	(3,5)	(1,3)
s_2	(4,2)	(0,1)

Es ist offensichtlich, dass Spieler 2 immer Strategie t_1 wählen wird, da diese unabhängig von der Wahl von Spieler 2 immer den höheren Nutzen verspricht. Entsprechend der Dominanzrelation gilt $t_1 \succ t_2$, also echte Dominanz. Für Spieler 1 liegt keine Dominanz für eine Strategie vor.

(b) Als weiteres Spiel sei gegeben:

	t_1	t_2	t_3
s_1	(1,3)	(0,1)	(3,1)
s_2	(2,1)	(0,2)	(1,1)

Hier wird für Spieler 2 die Strategie t_3 von den beiden übrigen Strategien t_1 und t_2 dominiert. Entfernt man die Strategie, entsteht das etwas übersichtlichere Spiel:

	t_1	t_2
s_1	(1,3)	(0,1)
s_2	(2,1)	(0,2)

In dieser neuen Situation sieht man, dass nun $s_2 \succeq s_1$ für Spieler 1 gilt. Damit muss Spieler 1 keine Strategieentscheidung mehr treffen. Die optimale Wahl von Spieler 2 ist damit auch klar: t_2.

(c) Wir betrachten nochmal die Bi-Matrix des Kinderspiels Stein-Schere-Papier:

	Stein	Schere	Papier
Stein	(0,0)	(1,−1)	(−1,1)
Schere	(−1,1)	(0,0)	(1,−1)
Papier	(1,−1)	(−1,1)	(0,0)

Wir finden hier keine Dominanz einer Strategie, weder für Spieler 1 noch Spieler 2, und können das Spiel nicht vereinfachen.

Anhand des Beispiels haben wir gesehen, dass eine Betrachtung der Dominanz hilfreich sein kann, um das Spiel und damit das Entscheidungsproblem zu reduzieren. Manchmal führt uns dies sogar zu einer eindeutigen, optimalen Lösung. Oft hilft die Betrachtung der Dominanz aber auch nicht weiter. In diesem Falle müssen wir andere Herangehensweisen finden. Ein sehr berühmtes Konzept betrachten wir im Folgenden für reine und gemischte Strategien.

6.4.2 Nash-Gleichgewicht

Das Nash-Gleichgewicht ist nach John Forbes Nash (jr.) benannt und stellt ein wichtiges Konzept für die rationale Entscheidung von Spielen dar. Dabei steht im Vordergrund, jene Entscheidungen zu finden, die abhängig von der Aktion des Gegenspielers eine beste „Antwort" darstellen. Entsteht durch unabhängige Wahl beider Spieler ein Strategietupel, so stellt dies ein Gleichgewicht dar, das beide Spieler rational einnehmen und sinnvollerweise nicht mehr verlassen. Tatsächlich können Sie sich einseitig nicht verbessern, indem sie die Strategie aus dem Nash-Gleichgewicht heraus ändern.

Formal ist das Nash-Gleichgewicht über die folgende Definition gegeben:

▶ **Definition 6.23 (Nash-Gleichgewicht)** Seien S^1 und S^2 Strategiemengen zweier Spieler und e_1 und e_2 die Nutzenfunktionen des Zweipersonenspiels. Ein Tupel $(\bar{s}^1, \bar{s}^2) \in S^1 \times S^2$ wird als Nash-Gleichgewicht bezeichnet, wenn gleichzeitig gilt:

- $e_1(\bar{s}^1, \bar{s}^2) = \max_{s \in S^1} e_1(s, \bar{s}^2)$
- $e_2(\bar{s}^1, \bar{s}^2) = \max_{s \in S^2} e_1(\bar{s}^1, s)$

Diese Definition enthält implizit bereits einen einfachen Algorithmus, um die Nash-Gleichgewichte eines Spiels zu bestimmen.

▶ **Vorschrift 6.24 (Bestimmen von Nash-Gleichgewichten)** Um alle Nash-Gleichgewichte in einer Bi-Matrix-Darstellung eines Zweipersonenspiels zu finden, gehe folgendermaßen vor:

1. Für alle Strategien von Spieler 2:

   - halte Strategie $s_i^2 \in S^2$ fest und
   - markiere den maximalen Nutzen bzgl. Spieler 1 (in der Bi-Matrix).

2. Für alle Strategien von Spieler 1:

   - halte Strategie $s_i^1 \in S^1$ fest und
   - markiere den maximalen Nutzen bzgl. Spieler 2 (in der Bi-Matrix).

3. Alle vollständig markierten Tupel in der Bi-Matrix stellen ein Nash-Gleichgewicht dar.

Beispiel 6.25 (Nash-Gleichgewicht)

Wir betrachten zuerst wieder verschiedene abstrakte Spiele, um das Nash-Gleichgewicht zu ergründen.

(a) Gegeben sei das folgende Spiel:

	t_1	t_2	t_3
s_1	(0,2)	(5,5)	(1,0)
s_2	(1,1)	(2,1)	(4,4)
s_3	(3,3)	(0,0)	(0,2)

Halten wir nacheinander alle Strategien von Spieler 2 fest und markieren jeweils das maximale Ergebnis von Spieler 1 unter der Festlegung, ergibt sich:

	t_1	t_2	t_3
s_1	(0,2)	($\boxed{5}$,5)	(1,0)
s_2	(1,1)	(2,1)	($\boxed{4}$,4)
s_3	($\boxed{3}$,3)	(0,0)	(0,2)

Führen wir die gleichen Schritte nun für festgelegte Strategien von Spieler 1 durch, so markieren wir zusätzlich die Strategien von Spieler 2 wie folgt:

	t_1	t_2	t_3
s_1	(0,2)	($\boxed{5}$,$\boxed{5}$)	(1,0)
s_2	(1,1)	(2,1)	($\boxed{4}$,$\boxed{4}$)
s_3	($\boxed{3}$,$\boxed{3}$)	(0,0)	(0,2)

Wir stellen fest, dass in diesem Spiel drei Nash-Gleichgewichte existieren.

(b) Gegeben sei nun das folgende Spiel:

	t_1	t_2	t_3
s_1	(4,2)	(3,1)	(1,3)
s_2	(1,1)	(2,1)	(2,0)
s_3	(3,3)	(0,0)	(0,2)

Nach der Anwendung des Algorithmus zum Auffinden von Nash-Gleichgewichten stellen wir fest, dass nirgends ein Tupel komplett markiert ist. Es liegt also kein Nash-Gleichgewicht vor.

	t_1	t_2	t_3
s_1	($\boxed{4}$,2)	($\boxed{3}$,1)	(1,$\boxed{3}$)
s_2	(1,$\boxed{1}$)	(2,$\boxed{1}$)	($\boxed{2}$,0)
s_3	(3,$\boxed{3}$)	(0,0)	(0,2)

(c) Wir betrachten noch einmal das Gefangenendilemma.

	leugnen	gestehen
leugnen	(3,3)	(15,0)
gestehen	(0,15)	(7,7)

Da wir natürlich die Strafe gering halten wollen, müssen wir hier nicht maximieren sondern minimieren. Ansonsten bleibt das Vorgehen gleich.

	leugnen	gestehen
leugnen	(3,3)	(15,$\boxed{0}$)
gestehen	($\boxed{0}$,15)	($\boxed{7}$,$\boxed{7}$)

Erstaunlicherweise schlägt das Nash-Gleichgewicht vor, in jedem Falle zu gestehen. Dies ist interessant, da es sicher nicht die optimale Lösung ist. Trotzdem ist es jene Lösung, die eine Stabilität der Lösung und damit eine gewisse „Sicherheit" bietet. Würden beide „leugnen", so wäre dies zwar aus globaler Sicht die optimale Lösung, für jeden Spieler ist jedoch eine einseitige Verbesserung durch Umentscheidung möglich. Dies kann dann kein Nash-Gleichgewicht sein.

Wir halten nochmal einige Ergebnisse für die untersuchten reinen Spiele und das Nash-Gleichgewicht fest:

1. Es können mehrere Nash-Gleichgewichte existieren. In einem solchen Fall ist es problematisch, eine Entscheidung zu treffen. Wird nacheinander gewählt und ist die gewählte Strategie des zuerst wählenden Spielers bekannt, so sollte sicher jene Strategie gewählt werden, die zum nützlichsten Nash-Gleichgewicht führt. Bei gleichzeitiger Wahl der Strategien können mehrere Nash-Gleichgewichte nicht helfen.

2. Es kann genau ein Nash-Gleichgewicht existieren. Hierbei kann eine Strategie sicher ausgewählt werden, die zu einer stabilen Lösung für beide Spieler führt. Es ist jedoch nicht notwendigerweise die optimale Lösung.

3. Es kann sein, dass kein Nash-Gleichgewicht existiert. Dann steht den Spielern keine Entscheidungshilfe zur Verfügung.

6.5   Zusammenfassung des Kapitels

Wir halten hier noch einmal fest, welche Einblicke wir durch die Beschäftigung mit den Grundlagen der Entscheidungstheorie und der Spieltheorie erhalten haben:

- Wir sind zu der Erkenntnis gelangt, dass die Entscheidungstheorie eine allgemeinere Betrachtungsweise der Optimierung darstellt. Tatsächlich ist die Optimierung, wie wir sie bisher betrachtet haben, ein Spezialfall der Entscheidungstheorie.
- Wir haben die Struktur von Entscheidungsproblemen kennengelernt. Dabei haben wir zuerst zwischen deskriptiver und normativer Entscheidungstheorie unterschieden. In der zweiten Klasse haben wir dann verschiedene Entscheidungssituationen unter Sicherheit, unter Unsicherheit im engeren Sinne und unter Risiko betrachtet.
- Wir haben verschiedene einfache Entscheidungsregeln (Heuristiken) kennengelernt, aber auch das Dominanzprinzip zur Vorauswahl von guten Kompromissen.
- Im Abschnitt zur Spieltheorie haben wir festgestellt, dass diese wieder eine Verallgemeinerung der Entscheidungstheorie ist und versucht, Entscheidungen in dynamischen Situationen (mit Gegenspieler oder Kooperationspartner) zu treffen. Hier haben wir den Fall der strategischen Spiele kennengelernt und das zentrale Resultat von John Nash betrachtet – das Nash-Gleichgewicht.

Aufgaben

6.1. Betrachten Sie die folgende Abbildung mit der Punktemenge $X = \{x_1, x_2, x_3, x_4\}$. Ziel ist die Minimierung beider Ziele.

(a) Welche Aussagen gelten für Punkte in den Bereichen B_1 bis B_4? Beachten Sie: Gestrichelte Ränder bedeuten, dass die Punkte auf dem Rand ausgeschlossen werden. Durchgezogene Linien hingegen bedeuten, dass Punkte auf dem Rand zum Bereich gehören.

(b) Zeichnen Sie den Bereich der Punkte ein, der (i) von x_2 oder x_3 domimiert wird bzw. (ii) zu x_2 und x_3 unvergleichbar ist bzw. (iii) von mindestens einem der beiden dominiert wird.

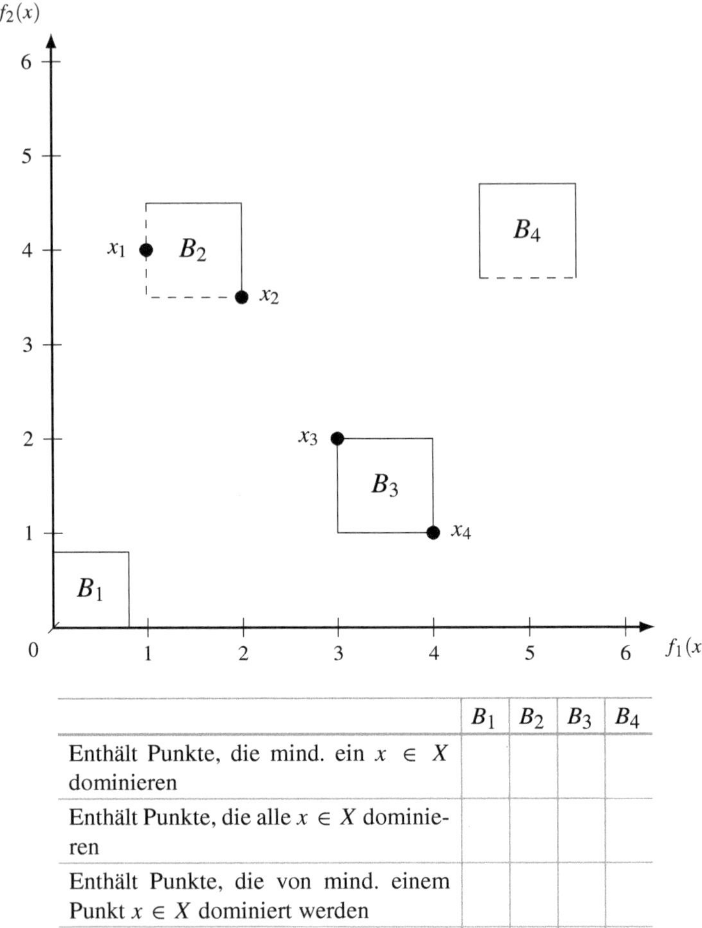

	B_1	B_2	B_3	B_4
Enthält Punkte, die mind. ein $x \in X$ dominieren				
Enthält Punkte, die alle $x \in X$ dominieren				
Enthält Punkte, die von mind. einem Punkt $x \in X$ dominiert werden				
Enthält Punkte, die von allen $x \in X$ dominiert werden				

6.2. Gegeben sei die folgende *Entscheidungsmatrix*. Wir betrachten ein Entscheidungsszenario unter Unsicherheit.

	z_1	z_2	z_3	z_4
a_1	8	6	4	7
a_2	9	5	3	2
a_3	4	8	5	3
a_4	10	8	5	8
a_5	10	9	7	9

(a) Sei der *Gewichtsvektor* $w = (4, 5, 2, 1)$ gegeben. Quantifizieren Sie die Ziele mit w. Für welche Alternative entscheiden Sie sich?

(b) Sei nun der *Zielvektor* $\hat{u} = (8, 3, 5, 5)$ gegeben. Nutzen Sie das Prinzip des *Goal-Programmings* und bestimmen Sie die entsprechende Alternative.

6.3. Sie bereiten sich auf die OR-Klausur vor. Leider haben Sie sich einen Infekt eingefangen und beschließen, zum Arzt zu gehen. Da Sie keinen Termin vereinbart haben, wissen Sie nicht, wie lange die Wartezeit (WZ) betragen wird. Um eine eventuelle Wartezeit sinnvoll zu nutzen, überlegen Sie, ihr schweres OR-Buch mitzunehmen. Dieses wiegt recht viel und sie werden es nur dann brauchen, wenn tatsächlich gewartet werden muss. Sie stellen folgende Entscheidungsmatrix auf und quantifizieren ihre Zufriedenheit mit Ihrer Entscheidung und dem Umweltzustand numerisch, wobei höhere Zahlen Zufriedenheit, niedrigere oder gar negative Zahlen Unzufriedenheit ausdrücken.

	z_1 = keine WZ	z_2 = mittlere WZ	z_3 = lange WZ
a_1 = Buch mitnehmen	3	5	8
a_2 = Buch nicht mitnehmen	10	-5	-10

(a) Wählen Sie mit der MaxiMin-Regel die Alternative mit dem besten unter den schlechten Ergebnissen.

(b) Wenden Sie nun die Laplace-Regel zur Entscheidungsfindung an.

(c) Aus Erfahrung wissen Sie, dass das Glück meistens auf Ihrer Seite ist und Sie nur kurz warten müssen. Seien $p_1 = 0{,}73$, $p_2 = 0{,}1$ und $p_3 = 0{,}17$ die Eintrittswahrscheinlichkeiten. Welche Alternative wird nach der Bayes-Regel ausgewählt?

6.4. Sie planen eine Reise von A nach B per Zug. Die Reise sollte zum einen nicht zu viel kosten. Weiterhin möchten Sie ungern oft umsteigen müssen. Im Zeitraum Ihrer Abreise stehen die folgenden Zugverbindungen zur Verfügung, wobei die erste Komponente stets die Reisekosten in Euro und die zweite Komponente die Anzahl der nötigen Umstiege beschreibt: $A = (120, 3)$, $B = (190, 3)$, $C = (110, 5)$, $D = (230, 1)$, $E = (210, 2)$, $F = (300, 0)$, $G = (280, 4)$, $H = (260, 2)$. Selbstverständlich gilt es, sowohl Fahrtkosten als auch die Anzahl der Zugwechsel zu minimieren. Welche Alternativen werden (strikt) dominiert? Stellen Sie die Pareto-optimalen Alternativen grafisch dar.

Literatur

1. Laux, H., Gillenkirch, R.M., Schenk-Mathes, H.Y.: Entscheidungstheorie, 9. Aufl. Springer, Heidelberg (2014)
2. Winter, S.: Grundzüge der Spieltheorie – Ein Lehr- und Arbeitsbuch für das (Selbst-)Studium. Springer Gabler, Heidelberg (2015)

Sachverzeichnis

A

Abstammung 42

Abstand 52

Abstieg
 steilster 184

Abstraktion 10

Adjazenz 30

Adjazenzmatrix 31

Algorithmus 2
 A* 56
 Ameisen-Kolonie-System 218, **221**
 von Dijkstra 52, **53**, 56
 evolutionärer 194, 197
 von Floyd 61
 von Ford & Fulkerson 79, 81, 84
 genetischer 197, 217
 von Hierholzer 64
 von Kruskal **37**, 74
 von Prim 39
 Schwarm 218, **219**
 Simplex 94, 103, **109**, 119, 132

Alignment 219

All Pairs Shortest Path (Algorithmus
 von Floyd) 61

Alphabet 11

Alternative 233

Alternativenraum 234

Ameisen-System 218, **221**

analytische Optimierung 151

Anfangslösung 109, 112

Approximation 68, 75

approximatives numerisches Verfahren 160

APSP (All Pairs Shortest Path, Algorithmus
 von Floyd) 61

Ast 34

Aufzählungsverfahren 42

Ausgrad 31

Ausprägung 197

B

Band 11

Bandalphabet 12

Basisform 102

Basislösung 113

Basisvektor 102

Basiswechsel 102

Baum 34, 36, 42, 48
 gerichteter 35
 phylogenetischer 42

Bayes-Regel 244

Bearbeitungszeit 7

Bedauernswert 242

Bedingung
 hinreichende 152, 153
 notwendige 152, 153

Befehlssatz 14

Bellmansches Optimalitätsprinzip
 52, 61

Berechenbarkeit 11

Bewertungsmaß 1

Bi-Matrix 61

Bionik 218

Blatt 34

Boxing-in 162

BrainFuck 13

Branch-&-Bound-Verfahren 47, 68
 obere Grenze 48
 untere Grenze 48, 69

Breitensuche 45, 56

C
Computermodell 10
Crossover 209, **213**
   k-Punkt 215
   Order Crossover 216
   Partially Mapped Crossover (PMX) 215
Cut-Point 216

D
Dantzig, George B. 94
Darwin, Charles 196
Datenband 14
Datenstruktur 42, 61
Datenzeiger 14
Definitheit 52
DeJong 197
dichotome Suche 165
Diffusion 219
Dijkstra, E. W. 52, 56
Diskontinuität 191
Dominanz **239**, 252
Dominanzprinzip 239
Dreiecksungleichung 52
duale Simplex-Methode 140
duales Problem 136
Dualitätsprinzip 3, 95
δ-Wert **105**, 107, 129, 132, 134

E
Ecke 98
Edge (Kante) 28, 116
Effizienz 20
eindimensionale Strategie 164
Eingabe 13
Eingabealphabet 12
Eingabelänge 13
Eingrad 31
elitäre Strategie 202
Elternselektion 200, 201
Endzustand 12
Engpass **107**, 129
Entscheider 229
Entscheidung 229
   unter Risiko 244
   unter Sicherheit 235
   unter Unsicherheit i.e.S. 240
Entscheidungsbaum 48

Entscheidungsfindung 234
Entscheidungsmatrix 235
Entscheidungsmodell 233
Entscheidungsproblem 21
Entscheidungsprozess 233, **234**
Entscheidungstheorie 229
   deskriptive 230
   normative 230
   präskriptive 230
Erbgut 197
Ereignis 233
Ergebnis 235
Erreichbarkeit 209
Ersatzpolynom 173
Erwartungsstruktur 234
Euler, Leonard 27
Eulerkreis 74
Eulertour 64, 74
Eulerweg 64
Evaporation 226
evolutionäre Programmierung 197
evolutionärer Algorithmus 194, 197
Evolutionsschleife 199
Evolutionsstrategie 197, **199**, 217
   1 plus 1 198
   μ plus λ 200
Evolutionstheorie 195, 197
exakte numerische Verfahren 160
Expansion 182
Exploration 176, 178
Extrapolation 178

F
f-augmentierender Weg 81
Fertigstellungsdatum 7
Fertigstellungszeitpunkt 7
Fibonacci-Folge 166, 167
Fibonacci-Suche 166, 169, 177
Fibonacci-Zahlen 167
fitnessproportionale Selektion 207
Floyd 61
Fluch der Dimensionen 162, 175
Fluss 76, 77
   maximaler 76
   Quelle 77
   Senke 77
Flusserhalt 77
Fogel, David 197

Ford-&-Fulkerson-Algorithmus 79, 81
    Korrektheit 84
Form
    Basis-Form 102
    kanonische 95
    Staffel-Form 100
    Standardform 99
    Zeilenstufenform 101
Funktion
    einer Veränderlichen 151
    mehrerer Veränderlicher 153

G
Gabelsuche 165
ganzzahlige Optimierung 10, 116
Gauß-Algorithmus 100, 102
Gefangenendilemma **249**, 252
Gegenspieler 230, 249
gemischte Strategie 252
genetischer Algorithmus 197, 217
Genotyp 197, 202
Gewichtsfunktion 32
Gewichtung von Zielen 237
Gewinnzuwachs 135
Gittersuche **161**, 175, 194
Gleichheitsnebenbedingung 150, 154
Gleichungssystem
    lineares 99
globale Konvergenz 192
globale Optimierung 199
Goal-Programming 238
Goldener Schnitt **169**, 177
Grad 31
Gradient 153, 158, 184
Gradientenabstieg 184
Graph 27, **28**
    eulerscher 64
    gerichteter 29, 116
    ungerichteter 29
    unzusammenhängender 33, 35

H
Hamiltonkreis 64, 66–68
Handlungsreisender (Traveling Salesperson,
    TSP) 5, **67**, 204, 212, 224
Heuristik 57, 68
Hierarchie 42

Hierholzer 64
Hilfsproblem 113
hinreichende Bedingung 152, 153
Holland, John 197
Hooke-&-Jeeves-Verfahren 178, 180, 192
Hurwicz-Regel 241
Hyperebene 97

I
Indifferenzkurve 246
Individuum 198, 202
Innovation 208
Interpolation
    Lagrange 173, 177
    lineare 170
    Newton-Raphson 171
Intervall 162
Intervallschachtelung 164, 165
Inzidenz 30
Iterationsformel 164, 198
Iterationsvorschrift 175

J
Job 7

K
kanonische Form 95
Kante 28, 116
Kantengewichtung 32
Kapazitätsfunktion 77
Kapazitätskonformität 77
Kirchhoff'sche Regel 77
Knoten 28, 116
Knotengrad 31
Koeffizientenmatrix 107
Kohärenz 219
Komplexität 4, 10, 16, 22
Komplexitätsklassen 20
Komplexitätstheorie 10, 67
Königsberger Brückenproblem 27, 64
konjugierte Richtungen 185
Kontraktion 182
Konvergenz
    globale 192
Koordinatensuche 176
k-Punkt-Crossover 215

Kreis 32
kritische Stelle 153
kritischer Punkt 159, 170
Kruskal **37**, 74
Kuhn-Tucker 159
künstliche Variable 113
Kurvendiskussion 152
kürzester Weg **51**

L
Lagrange-Dualität 138
Lagrange-Funktion 156
Lagrange-Grundpolynom 173
Lagrange-Interpolation 173, 177
Lagrange-Methode 156, 159
 notwendige Bedingung 156
Lagrange-Multiplikator 155, 159
Lamarck, J. B. 195
Laplace-Regel 243
Laufzeit 17
 exponentielle 22
 polynomielle 22
Leersymbol 11, 12
Lese-/Schreibkopf 11
lexikographische Ordnung 236
lineare Interpolation 170
lineare Optimierung 9, **93**
lineares Gleichungssystem 99
lineares Optimierungsproblem 95
 duales 136
 primales 137
lokales Optimum 158, 164
Lösbarkeit 98
Lösungsverfahren 4

M
(μ, σ)-Prinzip 245
Maschinenbelegung 6
Maschinenmodell 16
Matrix-Minimum-Methode 124
maximaler Fluss 76
MaxiMax-Regel 241
Maximierung 3
MaxiMin-Regel 240
mehrdimensionale Strategie 175
Metrik 52
Minderkosten 136

minimaler Spannbaum 36, 74
MiniMax-Regel 240
Minimierung 3
Modellierung 4, 10, 150
Monotonie 58
MST-Heuristik 74
Mustersuche 178, 180, 192
Mutation 197, 198, **208**, 221
 1/5-Regel 210
 Selbstanpassung 210
 Swap 212
Mutationsschrittweite 209, 210

N
Nachbarschaft 30
Nachkommenpopulation 201
Nash, John 254
Nash-Gleichgewicht 254
Naturinspirierte Optimierung 191
Nebenbedingung 95, 150
Nelder & Mead (Simplex-Strategie)
 181, 192
Netzwerk 52, 76, 77
Netzwerkfluss 77
Newton-Raphson-Interpolation 171
nichtlineare Optimierung 10, 149
Nichtlinearität 150
Nichtnegativitätsbedingung **96**, 103,
 105, 136
Nord-West-Eckenregel 123, 126
notwendige Bedingung 152, 153
NP 20, 23
NP-schwer 23, 67, 68
NP-vollständig 23
numerisches Verfahren 160
Nutzen 250

O
obere Grenze 48
O-Kalkül 16
O-Notation 20
Optimalitätsprinzip
 Bellman 52, 61
Optimierung 1
 analytische 151
 formale 2
 ganzzahlige 10, 116

globale 199
lineare 9, **93**
mehrdimensional analytisch 153
mit Restriktionen 154
naturinspiriert 191
nichtlineare 10, 149
ohne Restriktionen 151
durch Zufall 192
Optimierungsproblem 2, 5, 150
lineares 95, 136, 137
nichtlineares 150
Optimum
lokales 158, 164
Order Crossover 216
Ordnung
lexikographische 236

P
P (Komplexitätsklasse) 20
Parameter 2
Partially Mapped Crossover 215
Particle-Swarm-Optimization
(Schwarmalgorithmus)
218, **219**
Phänotyp 197, 203
Pheromon 222
Pheromonspur 222, 226
Pivotelement 101, 106
Pivotisierung 108
PMX (Partially Mapped Crossover) 215
Polyeder 97
Population 199
Prim 39
Produktionsplanung 6
Produktionsproblem 132
Programmierung
evolutionäre 197

Q
Q-orthogonal 185
quadratisches Problem 173
Quelle 76, 77

R
Randbedingung 3
Randwertvergleich 151, 153

Rangselektion 207
Rechenberg, Ingo 197
Reduktion 23
Reflexion 181
Regel
Bayes 244
von Hurwicz 241
Laplace 243
MaxiMax 241
MaxiMin 240
MiniMax 240
von Savage-Niehans 242
Regula Falsi 170
reine Strategie 252
Rekombination 208, 213
diskrete 214
intermediäre 214
Repräsentation 202
binäre 211, 214
Permutation 212, 215
reellwertige 209, 213
Reproduktion 200
sexuelle 197
Restkapazität 79, 80
Rouletterad 207
Rucksackproblem 3, 47, 203
Rundreise 5
Reproduktionsrate 197
Residualnetzwerk 80
Richtungen
konjugierte 185
Rückwärtskante 80

S
Satz
von Bolzano 164
von Ford & Fulkerson 81
von Hierholzer 64
von Kuhn-Tucker 159
Schattenpreis **135**, 141
Scheduling 6
Schlupfvariable 99, 135
Schranke
exakte 19
obere 18
untere 17, 19
Schrittweite 162, 163, 167, 179
Mutation 209, 210

Schrittweitenanpassung 176
Schwarmalgorithmus 218, **219**
Schwefel, Hans-Paul 197
Sekante 170
Selbstanpassung 210, 211
   1/5-Regel 210
Selektion 198, 206
   deterministische 206
   fitnessproportionale 207
   Rang 207
   Rouletterad 207
   Turnier 208
Selektionsdruck 202
Senke 76, 77
Sensitivitätsanalyse 133
sequentielle Methoden 161
Simplex 97
   dualer 140
Simplex-Algorithmus 94, 103, **109**, 119, 132
Simplex-Methode
   duale 140
Simplex-Strategie 181, 192
Simplex-Tableau 103, **106**
simultane Methoden 161
simultane Suche 161, 165
Skalierbarkeit 209
Spannbaum 36
   minimaler 36, 74
Spiel 250
   strategisches 250
Spieltheorie 229, 249
Sprache 21
Stützstelle 174, 179
Staffelform 100
Stammbaum 42
Standardform 99
Startknoten 52, 56
Startlösung 109, 112
Startzustand 12
Steady-State-Ansatz 202
steilster Abstieg 184
Stein-Schere-Papier 251
Stepping-Stone-Methode 126, **129**
Strafkosten 113
Strategie 250
   eindimensionale 164
   elitäre 202
   gemischte 252

   mehrdimensionale 175
   reine 252
Strategiemenge 250
strategisches Spiel 250
Suche
   dichotome 165
Suchpunkt 161
Suchraum 2
Swap-Mutation 212
Symmetrie 52, 209

T
Tangente 171
Teilbaum 48
Teilintervall 161
Teillösung 68
Teilweg 52
Tiefensuche **44**, 65, 81
Transport 76
Transport-Tableau 122
Transportproblem 116
   degeneriertes 131
Traveling Salesperson (TSP) 5, **67**, 204, 212, 224
Tree of Life 43
TSP (Traveling Salesperson) 5, **67**, 204, 212, 224
Turbulenz 221
Turing 11
Turing-Vollständigkeit 13
Turingmaschine 10, 12
   deterministische 22
   nichtdeterministische 22
Turnierselektion 208

U
Umwelt 234
Unbeschränktheit 99
Ungenauigkeitslänge 161, 165
Ungleichheitsnebenbedingung 150, 157
   aktive 157
   inaktive 157
Unlösbarkeit 109, 141
untere Grenze 48
Unzulässigkeit 99
unzusammenhängender Graph 33, 35

V

Variable
  künstliche 113
Variation 200, 208
Verbesserungspotential 109
Verdampfung 226
Verifikation 5
Verpackung 8
Verschnittproblem 7, 152
Verspätung 7
Vertex (Knoten) 28, 116
Verwandtschaft 42
Verzerrungsfreiheit 209
Vorwärtskante 80

W

Wallace, A. R. 196
Weg 32
  f-augmentierender 81
  kürzester **51**
Werbungsproblem 93, 111
Wert 78
δ-Wert **105**, 107, 129, 132, 134
Wurzel 34

Z

Zeilenstufenform 101
Zeitkomplexität 16
Zick-Zack-Verhalten 185
Zielfunktion 2, 95
Zielraum 2, 234
Zielsystem 230
Zielunterdrückung 236
Zielvorstellung 229
Zufallssuche 192
Zulässigkeit 57
Zusammenhang 33
Zustand 11
Zustandsübergangsfunktion 12
Zustandsmenge 12
Zustandsraum 234
Zuversichtswert 241
Zweiphasenmethode 112
Zwischenwertsatz 170
Zyklenmethode 126, **129**
Zyklus 32, 64, 173